21세기 한국 기독교문화와 개혁신앙

21세기 한국 기독교문화와 개혁신앙

초판 1쇄 찍은 날 · 2008년 4월 11일 | 초판 1쇄 펴낸 날 · 2008년 4월 17일

지은이 · 김영한 | 펴낸이 · 김승태

편집 · 이덕희, 방현주 | 디자인 · 이훈혜, 박한나
영업 · 변미영, 장완철 | 물류 · 조용환, 엄인휘

등록번호 · 제2-1349호(1992. 3. 31.) | 펴낸 곳 · 예영커뮤니케이션
주소 · (110-616) 서울 광화문우체국 사서함 1661호 | 홈페이지 www.jeyoung.com
출판사업부 · T. (02)766-8931 F. (02)766-8934 e-mail: jeyoungedit@chol.com
출판유통사업부 · T. (02)766-7912 F. (02)766-8934 e-mail: jeyoung@chol.com
제작 예영 B&P · T. (02)2249-2506~7

copyright©2008, 김영한

ISBN 978-89-8350-475-3 (03230)

값 16,000원

예영커뮤니케이션

21세기 한국 기독교문화와 개혁신앙

김영한 지음

이 저서를 숭실대 총장으로 취임하셔서

기독교학대학원 및 기독교학과를 설립하시고

숭실대에 기독교 정체성의 기반을 놓으신

고(故)어윤배 박사의 신앙과 정신을 추모하는 자들과

나누고 싶습니다.

머리말
문화적 도전과 개혁신학적 착상의 전개

신학의 갈 길은 아직도 멀고 먼데 이룬 것 없이 회갑을 맞이하고 그리고 두 해를 넘겼다. 하나님의 사람 모세의 기도가 마음 속에 다가온다: "우리의 모든 날이 주의 분노 중에 지나가며, 우리의 평생이 순식간에 다하였나이다"(시 90:9). 1996년 죽음의 문턱을 경험하게 하시고 죽음에 이르는 병에서 소생하여 오늘날까지 오게 한 것은 하나님의 크신 은혜이다. 덤으로 사는 목숨이다. "우리에게 우리 날 계수함을 가르치사 지혜로운 마음을 얻게 하소서"(시 90:12).

2007년 12월 이원설 박사께서 소천하시고, 2008년 1월 7일 장인(丈人) 최백순 권사께서 소천하시고, 1월 28일 고범서 박사께서 소천하셨다. 이원설 박사는 기독교 세계관 정립에 기여를 하셨고, 장인 최백순 권사는 교육가로서 청백한 삶을 보여주셨고, 고범서 박사는 기독교 윤리학 정립에 기여하신 분이다. 인격과 신앙과 학문에 많은 영향을 주신 그분들의 동시다발적인 별세에 다시 한번 놀라움을 경험하면서 인생을 보다 바르고 겸허하게 살아야겠다는 다짐을 하게 된다.

하나님이 허락하시면 이제 서서히 21세기에 직면한 한국교회를 위한 『개혁교의학』을 집필하고 싶다. 여태까지의 신학적 작업 그리고 본서도 그것을 위한 기초작업에 불과하다. 그러나 아직도 그것을 위해서는 끝내야 할 해석학적 그리고 개혁신학적 기초작업들이 적지 않게 놓여 있다.

'21세기의 문화신학'은 저자가 28년간 봉직해온 숭실대학교에서 김양선 목사님이 창설하신 숭실대학교 한국기독교문화연구소를 물려받아, 연구소장으로서 1986년부터 2003년까지 근(近) 17년 동안 운영한 학문적 결산이다. 이 시리즈는 저자가 각종 세미나와 문화 및 신학 국제학술심포지엄을 개최하면서 주제강연 내지 기조강연을 하고 그리고 한국개혁신학회 회장(1996-2004년), 한국복음주의신학회 회장(2000-2002년), 한국해석학회 회장(2004-2006년), 한국기독교철학회 회장(2006년-)으로 학회들을 이끌고 봉사하면서 기독교 문화와 문화신학과 관련된 발표를 모은 논문들을 주제별로 모은 저서이다. 따라서 이 저서는 초보자를 위한 문화신학의 교과서라기 보다는 오늘날 21세기에 급변하는 문명의 전환과 문화의 변천 속에서 개혁신앙인이 가져야 할 기독교문화의 해석학이라고 말할 수 있다.

저자는 21세기라는 문화적 도전과 더불어 기회로서 다가오는 시대적 전환기 속에서 특히 개혁신앙을 가진 신자들이 가져야 할 문화변혁에 대한 개혁신학적 착상을 4부에 걸쳐서 전개하고자 하였다.

1권은 21세기 세계관과 개혁신앙, 2권은 21세기 문화변혁과 개혁신앙, 3권은 21세기 사이버, 생명문화와 개혁신앙, 4권은 21세기 한국 기독교문화와 개혁신앙 등의 큰 주제들을 다루었다.

1권에서는 21세기에서의 세계관(1장), 21세기 문명전환(2장), 21세기 시대정신(3장), 21세기 세속문화(4장), 포스트모던 문화(5장), 21세기 신학의 새 패러다임(6장), 포스트모던 시대의 목회패러다임(7장), 교회와 사회의 패러다임 변화(8장), 여가와 놀이의 신학(9장), 21세기 사회의 네 가지 폭력과 평화(10장) 등의 주제들을 개혁신앙의 관점에서 다루었다.

2권에서는 21세기 첨단문명의 이기성, 병리현상 및 그 치유(1장), 문명의 충돌과 문명의 공존(2장), 이슬람과 기독교, 교리적 차이(3장), 기독교와 이슬람, 문명의 공존(4장), 기독교 관점에서 본 이라크 전쟁(5장), 기독교문화와 영성(6장), 보편윤리와 기독교 문화(7장), 예수 문화와 개혁신앙(8장), 교회의 사회봉사의 신학적 근거(9장), 몸, 죽음, 생명과 개혁신앙(10장), 기 사상에 대한 신학적 해석(11장), 인문학의 위기와 기독교(12장), 현대사회와 교회의 정체성(13장) 등의 주제들을 개혁신앙의 관점에서 다루었다.

3권에서는 21세기와 대중문화(1장), 현대 대중문화의 기독교적 조명(2장), 문화상품과 기독교적 문화읽기(3장), 영화 "밀양"에 나타난 기독교 상(像)(4장), 사이버 문화와 기독교 문화전략(5장), 가상공간에 대한 신학적 진단(6장), 환생신드롬과 개혁신앙(7장), 생명에 대한 신학적 성찰(8장), 생태와 생명에 관한 개혁신학적 이해(9장), 생명공학에 대한 신학적 이해(10장), 배아줄기세포 연구와 생명윤리(11장), 복음과 청년문화(12장), 한국사회 청년문화의 조명(13장) 등의 주제들을 개혁신앙의 관점에서 다루었다.

4권에서는 21세기 한국사회의 문화변혁(1장), 21세기 한국교회와 복음주의 신학(2장), 새 한국창조와 문화변혁(3장), 전통문화와 기독교문화(4장), 한국교회의 비판문화(5장), 한국사회의 반기독교 정서와 그 대처방안(6장), 한국 기독교인의 사회적 영향력(7장), 한국 기독교문화 형성에 대한 소고(8장), 한국에서의 기독교 성공과 기독교문화(9장), 교회재산의 공익성(10장), 한국 기독교문화운동(11장), 민중 신학의 위기와 한국신학의 새방향: 변혁적 문화신학의 착상(12장) 등의 주제들을 개혁신앙의 관점에서 다루었다.

본 저서는 저자가 1991년에 출판했던 『한국기독교문화신학』(성광문화사, 2005년 불과 구름)의 변혁적 문화신학의 착상을 보다 21세기의 포스트모던 문화현장과 관련해 적용한 것이며, 21세기에 도래한 한국교회의 구체적인 문화현장과의 대결이요 문화신학적 반성의 구체화라고 말할 수 있다. 4권에 이르러 문화변혁신학적 반성이 보다 구체적으로 수행되었다.

이 책의 내용을 숭실 개교 100주년 기념으로 1998년에 세워진 숭실대학교 기독교학대학원(석사과정, 기독교신학과, 목회상담학과, 기독교사회학과: 1998년 개설, 기독교문화학과: 2000년 개설) 원우들 그리고 2008년에 개설된 기독교사회복지학과 신입원우들, 그리고 숭실대학교 학부 및 일반대학원 기독교학과(1999년 학사과정 개설, 2005년 석사과정 개설, 2006년 박사과정 개설) 학생들 그리고 그리스도를 사랑하고 복음주의적 문화선교에 뜻있는 교파의 신학생들과 목회자들, 모든 그리스도인들과 같이 나누고 싶다.

더욱이 이 방대한 분량의 저서를 기꺼이 출판해 준 예영커뮤니케이션 김승태 사장님과 좋은 책을 만들어주신 편집실무 이덕희 님에게 깊은 감사를 드리면서 한국의 복음주의 출판문화 및 문화선교의 새로운 장을 열어주기를 기대한다.

2008년 3월
김영한

contents

chapter 2　21세기 한국교회와 복음주의 신학 · 60

chapter 3　새 한국창조와 문화변혁 · 99

chapter 4 전통문화와 기독교문화: 변혁적 해석학 착상 · 130

chapter 6 한국사회의 반기독교 정서(情緒)와 그 대처방안 · 195

chapter 11 한국 기독교문화운동: 20세기 후반의 성찰과 21세기 전망 · 342

chapter 12　민중신학의 위기와 한국신학의 새 방향: 변혁적 문화신학의 착상 · 399

chapter 1
21세기 한국사회와 문화변혁: 변혁적 문화신학의 프로그램

2000년대 들어와 한국교회가 교회성장의 정체에 직면하고 있다. 그동안 누려왔던 양적 성장의 시대는 지나갔다. 한국은 1995년 1인당 국민소득 1만 달러에 도달하였고, 1997년 IMF 외환위기를 거치면서 국가부도의 위기에 직면했으나 2003년에 빚을 청산하고 2007년에는 국민소득 2만 달러에 도달하였다. 경제적 풍요 속에서 종교에 대한 수요는 줄어드는 시대에 들어선 것이다. 21세기, 한국교회의 신앙의식은 양적 구조에서 성장구조로 바뀌어야 한다. 교회의 영성이 내면적 삶의 칭의로부터 공동체 삶과 사회의 삶의 변혁으로 나아가야 한다. 교회가 우리 사회와 문화의 등대지기가 되고 사회 양심과 진실의 보루가 되어야 한다. 그리하여 그리스도의 구속의 박애 정신이 우리 교회와 사회의 삶 모든 분야에 골고루 퍼져나가야 한다.

*

1. 21세기의 특징: 디지털과 생명으로 특징되는 시대

　인류는 21세기에 들어오면서 제3,000년대(the third millennium)를 향하여 새로운 출범을 하였다. 라틴어 '밀레니엄' 이란 1,000을 뜻하는 단어 'mile' 과 연도를 뜻하는 'ennium' 의 합성어로 '천년의 시간' 을 가리킨다. 기독교에서 밀레니엄이란 기독교 천년왕국을 의미했다. 문명 동진론(東進論) 사가(史家)들은 2000년대를 아시아의 시대로 예측하고 있다. 중국이 이미 세계경제대국으로 부상했으며, 인도가 세계적인 신흥 경제강국으로 부상하고 있다. 메소포타미아에서 발원된 인류문명이 유럽을 거쳐 대서양을 건너고 드디어는 태평양을 넘어 아시아로 동진하고 있다는 분석이다. 일본, 싱가포르, 홍콩, 한국, 대만, 중국, 인도로 주도되는 아시아 시대가 도래하고 있다.

　20세기 인류는 물질적 풍요를 위해 매진했으며 과학기술은 그것을 성취하기 위한 수단이었다. 성장, 개발, 정복, 팽창 일변도의 20세기는 인류에게 무한한 가능성을 확인시켜주었지만 동시에 부정적 역기능을 심각하게 노출시켰다. 환경파괴와 오염, 자원의 고갈, 생태계의 파괴와 희귀생물종 멸종, 경작지 감소, 지구 온난화 등 과학기술의 부작용에 의하여 우리 사회가 심각하게 도전받고 있는 것이다. 패러다임의 변화가 요구된다. 그것은 "힘으로서의 과학" 에서 "지혜로서의 과학" 으로의 전환이다. 여기서 지혜란 범신론적 세계관이 아니라 예수 그리스도의 로고스에 입각한 과학을 말한다. 인류는 이러한 환경 파괴의 위협을 인식함으로써 자신의 몸을 돌보듯, 이웃과 지구와 환경을 돌보아야 한다는 '생명 · 환경 중시사상' 에 인식을 같이 하기에 이르고 있다.[1]

　사회발전과 더불어 인권향상과 경제력의 발전은 주5일제를 확대하고 근로시간을 엄수하게 만들었다. 실업과 고용정책, 직업교육과 학교교육, 산업육성정책, 근로조건에 대한 정책, 최소한의 복지정책 등의 개혁되는 복지사회 또한 중요한 시대적 특징이다. 기독교 구원의 복음은 사회복지의 선포 및 실천과 분리될 수 없다.[2] "인간구원은 곧 복지이며, 이 복지는 인간 구원의 실재이다." "구원이란 인간의 모든 실재를 품어서 변혁시키고 완성으로 이끄는 것이다. 이 구원은 경제, 정치, 사회, 문화적 복지를 위해 봉사하는 일상적인 일로 풀어서 설명할 수 있다."[3]

21세기는 디지털 문화와 생명공학, 환경 중시와 사회복지로 특징되는 시대이다. "21세기는 온 생명의 시대"(the era of global life)라고 말하는 학자도 있으나 만유 생명은 그리스도 중심적이 되어야 한다. 하나님 나라를 지향하는 생명의 세기가 되어야 한다. 교회는 21세기 문화의 패러다임을 정립하기 위하여 "문화를 변혁하시는 그리스도"라는 개혁신학적 패러다임을 구체적으로 실행해야 한다. 변혁적 문화신학의 구체적인 프로그램을 다음 같이 제시하고자 한다.

2. 문화 변혁의 구체적인 프로그램

(1) 내실적 생활 문화 창조

우리 생활 가운데 유통되고 있는 허례허식·과소비 문화를 추방해야 한다. 결혼식이나 장례식을 보면 자신의 경제 수준과는 동떨어진 호화판으로 치루고 있다. 이것은 허례허식의 문화이다. 결혼식 비용으로 신랑 월급의 2-3년분을 소비하는가 하면, 피로연 식사비만 몇천만 원이 드는 경우도 있다. 소시민의 결혼식도 액수는 작으나 실생활과 동떨어진 허례는 비슷하다. 이것은 체면을 중시하는 우리 사회의 관습 때문이다. 장례식에도 사회적 지위가 높은 상가일수록 각처에서 들어온 조화가 넘쳐난다. 식이 끝난 뒤 큰 트럭으로 치워야 하는 경우가 비일비재하다.

독일의 경제지 《한델스블라트》(*Handelsblatt*) 등이 만든 한국 비즈니스 전략용 안내서에 다음같이 적혀 있다. "한국인들은 외모와 직위를 중요시하고, 룸살롱과 기생집을 비즈니스 장소로 선호하며, 정기적으로 촌지를 주는 것이 향후 비즈니스를 보장받는 확실한 수단이다." "사업차 한국을 방문할 때는 최고급 호텔에 투숙하라. 가급적 어두운 색의 정장을 입어라. 한국인의 계급의식에 맞게 명함 직급을 높여 적어라. 한국업체를 처음 접촉할 때는 자신이 직접 소개하는 것보다는 한국 내 저명인사나 로비전문업체를 통해 접촉하라"는 내용으로 권유하고 있다. "영어로 대화할 때 한국인들은 전체 내용 중 일부분만 이해하면서도 알아듣는 척 하고, 알아듣지 못하는 것을 수치스럽게 여긴다." "특히 한국인들은 기분에 의해 상담이나 협상을 결정하는 경향이 있으며, 계약서 작성과정에서도 법적으로 완벽하기 보다는 '약(約), 대략, 비슷하게' 등 애매하며 추후 변경 소지가 큰 용어들을 선호한다는 점에 주의해야 한다"고 지적하고 있다.[4]

이상은 내실보다는 체면과 허례허식을 중시하는 우리 민족의 기질을 잘 나열하고 있다. 이러한 한국인의 사고방식은 합리주의가 생활화 되어 있는 서구인, 특히 내실을 중요시하는 독일인의 사고방식으로는 지극히 낯설고 비합리적인 것으로 이해된다.

(2) 대중문화의 변혁

청소년들에게 대중스타는 단순한 동경 이상의 의미 있는 대상이다. 스타들은 청소년들의 동일시 대상이자 정체감 형성의 의미 있는 준거 체계로 자리 잡고 있으며, 동시에 그들의 내면적 욕구와 현실에 대한 저항을 표출하는 현실 도피처로 작용하고 있어 청소년 발달에 커다란 의미를 지닌다. 이는 청소년들의 대중스타에 대한 우상화가 그들의 행동, 태도, 가치관 등 전반적인 부분에 지대한 영향을 미치고 있다는 것을 의미한다. 청소년 응답자들의 3분의 2가 대중스타가 되고 싶어 했으며, 스타들이 자신의 우상이라고 생각하는 청소년들도 응답자의 3분의 1 정도를 차지했다. 또 다른 연구에서도 전체 청소년 응답자의 86% 이상이 대중스타에 대해 평균 이상의 우상화 경향을 보였다. 이러한 연구결과는 대중스타에 대한 청소년들의 우상화현상이 청소년 문화의 한 부분이며, 청소년들의 삶에서 중요한 부분을 차지하고 있다는 것을 말해준다.[5]

맹목적인 스타 숭배로 인한 일부 청소년들의 과열, 음란물과 폭력물로 인한 성적 매지 폭력적 모방충동 등 일부 대중문화 풍토는 여러 가지 역효과도 가져오지만 대부분의 대중문화는 학업에서는 오는 긴장감을 해소하고 유용한 정보를 제공받는 등 긍정적 요소가 높은 것으로 지적되고 있다.

21세기를 맞아 기성세대들은 청소년들과 함께 즐길 수 있는 건전한 대중문화 육성에 관심을 기울여야 한다. 교회는 현대 기독교 음악(CCM)의 수준을 세속음악의 수준 이상으로 끌어올려서 젊은이들이 세속적인 가락보다 오히려 복음적인 가락을 선호하도록 하는 적극적인 문화적 대안을 제시해야 할 것이다.

(3) 도덕성 회복

1960년대 '경제개발을 통한 국가건설' 이라는 목표 아래 공정한 게임의 룰을 무시한 채 가시적인 성과만을 추구했던 국가시책은 국민들의 도덕성의 가치를 하락시키는 결과를 초래했다. 또한 모든 것을 돈과 결부시키는 물질위주의 사고방식은 근검절약하는 도덕과 윤리를 약화시켰다. "잘 살아보자"는 구호 아래 펼쳐지는 극심한 경쟁 속에서 편법주의와 도구주의가 만연했고, 정부 고위층에서부터 시정의 개인에 이르기까지 절차의 정당성을 문제삼지 않았던 것도 도덕성의 위기를 초래했다.

28

그것은 사회지도층의 부패와 일부 시민들의 영합과 연관되어 있다. 2000년 총선(總選)은 금권으로 얼룩졌다. 2000년 3월 18일자 일간신문은 모 지국당 대회장 앞에서 한 참석자가 휴대용 계산기로 무언가를 계산한 뒤 맞은편 사람으로부터 돈을 건네받고 있는 현장을 1면으로 보도했다.[6] 부정으로 얼룩진 선거에서 당선된 공직자는, 공정하게 국정을 실행할 수 없다. 2005년 7월에는 김영삼 정부시절 국가안전기획부(국정원의 전신)가 대통령을 제외한 국가 모든 기관의 불법도청을 한 테이프가 공개되어 공기관의 신뢰에 먹칠을 하였다.[7] 2002년 대선에서는 아들의 병역특혜에 대한 흑색선전이 난무하여, 그 결과 이회창 후보가 낙선하였다. 2007년 대선도 야당의 이명박 대선후보의 옵셔널 벤처스 주가조작 혐의, 도곡동 땅 재산 누락신고 혐의 등에 휩쓸려 정책대결보다는 흑색선전 및 폭로전으로 얼룩졌다.[8]

정치계는 물론 사회 전체가 도덕성을 회복하고 변화되어야 한다.

(4) 환경친화적 문화 창조

지구 온난화, 대기오염, 식량·물 부족, 인구문제 등이 지난 20세기 산업화 모델이 가져온 결과였다. 그것은 자연환경을 인간 임의로 파괴하고 성장에만 주력한 결과였다. 대기 중의 이산화탄소 농도는 1990년대 말 이래 최고수준이 되었다. 1세기 전과 비교하여 30% 이상 늘었다. 지구의 평균온도도 꾸준히 오르고 있고, 이 상태로라면 2100년 지구온도는 평균 4℃ 이상 올라가고[9] 해수면은 최대 1m까지 높아질 것이다.[10] 석탄, 석유, 가스 연소에 따른 지구 온실효과로 인해 지구가 점점 더워지고(지구 온난화) 해수면이 올라가, 베니스나 방콕 같은 저지대 도시는 바다에 잠기게 될 것이다. 이같은 현상은 지구의 모든 생태계를 교란시키게 될 것이다.

'이미 시작한' 지구 온난화로 인해 금세기 후반까지 여름철 북극 얼음 (sea ice)이 완전히 사라질 수도 있다고 2007년 2월 2일 유엔 산하 '정부 간

기후변화위원회(IPCC)'가 심각하게 경고했다.[11] IPCC는 이날 파리에서 발표한 「기후 변화 2007」 보고서를 통해 "지구 온난화 현상은 육지와 고(高)위도 지역에서 가장 두드러질 것"이라며, "지구의 타지역에 비해 2배나 기온 상승 속도가 빠른 북극에선 이번 세기 후반까지 늦여름이면 얼음이 완전히 사라질 수 있다"고 내다봤다. IPCC는 "지구 온난화는 거의 전적으로 화석 연료를 사용하는 인간의 책임이며, 지금부터 온실가스 배출을 억제해도 '이미 시작한' 지구 온난화는 수세기 동안 멈추지 않을 것"이라고 밝혔다. IPCC는 세계기상기구(WMO)와 유엔환경계획(UNEP)이 1988년 설립한 위원회다. 세계 각국의 저명한 기후과학자들은 각종 연구 결과를 집중 논의해, 1990년부터 5-6년 간격으로 IPCC 보고서를 내왔다. 이번 2007년 보고서는 2001년의 제3차 평가보고서 이후 6년 만에 나온 것이다. 보고서는 그러나 "남극의 얼음은 강설량의 증가로 오히려 더 두터워질 것"으로 전망했다. 이번 보고서는 "지난 50년간의 기후 변화는 외부 요인 없이는 설명하기 힘든 것"이라면서 "화석 연료를 사용하는 인간 활동에 의한 것임이 90% 이상 확실하다"고 못박았다. 2001년 보고서는 인간 책임에서 비롯됐을 가능성을 66%로 표현했는데, 이번에 훨씬 강도 높게 인간의 책임을 인정했다. 보고서에서 과학자들은 6개 시나리오에 따라 기온은 평균 1.8-4.0℃, 해수면은 28-43㎝ 상승할 것으로 내다봤다. 하지만 최악의 경우 기온은 6.4℃ 높아지고, 해수면도 59㎝ 상승한다. 반면, 최대한 자연 친화적으로 생활하면 기온이 1.1℃, 해수면이 18㎝ 정도만 상승할 수 있다.[12]

기후변화 문제에서 가장 권위 있는 IPCC가 이처럼 강도 높게 '인간 책임'을 거론함으로써 온실가스 감축을 목표로 한 교토 의정서에 반대해 온 미국, 오염 물질을 대거 배출하는 중국 등에는 큰 부담으로 작용할 것이다.

2000년에 세계인구는 60억 명을 넘어섰고, 2050년에는 90억 명 수준으로 늘어날 것이다. 인구 문제는 불평등 문제를 심화시키고 있다. 과잉영양과 저영양의 심각한 왜곡구조가 가속화하고 있다. 전세계적으로 12억 명이 굶주린 상태에 있는데, 다른 세상의 12억 명은 과체중으로 고민하고 있다. 지구 한쪽에서는 먹을 것이 없어 죽어가고 있는데 매년 미국에서는 40만 명이 살을 빼느라 지방제거 수술을 받고 있다. 한국인들도 50년 전 한국전쟁 이후 굶주림으로 인한 저영양에 시달리다가 반세기가 지나고 경제입국한 후 지금은 과잉영양으로 인한 과체중에 시달리고 있다. 한국인들도 살을 빼느라고 각종 다이어트에 열을 올리고 있는 상황이다.

또 물 부족, 생물종 감소, 환경호르몬 문제 등 인류는 산적한 문제를 안고 있다. 지구상에는 '엘리뇨', '라니냐', '사이클론' 등으로 일컬어지는 각종 기상이변이 일어나고 있다. 이러한 현상의 원인은 인간의 탐욕과 물질지상주의라고 할 수 있다. 일회용품의 남용과 과소비로 인한 쓰레기 발생, 선풍기 대신 사용하는 에어컨, 자동차의 배기가스 등이 그 구체적인 예이다.

우리는 환경친화적 새로운 성장모델을 찾아야 한다. 인류와 지구와 공존하는 새로운 삶의 방식을 모색해야 한다. 그것은 석유와 석탄 등 화석연료 경제에서 탈피하는 것이다. 태양과 수소에 기반한 그린 에너지(Green Energy)로 전환하는 것이다. 물을 전기 분해해 수소를 얻고 이것으로 아주 값싸고 효율적인 연료전지를 만들어 기본적인 에너지원으로 쓰는 것이다. 연료전지로 가동되는 자동차를 만들겠다는 것이다. 이미 셸과 다임러 크라이슬러는 컨소시엄을 구성, 아이슬란드에 세계 최고수준의 수소(水素)기반 경제를 건설하겠다고 선언했다. 태양에너지는 태양광이나 열뿐만 아니라 풍력이나 조력 등 태양에너지가 만들어낸 다양한 에너지원을 포괄하는 그린에너지이다.

지금까지 사회나 시민들의 환경의식은 주로 재활용에 초점이 맞추어져 있었다. 그러나 재활용만으로는 환경친화적인 사회를 건설하는 데 한계가 있다는 인식이 커지고 있다. 세제 개편 등 방안을 마련해야 한다. 화석연료에 붙는 세금, 즉 탄소세를 아주 강하고 무겁게 부과하는 것이다. 이미 덴마크, 핀란드, 네덜란드, 스페인, 스웨덴, 영국 등이 가담했고, 독일이 대표적인 성공 케이스이다.

환경오염 원인제공자에게 환경비용을 부담하도록 해야 한다. 일본 정부 조세위원회는 2000년 2월 29일 지구온실효과의 주범으로 지목된 탄산가스에 대해, 방출 회사에 환경세를 부과할 것을 제의하여 세금 부담이 회사의 제품과 서비스를 사는 구매자들에게 돌아가게 하는 방침을 세웠다.[13] 또한 전철과 연계되는 자전거 이용 캠페인을 벌이는 방법도 있다.

2007년 12월 15일 인도네시아에서 유엔 기후변화협약 '발리 로드맵' 이 채택되었다.[14] 당초 유럽연합(EU)은 '로드맵' 에 "유엔 정부간기후변화위원회(IPCC) 연구결과대로 주요 선진국들이 온실가스를 2020년까지 1990년 대비 25-40% 감축한다는 조항을 넣어야 한다"고 주장했다. 반면 미국은 이를 끝까지 반대하다가 결국 "당장은 아니지만 2009년까지 구체적인 감축목표를 내놓겠다"고 약속했다. 협상 막판에는 또 다른 온실가스 배출 대국(大國)인 중국, 인도가 "개발도상국이 온실가스 감축을 할 때 각국의 경제적 상황을 고려한다" 는 문구를 넣자고 주장해 시간이 더 걸렸다. 한국이 '선진국그룹' 에 속할지는 미지수이나 온실가스 배출량 세계 9위이기 때문에 국내산업에의 영향이 불가피하다. 따라서 한국은 '신기술 개발로 위기를 기회로 삼아야' 한다.

(5) 생명공학의 윤리 정립

21세기는 생명공학의 시대이다. 생명공학을 이용한 제품들이 수년 내의 생활을 엄청나게 변화시킬 것이다. 에이즈와 암 같은 불치병을 치료하는 유전자 치료제가 나올 것이다. 유전자 치료법은 암세포를 억제하는 면역시

스템을 강화, 인체의 자연치료 효능을 회복시켜준다.

생명공학은 식량문제의 새로운 해결책으로 등장할 것이다. 식료품은 유전공학의 기술에 의하여 새로운 제품으로 탈바꿈할 것이다. 지방질이 줄어든 고기를 먹고, 잘 상하지 않는 채소가 나오고, 벼 생산량도 대폭 늘어난다. 가뭄과 홍수에 견디는 벼, 새 종자를 만들기 위한 잡종교배에 걸리는 시간은 10년에서 1년으로 줄어든다. 유전공학에 의한 제2의 녹색혁명이 기대되고 있다. 한국에서도 포기당 2배 이상의 쌀알이 열리는 슈퍼 쌀, 병충해에 강하고 향긋한 냄새가 나는 향기미 등을 개발하기 위해 2,000여 종의 벼의 유전자 정보를 분석한 데 이어 1만여 종의 벼 유전자 지도를 완성하였다.

전 세계 1,000여 명의 연구진이 모여 첨단 쌀 개발에 매진하고 있는 필리핀 국제미작연구소는 기적의 쌀을 개발하고 있다.[15] 세계 30억 인구의 먹을거리, "쌀은 생명이다." 기아 해결의 첨병을 자처한 국제미작연구소를 대표하는 말이다. 단일 작목 연구기관으로 세계 최대 규모인 이 연구소는 지난 60년, 미국의 록펠러 재단과 포드 재단이 투자하고 필리핀 정부가 땅을 제공해 설립된 비영리 연구기관이다. 전 세계에서 모인 1,000여 명의 연구진과 농부들이 첨단 쌀 품종개발에 매진하면서 한 해 평균 300여 편의 연구논문들을 쏟아내고 있다. 국제미작연구소의 40여 년의 역사는 인류의 기아문제 해결을 위한 쌀 증산에 초점이 맞춰져 왔지만 이제는 날로 심각해지는 지구촌 기상재해에 대비하는 품종개발에도 박차를 가하고 있다. 홍수로 벼가 길게는 2주 이상 잠겨도 견딜 수 있는 내침수성 쌀 품종개발을 위한 실험을 하고 있다. 실험재배 결과 침수시에도 기존품종에 비해 산출량을 최고두 배까지 높일 수 있어 잦은 홍수 피해 국가에 보급을 서두르고 있다. 이는 20-30년간 연구노력의 결실이다. 밭벼에 대한 연구도 한창이다. 생산성이 떨어지는 단점으로 대중화되지는 못하고 있지만 가뭄에 강한 유전자를 찾을 수 있다. 쌀 1kg 생산에 3,000 l 의 물이 들어가야 하는 현재의 경작방식으로는 다가오는 물 부족 시대에 대처하기 어렵다는 인식에 따른 것이다. 환경에 악영향을 주는 살충제가 없는 미래를 꿈꾸는 것이다. 브라 박사(국제미작연구소 유전육종팀)는 "야생벼는 매우 유용한 유전자를 갖고 있으며 질병, 해충뿐 아니라 염분 등 환경적 악조건을 견디는 능력이 있다"고 설명했다.[16] 빈곤과 기아 속에 영양결핍으로 숨져가는 극빈층을 위한 해법도 쌀에서 찾을 수 있다. 영양소를 함유한 고기능 쌀 품종개발의 배경이다. 이 품종의 쌀은 유난히 금색을 띠어 이른바 '황금 쌀'이라고 불리며, 쌀에 있지 않은 비타민 A성분을 함유하고 있다. 인류 식량 해결에 대한 청사진에도 불구하고 유전자 정보의 독점과 무분별한 개발에 대한 우려가 뒤따른다.

인간의 유전자의 비밀을 밝히는 "생명의 설계도", 인간 게놈 프로젝트(Human Genom Project)가 예정보다 빨리 2002년에 완료되었다. 이 프로젝트는 정상유전자와 질병유전자에 관한 데이터를 확보한다. 모든 정보는 우표 크기의 유전자 칩(DNA chip)에 담긴다. 사람의 세포하나를 떼어내 유전자 칩에 반응시키면 질병에 걸릴 가능성이 몇시간 안에 드러난다. 만일 비정상적인 유전자가 발견되면 건강한 유전자로 대체해 간단히 문제를 해결한다. 이 프로젝트의 큰 의미는 난치병 치료에 있다. 백혈병, 치매, 심장기형 등 유전자 이상으로 생기는 수많은 난치병이 정복될 가능성이 커진다.[17]

그러나 이러한 프로젝트는 많은 윤리적 문제를 안고 있다. 그것은 맞춤아기 탄생과 유전자지도의 상업화이다. 미국과 일본의 생명공학 벤처 회사가 유전자 특허를 먼저 내려고 혈안이 되어 있다. 게놈 프로젝트는 10만 개의 유전자 구조를 밝히고자 한다. 그러면 이들에 관한 10만 건의 특허가 나올지도 모른다. 난치병 치료를 위해 유전자를 사용할 때마다 일일이 비싼 특허료를 물게 될 것이다. 그러면 인류 공동 선을 위해 시작된 프로젝트가 선진국 일부기업에 큰 이익을 제공하는 결과를 낳는 셈이다. 1997년 11월 11일 파리에서 열린 유네스코 제29차 총회는 186개 회원국 전원 찬성으로

"인간 게놈과 인권에 대한 보편적 선"을 채택했다. 이 선언은 "유전 연구가 인간의 존엄성과 인권보다 우선할 수 없다"고 명시했다.

　인간의 DNA(유전자)에는 인체에 관한 모든 역사가 축척돼 있다. 유전자 검사를 해보면 유전자에 어떤 변이가 생겼는지 예측이 가능하다. 유전자 정보를 남용해서는 안 된다. 특히 유전자를 가지고 얻은 인간의 약점을 이용해서는 안 된다.

(6) 디지털 기술의 내실화와 디지털 문화의 윤리 정립

　컴퓨터 통신망을 통해서 세계 어디서나 정보통신이 가능한 고도의 정보사회가 구축되고 있다. 텔레커뮤니케이션은 데이터 음성 화상을 통해 세계 어느 누구와도 연결할 수 있는 거대한 네트워크를 이루고 있다. 텔레커뮤니케이션은 세상을 엄청나게 변화시키는 세계화의 바탕이다. 한국의 정보화 수준은 하드웨어나 단말기 보급수준 등 외형적으로는 정보화 선진국이라 할 수 있을 만큼 발달했다. 인터넷 인구가 1,000만 명을 넘어섰고 이동통신 가입자도 2,500만 명을 넘어서고 있다. 그러나 아직도 정보화를 위한 인프라는 도시와 농촌에 차이가 있고 초고속 도로망 등의 시스템이 아직도 전국적으로 깔려 있지 않다. 이동통신의 단말기의 경우 본체는 미국에 로열티를 지불하고 있고, 배터리는 일본에서 비싸게 사와야 하며 규격도 단말기마다 달라 낭비적이다.

　디지털 문화 또한 아직 제대로 정립되어 있지 않다. 사이버 테러가 종종 일어나고, 각종 해킹이 발생하고 있다. 2005년 7월 국내 최초로 은행 홈페이지를 가장한 피싱(Phishing) 사이트를 만들어 개인정보를 빼낸 범인이 고교생(김모군)인 것이 밝혀졌다.[18] 김군은 게임을 하던 중 만난 이용자에게 채팅을 통해 "아이템을 사고 싶으니 은행에서 실명 인증을 해달라"는 요구했고, 게임이용자는 김군이 가르쳐 준 가짜 은행 사이트에서 실명인증 프로그램을 위장한 상대의 사용프로그램을 다운 받았다. 상대의 컴퓨터를 원격조정하게 된 김군은 상대의 백신 프로그램을 삭제해 보안망을 무력화 한 후 해킹 전용 프로그램을 몰래 깔아 개인정보를 마음껏 전송받았다.

인터넷은 포르노물과 폭력물을 안방에까지 실어 나름으로써 현대인들, 특히 청소년에게 심각한 부정적 영향을 끼치고 있다. 미국에서 "성적 탐닉과 강박"이라는 주제로 최근 발간된 잡지(2000년 3월호)에서 스탠퍼드대의 심리상담사인 엘쿠퍼 박사 등은 생산력 발전을 통해 미국 사상 최장기 호황의 견인차 역할을 하고 있는 인터넷은 미국에서만 20만 명의 사이버 섹스광과 400만 명의 사이버 도박꾼을 양산하고 있다는 조사결과를 발표했다.[19] 디지털을 매체로 대중들, 특히 청소년들에게 노출되는 포르노물이나 폭력물의 규제 방안이 강구되어야 한다.

(7) 복지 문화의 정립

21세기 우리 사회도 후기 산업사회로 급속히 변화되고 있다. 이로써 우리는 경제적 성장과 더불어 문화적 질을 중요시하는 사회로 들어가게 된다. 후기 산업사회의 특징이 우리사회에서도 정착될 것이다. 첫째, 건강의 생산과 유지이다. 둘째는 교육의 영역이다. 셋째는 정보의 영역이다. 이에 따라 병원, 학교, 언론이 21세기 산업활동의 중심적인 장소가 될 것이다. 여기에 보다 많은 투자와 연구가 있어야 한다. 경제성장과 사회복지를 동시에 추구하는 방향으로 나아가게 될 것이며, 그것은 근대화와 복지국가를 결합한 유럽모델이다.[20]

경제적으로 극빈자들에게 지급되는 최소 생계비도 현실화해야 할 것이다. 우리사회는 1997년 IMF 통화 위기를 극복하고 1인당 국민소득이 2004년에는 1만 4,000달러, 2007년에는 2만 달러를 달성하였다. 선진국의 문턱에 있는 사회로서는 부유층과 빈곤층 간에 적대의식과 증오감이 우리 사회 공동체의 근본을 흔들 수 있다. 이러한 사실을 직시하고 빈부갈등에 완충 역할을 하는, 과감한 사회복지 정책을 마련해야 할 것이다.

또한 장애인과 함께 사는 사회문화를 만들어야 한다. 자폐증 아동, 저능 아동 등을 위한 특수교육 전공 교사가 절대적으로 부족하고 일반 학교에서는 정신 지체아들을 받지 않으려고 하는 것이 우리 사회의 분위기이다. 휠체어를 이용하는 신체 장애자들은 도로의 턱 때문에 아스팔트에서 인도(人道)로 올라설 수 없다. 지하철 및 공공시설 입구 곳곳에 있는 가파른 계단과, 리프트가 없거나 있더라도 타인이 조작해 주어야 이용할 수 있는 시설 때문에 이들은 나들이가 무섭다. 공익시설에 있는 장애인용 리프트 또한 한 달에 한두번 사용되는 경우가 많기 때문에 조작을 해주는 경비원들도 방법을 모르는 경우가 대부분이다. 서울이라는 거대 도시가 장애인들과 함께 사는 것을 거부하고 있는 셈이다. 대기업의 장애인 고용비율을 의무화 한 "장애인 고용촉진 등에 관한 법"이 제정된 지 10년이 다 돼 가지만 30대 그룹 가운데 이를 지키는 기업이 한 곳도 없는 실정이다. 현실은 의무 고용률 2%에 턱없이 모자라는 0.31% 수준이다.[21] 장애인들이 일하는 사업장에 엘리베이터나 장애인 전용 화장실이 없는 것은 말할 것 없고 좌변기마저 없는 곳도 적지 않다.

(8) 세계화에 발맞추며 고유한 문화성을 살리는 정책

우리의 고유한 기독교 문화를 창조해야 한다. 그것은 예배와 찬송, 교회 건축과 신학사상, 그리고 신자들의 생활에서 나타나야 한다. 특히 우리 가락의 찬송가 보급은 시급한 문제이다. 하나님은 각 민족에게 독특한 가락, 맛, 정서를 주셨다. 특히 3박자의 가락은 우리 민요의 독특한 구조인데, 우리 민족의 정서에 더 깊이 동조를 일으키며 하나님을 찬양할 수 있도록 하는 리듬이다. 그 대표적인 예가 나운영의 "여호와는 나의 목자시니"이다. 이 곡은 우리의 고유한 가락에 맞는 감동적인 곡이다. 이러한 찬송가들이 많이 만들어져야 할 것이다.

한편 국제화 시대에 걸맞는 문화예절과 문화의식과 관광상품을 개발하는 것이 요청된다. 아직도 외국인들에게는 한국은 "볼 것 없고 물가가 비싸고 불친절한 나라"로 인식되고 있다. 아직도 택시 횡포, 호텔 불친절, 여행사 불친절, 쇼핑 불편 등으로 인해 홍콩, 싱가포르, 태국이나 말레이시아보다 관광국으로는 뒤처진 나라로 인식되고 있다. 덕수궁이나 종묘에서 우리의 전통의식을 선보이는 프로그램 등 외국인 관광객들의 볼거리가 더 개발되어야 한다.

3. 사회변혁의 구체적인 프로그램

(1) 투명한 사회구조

한국은 재벌 중심의 경제성장 우선정책으로 인하여 정치엘리트와 재벌 간의 권력독점 현상을 고착시켰고 재벌은 정부의 재정지원을 더 많이 받기 위해 정치인이나 정부관료들에게 더 많은 뇌물을 제공했다. 한국의 재벌은 정부의 지원 내지 묵인 아래 구멍가게식 가족경영에서 아직도 벗어나지 못하고 있다. 우리 사회에 퍼져 있는 "신패거리주의"(a new cronyism)란 전리품 나눠주듯 총선 낙선자 자리 찾아주기, 측근 봐주기 등 끼리끼리만 소통하고 자신의 잣대로 세상을 해석하는 폐쇄성을 말한다.[22] 최근에 있었던 몇몇 대기업의 경영권 분쟁을 계기로 강도높은 재벌개혁을 요구하는 목소리가 높아지고 있다. 아직도 우리의 기업구조는 소수 대주주가 자신의 소유지분 이상의 권한을 행사하고 있다. 소액 주주를 무시하고 주주총회나 이사회 등 법적 기구를 무시하며, 부당 내부거래를 하고 있는 것이다. 재벌개혁은 소유와 경영을 분리하고 소액주주의 권한이 강화되는 방향으로 소유와 지배구조를 개선시켜야 한다. 문제를 근본적으로 해결하기 위해서는 정부의 규제 강화보다 먼저 기업인들의 경영마인드 변화가 야기되어야 한다. 또한 증시와 신용평가기관, 금융기관을 중심으로 시장 기능을 강화함으로써 자율적인 변화를 유도하는 것이 바람직하다.[23]

국제 투명성기구(TI)가 1995년부터 매년 발표하는 공직 부패지수(CPI)에 따르면 한국은 부패의 정도가 1996년 이후 계속 심화되는 추세이다. 10점 만점을 기준으로 그 점수가 낮을수록 부패도가 심한 것인데, 이 수치를 보면 한국은 1995년에 4.3, 1996년에 5.0, 1997년에 4.3, 1998년에 4.2, 1999년에 3.8로 계속 낮아져 부패가 심화되고 있음을 알 수 있다. 국가별 순위도 세계적으로 1995년과 1996년에는 27위, 1997년에는 34위, 1998년에는 43위, 그리고 1999년에는 50위로 밀려나 점차 악화되었다. 국제투명성기구(TI)가 2004년에 발표한 한국의 부패인식지수(CPI)는 10점 만점에 4.5점으로 146개국 가운데 47위의 수준이다. 이렇듯 우리나라의 부패수준은 1995년 이후 계속 40-50위 근처를 맴돌고 있다. 경제규모가 10위권에 든 국가로서 부끄러운 일이 아닐 수 없다. 부패가 우리 사회의 '지속가능한 발전'의 발목을 잡고 있다. 그런데도 부패가 줄어들기 보다는 더 크고 더 교묘하게 이루어지고 있다는 분석들이 나오고 있다.[24]

참여정부가 시작되면서 대통령자문기관으로 반부패 특별위원회가 설치되었지만, 입법조치한 반부패기본법은 국회에서 한번도 논의도 거치지 못한 채 자동폐기되고 만 실정이다. 이것은 정부의 의지와 노력이 부족한 탓이다. 반부패기본법에는 부패척결기구, 내부고발자 보호, 시민 감시청구,

부패공무원 취업금지, 불법자산 몰수 특례 등이 포함돼 있다. 그리고 고위 공직자 처벌기구, 돈세탁방지법이 동반 처리되어야 한다. 인맥과 학력보다 실력위주의 사회구조가 되어야 한다. 편법이 판치는 요령사회를 극복할 수 있어야 한다. 사회의 부정부패를 막기 위해서는 까다로운 행정규제(중소기업 창립 절차 80여 가지 등)를 풀고 합리화시켜야 한다. 공정경쟁을 이끌 합리적 제도를 마련해야 한다. 편법을 추방하고 절차의 정당성을 확립해 가는 사회가 되어야 한다. 능률보다 인간성 회복과 상호공존과 도덕성 등 잃어버린 가치관을 회복하는 정책이 필요하다.

지방자치단체인 서울시가 1999년 4월부터 실시한 민원처리 온라인 공개 시스템은 민원처리의 투명성을 높여 부패를 추방하는 데 큰 성과를 얻었다. 이 제도는 민원이 온라인을 통해 접수한 뒤, 그 처리과정과 결과는 물론 문제점이나 보완사항 등에 대해 민원인이 직접 인터넷에서 상황을 확인할 수 있다. 예를 들면 현재 서류가 어디에 가 있으며, 언제쯤 결재가 가능한지, 어떤 서류가 미비되었으니 언제까지 보완하라는 등의 내용을 인터넷을 통해서 확인할 수 있는 것이다. 이 제도는 1999년 10월 남아공의 더반에서 열린 세계 반부패대회에서 서울시가 초청 소개되어 우수사례로 인정받은 바 있고, 현재 수십만 명이 이를 이용하고 있다. 전자정보기능을 통해 투명성을 높이는 일은 건설, 조달, 환경 등 중앙부처의 각 분야에서도 진행 중에 있다.[25]

(2) 실패를 수용, 패자에게 재기 기회 주는 풍토

우리사회에서는 실패에 대하여 지극히 냉정하다. 대학입시제도부터 시작하여 회사 승진이나 기업 경영에서도 성공한 사람에게는 영광을 돌리고 실패한 자에게는 다시 기회가 주어지지 않는 사회구조가 만연해 있다. 승자에게는 모든 영광을 주지만 패자에게는 실패를 인정하고 재기의 기회를 주기 보다는 그것으로 패자를 단정지어 버리고 단숨에 퇴출시키는 것이 일반적인 분위기이다.

회사를 경영하다 부도를 내면 하루아침에 사기꾼이 되고 쌓인 연륜과 노하우는 쓰레기가 되어버린다. 첫 사업의 실패 때는 재기도 못하는 경우가 대부분이다. 대표적인 것이 기업의 부도를 처리하는 방식이다. 일단 기업이 부도나면 그 회사의 대표는 부정수표 방지법에 따라 형사 입건되는 것이 기본이요 구속 수감됨으로써 기업의 재기는 제쳐놓고 기업을 제대로 정리할 수 있는 기회조차 주어지지 않게 된다. 그리하여 부도 이후에는 실패를 경험삼아 새롭게 배우기는커녕 퇴출이라는 극형을 받게 됨으로써, 그는 실패경험을 다시 살리지 못하게 된다.

선진국에서는 오히려 실패를 수용하고 그것을 통해서 발전의 기회를 주는 사회분위기가 조성돼 있다. 미국에서는 1년에 최소 한 건씩 자기업무에서 새로운 것을 시도하여 실패한 사례를 제출해야 승진 승급대상으로 삼는 기업이 있다. 신입사원을 채용할 때 성공 경험과 실패 경험에 동등한 점수를 부여하는 회사도 있다.[26]

외국에서는 실패를 딛고 일어선 많은 사람들이 있다. 지난 1995년 28살의 나이에 무리한 파생금융 상품거래로 영국 최고의 전통을 자랑하던 베어링 은행을 파산시킨 릭 리슨은 3년 6개월의 수감생활을 마치고 나왔고, 그의 인생은 실패의 전형이었다. 그러나 그는 지금 한번 강연에 10만 달러를 받는 최고의 강사로 활약중이다. 그의 실패경험을 듣고 싶어하는 사람들이 줄을 서서 기다리고 있기 때문이다.

우리 사회에서도 정직한 실패에는 격려를 보내고, 재기를 통해 실패의 경험을 다른 사람들과 나누게 하는 사회분위기를 만들어 가야 한다. 이를 위해서는 교회가 보다 관용의 태도를 가지고 앞장서야 하겠다.

(3) 여성의 참여를 보장하는 사회

20세기는 여성지위가 향상된 시대였으나 한국은 정보선진국을 지향하면서도 여성의 사회적 지위에 있어서는 후진국 수준을 면하지 못하고 있다. 일하고 싶어도 가사노동에 발목이 잡혀 있는 전업주부집단이 500만 명이나 된다.[27] 이들은 고학력이라는 엄청난 잠재력을 지니고 있지만 사회에서 일할 기회를 가지지 못한다.

여성들은 남성보다 머리가 좋고 책임감이 있고 청렴성이 있으며, 열심히 일한다. 한국여성은 한국 남성보다도 더 국제적인 경쟁력을 지니고 있다. 그 대표적 예가 박세리, 김미현, 박지은, 미셸 위, 장정, 강수현 등 세계 여성 골퍼계를 주름잡는 한국 낭자(浪子)들의 세계정상의 기량이다. 한국 사회의 고질적인 부패와 부정, 비효율 등 고질병은 남성인력의 전용이 가져온 한계라고 할 수 있다.

여성의 섬세함과 동시진행적 능력, 한 자리에 앉아 오래 일할 수 있는 지구력 등은 남성을 능가한다. 아직도 우리 사회에서는 여성을 기업이나 직장의 꽃으로 생각하고, 능력에 따라서 직무를 배정하지 않는 사례가 발생하고 있다. 아직도 여성의 경우 결혼 때문에 오래 다니던 회사에서 사표를 내야 하는 경우가 비일비재하다. 외국의 유명대학에서 박사학위를 받았어도, 여성이라는 이유 때문에 남자 동기는 이미 대학에서 자리를 잡았는데 아직도 연구원에 머물러야 하고 대학 교수임용에는 항상 심사에는 번번이 밀려야 한다.

왜곡된 여성인력의 운영행태는 국가의 총체적 자산을 반감시키는 결과를 초래하고 있다. 마틴 프로스트 프랑스 여자교수의 눈에 비친 21세기 한국은, 절대 남녀가 평등히 능력을 발휘하는 나라가 아니다. 그녀는 일하면서 애 키우느라고 바쁜 한국여성들을 "수퍼우먼"으로 본다. 그 뿐 아니라

"남편은 잠자고 아내는 일하고" "남편들이 집에 돌아오면 너무나 당연히 손가락 하나 까딱하지 않은 채 아내의 시중을 받는" 현상에 대하여 프랑스에서는 상상도 할 수 없는 일이라고 놀라워 한다.[28]

유교적 관습에서 나온 여성에 대한 편견에서 벗어나야 한다. 그리고 여성인력이 힘을 발휘하도록 보육시설 등 사회시스템부터 개조해 선진국형으로 운영하는 게 절실하다. 미국에서는 아내에게 사회활동을 양보한 남편들이 주부(主夫)들끼리의 모임을 결성해 요리법, 육아법 등 가사정보를 교환하기도 한다. 농촌이나 산업사회에서 근력을 사용하는 일에 있어서는 남자가 여자보다 우위에 있었다. 그러나 전자 첨단의 고도 정보사회에서는 여성의 힘이 유효하다. 서울 항공청에 따르면 2000년 2월 25일 인천 국제공항 개항을 1년 앞두고 채용된 신규 관제사 61명 중 30명이 여성인 것으로 나타났다.[29] 항공관제사는 24시간 레이더 앞을 떠나지 못하는 격무와 한치의 오차도 허용하지 않는 딱딱한 근무환경으로 공군 출신 등 남성 독무대로 남아있었다. 그러나 정보화 시대, 여성의 섬세하고 꼼꼼한 특성이 고도의 집중력을 요하는 항공관제분야에 큰 역할을 하게 될 것으로 기대되면서 여성의 진출기회도 그만큼 열리고 있다.

여기에 기독교는 제2의 여성 지위 향상운동을 해야 할 필요성을 가진다. 남자와 여자는 하나님의 형상으로 지음을 받은 동등한 존재로, 성차별은 성경에 어긋나는 것이기 때문이다.

(4) 중산층이 두터워지는 사회: 정의로운 소득분배

1) 한국의 빈부격차 해소방안

IMF 외환위기 이후에 우리 사회의 빈부 격차가 커졌고 경제적으로 소외계층이 늘어났다. IMF 이전에는 가진 자와 덜 가진 자의 비율이 40 대 60이었으나 IMF 이후에는 20 대 80으로 빈부의 격차가 심해지고 중산층이 몰락

해가는 현상이 나타나고 있다. KDI(한국개발연구원) 보고서「소득분배 구제 비교를 통한 복지정책의 방향」(2003년 10월)은 "한국의 절대빈곤율은 1996년 5.5%(추정치)에 비해 2003년에는 10.1%가 됐다"며 "IMF 외환위기를 겪으며 급속히 증가했으며, 그 주된 원인은 실업율 증가"라고 진단했다.[30] 2003년 12월 27일과 28일 KBS는 저녁 8시 "이제는 동반성장이다"라는 제목의 기획방송에서, 중산층에 속한 많은 가정들이 가장의 실직과 함께 빈곤층으로 몰락하여 한국의 빈부격차는 심화되었고 이것은 한국사회의 안정에 적신호를 나타내는 것이므로 노사가 대립을 절제하고 화합하며, 가진 자가 양보하고 고용을 확대하는 정책에 의한 동반성장만이 살 길이라고 보도했다.

2003년 9월《조선일보》기획취재팀의 조사에 의하면 한국의 중산층은 사교육비와 집세, 부동산 값에 찌들어 있으며 이들이 느끼는 상대적 빈곤감은 더 커지고 있다. 평생 벌어 자식에게 바치고 자신은 늙어서 알몸이 되는 노인문제도 갈수록 심각해지고 있다.[31] 2003년 10월 한국개발연구원(KDI)이 내놓은 보고서에 따르면 지난 2000년 소득 기준으로 도시가구의 10.1%가 최저생계비에 미달하는 "절대빈곤층"으로 분류되었다. 보고서는 "외환위기 전인 지난 1996년만 해도 절대빈곤율은 5%대 중반에 머물렀으나, 외환위기로 인해 절대빈곤 계층이 두배로 늘었다"고 분석했다.[32] 수치로 환산하면 약 470만 명이다. 이 보고서는 "상대빈곤율(중위 소득 40% 이하 가구 비율)지표로 따져보면 한국은 11.53%로 OECD회원국 30개국 가운데 멕시코(16.3%)를 제외하곤 가장 높은 수준"이라고 지적했다.[33]

2004년 1월 1일 신년호《조선일보》는 국민소득 2만 달러를 향하고 있는 한국사회 속에 존재하고 있는 서울 신림10동 달동네 사진과 지붕 위에 가득 쌓인 고철과 폐품 더미로 살아가는 노부부의 사진을 실었다. 이들은 30년간 이 집에서 살면서 1kg에 50원인 폐지, 하나에 20원인 빈병을 팔아 생활

해왔다. 서울 중계본동 104번지 달동네에는 철거민, 영세민 등 5,100여 명이 가족마다 방 한 칸에서 새우잠을 자고 있으며, 이들은 이 지역을 재개발하려는 서울시의 계획 때문에 또 어디로 쫓겨날까 걱정하고 있다.[34]

2005년 보사부 연구소의 통계에 의하면 우리 사회(총인구 4,905만 명)의 빈곤층이 500만을 돌파하여 10명 중 1명이 빈곤에 허덕이는 것으로 조사되었다. 이에 반해서 소득 상위 10%의 월수입은 776만 원으로 하위 10%가구(42만 7,684원)의 18배나 되어 소득의 양극화가 가속화 되는 것으로 나타났다. 빈곤층 가운데 기초생활 수급자(소득이 최저생계비 이하)가 147만 명, 잠재빈곤층(소득이 최저 생계비의 120% 이내)이 170-190만 명, 소득이 없으나 재산이 있어 지원 받지 못하는 빈곤층이 190만 명으로 나타났다.[35]

컴퓨터와 인터넷으로 대표되는 디지털 혁명이 가속화 하면서 부를 창출하는 중심계층이 역전되는 이른바 "소익부(小益富), 노익빈(老益貧)" 현상이 두드러지고 있다. 인터넷 문화에 익숙하여 정보에 쉽사리 접근하는 20-30대 젊은층이 인터넷을 활용해 코스닥에 투자, 한 달 새 수십 배를 불리는 부유층으로 떠오르고 있다. 이들은 벤처 창업, 스톡옵션을 통하여 거부 대열에 서고 있으며, 인터넷 기업 로커스, 새롬기술 등은 창업 수년 만에 수천억의 실적을 올리고 있다. 정보화에 뒤떨어진 50-60대 노년층은 점차 부의 중심에서 밀려나는 선진국형 신흥 계층모델이 국내에서도 급속히 확산되고 있다.[36]

이미 우리 사회에는 벤처 창업과 코스닥 등록으로 단시간에 떼돈을 번 20-30대 청년재벌이 등장하는가 하면 저금리에 의존하는 50-60대들은 생활기반이 무너져 빈부격차가 극명하게 드러나기 시작했다. 디지털 시대의 빈부격차는 연령의 차이에서만 발생하는 것이 아니고 지역 간에도 발생하고 있다. 인터넷에 오르는 정보는 서울과 수도권 거주자를 위한 것이 대부분이고 초고속 통신망도 지방에서는 외면받고 있다. 인터넷으로 발생하는 빈부격차를 그대로 방치할 경우에는 해외에서 확산되고 있는 "네오 러다이트"(Neo Luddite) 운동이 국내에서도 일어날 것으로 우려된다. 네오 러다이트 운동은 산업혁명 때 일어났던 기계파괴운동인 러다이트 운동을 본뜬 것으로 사회 일각에서 일어나고 있는 인터넷 거부운동을 말한다. 정부는 정보화에 소외된 사람들을 위해 정부차원의 대책을 서둘러야 한다. 고용확대를 통한 탈빈곤 정책이 시급하다. 빈곤을 극복하려면 새로운 일자리를 계속 만들어 분배할 수 있는 "파이"를 키우는 게 급선무이다. 고용 없이 성장이 심화되는 상황에서 사회 지도자들은 일자리 창출을 최우선 정책과제로 삼아 전력투구해야 할 것이다.

오늘날 미국이 주도하는 신자유주의와 디지털 혁명이 주도하는 세계경제 흐름 속에서 우리사회 저소득층의 임금소득이 늘어나도록 중산·서민층의 재산형성 지원책과 중장기적인 재교육 프로그램, 교육비 지원 등이 시행되어야 한다. 감기에 2조원 쓰고 암(癌)에 6,000만 원 쓰는 보험 아래서는 중병에 걸리면 모두 끝이다. 돈이 모자라면 있는 사람이 더 내어 사회보험의 폭을 넓혀 나가야 한다.[37] 근로자가 회사 주식을 갖도록 해야 한다. 정부가 국영기업체를 매각할 때에도 될 수 있으면, 일반 근로자에게 불하하는 방법을 찾아 보아야 한다. 그리고 2003년 은행예금 이윤율이 3%로 낮아지자 돈이 부동산으로 몰려 강남아파트가 몇 달 만에 1억씩 오르는 기현상이 벌어지고 있다. 수백억조에 달하는 부동사금을 잡는 장기적인 부동산대책이 있어야 한다. 부자들과 기업이 앞장서 학교와 도서관을 만들고 사회공익단체와 교회에 기부하는 기부문화를 만들어가야 한다. 사회에서 받은 혜택을 사회에 환원하는 사고가 필요하다.

더욱이 21세기 경제가 지식산업 경제로 전환되고 있기 때문에 육체노동인력의 시장가치는 매우 낮다. 지식산업으로 대표되는 산업구조의 고도화로 인하여 평범한 기술자는 설 자리를 잃어가고 있으며, 일을 해도 가난한 노동빈민(working poor)이 나타나고 있다.[38] 직종 간, 학력 간 임금 격차가 이미 1990년대 중반부터 구조적으로 확대되고 있다. 미국 컬럼비아대 지구연구소장인 제프리 삭스(Sachs) 교수는 첨단기술을 익히도록 하는 교육투자를 빈부격차의 처방으로 제시하고 있다: "장기간 교육과 기술훈련이 필요하고, 고급 인력을 활용할 수 있는 첨단과학기술이 요구된다. 교육에 대한 투자를 과감하게 늘려 교육의 저변을 확대해야 한다."[39] 정부는 꾸준한 전문교육과 창업교육을 통해 노동력의 질을 산업구조의 변화 수준에 맞추어 주는 작업을 장기적으로 추진해야 한다.

2) 미국의 빈부격차 해소법

여기에 미국의 빈부격차 해소법은 우리에게 시사하는 점이 적지 않다. 미국 의회 예산국의 보고서를 보면 2004년 미국 하위 20% 가구(5분위)의 실질소득은 지난 1979년보다 2% 증가하는 데 그쳤다. 그 위의 20%(4분위) 소득은 11%, 3분위 소득은 15%, 2분위 소득은 23% 늘었다. 반면 최상층인 1분위 소득은 63%나 증가했다. 신문에는 연일 수퍼 부자들의 고소득 뉴스가 등장한다. 2006년 한 해 동안 월스트리트에서 가장 돈을 많이 번 헤지펀드 매니저인 제임스 사이먼스는 1년간 일한 대가로 무려 17억 달러(약 1조 6,000억 원)를 손에 쥐었다.[40] 한국 같으면 부자들의 치부 과정을 색안경 끼고 보고, 정부가 소득세를 대폭 거둬 빈곤층에 나눠줘야 한다는 과격한 논리가 나왔을 법하다. 하지만 미국의 분위기는 그리 과격하지 않다. 민주당이든 공화당이든 급진주의 논리를 뒷받침할 증거가 많지 않다고 생각하기 때문이다. 헤지펀드 매니저나 실리콘 밸리의 벤처기업가들이 벼락 부자가 됐어도 빈곤층의 실질임금은 줄지 않았다. 중하층은 의료·교육 혜택을 여전히 누리고 있다. 부자나 가난한 사람이나 모두 파이를 키우는 데 기여했으나 파이 증가분이 저소득층에 좀 적게 돌아갔다는 인식이다. 결국 폴슨 재무장관 등 미국 경제 전문가들의 고민의 초점은 이렇게 정리된다. '미국

경제 번영의 정신을 죽이지 않는 범위에서 어떻게 불평등을 완화할 수 있을까? [41] 미국인들은 빈부 격차의 해법을 상류층이 아니라 오랫동안 계층 상승에 실패한 하위층에서 찾는다. 프린스턴대 앨런 크루거 교수는 "상류층을 쥐어짜는 것은 전혀 도움이 되지 않는다. 하위층의 소득을 높이는 것이 중요하다"고 지적한다. 해결책은 일자리와 교육으로 돌아간다. 기술이 없는 저소득층은 임금 상승보다는 노동시간을 연장하는 방식으로 소득을 늘린다. 그래서 두 가지 일자리(two jobs), 세 가지 일자리(three jobs)가 가능하도록 다양한 일자리가 필요하다. 저소득층 자녀들이 고숙련 기술을 익힐 수 있도록 교사를 더 채용하고 장학금을 지급하는 배려도 필요하다. 오랜 시간이 걸리고 많은 비용이 들지만 다른 현실적 대안은 없다고 학자들은 말한다. 일자리 창출과 교육 제공이, 세계 최대 강대국이 실정(失政)에 따른 고실업과 저성장, 빈부 격차를 치료하는 지혜다. [42]

(5) 노령화사회를 위한 준비

의학의 발달과 더불어 평균수명이 늘어나고 있다. 지난 1960년 우리 국민 평균수명은 52.4세였는데 1995년에는 73.5세가 되어 35년 동안 수명기간이 무려 21년이나 연장되었다. 2000년 들어가서는 74.9세로 늘어나고 2030년에는 79세로 연장되어 인생 80세 시대에 들어갈 전망이다. 이로 인해 고령인구가 급속하게 증가되고 있다. 1960년 65세 이상의 노인인구는 73만 명(전체인구의 2.9%)였는데, 1995년에는 266만 명(5.9%), 2000년에는 337만 명(7.1%), 2004년 418만 명(8.6%)으로 고령화 사회(aged society)로 진입하였다. 2019년에는 14%를 넘는 고령사회, 2026년에는 20%가 넘는 초고령사회에 진입할 예정이다. [43] 21세기는 실버시대(silber age)가 되었고, 이제 100세 수명은 현실로 다가오고 있다. [44]

분자 생물학자들은 이미 노화의 정복이 시작되었다고 말한다. 이들은 염색체 끝에 달린 페로미어(Telormere)의 길이가 줄어들면서 노화가 이뤄지는 데, 테로머라제(Telomerase)를 통해 텔로미어의 길이를 늘이면 노화를 막을 수 있다고 말한다. 인공장기 개발, 기간 세포 이식, 유전자 치료법 등과 함께 병 없는 노인의 세상으로 성큼 다가서고 있다. 인공피부를 이식해 30대 얼굴을 갖추고 뇌세포 이식으로 총명하기까지 하며 100세의 경륜을 갖춘 노인이, 아들뻘에 해당하지만 온갖 고생의 흔적이 고스란히 담긴 얼굴의 70세 노인과 한 동네에 사는 날이 멀지 않았다.

이럴 때 젊음은 부자들의 것만이 될 수도 있다. 부유한 사람만이 정정한 노인이 될 가능성이 많다. 여기에 정부는 사회제도적으로 노인들이 골고루 건강과 과학기술의 혜택을 받을 수 있도록 하는 사회제도를 만들어야 한다. 부유한 노인이라고 해도 육체적 한계와 더불어 정신질환의 굴레에서 벗어나기는 어려울 것이다. 세계보건기구는 21세기 질병으로 우울증을 지정하고 있다. 급증하는 노인들이 80대, 90대의 "젊은 노년"에 일자리를 찾지 못하는 등 사회적 욕구가 충족되지 못할 때 각종 욕구불만과 우울증 등에 시달릴 가능성이 크다. 노인들이 치매에 걸리지 않고 멀쩡한 정신으로 무력감과 권태감을 이겨낼 수 있는 데 정부나 사회기구의 노력만으로는 한계가 있다.

한국사회는 이처럼 이미 다가온 장수사회에 대한 대비는 커녕 노인문제에 대한 기본적인 인식조차 공유하지 못하고 있어 장수가 '축복'이 아니라 가족들에게 '멍에'가 되고 있다. 그래서 '오래 산다'는 것은 단순히 축복만이 아니라 희망과 위험을 동시에 동반하고 있다. 여기에 교회의 역할이 크다. 교회는 노년부를 크게 활성화 시키고 노인대학과 더불어 각종 노인 사회봉사단 등 노인들이 사회에 기여하고 삶의 보람을 느끼는 프로그램을 개발해야 할 것이다.

(6) 시민운동 단체의 활동

비정부기구(NGO)는 권력이나 부에 대한 이해관계를 떠난 단체이기 때문에 열린 사회에서는 막강한 영향력을 행사한다. 우리 사회에서도 2000년 총선 정당추천자에 대한 낙천 및 낙선운동으로 기존 정치권에 큰 영향력을 행사했다.

사랑의 집짓기 운동(habitat), 국경없는 의사회, 여러 환경단체 등이 대표적인 비정부기구이다. 미국에서는 그린피스가 세계최고의 유아식 회사인 미(美) 거버사에 편지를 보내 유전자 조작 물질을 사용하고 있는지 이것을 어떻게 구제하고 있는지를 물었다. 회사중역들은 두달간 열띤 토론 끝에 거버사는 유전자 조작 콩이나 옥수수를 더 이상 쓰지 않겠다는 결정을 내렸고 이를 대외적으로 공표했다. 이는 한 해 약 10조 달러의 매출과 관계되는 어마어마한 결정이었다. 앞으로 이같은 비정부기구의 역할과 힘은 더욱 커질 것이다.

현재 세계적으로 2만 개가 넘는 NGO들이 있다. 대부분이 환경단체들이다. 지난번 미국 시애틀에서 열린 WTO 회의에서도 이들 NGO는, 환경을 무시하고 제3세계를 무시한 미국주도의 성장과 교역일변도의 세계무역정책을 반대하였다. NGO는 환경 및 사회복지와 관련하여 수백만 시민들을 무지에서 깨어나게 하고 경각심을 주어왔다. 교회는 이 비정부단체들을 물심양면으로 지원해야 한다.

(7) 세계화하는 사회

정보화에 의하여 세계는 급속히 지구촌으로 변모하고 있다. 우리 한국인들은 '지구촌' 이라는 의식을 가지고 국제사회의 규범과 가치를 수용하고 생활해 나가야 한다. 세계화란 선진 지역의 가치가 통용되는 것을 의미한다. 선진국이란 예측이 가능한 사회를 말한다. 우리 사회도 불확실성을 줄여야 한다. 돈버는 게 최고라는 식의 배금주의나 극단적 이기주의에 제동을 걸어 공동체 의식을 길러야 한다. 우리나라가 잘 살기 위해서는 국제 감각도 길러야 한다. 인치 대신 법치가 뿌리를 내려야 한다. 공무원은 국가정책을 실현시키는 모세혈관과 같은 구실을 한다. 외국인에 대하여 배타적이지 않고 외국인도 같이 더불어 살 수 있는 열린 사회가 되어야 한다. 이를 위해서는 국제사회에 통용되는 규칙(rule)이 우리 사회에도 통해야 한다. 제2공용어로 영어 사용, 합리성, 공정한 게임, 결과에 승복하는 자세 등이 그것이다.

런던 비즈니스스쿨과 뱁슨 대학이 창업관련 자료 등을 기초로 매년 작성하는 "기업가 행동지수"(Total Enterpreneurial Activity) 랭킹에서 한국은 조사대상 37개국 중 4위(2002년)에 올랐다. 한국 기업인은 모험과 도전을 선호한다는 뜻이다. 한국은 인터넷 사용자가 (인구 100명 당 55명, 2002년)가 세계 3위이며, PC 보급율(100명당 56대)은 7위이다. 한국인은 변화에 대한 적응력이 강하다. 미국에서 공부하는 한국유학생은 5만 1,519명(2003년 가을)으로 1위 인도(6만 4,603명), 2위 중국(6만 4,757명)에 이어 세계 3위(일본은 4만 5,960명, 대만 2만 8,017명)이다. 하지만 인구비례로 치면 한국의 비율이 훨씬 높다. 중국에서 공부하는 외국 유학생은 한국이 3만 6,093명으로 1위, 2위인 일본 1만 6,084명을 압도적으로 능가하고 있다. 이는 새로운 가능성을 향한 도전정신이 강하다는 것을 뜻한다. 오스트리아 빈대학은 한국인의 평균 지능지수(IQ)가 106으로, 107인 홍콩에 이어 세계 2위(일본 105, 싱가포르 103, 오스트리아, 독일, 이탈리아, 네덜란드 102)라는 조사결과를 발표했다. 한국의 여성경쟁력은 세계적이어서 2003년 LPGA(여자 프로골프 협회) 다승국 2위(6승)에 올랐다.[45] 한국에 조기수용자(Early Adapter, 신제품이 나오면 빨리 써보는 사람)가 많다는 것은 광고업계에서 공인된 정설이다. 제일기획은 한국의 조기수용자가 인구의 19%로, 미국의 6%를 상회하는 것으로 추정했다.

이처럼 우리 한국은 놀라운 잠재력을 가지고 있다. 노사가 화합하여 지난번 2002년 월드컵 4강 진출 때처럼 국력을 결집한다면, 2010년 국민소득 2만 달러는 능히 이룰 수 있을 것이다. 한국은 1997년 다가온 외환위기를 슬기 있게 넘기고 2004년 일인당 국민소득 1만 4,000달러에 도달하였다. 2005년 글로벌 휴대폰 시장은 하나의 휴대전화기로 전 세계에서 통화가 가능한 3세대(3G)이동통신 기술이 본격적으로 보급되는 경쟁에 들어갔다. IMT-2000이라고도 불리는 3G 이동통신은 상대방의 얼굴을 보면서 영상통화를 할 수 있다. 부모들은 유치원에서 놀고 있는 아이의 모습을 전화로 확인하고, 의사들은 외부에 있는 환자의 얼굴을 보면서 진료하는 세상이 열린다. 삼성전자·LG전자 등은 유선인터넷보다 더 빠른 무선이동통신 기술까지 개발, 사용화를 앞두고 있다. "HSDPA"라고 불리우는 이 기술을 이용하면 휴대폰으로 무선인터넷에 접속해 영화를 보거나 다용량 파일을 순식간에 주고 받는 일이 가능해진다.[46] 특히 삼성은 모바일 기기용 반도체를 집중 개발, 향후 인텔(Intel)을 제치고 세계반도체 분야 1위로 떠오른다는 원대한 전략을 세워 놓고 있다.

(8) 이타적 자본주의 정신의 수용

자본주의는 새로운 형태로 진화하여 2000년 이후 새로운 형태의 '제3의 자본주의'가 태동하고 있다.[47] 이윤창출과 효율극대화를 중시하는 '신자유주의적 자본주의'에서 경쟁과 자선을 동시에 지향하는 '창조적 자본주의' (Creative Capitalism)로 옮겨가고 있는 것이다. 이기적 인간 본성과 자유시장을 강조한 '고전적 자본주의'(18세기 후반), 정부 개입을 인정하고 복지를 중시하는 '수정 자본주의'(1930년대 대공항 이후 1960년대까지)에 이어, 새로 탄생한 제3의 자본주의(2000년대 이후 본격화)는 이타적(利他的) 동기를 추진 동력으로 한다. 사회공헌을 비즈니스로 하는 '사회적 기업'(social venture)

이 확산되고 있다. 자선과 영리(營利)의 경계가 무너진, '제3의 자본주의'의 등장이다. 일반 기업의 목적이 이익 자체의 극대화라면, 사회적 기업들은 사회공헌을 통해 이익을 창출한다. 또 지원이 일회성인 자선사업과 달리, 사회적 기업은 적절한 이익을 냄으로써 '지속가능한' 사회공헌을 가능하게 하고 있다.

고전적 자본주의는 이윤추구 원리에 따라 생산성을 극대화해야 한다고 보는 체제이며, 수정자본주의는 독점, 빈부격차 등을 국가의 개입으로 완화해야 한다고 주장하는 체제였다. 이에 반하여 21세기에 등장한 이타적 자본주의는 시장주의 바탕 위에서 '사회공헌'이라는 부가가치를 생산해야 지속가능한 발전이 가능하다고 믿는 상생(相生)의 체제이다. 아담 스미스가 고전적 자본주의의 대표자라면, 존 머이너드 케인스가 수정자본주의의 대표자이며, 무하마드 유누스는 이타적 자본주의의 대표자이다.

이타적 자본주의를 창조적 자본주의라 한다. 창조적 자본주의란 기업활동을 통해 돈도 벌고 자선사업도 벌이는 것을 말한다. 기존 자본주의가 이윤창출에 초점을 맞추고 있다면 창조적 자본주의는 이타적 동기를 추진동력으로 한다. 자본주의의 추진동력인 인센티브와 경쟁을 극대화하는 동시에 질병과 빈곤을 해소하는 데도 관심을 쏟는 것이다. 이들 제3의 자본주의는 자선과 비즈니스의 경계를 허문 기업과 자선단체에 의하여 주도되고 있다. 사회적 기업은 정부나 재단의 보조금과 같은 기존의 공공시장(public market)에 대한 의존에서 탈피하여 자금원을 스스로 개척하고자 '상업적 시장'(commercial market)으로 눈을 돌린다.[48]

《파이낸셜타임스》(FT)는 창조적 자본주의를 '신자본주의'(The New Capitalism)라고 이름 붙였고 일부 학자들은 제3의 자본주의라고 부르고 있다. 마이크로소프트 빌 게이츠 회장은 2007년 6월 하버드대학 명예졸업장을 받는 자리에서 "혜택받은 사람들이 사랑과 헌신으로 세상을 바꿔보자"

며 창조적 자본주의의 필요성을 강조했다.

1) 나눔 경영의 철학

외국에서도 나눔 경영이 나타난 것은 오래되지 않았다. 사회적 기업은 노벨상을 수상한 방글라데시 빈민운동가 무하마드 유누스(67)가 세운 그라민뱅크가 처음이라고 한다. 유누스는 빈민층에 자활의 길을 열어주기 위해 30여 년 전인 1976년 그라민뱅크를 세워 소액대출운동(마이크로크레디트)을 주도했고 그 뒤 제2의 유누스가 세계 곳곳에 등장하고 있다.

'테레사 수녀의 따뜻한 마음과 제너럴 일렉트릭(EG)의 치열한 경영전략으로.' 이것은 사회적 기업 '룸 투 리드'(Room to Read)를 운영 중인 존 우드(Wood)의 경영철학이다. 이 회사(단체)는 빈민층에게 서재 및 도서관을 만들어주는 사업을 한다. 창업자 우드는 마이크로소프트(MS)의 임원으로 일하다 6년 전 네팔에서 어린이들이 너덜너덜해진 책의 복사본을 돌려보는 것을 보고 업종을 바꿨다. 운영하는 기업은 달라졌지만, 경영전략은 똑같다. 최소의 비용으로 최대의 효과를 올리는 것이다. 그는 "사회기업도 일반 기업처럼 수익을 내야 지속가능하다. 따라서 고객을 잃으면 청산돼야 한다"고 잘라 말한다. 영국 버진그룹의 리처드 브랜슨 회장은 남부 아프리카의 에이즈와 말라리아 등을 치료하기 위해 헬스케어 비용과 약을 지원하는 클리닉 설립에 투자했다. 그는 사회적 기업의 역할이 이제 기부가 아니라 투자라고 강조한다. 노보그라츠(Novogratz)는 아프리카·남아시아에서 살충 모기장을 팔거나, 집을 짓고 있다. "왜 가난한 사람들을 상대로 장사를 하느냐"는 지적에 대하여 노보그라츠는 이렇게 답한다. "그들이 구입할 생수를 만드는 사업 등도 겸한다. 가난한 사람들에게 일자리를 주고, 그들이 구입할 수 있는 저렴한 물건을 생산하는 것. 이것이 적선(積善)하는 것보다 훨씬 빨리 가난을 탈출하게 한다."

2) 나눔 경영의 기업

창조적 자본주의를 이끌어갈 주체는 "사회적 기업"(Social Enterprise)이다. 사회적 기업은 자선사업과 비즈니스 간 경계를 허물고 있다. 사회적 기업이란 사회적으로 좋은 일을 하며 돈을 버는 기업을 말한다. 다시 말하자면, 기업활동을 통해 사회적 책임을 다하고 창출된 이익은 사회적 목적을 위해 다시 투자하는 나눔의 경영을 펼치는 회사다. 성공한 사회적 기업들은 하나같이 노숙자, 장애인, 약물 중독자, 해외 이민자들, 가난한 여성들, 비행·노숙 청소년 등등 소외 계층들이 정상적인 삶을 살 수 있도록 자립을 지원하는 사회적 목표를 달성해가고 있다.

'땅콩버터' 라는 작은 기업은 가난한 자들에게 일자리를 주고 이들이 살 수 있는 저렴한 물건을 생산한다. 1986년 아프리카 르완다에 자원봉사를 간 재클린 노보그라츠는 배를 곯는 미혼모들을 위해 무엇을 할 수 있을지 고민하다 마을에서 생산되는 땅콩으로 버터를 함께 만들어 팔아보기로 한다. 의외로 반응이 좋자 이들은 아예 공장을 세웠고, 채용인원도 계속 늘어 결국 마을 미혼모들이 모두 '땅콩버터' 로 생계를 꾸릴 수 있게 됐다. '땅콩버터' 기업은 20여 년이 지난 지금, 110억 원(1,200만 달러) 상당을 굴리는 기업(펀드)으로 변신해 있다. '룸 투 리드' (Room to Read)의 성장세는 스타벅스(Starbuks)보다 더 빠르다. 최근 6년 새 스타벅스가 500개의 새로운 점포를 열 동안 '룸 투 리드' 는 1,000개의 도서관을 지었다. 일반 기업이 투자 대비 수익률(ROI)을 따지듯, 사회적 기업의 목표는 '투자 대비 사회수익률' (SROI·social return on investment)의 극대화다. 창출된 일자리, 도움을 준 사람 수, 재투자된 수익 등의 수치가 투자에 비해 얼마나 좋았는지를 따진다는 얘기다.

안드레아와 배리 콜먼 부부가 설립한 '의약품 수송 회사' (Riders for Health)는 응급약을 아프리카 오지(奧地) 마을에 배달하는 사업을 통해 사람들 목숨을 구해낸다. 매출은 370만 파운드(2005년), 지난 15년간 목숨을 구해낸 사람은 1,080만 명이 넘는다.

프랑스 유제품 기업인 다농은 유누스가 만든 요구르트 회사에 투자, 영양이 풍부한 고급 요구르트를 시중가격의 절반에 방글라데시 지역 빈민들에게 공급하고 있다. 지역 빈민의 소득과 일자리도 늘리고 건강도 챙기는 선순환구조다. 다농은 공장 1개당 1,600명의 고용을 창출하고 회사 이익을 바탕으로 향후 10년에 걸쳐 전국에 50개의 공장을 더 짓는다는 목표를 세워두고 있다.

2007년 3월 미국 샌프란시스코에서 열린 기업사회공헌 컨퍼런스에서 참석자들은 사회적 기업에 대한 필요성을 역설했다. 미국 보스턴 칼리지 부설 기업시민연구소 브래들리 구긴스 소장은 "자선 · 기부 · 준법 등 전통적인 사회공헌 활동에 의존하는 구식 모델에서 벗어나 사회적 이슈들을 새로운 비즈니스 기회로 활용하는 '혁신'이 필요하다며 기업의 사회공헌 활동이 바뀌어야 한다"고 말했다.

이 컨퍼런스에서 세계적인 IC 제조 업체인 AMD의 '50/15' 프로젝트는 사회이슈에 대해 비즈니스 혁신이 적용된 사회공헌의 진화된 모델로 평가됐다. 이 프로젝트는 인터넷과 컴퓨터를 2015년까지 전 세계 인구의 50%가 가질 수 있도록 해 정보 격차를 줄이자는 것이 목표이다. 중국의 컴퓨터 업체인 레노버와 함께 농촌지역 학교의 정보화 운동에도 앞장서고 있다.

사회적 기업에 대한 정부의 후원이 활발한 영국은 2006년 말 현재 5만 5,000여 개의 사회적 기업이 활동 중이다. 이들 사회적 기업의 연간 총매출은 270억 파운드 이상이다.[49] 대표적인 사회적 기업이 그린웍스다. 이 회사는 대기업과 정부에서 사용하고 남은 사무용 가구를 합리적인 가격으로 학교, 자선단체, 지역사회, 신생기업 등에 제공한다. 그린웍스는 환경친화라는 핵심가치를 상업적으로 활용해 브랜드 가치도 함께 높이고 있다.

영국 더햄주 핀도우 커뮤니티 칼리지 학생들은 아프리카 가나의 학생들이 오염된 물이라도 구하기 위해 수마일에 달하는 먼 길을 걸어간다는 소식을 듣고 깨끗한 물을 공급하고자 사회적 기업 '워터웍스'(water works)를 탄생시켰다. 학생들은 생수업체인 애비월사와 물 한 병을 30페니에 구입하기로 계약하고 학교에서 대출을 받아 물을 사들였다. 이어 구매한 물을 50페니에 되파는 방식으로 지금까지 2,500파운드의 이익금을 확보했고 이 돈으로 가나 아둠반소 초등학교 등에 우물을 만들어줄 계획이다.

1871년 프랑스 동북부 로렌지방이 독일에 합병되자 열네 살 소년 루이 모피가 수도 메스를 탈출했다. 장군을 40명이나 배출한 명문가 출신 모피는 고향이 다시 프랑스 땅이 될 때까지 극장이나 무도장에 얼씬도 않겠다고 다짐했다. 프랑스 육사를 졸업한 그는 1차대전 때 군사령관으로 활약했고 베르사유조약으로 메스가 프랑스로 반환되자 시장에 임명됐다. 모피 시장이 48년 만에 영화관에 가는 날 시민들은 평생 '노블레스 오블리주'를 실천한 그에게 눈물의 박수를 보냈다.

82세 명우 폴 뉴먼이 지난주 모교인 오하이오주 캐니언대에 1,000만 달러를 기부했다. 뉴먼은 대학 다닐 때 교내 세탁소에서 일하며 일주일에 60달러씩 생활비를 벌었다. 그는 "평생 학교에 빚진 느낌이었다"고 했다. 뉴먼이 그간 유기농 식품회사를 운영해 자선단체에 기부한 수익금만 1억 5,000만 달러에 이른다. 2007년 5월 은퇴를 선언한 그는 남은 삶을 자선사업에 바치겠다고 했다.

한국에서도 기업들의 사회공헌 활동이 활발해지고 있다. 전경련에 따르면 2005년 국내 기업들이 사회공헌 활동에 지출한 돈은 1조 4,025억 원으로 전년도에 비해 14% 늘어났다. 이는 선진국과 견주어도 결코 뒤지지 않는 수준이다. 국내기업의 사회공헌 지출 비중이 매출액 대비 0.17%로 일본 기업의 0.13%보다 높다는 조사 결과도 나와 있다. [50]

3) 가난한 자들을 돕는 사회적 기업가들: 유누스, 헤일, 브랜슨, 게이츠

노벨 평화상을 받은 방글라데시의 빈민운동가 무하마드 유누스(67)가 31년 전 세운 '그라민 뱅크'는 사회적 기업의 원조(元祖)로 꼽힌다. '제2의 유누스'는 세계 도처에서 속속 등장하고 있다. '의약품 수송 회사(Riders for Health)' 설립자 콜먼은 "아프리카에 약을 기부하는 곳은 많지만, 정작 이것을 오지까지 수송하려는 사람은 없었다"며 "자선의 틈새를 발견해 실질적 도움을 주는 것이 우리 기업의 일"이라고 말했다. 수익성이 낮아 아무도 손대지 않던 풍토병 치료약도 사회기업의 힘으로 개발·공급되고 있다. 1998년, 미 식약국(FDA)에서 일하던 빅토리아 헤일 박사는 풍토병 치료약이 없어 죽어가는 빈민들을 보고 이들을 위한 제약회사(원 월드 헬스)를 차렸다. 덕분에 2006년 말부터는 풍토병인 리슈만편모충증 치료제가 단돈 10달러에 판매되고 있다. 영국 버진그룹의 리처드 브랜슨 회장은 남부 아프리카의 에이즈와 말라리아 등을 치료하기 위해 헬스케어 비용과 약을 지원하는 클리닉 설립에 투자했다. 그는 사회적 기업의 역할이 이제 기부가 아니라 투자라고 강조한다.

미국 하버드·예일·스탠퍼드대학과 일본 게이오대학은 6-7년 전부터 비즈니스 스쿨 과정에 사회기업가 양성 강좌를 잇달아 개설했다. 전통적인 기업가뿐 아니라 사회적 기업가도 경영의 주류로 받아들이기 시작한 것이다.[51] 빌 게이츠 마이크로소프트 회장이 2007년 6월 초 하버드대 졸업식에서 명예 졸업장을 받았다. 하버드대 3학년 때 마이크로소프트사를 창업하느라 중퇴한 지 32년 만이다. 그는 명예 박사학위까지 받아 들고서 학생들에게 "혜택받은 사람들이 사랑과 헌신으로 세상을 바꿔 보자"고 역설했다. "여러분이 재능, 혜택, 기회를 많이 가진 만큼 세상이 뭔가를 한없이 기대하는 것은 당연하다"고 했다.

게이츠는 2008년에는 사업에서 완전히 물러나 질병과 기아 퇴치에 전념

하겠다고 밝혔다. 세계 어린이 4분의 1이 소아마비, 디프테리아, 결핵 등 갖가지 질병에 노출돼 있고 백신을 맞지 못해 죽는 어린이가 10초에 한 명 꼴이라고 한다. 그는 이미 1999년에 7억 5,000만 달러를 내놓아 '백신 개발과 예방 접종을 위한 지구 동맹'(GAVI)을 만들었다. 게이츠는 컴퓨터, 인터넷, 생명공학의 기술혁명이 빈곤과 질병으로 고통받는 사람들을 구할 새로운 수단을 제공한다고 했다. 인류 유사 이래 언제나 존재해 온 불평등을 비로소 해결할 수 있게 됐다는 것이다. 게이츠는 이제 시장과 정부의 힘을 가난한 사람을 위해 쓸 수 있다며 이를 '창조적 자본주의'(Creative Capitalism)라고 불렀다.[52] 가진 자, 누리는 자의 도덕적 의무와 끊임없는 혁신, 불타는 소명(召命) 의식을 동시에 보여주는 빌 게이츠에게서 다시 한 번 자본주의 발전의 원동력을 확인한다.

*

다가온 21세기의 문화적 환경에 걸맞는 한국문화 및 사회 변혁프로그램을 실현하기 위해서는 한국교회가 먼저 열려 있는 변혁의 공동체가 되어야 한다. 교회의 신자들이 먼저 생활문화를 변혁하고 사회를 정의와 평화를 인도하는 데 모범이 되어야 한다. 기독교인들은 스스로의 독선과 교리 속에 닫혀진 집단이 아니라 이 세상의 빛이요 등대로, 이 세상의 소금이요 이정표로서 사회를 향한 사명을 각성해야 한다. 교회는 다가오는 하나님 나라를 전파하는 메시야 공동체요 소망의 공동체요 문화변혁의 공동체이다. 이미 다가온 21세기의 삶의 패러다임은 기술과 인간성의 조화이다. 조화를 이루기 위해서는 물질적 풍요에 걸맞는 정신적 여유와 도덕성을 추구해야 한다. 교회는 이러한 삶의 패러다임을 복음적 관점에서 제시함으로써 21세기의 한국사회가 예수 그리스도의 복음 안에서 정신적 여유와 삶의 안식을 발견하고 도덕성을 실현할 수 있도록 해야 한다.

　창조적 자본주의가 출현하고 있는 21세기는 비관적이지만은 않다. 나눔의 경영, 가난한 자를 위한 사회적 기업에는 무슬림인 유누스를 비롯하여 기독교 전통에 있는 빌 게이츠, 버펫 등 종교적 차별이 없다. 기독교는 사회적 복지 기여에 있어서 타종교와 같이 협력하는 관용성을 보여야 한다.

chapter 2
21세기 한국교회와 복음주의 신학

새 천년인 21세기가 하나님의 카이로스(kairos)로서 우리들에게 열렸다. 한국교회는 21세기 한국사회가 우리에게 제기하는 다양한 시대적 과제에 대하여 복음적 영성으로 응답해야 한다. 이러한 시대적 과제는 성장둔화의 극복, 교회분열의 극복과 연합, 사회윤리와 봉사의식의 각성, 전통문화와 문화적 갈등 극복 및 미디어문화 관장, 생명공학 윤리 제시, 국내외 선교정책의 새로운 패러다임 설정, 단군상 철거 및 문화적 바알우상 제거, 환경의식과 생태윤리 각성 및 실천, 남북화해에 따른 통일에 대한 선교적 대비 등이다.

2상에서는 이러한 과제에 대한 한국교회의 현황을 분석하고 이에 대한 복음주의 신학의 역할을 제시해 보고자 한다. 복음주의 신학은 교회가 직면한 시대적 사명에서 퇴각하는 근본주의적 멘탈리티를 배격할 뿐 아니라 복음의 정체성을 잃고 시대적 문화에 영합하는 자유주의적 사고방식도 배격한다. 복음주의 신학은 복음이 가진 인간과 문화변혁적인 생명의 다이너마이트를 가지고 이 시대의 과제와 대결하면서 교회로 하여금 능히 이 시대를 하나님에게로 끌고 오는 영적 능력을 소유하고 있다. 복음주의 신학은 새 천년 한국사회를 향하여 한국교회가 이러한 문화변혁적 사명을 다하도록 신학적 근거와 복음적 영성을 제공하는 역할을 다해야 한다.

*

1. 현황분석

(1) 성장둔화 구조

1990년대에 들어와 성장의 정체 내지 둔화를 거듭한 한국교회는 2000년대에 즈음하여 이러한 수렁에서 벗어날 조짐이 보이는 것 같다. 1998년의 경우 통합측 교단은 1.6%(4만 명)이 줄었다. 그런데 1999년 12월 말 자료에 의하면 1999년 한국교회의 주요교단의 교세가 1998년도에 비해 소폭 성장한 것으로 나타났다. 예장 통합의 경우 신자가 224만 5,326명으로 1.7% 증가했고, 교회가 6,494개로 3.6% 증가했으며, 합동의 경우 신자가 232만 1,091명으로 전년도보다 1.1% 증가, 교회는 6,626개로 2.0%증가했다. 고신의 경우 신자가 46만 145명으로 전년도보다 3.9% 증가했고 교회는 1,465개로 3.5% 증가하였다.[1]

그러나 이 가운데 한국교회 주일학교 학생들은 해마다 줄어가고 있다. 장신대 선교학 교수이광순의 연구에 의하면 장년부, 청년부, 대학생부는 소폭이나마 지속적으로 성장하는데 영아부 중고등부의 주일학교는 지속적으로 줄어들고 있다.[2] 합신대 양승헌 교수의 조사에 따르면 일반적으로 영아부에서 고등부에 이르는 다음 세대의 출석수는 장년 출석수의 절반 정도밖에 지나지 않는 경우가 대부분이다.[3] 이런 상태로라면 30년 후 한국교회는 수적으로 크게 감소하게 될 것이다.

2006년 통계청이 발표한 자료에 따르면, 지난 1995년부터 2005년까지 개신교 인구가 약 14만 명 감소한 것으로 나타나 있다.[4] 10년 사이 14만 명이 감소했다는 집계와 이와 달리 불교, 천주교의 교세는 오히려 늘었다는 집계가 나란히 게재됨으로써 한국교회만 홀로 감소했다는 것이 통계청 관련 기사의 전체 흐름이다.

한국교회의 성장둔화 내지 감소에는 여러 가지의 요인이 있으나 그 가운데는 사회문화적 요인도 있다.[5] 1995년 국민소득 1만 달러, 그 후 12년 만에 2007년 국민소득 2만 달러에 이르는 경제성장을 이루었고 정보화를 통한 인터넷 통신망으로 지식이 사회 각층에 보편적으로 보급되었다. 기술정보사회에서는 과학기술이 종교의 역할까지 하고자 한다. 따라서 성장률은 정체 내지 둔화될 수 밖에 없다는 것이다. 이처럼 급속도로 발전하는 시대 속에서 한국교회는 교회성장 패러다임을 성장구조에서 성숙구조로 바꾸어야 한다. 교회성장에 대하여 교회성장학적·선교신학적으로 보다 앞을 내다보는 대안을 마련해야 할 것이다.[6]

(2) 값싼 축복과 번영주의에서 벗어난 십자가 신앙으로 재무장

사랑의교회 옥한흠 원로목사는 "예수 이름이면 무엇이나 통하고 세상에서 어떻게 살았든 구원을 받을 수 있다는 값싼 복음이 남발되고 있다"고 교회의 위기를 지적한 바 있다. 기독교역사학자들 역시, 물량과 타협한 교회는 더 많은 성도를 끌어 모으기 위해 헌금을 받고 하나님의 축복을 팔아왔다고 지적하길 주저치 않았다.

옥한흠은 "사람들의 비위에 맞춘 값싼 설교는 하나님의 명령에 불순종하고도 회개할 줄 모르는 간 큰 예배자를 양산했다"고 말했다. '하나님의 명령에 불순종하고도 회개할 줄 모른다' 는 표현은 오늘날 어게인 1907을 외치며 "회개합니다"라고 눈물을 쏟아내는 성도들에게 다시 들려주어야 할

말이다. 눈물을 흘리고 애통함에 무릎꿇고 기도하는 이들이 있지만 부흥은
오지 않는다. 진정성이 결여됐기 때문이다.

"내 기도만 들어주시는 하나님이 내 죄만은 용서해주실 것"이라는 성도
들의 비뚤어진 신앙은 헌금으로 면죄부를 사고 헌금으로 축복을 받는 웃지
못할 상황을 만들었다. 교회 밖에서 누가 봐도 손가락질을 받을 만한 사람
도 교회 안에만 들어서면 존경받는 성도가 되는 것이 교회의 현실이다. 밖
에서 숱한 죄를 지어도 교회 안에서는 새벽예배에 성실히 참여하고 십일조
를 정확히 드리며 주일성수에 최선을 다하는 교인들이 있기 때문이다.

수십년간 진행되어 온 부활절연합예배를 예로 들어보자. 행사비용을 조
달하기 위해 주최측은 대형교회에 의존하고 대형교회 목회자들은 소위 '연
합' 행사에 한국교회 전체를 대표해 이름을 내건다. 서로 대회장과 설교자
가 되기 위해 안간힘을 쓰고 주최측은 내로라하는 인물을 모셔오기에 급급
했다.[7]

긍정적으로 한국교회 성장에 기여했다는 교단 분열 역시 교회지도자들
의 명예를 위해 저질러진 사례가 비일비재하다. 아직도 군소교단 중에는
'총회장'이라는 명예를 얻기 위해 '메뚜기'처럼 교단을 옮겨 다니는 목회
자가 있는가 하면 자신의 명예와 권력을 위해 '하나됨'을 반대하거나 분열
을 조장하는 사례도 빈번하다.[8] 물질중심적 가치관이 판치는 사회 속에서
우리는 기독교 복음의 역할을 재정립해야 한다.

(3) 분열에서 연합과 일치로의 모색

2000년대에 들어와 보수교회를 대표하는 한기총과 진보교회를 대표하
는 교회협은 연합과 일치를 위한 대화를 하며 사안별로 협력을 하고 있다.
두 기구는 2000년 6월 4일 평화통일과 남북정상회담을 위한 기도회를 함께
가졌고 8월 15일 공동선언문을 발표하였다. 두 기구는 교회연합을 위한 보

다 실천적인 행동을 보여주었다. 그리고 연합과 일치를 이루고자 하는 한국 기독교연합(가칭) 준비위가 발족되었다. 새 천년 들어와 보수와 진보를 대표하는 두 기구가 사안별로 연합하여 하나의 목소리를 내며 앞으로 하나의 한국 기독교연합을 지향한다는 것은 바람직한 일이라 할 수 있다.

한국교회의 일치와 연합의 구체적인 운동은 "한국장로교총연합회"의 경우이다. 여태까지 서로 백안시(白眼視) 하던 보수교단과 진보교단이 "한장연"라는 이름 아래 한 자리에 모여 예배를 드리게 되면서 교단들 사이에 가로 놓여 있던 "강단의 벽"이 야금야금 허물어지기 시작했다. 그 결과 1999년 예장 합동측 총회에서 기장의 이중표 총회장이 참석해 축사를 하는 아름다운 사건이 발생했다. 보수교단인 대신측과 합동정통 측이 '진보의 대명사로 인식된' 세계개혁교회연맹(WARC)에 가입하게 된 것도 한장련의 주도로 이루어진 것이다. 최근 예장 합동정통과 대신측이 통합을 시도하는 것은 바람직하다고 볼 수 있다.[9]

2006년은 특히 연합과 일치의 움직임이 활발했다. 가장 대표적인 예는 2006년 4월 부활절 연합예배가 '생명과 화해의 주, 예수 그리스도'라는 주제로 17년 만에 진보와 보수가 함께 만나 진정한 연합예배로 드려진 것이다. 한국 기독교총연합회와 한국 기독교교회협의회(KNCC)가 공동으로 주최한 이번 부활절 연합예배는 두 연합기관의 성격이 달라 여러 차례 위기를 겪기도 했지만, 서로 양보해가며 무난하게 진행됐다는 평을 받았다. 2006년 부활절 연합예배는 기독교계 진보와 보수의 연합이라는 점에서 일반 언론에서도 많은 관심을 가졌으며, 노무현 대통령은 국가조찬기도회에서 한기총과 KNCC의 부활절 연합예배에 대해 "진보와 보수가 벽을 허물고 함께 예배드린 것에 대해 큰 감동과 희망을 느꼈다"고 긍정적으로 평가하기도 했다.[10]

이런 연합의 움직임은 교단 간 통합 시도에서도 드러난다. 2007년 교단 창립 100주년을 맞는 기독교대한성결교회와 예수교대한성결교회의 통합

여부는 큰 관심사였다. 최근 기성 측이 '통합 시 교단 이름을 예성으로 변경하겠다는 파격적인 안을 내놓아 하나의 성결교회가 될 지 더욱 이목이 집중되고 있는 상황이었다. 그러나 2007년 성결교회 연합은 실현되지 못했다.

한국교회 분열의 역사를 보면 분열에 신앙고백의 차이가 있기는 했으나 단순히 신조나 교회론의 차이보다는 오히려 정치 사회적이고 비신학적 요인이 더욱 커다란 원인으로 작용했다.[11] 이제 한국교회가 성숙해짐에 따라 흑백논리의 대결보다는 서로 간에 인정하고 연합과 일치를 모색하고 있는 것이다.

(4) 사회윤리와 봉사의식의 각성

한국교회는 각종 윤리적인 비리를 보여줌으로써 사회로부터 외면당해 왔다. 그것은 교단 총회장 선거에서 나타나는 각종 금품살포 사건과 개표조작 사건, 흑색선전 등이며 성폭행의 가해자로서 기업주, 교수 다음으로 목회자가 큰 비중을 차지하고 있다. 2000년 9월 예장 통합측 총회시 바른선거실천연대가 부총회장에 출마한 후보들이 공공연하게 총대들에게 금품과 향응을 제공하고 있다는 것을 실증하는 수표와 녹음테이프를 공개하였다.[12] 이것은 작년 부총회장선거의 개표부정사건에 이어 드러난 것이어서 한국교회의 부패한 모습의 단면이라고 볼 수 있다.[13] 신뢰성에 대한 사회적 순위에서도 방송기자, 신문기자, 교수 다음으로 목회자가 올라 있다. 기독 실업인들이 사회적 불법 금융사건에 연루되어 공청회에 서는 등 도덕적이고 윤리적인 허약성을 심각하게 보여주고 있다.

1990년대 후반에 한국을 방문한 적이 있는 미국의 하비 콕스가 "한국교회가 부흥한다고 하지만 건실한 자본주의를 발전시키는 가치관과 영적 힘을 사회에 제공하지 못하고 있다"고 충고한 것은 바른 지적이다. 목회자의 후임 결정에 있어서 서울의 대형교회에서 자주 후임목회자가 바뀌고 그 과정에서 심지어는 아들 목회자가 후임이 됨으로써 사회적 비난을 받아왔다. 몇몇 대형교회에서는 후임목회자가 아들로 선정됨으로써 사회적으로 문제화되었고 목회자 세습이라는 말까지 나온 바 있다.

아직도 한국교회는 예장이라는 간판 아래 100개 이상의 교단이 있는 부끄러운 현실에 직면해 있다. 이들 군소교단들 상당수가 개척교회들로 구성되어 있으며 대형교단의 한 노회에도 미치지 아니하면서 교단의 이름을 달고 총회장과 각종 임원이라는 감투를 나누어 먹고 있다. 이것은 문광부 직원들에게 교회의 윤리성을 실추시키고 더욱이 일반시민들에게도 한국교회의 권위를 실추시키는 일이다. IMF 외환위기에 직면하여 대형기업과 금융기관들이 해체 통합을 이루는 구조조정까지 할 때에 한국교회 군소교단의 목회자들은 아무런 사회적 윤리의식이 없었다는 것이 우리의 현실이다. 이들 군소교단들이 서로 통합을 하여 교단의 규모를 늘리는 것이 이들 목회자들이 한국사회 앞에서 보여주어야 할 최소한의 윤리성이다.

적지 않은 교회가 2000년대에 들어와 지역사회를 향하여 봉사하고 사회적으로 소외된 자들을 위하여 봉사하고 있다. 더욱이 IMF 외환위기를 맞이하여 교회 내에서 배고픈 자들에게 식사를 제공하는 공동체가 생겨나기 시작했고 이러한 교회의 소외계층을 돌보는 프로그램은 2000년대에 들어와서도 지속되고 있다. 한국사회도 의료기술의 발달과 더불어 평균수명이 늘어나면서 해마다 인구고령화 현상이 심화되고 있다. 총 인구에 대한 65세 이상의 노인 인구의 구성비는 1960년에는 2.9%에 불과했으나, 1999년 6.8%, 2000년 7.1%이며 2020년에는 13.2%로 급속히 증가할 것으로 추산되고 있다. 한국교회는 늘어가는 노인들의 사회적 복지를 위하여 프로그램에 관심을 가지기 시작했다. 적지 않은 교회가 경로대학을 경영하고 있다. 그리고 장애자에 대한 의식이 있는 교회는 교회예산의 일정부분을 장애자를 위한 몫으로 세우고 장애자와 그의 가족을 위한 프로그램을 만들고 있다. 이는 한국교회에서 사회봉사의식의 각성을 보여주는 현상이다.

1990년대 초반 목회자의 타락 즉 리더십의 타락은 교회가 더 이상 시대의 푯대가 되지 못하는 한계를 불러왔다. 그리고 교회는 쇠퇴의 길을 걷기 시작했다. 한국 기독교역사연구소 연구실장 김승태는 "한국교회 부흥이 정체된 원인은 외부에 있다. 경제성장이 가속화되면서 교회도 물량화에 합류했고 사회, 문화, 정치 전 분야에 걸쳐 리더십을 발휘하던 교회는 경제와 소비중심의 시대인 90년대 들어 바른 소리를 내지 못한 채 사회적 매력을 잃고 말았다"고 지적했다.[14]

오히려 오늘날 한국교회는 부정과 타락에 둔감한 모습까지 보인다. 고속성장을 거듭하는 목회자를 시기하며 '이단' 정죄를 밥 먹듯이 하면서도 사회법에서조차 파렴치하다고 판결받은 지도층에 대해서는 관대하기 그지없다. 스스로 자정능력을 포기한 채 '하나님의 기준'을 버리고 '세상의 기준'인 돈과 권력, 명예를 따라가는 모습을 보이고 있다.

「문화변혁의 세력으로서의 한국 초대교회-그 맞섬과 초월의 모습 복원을 위하여」라는 제목의 논문을 발표한 숭실대 기독교학과 교수 박정신은 지난 2007년 2월 6일 열린 숭실대 목회자 세미나에서 "한국교회는 그동안 교세확장을 위해 돌진했고 돈과 권력, 명예를 더 중요시 여기고 있다"고 비판했다. 박정신은 "19세기 말 기독교가 이 땅에 뿌리내릴 수 있었던 것은 전통사회의 불평등 구조에 맞섰기 때문"이라며 지금의 교회는 초기 기독교 정신을 보여주지 못하고 있다고 덧붙였다.[15]

2005년 8월 24일부터 28일까지 열린 "기독교사회복지엑스포 2005"에서 다가오는 한국교회의 미래목회의 방향을 '나눔선교, 섬김목회, 복지선교'로 설정한 것은 한국교회 미래목회의 새로운 지평을 연 것이라 할 수 있다. 기독교사회복지엑스포 2005는 한국교회 역사상 최초로 교회가 한국사회에 끼친 사회복지의 영향력을 점검하고 향후 과제를 모색하는 실험적 자리가 되었다. 그리고 한국교회가 앞으로 교회건물을 개방하고 전문적 사회복지의 모델을 받아들여 운영하는 데 뜻을 같이하는 자리였다.[16] 이 모임에서 노인, 영성, 장애, 사회봉사 등의 주제로 다양한 현장 목회자들과 교회가 연합하여 지역교회를 섬기는 실천 전략과 비전을 제시하였다. 미국의 복음주의 지도자 로널드 사이더(Ronald Sider)는 적절한 복음주의 교회란 "사회적 책임을 다하면서 복음의 본질을 알리는 교회"라고 정의하고 교회가 사회책임을 감당하고 복음을 전파하는 건전한 모델을 제시하였다.

(5) 문화적 충돌: 전통문화와 미디어 문화

아직도 한국교회는 전통 유교적 내지 샤머니즘 문화에서 완전히 탈피하지 못하고 있다. 그 대표적 예가 예장통합 총회 21세기 위원회 '복음과 문화' 분과가 2000년 봄에 개최한 "복음과 문화 세미나"에서 불거진 제사 문제이다. 문제가 된 부분은 추모예배시 "헌화하고 두 번 절함"이라는 문구였다.[17] 이러한 헌의안이 나온 배경은 과학이 발달된 시대에 죽은 조상의 영을 신으로 생각하는 사람은 없으며 따라서 절한다는 것은 신에게 절하는 것이 아니라 단지 존경과 사랑의 표시라는 것이다. 유교적이고 무속적인 전통, 조상숭배와 절하는 문제 등 제사 문제는 21세기에 들어와 한국교회에 지속적 영향을 미치고 있다. 기독교대학에서도 학생들이 민속행사를 할 때 돼지머리를 갖다 놓고 고사(告祀)를 하는 것에 대하여 교목실이나 학교당국이 이를 제지하는 등 문화충돌이 자주 일어나고 있다. 한국교회는 이러한 문화충돌의 문제를 선교적·신학적으로 바르게 해석하고 정리하는 작업을 해야 한다.

오늘날 한국사회는 인터넷과 대중미디어의 영향으로 낮은 접촉문화(low touch culture)에서 높은 접촉문화(high touch culture)의 사회로 바뀌고 있다. 대중문화의 홍수 속에서 많은 사람들은 정신적 공허와 삶의 무기력 그리고 우울증에 빠져 있다. 그리하여 순간적인 이탈과 감각적인 것에서 그 공허를 달래고자 한다. 오늘날 젊은이들은 해외에서 되돌아 온 서태지의 음악에 다시 열광하고 있다. 이 가운데 오늘날 한국교회는 젊은 청소년들의 욕구를 복음적으로 충족하는 복음적 영성에 기초한 고감도의 복음문화를 제시하는 과제에 직면해 있다. 다행히도 젊은 문화사역자들이 새로운 패러다임의 기독교 사이트를 사이버 바다에 띄우고 있다. 이들은 X세대와 N세대들을 예수세대로 바꾸겠다고 한다. 온라인(Online)에서 이들과 의견을 나누고 오프라인(Offline)에서 재교육을 실시해 진정한 문화리더를 생산하겠다는 것이다. 인터넷을 통해 이들은 작은 공간에서 여러명에게 다가간다. 그리고 세상에 참 소금과 빛이 되는 교회를 만들기 위해 네티즌을 먼저 변화시키고자 노력하고 있다.[18]

(6) 생명공학의 윤리 논란

제레미 리프킨(Jeremy Rifkin)이 말한 바 같이 21세기는 생명공학의 세기[19]이다. 1997년 스코틀랜드에서 복제양 돌리 탄생, 국내에서 1999년 2월 체세포 기법에 의한 복제 송아지 영룡이 출생, 그리고 2000년 3월 미국에서 성공한 인간에게 장기나 세포이식 가능성이 가장 높은 동물로 알려진 돼지복제(다섯 마리)의 성공과 더불어 생명복제에 대한 논란이 우리 사회에서 일어나고 있다. 불임 해결 등을 위해 생명복제를 찬성하는 단체들의 행동도 활발하다. 2005년에 들어와 황 교수 연구팀은 세계 최초로 복제가 어려운 개복제 성공 등 생명공학에 있어서 세계적인 연구성과를 거두었다.[20] 황우석 교수팀은 체세포로 줄기세포를 배양하는 데 성공했다고 발표하였다. 그런데 2005년 12월 미즈메디 병원장이 "줄기세포는 없다더라"는 폭로와 더불어 2006년 1월 서울대 조사위원회에서 '논문조작' 및 '처녀생식'이라는 판결을 내렸다. 이후 황교수의 연구성과가 조작된 것으로 밝혀져 한국에서의 생명공학기술연구는 한계에 부딪혔다. 이를 계기로 생명윤리에 관한 논란도 가열되었다.

식량증산과 의약개발 등 인류의 발전을 위해서는 생명복제가 필요하다는 것이 오늘날 과학계 및 종교계의 추세이다. 생명복제는 오늘날 인간복제로 이어지고 있다. 실제로 최근 미국의 한 여론 조사에서 인간복제는 신의 뜻에 대한 거역이라는 비율이 74%를 기록하여, 아니다라는 응답 19%의 4배 가량이나 되었다. 한국에서도 인간의 체세포로 배아줄기세포 배양을 시도하는 데 대해 시민단체들이 윤리적 문제를 이유로 연구 중단을 요구하는 등 논란이 지속되고 있다.[21] 또 병원 및 연구소, 생명공학 벤처기업 등에서 유전자 검사수가 급속히 늘고 있음에도 유전자 정보 관리에 관한 법령이 없어 사실상 개인 인체정보 유출을 방지하거나 처벌할 수 없는 상황에 놓여 있다. 서울 S병원은 1994년부터 지금까지 모두 4,700여 건의 유전학 검사를, 국립과학수사연구소는 그동안 2만 건의 유전자 감식을 각각 실시했으나 자료보관 등을 자체 지침만으로 운용하고 있을 뿐이다.[22]

과학기술부에 따르면 생명공학에 대한 연구 허용범위, 안전관리에 대한 관련법령이 없어서 인간배아 복제에 대한 윤리적 규제조차 불가능한 실정이다. 그리고 개인의 유전정보, 첨단기술의 유출에 대해서도 속수무책이다. 유전 공학은 노화방지, 암 치료, 유전질환, 에이즈 완치에 새로운 길을 열어 주고 있으며 체세포 복제는 장기 대체를 위한 새로운 의학적 길을 열고 있다.[23] 생명공학의 중요성을 감안할 때 사회적 합의 속에서 생명공학의 연구의 허용범위를 정하는 것과 이에 대한 규제가 절실하다. 그렇지 않을 경우 사회적·윤리적·문화적 혼란이 일어날 것이다. 교회는 이보다 앞서 나가 이에 대한 공청회와 신학적·윤리적 토의를 마련하여 사회적 경각심을 일깨우고 윤리적 지침을 제시해야 한다.

(7) 양적 해외선교에서 질적 전문선교로

2000년《월간 조선》은 9월호에 2,000년 시카고 한인 세계선교대회 취재를 보도하면서 "지구촌을 바꿔놓고 있는 한국 선교사 8,200명(세계 제4위)의 대역사"에 관하여 상세히 보도하였다. 이 기사에서는 한국선교사들이 "강인한 생존력으로 세계의 오지와 그늘 속으로 파고 들어 대사관, 상사와 함께 한국인의 3대 세계화의 거점이 되고 있다"고 기술하고 있다.[24] 현재 한국교회는 세계 150여 개국에 8,200여 명의 장기 체류 선교사를 파송하고 있다. 한국은 해외파송 선교사 수로는 미국, 캐나다, 영국에 이어 세계 4위에 올라있다. 한국선교사들이 선교를 위해 쓴 한 해 비용은 연간 1억 4,760만 달러(1,500달러×12개월×8,200명)로 세계선교분야에서 한국교회의 경제력이 큰 비중을 차지하고 있다.[25] 세계 기독교 지도자들은 "한국선교사를 제외하면 제3세계 선교는 불가능할지도 모른다"고 말하고 있으며 실지로 미국 신학교에서 한국학생들이 빠져 나가면 학교 운영이 어려울 정도이다.

2004년 한국교회는 1만 2,000명의 해외선교사를 파송하면서 캐나다, 영국을 제치고 세계 2위에 올랐었다. 한국교회가 선교사 파송에 힘쓰는 것은 한국교회가 건강하다는 긍정적인 표징을 나타낸다.

세계로 진출한 한국선교사들은 국내 혹은 해외 한인교회의 재정지원, 아프리카와 남미, 아시아와 중동의 험산, 오지, 밀림 속에서의 의료봉사, 빈민구제, 현대식 교육사업, 새마을운동 등을 펼치고 있다. 지난 세기 약소민족으로서 식민과 분단에 고난당한 한국의 선교사들은 이제 서양선교사들의 전유물처럼 알려졌던 가치관들, 약소민족을 각성시키고, 가난한 이웃, 핍박받는 자들의 고통을 어루만지고 삶의 희망을 심어주는 기쁜 소식을 전하는 자의 발걸음을 세계 각처에서 걷고 있다.

최근 들어 동남아의 인도네시아 및 러시아 연방 및 우즈베키스탄 등 무슬림의 영향이 강한 지역에서 기독교와 이슬람교 사이에 종교적·문화적 충돌이 일어나고 있다. 인도네시아 말루구 섬(Maluku Islands) 지역에서 이슬람교도의 기독교회 방화에 따른 기독교도와 무슬림 사이의 충돌 사건이 발생하였고 지난달에 우즈베키스탄의 한인교회에서 예배 도중 무슬림의 소행으로 보이는 폭발사고가 일어났다. 그리고 2000년 10월 10일 다시 인도네시아 암본(Ambon)섬에서 무슬림 교도들이 기독교 마을을 습격하는 사건이 발생했다.[26] 말루구 섬들에서는 최근 2년 동안 무슬림-기독교도의 충돌(Muslim-Christian conflict)로 4,000명이 죽는 불상사가 일어났다. 미국의 사무엘 헌팅턴의 말한 바 이슬람 문명권과 기독교 문명권 사이의 문명의 충돌이 아시아 지역에서는 가시화되고 있다.

한국 선교사들이 동남아나 러시아 등지에서 인종적으로는 호감을 받는다고는 하나[27] 이러한 종교적·문화적 충돌은 선교신학적으로 새로운 연구의 과제이다. 그리고 아직도 한국 보수교회의 선교는 교회 대 교회의 선교가 아니라 낙하산으로 떨어뜨리는 선교가 적지 않다. 그리하여 파송된 선교사는 비자 연장이나 선교지 선정이나 지역교회의 유대관계에 있어서 전혀 도움을 받지 못하고 있다. 지금까지 해외 선교가 무분별하게 선교지에 낙하산식으로 떨어뜨리는 물량위주의 방식과 과시욕에 물들어 있던 것이다. 그리하여 한국교회의 선교는 선교의 중복투자, 경쟁, 돈 선교, 무분별한 선교여행, 선교훈련의 부족, 문화적응의 실패 등 여러 가지 문제를 야기시켜 왔다.[28] 그리고 선교가 너무나 해외선교에 편중되었기 때문에 국내 개척교회와 농어촌교회가 황폐화되었고, 국내에 들어와 있는 외국인 근로자들에 대해서는 무관심해 온 것이다. 이제 선교정책은 양적 구조를 넘어서서 질적 구조로 전환해야 하는 시점을 맞이하고 있다.[29] 동남아, 중동, 러시아 등지에서 타종교와의 충돌을 피하고 효과적인 선교의 열매를 맺는 새로운 선교전략이 필요하다. 또한 한국교회는 예수 그리스도의 교회를 설립해야지 선교지에 교단의 교회를 이식하는 교회주의적 팽창정책을 포기해야한다. 선교지에 교단교회를 이식하는 것은 한국교회의 분열을 그대로 이식시키는 것과 다를 바 없기 때문이다. 이것은 선교에 악영향을 끼치는 것이며 하나님의 영광을 훼손하는 일이 될 것이다.[30]

(8) 각종 문화적 바알종교의식 제거

2000년 들어와 한문화운동연합이 단군상을 국공립학교와 공공장소에 설치하고자 함으로써 단군종교를 국가 종교화하겠다는 시도가 진행되고 있다. 이에 대하여 단군상 건립 반대를 위한 기독교대책위원회는 단군상 건립의 부당성과 무모성을 지적하고 종교적 목적으로 단군상을 세운 한문화운동연합이 자진 철거해야 하며, 정부당국(교육부, 행정차지부, 문광부)은 국론이 분열되지 않도록 철거를 추진해야 한다고 범 기독교적 캠페인을 벌이고 있다.[31] 2000년 9월 17일 단군상 건립반대 기독교대책위원회는 한문화운동연합이 단군상을 자진 철거할 때까지 지속적으로 단군상 철거운동을 벌일 것을 결의하고 있다.[32] 한국사회에는 단군상만이 아니라 각종 문화적 바알상들이 도처에 나타나고 있다. 그것은 물량주의 풍조, 각종 소비주의 풍조, 향락주의 풍조, 각종 세속주의 풍조이다. 한국교회는 이러한 문화적 바알우상을 훼파시켜야 한다.

(9) 환경파괴 무관심에서 환경마인드의 교회로

근대화를 이룬 우리 한국은 그 과정에서 엄청난 자원을 낭비하고 고갈시키고 환경 오염과 파괴를 초래하였다. 그리고 우리는 황폐화된 환경에서 대기, 수질, 토질의 오염 속에서 환경이 우리에게 가져오는 재앙에 직면하고 있다. 그것은 오존층 파괴로 인한 지구 온난화, 삼림의 파괴로 인한 지구의 사막화, 그리고 기후 변화와 해수면 상승, 멸종생물의 증가와 자원의 고갈 등이다. 이로 인해 생태계에 엄청난 변화가 초래되고 있다. 오늘날 해수면은 산업혁명 이전보다 20-140cm 상승했고, 매년 남한 면적 만한 땅이 사막으로 변화하고 있다. 해마다 2만 5,000에서 5만 종의 생물이 멸종하고 있으며, 석유나 천연가스 같은 화석연료는 앞으로 30-50년이면 고갈될 것으로 환경학자들은 보고 있다.[33] 예전에 100년에 한 번 일어날까 했던 기상이변(가뭄, 홍수, 폭설, 폭염)이 엘니뇨, 라니냐 현상으로 인해 매년 세계 곳곳에서 일어나고 있다. 환경보전은 한국교회뿐만 아니라 우리 사회의 생존과 직결되어 있다.

독일의 세계적 일간지인 《빌트》(*Bild*)는 사라질 위험에 처한 국제 휴양지 10곳을 선정하고 환경파괴의 심각성을 알렸다. 환상적인 열대섬, 사람의 손이 닿지 않은 해안가, 역사를 간직한 고(古)도시 등 세계 휴양지들을 못보게 될 날이 멀지 않았다. 독일의 빌트지는 최근 인간의 환경파괴가 환상의 휴양지들을 심각하게 위협하고 있다고 보도했다. 보도에 따르면 전문가들은 15년 후에는 화려한 총천연색의 산호섬들이 자취를 감출지도 모른다고 경고하며 그 주된 원인을 지구 온난화와 엘니뇨와 같은 이상 기온 현상으로 꼽았다. 이상 기온으로 인해 수온이 높아져 암초에 서식하는 산호들이 죽고 그것으로 인해 몰디브나 그밖의 유명한 산호섬에서 더이상 스노쿨링을 할 수 없을지도 모른다는 것이다. 이는 먼 바닷가 휴양지에만 해당하는 이야기는 아니다. 유럽의 곳곳의 역사적 유물들도 환경파괴로 인해 사라질 위기에 놓였다고 신문은 지적하고 있다. 예를 들어 베니스의 옛 도시는 천천히 수면 아래로 가라앉고 있으며 30년 이내로 도보 통행이 불가능해질지도 모른다는 우려가 높다. 독일인들이 애용하는 휴양지인 북해의 실트섬은 2050년 이내에 사라질 것이라는 전문가들의 진단도 나왔다.

① 북해 연안의 실트섬: 거센 물살과 그로 인한 모래의 유실이 섬 붕괴의

가장 큰 원인이다. ② 바하마의 산호섬: 엘니뇨와 이상기온이 산호섬을 위협하고 있다. 전문가들은 가장 유명한 산호섬인 호주의 그레이트 배리어 리프는 2050년쯤이면 95%가 사라질 것이라고 내다봤다. ③ 베니스의 옛도시: 갈수록 상승하는 수위가 베니스를 가라앉게 하고 있다. ④ 브라질 열대우림: '지구의 허파' 역할을 하는 아마존 유역의 열대우림은 매년 2만 3,000㎢가 엄청난 벌목으로 훼손되고 있다. 30년 이내로 우림의 40%가 훼손될 것이며 그로 인해 많은 수의 희귀동물이 멸종될 것이다. ⑤ 피사의 사탑: 12세기에 건축돼 '약간' 의 기울어짐으로 많은 여행객들을 사로잡았던 이탈리아 피사의 사탑도 붕괴 위기에 처했다. 현재 건물이 흔들리는 것을 방지하기 위해 30명 이상이 동시에 입장하는 것을 금하고 있다. ⑥ 몰디브: 지구 온난화로 매년 2.5㎜씩 수위가 높아져 몰디브의 작은 섬들이 잠식되고 있다. ⑦ 폼페이: 서기 79년 화산 폭발로 화산재로 뒤덮인 폼페이는 역사 유물을 간직한 대표적 여행지 가운데 한 곳. 그러나 '잠자는 화산' 베수비오의 움직임이 심상치 않다. 전문가들은 1944년 화산 분출 이후 거대한 폭발을 우려하고 있다. ⑧ 남극의 빙산: 온난화로 인해 최근 몇 년 사이 따뜻해진 남극의 여름기온으로 거대 빙산들이 균열되며 떠내려가고 있다. 60년 후에는 남극에서 펭귄을 볼 수 없게 될지도 모른다. ⑨ 중국의 양쯔강: 660km에 이르는 길이로 아름다운 풍경과 역사적 사원 등을 자랑하는 양쯔강 유역이 잦은 홍수로 황폐화되고 있다. ⑩ 독일 동해(Ost See)의 고래들: 그린피스의 환경전문가들은 독일 동해(Ost See)에 약 600여 마리가 남아있는 고래가 무자비한 포획으로 20년 후에 멸종될 수 있음을 경고했다.[34]

한국교회도 1992년 '생태계의 보존와 한국 기독교' 라는 숭실대 세미나를 기점으로 하여 생태계에 대한 깊은 관심을 기울이기 시작했다.[35] 환경의 보존이란 인간의 구속과 더불어 구속받은 인간이 살아야 할 터전을 지키는 것으로서 하나님이 우리 인간에게 주신 지구 동산지기의 과제이다. 2000년에 들어와 그동안 정부와 환경단체들의 노력으로 한강과 양재천이 살아나고, 각종 한강의 지천들이 살아나고 있다. 더욱이 서울시가 2003년에 시작하여 2년에 걸쳐 공사하여 2005년에 완공한 청계천 살리기 사업은 푸른 서울을 만드는 데 크게 공헌하고 있다. 청계천은 도시의 숨길을 열어주고 있으며 황조롱이 등 동식물과 인간의 공존 '생태하천' 이 복원되고 있다. 하루 7만 대가 통행하던 청계고가와 청계천로가 사라지면서 청계천은 들풀과 꽃, 물고기가 한 데 어울려진 생태하천으로 변했다. 복원공사 후 지금까지 청둥오리, 흰뺨검둥오리, 황조롱이, 중대백로 등 조류를 포함해 메기, 버들치, 잉어, 피라미, 송사리, 미꾸라지 등이 관찰됐다. 청계천은 도심의 바람길을 살려주는 거대한 냉각수의 역할을 한다. 콘크리트가 있던 자리에 물이 흐르면서 하천 주변온도를 2-3℃씩 낮추는 효과를 내고 있기 때문이다.[36] 한국교회는 지구환경을 보존하고 지키는 사명을 각성하고 지속적으로 이를 위한 실천을 해야 할 것이다.

(10) 냉전 반공의식에서 비판적 화해 포용의식으로

1998년 2월 김대중 정부에서 2008년 2월 노무현 정부에 이르기까지 지난 10년간의 남북관계는 북한 체제 변화에 대한 유도 없이 일방적인 퍼주기 정책으로 일관하여 왔다. 2000년 6월의 남북정상회담에서 반세기 동안 꽁꽁 얼어 붙었던 한반도는 김대중정부의 햇볕정책으로 화해와 협력의 구도를 형성하였다. 8·15 이산가족이 상호방문을 하고 남북 경제협력추진위원회가 설치되었다. 남북 공동으로 반세기 동안 중단되었던 경의선을 복구 공사를 시작하기도 했다. 노무현 정부에서는 개성공단 사업이 추진되었다. 그러나 이 남북관계는 북한의 인권개선 등을 비롯한 사회의 개방과 변화 없이 북한에 일방적으로 맞추는 정책으로 이루어졌다. 2008년 2월에 집권한 이명박 정권은 실용주의에 입각, 지금까지의 퍼주기식 대북정책을 상호주의적으로 전면적으로 수정하고자 시도하고 있다.

첫째, 상호주의 원칙이 무너지고 지나치게 북한에 유리한 방향으로 모든 관계가 진행되고 있다는 것이다. 6·15 선언 후 이산가족이 서로 방문하고, 백두산·한라산 관광을 교환했으나 이것은 하나의 이벤트에 불과하거나 북한에 이로운 일들 뿐이었다. 비전향 장기수를 북에 보내었으나 국군 포로와 납북자는 돌아오지 않고 있다. 군사적인 긴장완화를 위한 실질적인 조치가 이루어진 것이 없다. 남북 국방장관 회담이 열리지만 아직 당국 직통 전화 한 대 놓는 일에도 합의하지 못했다.

둘째, 남북관계가 최소한의 긴장완화를 위한 북한의 성의 있는 자세를 끌어내는 방향으로 진행되어야 한다는 것이다. 그것은 휴전협정을 평화협정으로 바꾸는 방향으로 나아가는 것이다. 남북회담에 대한 종합적 점검이 필요하며 서두르기 보다는 과정을 종합적으로 점검하면서 실질적 성과를 가져오는 방향으로 나가야 한다.

셋째, 통일문제에 있어서는 감정보다도 실용성과 현실에 근거한 정책을 취해야 한다. 전 외무부장관 한승주에 의하면 "남북한 관계의 현주소를 냉철하고 정확하게 파악할 필요가 있다. 감상적으로 남과 북이 갑자기 화합하여 통일을 이룰 것으로 기대하는 것은 비현실적인 일이다." 북한은 체제의 속성상 그때 그때 필요한 명분과 이유로 남한을 협력의 대상으로도 적대적 대상으로도 만들 수 있다. "남북 관계에 있어서 북한의 선의나 신의(信義) 또는 민족애에 기대를 걸기보다는 이해관계를 기반으로 정책을 수립하고 추진해야 한다."[37]

넷째, 오늘날 한국 시민들은 이념적 혼란을 겪고 있다.[38] 2005년 7월 17일 우리 민족연방제 통일추진회의라는 좌파 단체가 주축이 되어 인천상륙작전의 주역인 인천 맥아더 동상을 철거하라는 데모가 있었다고 한다. 맥아더 동상은 6·25 전쟁 때 인천상륙작전을 지휘한 더글러스 맥아더 장군을 기리기 위해 1957년 인천 자유공원에 세워진 것이다. 일부 단체들이 "맥아더는 한국전쟁 때 수많은 민간인을 학살한 전쟁범죄자"라고 보고 있다. 이들은 광복 후 60년의 한국현대사를 "미국의 식민지 역사"라고 규정하고 "미군을 내쫓는 것이 모든 문제의 뿌리를 뽑는 것이며 맥아더 동상 철거는 그 시작"이라고 주장한다. 맥아더 동상 철거 운동은 반미와 주한 미군 철수 운동의 연장임을 알 수 있다. 이러한 운동에는 오늘날 우리가 살고 있는 자유한국의 체제를 부정하는 이념이 도사리고 있다.[39] 더욱이 6·25 사변에 대한 경험이 전혀 없는 젊은이들은 민주주의든 공산주의든 통일만 되는 되지 않는가 라고 생각한다. 그러나 우리 사회에 공산주의를 용납할 수는 없다. 공산주의는 무신론이요 인간성을 인정하지 않는 사단적인 이데올로기이기 때문이다. 공산주의, 더욱이 북한식 왕조체제의 주체사상적 공산주의는 민주주의·자유주의 사상의 다양성과 다원성을 인정하지 않는 인본적·군주신론적 사상이다. 그것은 반종교적이며 반기독교적이다.

2. 복음주의 신학의 역할

한국교회에 제기되는 시대적 과제에 대한 복음주의 신학의 역할은 다음과 같다. 이 과제는 한국교회의 과제인 만큼 복음주의 신학이 직접 수행하는 것은 아니고 신학이 제시하는 착상과 이론을 가지고 한국교회의 목회자가 신학자와 협력하면서 수행해야 할 것으로 본다. 복음주의 신학은 하나님의 절대주권과 예정교리에만 치우치지 않고, 이에 대해 균형잡힌 신앙으로 전인적인 응답을 하는 개혁신학의 전통을 수용해야 한다. 그리하여 좌로나 우로나 치우치지 않는 성경적 균형과 방향성을 갖추어야 한다.[40]

(1) 건전한 성장신학은 번영신학 비판에서 출발

1980년대 후반에 이르러 성장의 정체 내지 둔화에 빠진 것은 한국교회가 사회의 물량주의에 편승하여 외형적인 성장에 비중을 둔 데서 비롯된 결과이었다. 1960년대와 70년대에 걸친 한국교회의 양적 성장은 세속적 경제성장에 발맞추어 나가면 된다는 노먼 빈세트 필(norman Vincent Pearle)의 적극적 사고(positive thinking)와 로버트 슐러(Robert Schuller)의 가능성의 사고(possibiity thinking)를 기초로 한 번영의 신학(theology of prosperity)에 기초하였다.[41] 그리하여 한국교회는 한국의 경제성장에 발맞춰 물량주의와 성장제일주의의 열병을 앓아온 것이다. 2000년대에 들어와 한국교회는 그동안의 자기반성과 내실적인 정책에 눈을 뜸으로써 이러한 성장 정체(停滯)의 구도에서 점점 벗어나고 있는 것으로 보인다. 이제 복음주의 신학은 한국교회를 향하여 내실적 성숙구조를 유도해야 한다. 이것을 크리스천 슈바르츠(Christian Schubarts)는 자연적 교회성장 원리(natural church Development)[42]라고 표현하였다. 내실적 성장구조는 다음 구조조정을 통하여 수행되어야 한다.

첫째, 목회자수에 대한 구조조정이다. 통계에 의하면 목사와 전도사를 포함한 목회자의 증가속도가 교회수와 신자수의 증가속도에 앞서가고 있다. 예장 통합의 경우 교회증가 비율이 3.6%에 비해 목사 증가는 4.7%, 예장 합동의 경우, 교인증가가 2.0%, 목사증가가 8.0%로 심각한 우리를 보이고 있다. 현재 해외에서 신학을 공부하는 목회지망생까지 감안하면 앞으로 한국교회의 목회자수는 엄청나게 늘어나고, 무임 목회자수 또한 크게 늘어날 전망이다. 현재 미국 남가주내 6개의 미국 신학교에 재학하고 있는 한국 신학생이 2,000명이며 이중 풀러신대에만 한인학생들이 1,500명으로 전교생 3,400명 가운데 거의 절반을 차지하고 있다. 그 외 탈봇신대 120명, 클레어몬트 신대 167명, 아주사 퍼스틱 대학 70명, 웨스트민스터 신대 35명 등이다.[43] 동부의 신학대에 재학하고 있는 학생들도 프린스턴 신대 120여 명과 웨스트민스터 신대 500여 명 등 근 1,000여 명에 이르고 있다.

둘째, 포화 상태가 되어 버린 목회자의 인력을 활용하기 위해, 팀을 이루는 전문목회로 전환하는 것이 필요하다. 이미 제도권 교회도 담임목회자가 모든 것을 관장하는 교황식의 목회보다는 설교, 교육, 봉사 등으로 목회 분야를 나누어 팀 목회를 시도하는 것도 내실적 교회성장을 위해서는 바람직하다. 근래 문화전문교회 내지 환경전문교회가 생겨나고 있다.

셋째, 개척교회 구조조정이다. 기업이 구조조정으로 인해 기업들마다 몸집을 줄이고 있는 즈음에, 교회가 생산성 있는 결과를 내놓지 못하는 개척교회를 증가시킬 필요가 없다는 것이다. 교계에서도 이미 포화상태에 이른 교회개척에 매달리는 정책을 과감히 버려야 한다는 지적이 나오고 있다. 개척교회는 너무나 많으며 개척교회의 성공은 이제는 옛말이 될 정도로 어렵게 되었다.

넷째, 교회성장의 내실적 방법 가운데 현재 가장 효과적인 것은 제자훈련이다. 그리하여 평신도 사역자를 많이 배출하는 것이 바람직하다. 평신도 사역자를 목회사역의 장애물로 생각치 않고 이들을 동역자로 생각하면, 목회와 선교에 역동적 힘을 제공하게 된다. 국내에서는 평신도 제자훈련을 통해서 사랑의 교회가 1만 명, 미국 남가주에서는 남가주 사랑의 교회가 5,000명, 호주 시드니에서는 시드니 새순교회가 1,000명이 모이는 교회로 성장하는 결실을 낳았다. 이 제자훈련에는 교인들의 신앙성장과 교회의 발전을 위한 다양한 교육프로그램을 개발하여 초신자의 오리엔테이션 과정, 신앙성장의 단계별 교육, 지도자 양성 및 전도 목적의 교과과정 등이 교육프로그램의 주를 이루고 있다. 제자반, 사역반, 새일꾼반, 평신도 성경대학 등의 3년 과정이 있다.[44]

다섯째, 장년부 교육을 중심으로 유치부, 유년부, 중고등부, 대학부, 청년부 등으로 나눠 주일학교를 활성화해야 한다. 영적으로 건강한 장년부

주일학교는 전체 주일학교의 심장이다. 여기서 양승헌은 다음 여섯 가지의 구조전환을 요청하고 있다.

첫째, 주일학교를 학교구조에서 가족구조로 전환, 둘째, 교회를 장으로 하는 구조에서 가정을 장으로 하는 구조로 전환, 셋째, 성경공부를 사실이 해 구조에서 삶의 변화의 구조로 전환, 넷째, 목회와 교육을 이원화 구조에서 통합구조로 전환, 다섯째, 교육 대상 구조를 어린이교육에서 전생애 교육으로 전환, 여섯째, 교육사역자를 상식자 구조에서 전문가 구조로의 전환이 요청된다.[45] 여섯째, 세상을 위한 교회가 되어야 한다. 2005년 미국에서 떠오르고 있는 신흥교회로서 이멀징교회(emerging church)는 전통교회와 결별을 선언하고 새 시대인 포스트모던 시대에 맞는 교회설립을 천명하며 출현하였다. 이멀징교회의 긍정적 측면을 수용하고 부정적 측면을 비판하면서 전통교회는 개혁교회의 본질(ecclesia reformata semper reformanda)에 충실해야 한다. 이멀징교회를 주도하는 브라이언 맥라렌(세다리지 커뮤니티교회 담임) 목사[46] 등 지도그룹은 21세기의 포스트모더니즘이라는 시대 사조의 특성을 수용하면서 젊은 세대들에게 복음을 전하는 것이 바람직하다고 강조한다. 이들의 공통적 생각은 전통교회가 전통에 얽매어 경직돼 있는 교리와 신학, 미리 짜여진 예전적 순서에 따른 형식화 된 예배, 신학적인 보수-진보의 갈등을 유지, 양극화 경향을 극복하지 못하는 한계를 지적한다. 인류구원과 피조물 전체구원을 중심에 놓는 전통교회의 강조점과는 달리 교회의 사회적 역할과 은사중심적 경향을 중시한다. 특히 이멀징교회는 전통교회의 삼중구조(하나님의 은혜-교회봉사-세상의 삶)를 새로운 삼중구조(올바른 세상의 삶-교회봉사-자신)로 바꾼다.[47]

이멀징교회가 셀목회로 대변되는 소그룹목회를 포스트모더니즘이 추구하는 '권한 위임', '중앙집권 해체', '성직자 중심에서 평신도 중심으로'를 받아들이는 것은 시대에 걸맞는 교회의 태도변화이다. 그리고 창의적 표현, 분산된 리더십, 통전적인 예배형태, 뉴미디어의 적극적 활용, 선교지향적 교회, 사회정의에 대한 적극성 등은 전통교회에 대한 새로운 도전으로 받아들여야 할 측면이다.

그러나 교회의 삼중구조에 있어서 하나님 은혜 대신에 자신을 집어넣는 것은 하나님의 주권을 강조하는 개혁신앙의 전통에서 빗나가고 있다. 그리고 성경의 무오성이나 동성애 문제 같은 교회 간 입장이 다른 문제들에 대하여 진보와 보수와는 다른 제3의 입장(침묵)을 갖는 것은 지나치게 현대의 상황에 치중하는 것이다. 그렇게 됨으로써 이멀징교회는 교회의 예정론적 본질을 망각하고 있다. 그리하여 미국의 크리스천 신문들은 이 맥라렌 목사를 중심으로 하는 '새로운 형태의 교회'를 신흥교회 내지 이제 막 새롭게 출현하는 교회라는 의미로서 이멀징교회라고 부르고 있다. 이 교회가 지금은 복음주의권에 포함되고 있으나 색다른 예전(설교 강대상 없이 대형스크린을 앞에 걸어 놓고, 예배 분위기를 압도하는 감동적 영상을 비추며 서라운드 음향이 서너 개의 촛불을 배경삼아 청중들의 눈과 귀를 자극, 전자악기는 기본 예배 보조시설)이나 케리그마 축소(불과 10분 안팎), 성도의 교제와 친교에 대한 비중을 키움, 네티즌의 친교장소인 블로그를 중심으로 친교(실제로 커뮤니티 블로그를 중심으로 신학적인 담론을 향상하는 '2005 이멀징 컨벤션' 개최), 성만찬 강화, 보수적 성향이나 진보적 성향을 인정하지 않고 제3의 성향을 적극적으로 모색하는 것으로 보아 앞으로 정통기독교에서 이탈할 가능성이 높다.[48]

교회는 언제나 예수 그리스도의 교회가 되어야 한다. 이 본질은 어제나 오늘이나 영원토록 변할 수 없다. 그런데 교회가 젊은 세대들의 상상력을 주도하기 위하여 성장 침체의 탈출구로서 그 본질을 바꾸어서는 안 된다. 교회는 교인 자신을 위하여 세상을 위하여 있는 것이 아니라 하나님의 은혜와 영광 때문에 세상을 위하여 존재하는 것이다.

(2) 교회연합운동과 신학 제시

번영의 신학이 수단과 방법을 가리지 않는 교회의 성장과 주도권 쟁탈에서 분열을 초래했다면 이제 한국교회는 연합과 일치를 이루기 위해서 고통의 신학을 실천해야 할 것이다. 분열을 극복하는 것은 자기를 비우고 자기를 쳐 복종시키는 고통의 경험을 통하여 가능한 것이다. 신자가 된다는 것은 주님과 더불어 성공하고 번영하고 영광만을 받는 것이 아니라 먼저 주님과 더불어 그의 고통과 고난에 참여하는 것을 배우는 것이다. 고통과 고난은 근본주의가 오해하듯이 죄의 대가가 아니다. 고통과 고난은 신앙의 깊은 차원에 들어가기 위함이다.

1994년 한국복음주의 신학회는 고통의 신학에 대하여 다음같이 성명을 발표하였다. "고통은 커다란 신비이다. 그러나 그 신비의 일부가 인간에 대한 하나님의 위대한 현시로서, 십자가 위에서의 예수의 고통에 계시되었다. 그리스도인들은 또한 고통당하는 자들을 찾아가 하나님의 사랑을 나타내도록 부르심을 받았다. 이와 같은 고통과 봉사 안에서 그들은 신앙의 진정성을 확인하는 것이다."[49]

한기총과 교회협, 그리고 각 직제와 신조가 같은 분열된 교단들은 국내전도, 해외선교, 통일운동, 나눔운동, 민간교도소 문제, 외국인노동자 문제 등 대 사회적 문제에 대하여 사안별로 보조를 하면서 일지와 연합을 하는 것이 요청된다. 그리하여 상호 배우고 이해하고 오해를 불식하고 서로를 잘 알게 됨으로써 자연스럽게 기구적이고 교단적 연합에 이를 수 있다. 먼저 하나의 장로교, 감리교, 성결교가 이루어지고 이들 개신교 교단이 연합한 하나의 한국 기독교연합이 이루어지는 방향으로 가야 할 것이다.

그러기 위해서는 "한국장로교총연합회"(한장연)처럼 신앙고백과 전통을 지닌 교단끼리 대화하고 교류하고 연합을 시도하는 일부터 시작하는 것이 지혜이다. 지난 1980년대 감리교회를 비롯한 성결교회, 나사렛 교회 등 웨슬리안에 속한 교회들이 "웨슬리안 교단협의회"를 구성하였으나 이렇다 할 활동을 보이지 않고 있다. 그러나 이 모임도 새롭게 활성화된다면 한장 련 못지 않는 결실을 가져올 수 있다. 그리고 성공회와 루터교 등 같은 주교 전통을 지닌 교회들도 하나의 그룹이 되어 대화와 교류를 시작하는 것이 하나의 방향이 될 수 있다. 성결교회 두 교단이 2000년 총회에서 이미 설치된 '예성-기성 교류협력위원회'를 '한국성결교회연합회'로 발전적으로 구성하기에 이른 것은[50] 매우 고무적인 일이다. 그리하여 양교단 교역자를 상호 인정 및 신학교 상호인정 등 교류협력에 대하여 집중적으로 논의하게 된 것은 바람직한 일이다.

2005년 한국신학대학 교육협의회가 각 신학대학 영성훈련 공동인증제를 도입하기로 한 것은 앞으로 한국교회의 연합운동에 공동의 영성적 기초를 마련한다는 점에 있어서 바람직한 일이다. 이러한 영성훈련 공동인증제를 합의함에 따라 소속 신학대학의 영성훈련 교류가 활발해질 것으로 예상된다. 그리고 각 신학대학의 수련회 및 영성훈련의 공동추진이 이루어질 수 있다. 신교협은 "오늘날 심각한 세속화 시대를 맞아 교회가 올바른 갱신과 부흥을 통해 사회와 국가를 변화시키기 위해서는 신학생들을 성경적인 교육관으로 바로 양성해야 한다"라며, "그동안 이론 편중, 강의실 중심의 교육을 시정하고 성경 중심, 실천 중심의 교육을 강화하고자 한다"[51]고 밝혔다. 신교협은 이미 2005년 4월 햇불회관에서 신학대 교수 부흥회를 개최한 바 있다.

(3) 교회와 신자의 사회윤리 의식각성과 사회윤리신학의 제시

현금 한국교회가 직면한 정치적 · 경제적 · 사회적 · 문화적 부도덕성의 원천은 바로 맘모니즘(mammonism), 물신(物神)숭배이다. 여태까지 한국교회는 번영신학의 사고방식인 기복신앙과 물량주의의 바알신앙에 사로잡혀 있었다. "한국교회 맘모니즘의 극치는 무엇보다 '성직매매' 라고 할 수 있다." "한국 개신교의 각 교단장 선거는 온통 돈잔치로 물들어 있다. 돈으로 사람들을 매수해서 교단장이 되려고 하는 일은 성령을 모독하는 성직매매의 전형적 사례이며 맘모니즘의 극치이다."[52] 이러한 사고방식에 사로잡혀 물량적인 번영과 세속적인 성공을 바로 복으로 간주하기에 이르렀다. 그리하여 십자가적 고난의 사고가 결여되었다. 수단방법을 가리지 않고 취득하는 부의 성취가 바로 하나님의 복이라는 왜곡으로 인해 한국교회 목회자와 보수교회는 윤리성에 있어서 크나큰 취약성을 보이고 있다.

첫째, 기독교적 물질관으로써 맘모니즘을 변혁시켜야 한다. 한국교회는 돈을 하나님과 더불어 숭배하고 있지는 않는가? 역사적으로 볼 때 콘스탄틴 황제 이후 교회가 물질적으로 부유하게 되면서 점점 영적 능력을 상실하게 되었다. 그 이전에는 박해가 교회에 바치는 헌금이었고, 순교가 교회 자신이었으며, 가난이 교회의 영적 부였다.[53] 그러나 교회가 물질적으로 부유해지면서 교회 안에 물질을 탐하는 풍조가 생겨났고 돈으로 성직을 사고 파는 소위 성직매매가 생겨나게 되었다. 이것이 바로 한국교회의 위기이다. 물질이 가진 자의 것이 아니라 하나님이 청지기로서 잠깐 위탁하신 것뿐이라는 것이 올바른 성경적 물질관이다. 이제 한국교회는 가진 것을 이웃의 소외된 자들과 나누어야 한다.

둘째, 샤머니즘적 복관을 성경적 복관으로 변혁해야 한다. 샤머니즘의 복이란 현세적이고 세속적이며 수단과 방법을 가리지 않는 물질적 번영이다. 산상수훈의 칠복이란 물질적이기 보다는 영적이며 심령의 가난과 청결에서 나온다. 지난 1990년대 시한부 종말론을 주장하여 한국교회와 사회에 큰 소란을 피운 다미선교회 지도자는 공중휴거를 말하면서 휴거를 바라는 자들의 헌금을 착복하여 자신의 큰 집과 재물을 가졌다. 이러한 샤머니즘적 가치관이 아직도 한국사회와 교회 안에 산재해 있기 때문에 종말론적 휴거와 종교적 상업주의가 결합하는 것이다.

셋째, 한국교회는 진정한 복음주의적 교회여야 한다. 여기서 복음은 샤머니즘으로 변질된 물질의 복음이 아니라 새 사람의 복음이다. 현세적으로 복받고 잘 사는 것이 일차적인 것이 아니라 예수의 십자가를 믿고 새 사람이 되어 하나님의 사람이 되고 현실에서 하나님의 영광을 위하여 헌신하는 삶의 복음이다. 복음이 가르치는 십자가적 윤리는 가난하고 사회적으로 소외된 자들의 편이 되는 윤리이다. 개혁신앙은 하나님의 주권과 인간의 전인적 응답이 성경적으로 균형되고 방정성(方正性)을 갖는 신앙이다.[54] 날로 늘어가는 노인들을 위한 각종 프로그램을 통하여 이들이 신앙 안에서 보람 있게 노년을 보낼 수 있는 각종 프로그램을 개발해야 할 것이다. 노인들이 가진 여가를 새로운 삶의 의미 개발과 이웃에 대한 봉사로 이어지도록 도와주는 연구가 필요하다. 그리고 단지 양적으로 오래 사는 것이 아니라 건강하고 보람있게 사는, 삶의 질을 충실히 반영하는 새로운 사회지표의 개발이 중요하며 이에 대한 연구를 교회가 장려해야 할 것이다.

한국교회는 종교개혁의 정신에 충실하며, 십자가 신학을 실천함으로써 노회장이나 총회장 선거에서 난무하는 각종 세속적 형태의 바알종교적 방법에서 손을 끊고 성경적 정신으로 되돌아가야 할 것이다. 예장 합동총회에서 지금까지 관행으로 되어온 금권타락선거를 근절시키기 위해, 2001년부터 총회임원을 사도행전에서처럼 제비 뽑기로 선출하도록 결정한 것[55]은 환영할 일이다. 그리고 목회자의 아들이 후임목회자가 되는 경우에 대해서 그것을 "세습"이라고 단정하기 보다는 보다 성경적이고 교회사적인 전통을 존중하는 방향에서 평가할 필요도 있다. 청빙문제는 교회성도들의 다수의 의견이 존중되어야 하며 교회와 교단의 정해진 법과 절차에 따라서 처리

해야 한다. 이런 절차에 따라서 아들을 후임목회자로 청빙한 교회의 결정
과 해당되는 목회자 부자의 인권 또한 존중되는 풍토가 되어야 할 것이다.[56]

(4) 미디어를 관장하는 교회와 신학

21세기는 세계화, 정보통신의 기술, 사이버 스페이스, 인터넷, 전자교류
등으로 축약되는 디지털 세계이다.[57] 유비쿼터스(ubiquitous) 컴퓨팅의 시대
이다. 언제 어디서나 인간이 존재하는 환경 속에 더불어 존재하는 컴퓨터
기술을 말한다.[58] 한국교회는 이러한 디지털 문화에 적응하면서 미디어 선
교와 신학을 정립해 나가야 한다. 세상이 디지털화되고 통신혁명이 일어나
는 가운데, 교회가 아날로그 스타일만을 고수하면 세상을 변화시킬 수 없
다. N세대와 X세대들을 예수 세대로 만드는 복음화의 노력은 오늘날 이들
이 사는 문화형식인 미디어에 한국교회가 집중적으로 참여하고 그 매체를
복음화함으로써 가능하다.

현재 인터넷 선교방송국 그리고 2000년 10월 8일에 개국한 온누리 인터
넷방송국이 활발히 활동하고 있다.[59] 인터넷 방송은 한국 전체교회의 93%
에 달하는 출석성도 300명 미만의 교회를 섬겨야 한다. 인터넷이 보편화된
시대에서 교회가 사이버 세계에 복음의 기지를 만드는 것은 꼭 필요한 일이
다. 한국교회 목회자들은 정보마인드를 다시금 가져야 한다. 인터넷을 통
하여 세계 각지에서 일어나고 있는 최신 선교정보, 목회 및 신학정보를 접
하고 의사소통할 수 있어야 한다. 정보화 시대에서 "땅끝"은 바로 사이버세
계를 말한다고 해석할 수 있다. 이런 의미에서 사이버 선교란 바로 땅끝까
지 복음을 전하라는 주님의 명령에 순종하는 것이라고 볼 수 있다. 사이버
교회는 기존의 교회(오프라인 교회)와 함께 존재해야 한다. 이를 무시한 사이
버 교회 내지 사이버 목회란 역사성을 결여한 신영지주의적(neo-gnostic) 교
회 내지 목회가 될 위험성을 안고 있다.[60]

그러나 복음주의 교회와 신학은 인터넷을 통한 정보기술을 하나님의 은총으로 바라볼 수 있어야 한다. 그리고 동시에 정보사회의 부정적인 면을 냉철하게 부각시켜야 한다. 그것은 양적으로는 정보 홍수 속에서, 질적으로는 정보 공해 속에서 자아의 실종과 질식이다. 인간은 편리한 정보의 네트워크를 통해서 무력감과 허무주의와 파괴적 충동에 빠져 정체성을 상실할 수도 있다. 인터넷은 인간에게 정보교환의 엄청난 편의를 제공함에도 불구하고 인간성을 소외시킨다는 사실을 경고해야 한다.[61] 독점적 정보와 과장된 정보는 가상현실을 지배하는 특정 권력집단에 따라서 정치사회적·문화적 억압수단으로 악용될 수도 있다. 정보 홍수는 상업지향적 대중문화에 결합하여 오락물, 폭력물, 음란물을 범람하게 함으로써 시민, 특히 젊은 청소년의 도덕성을 약화시킬 수 있다. 인터넷은 가상세계이기 때문에 많이 사용할수록 실제세계와의 관계가 단절되고 은둔적이 되며 사회로부터 고립되게 된다. 인터넷 대화가 늘면 자신과 비슷한 사람들만 찾는 전자청소(electronic cleansing) 현상을 초래하게 된다.[62] 인터넷 문화가 주는 한계를 극복하기 위해서는 지역교회가 역동적 영성공동체를 이루어야 한다. 교회 안에서 누구나 말할 상대를 찾고 신앙 안에서 교제하며, 깊은 만남과 대화가 있는 소그룹을 찾을 수 있도록 해야 할 것이다.

(5) 생명공학의 윤리 제시

복음주의 신학은 생명공학의 발전에 대해 도구적 이성을 허락하시고 자연을 다스리고 말씀하신 하나님의 은총이요 선물로 받아들인다. 미국의 신학과 자연과학 연구소(CTNS, Center for Theology and Natural Science) 소장인 테프 피터스(T. Pieters)는 "하나님은 대리자인 인간을 통하여 계속해서 창조하신다고 보여질 수 있기 때문에 복제는 잠재적으로 선하다"[63]라고 말하고 있다. 그러나 아무리 좋은 선물일지라도 그것을 받고 사용하는 인간의 동기와 태도에 따라서 그 성격이 달라진다. 복제가 무엇을 위하여 사용되느냐에 따라서 그 윤리적 성격이 달라진다. "하나님은 양성생식을 통해서 잉태된 아기뿐만 아니라 복제된 아기에 대해서도 그 유전적 조성에 상관없이 사랑하고 있다."[64] 복제된 아기도 하나님의 창조하신 영혼을 지니고 있기 때문이다. 인간 복제의 경우 인간개성과 동일성에 위협을 주는 것은 아니다. 신학적으로 볼 때 인간 영혼은 DNA로부터 형성되지 않으며 영혼은 하나님과의 교감을 통해 사회적으로 형성된다.

복제아기의 경우는 개성 및 동일성의 상실의 우려보다는 어린이 상품화에 대한 위험이 크다. 복제아기가 지니는 영혼이란 이란성 쌍둥이가 서로 같은 모양을 가지고 있으며 성격도 비슷하나 각자의 고유한 인격을 지니고 있는 것과 같다. 유전자가 같더라도 성장과정에 따라 인격의 정체성은 얼마든지 달라질 수 있다. 그러나 복제는 인간 생식에 이용되어서는 안 된다. 그것은 아이들의 존엄성이 상품화 전략에 의하여 훼손되는 일이다.[65] 인간은 목적이지 수단이 될 수 없다. 생명복제는 몇 가지 고도의 생식기술과 결합해 아기들을 품질 관리표준에 따라 취급할 소지를 가지고 있다. 그러므로 교회는 아이들의 존엄성을 보호하기 위한 조치를 취해야 한다. 인간 유전자는 하나님의 형상(imago dei)[66]으로 지음을 받은 천부적 존엄성과 가치를 지니고 있다. 인간 유전자는 유전공학에 의한 상업적 행위를 통해서 말소되거나 감소되지는 않으나 훼손당할 수는 있다. 인간의 유전자를 하나님의 창조적 섭리 아닌 인간의 인위적으로 조작하는 것은 창조의 질서에 위배된다.

오늘날 유전공학과 생명복제기술은 급속도로 발전하고 있으나 이에 대한 사회적이고 윤리적이며 신앙적인 연구와 토론이 이에 뒤따르지 못하고 있다. 첫째, 복제는 인간자체보다는 유전적 형질에 대한 가치를 높게 부여하고 있다. 그것은 인간성 전체를 보는 것이 아니라 우성(優性)인 형질만을 고려하는 폐단을 지니고 있다. 생명복제는 우성학이 지니는 심각한 인간성 왜곡의 방향으로 나아가는 위험성을 지니고 있다.[67] 둘째, 복제는 복제인간 뿐 아니라 제공자 모두 도구적인 가치로 전락하기에 이른다. 복제된 인간은 복제의 유전자를 제공한 자의 차별의 대상이 된다. 인간은 하나님의 형상으로 지음을 받은 존재이므로 도구화 될 수 없는 고귀하고 존엄한 존재이다. 셋째, 생명복제는 하나님이 주신 또 다른 선물 중의 하나가 분명하다. 그러나 이를 이용할 시에는 하나님의 뜻을 제대로 시행해야 한다.

유럽교회협의회(CEC)의 교회와 사회위원회는 1998년 유럽연합이 일정한 조건에서는 인간유전자의 특허권이 허용될 수도 있다고 통과시킨 조항에 대해 재고해 줄 것을 요청했다. CEC 위원회는 "모든 인류를 위한 공동의 선으로서 취급돼야 할 사안에 대해 특정의 소유권을 부여하려는 모든 움직임을 반대한다." "우리는 생명공학의 발전과 유전자 공학 자체는 환영하지만, 이는 명백히 모든 사람에게 공정한 혜택이 돌아갈 수 있도록 해야 한다"고 밝히고 있다. 그러나 현실적으로 유전자 정보는 인종개발을 위한 국가의 우생학(eugenics) 프로그램에 이용될 가능성이 농후하다.[68] CEC의 생명윤리위원회는 "유전자 정보 이용에 관한 특허권 신청에는 이의가 없지만, 단독의 특허를 목적으로 하는 상업적 유전자 특허권에 대해서는 반대한다"고 했다.[69] 유전자를 인간의 청사진으로 비유하는 것은 인간에 대한 기계론적 이해이다. 유전자 정보는 청사진이 아니라 밑그림 정도에 불과하다. 인간은 외부환경의 정보와 끊임없이 상호작용을 하기 때문에 인간을 단지 유전자의 조합으로 보는 것은 인간을 기계로 보는 것이다.[70] 성경적 시각에서는 인간의 인격은 같은 쌍둥이라고 할지라도 환경과의 밀접한 관계에서 형성된다. 그리고 유전공학적 사고는 개인 인격형성에 있어서 사회적·문화적 측면을 간과하고 그것을 단지 유전자의 열등으로 왜곡할 가능성이 큰 것이다. 오늘날 과학기술은 실험해 보아 '할 수 있다면 다 해도 된다'는 기술지상적 신념에 사로잡혀 있다.[71] 그러나 기술적으로 가능하다고 해서 도덕적으로 용납되는 것이 아니라는 생명공학의 윤리에 직면하게 될 것이다.

⑹ 전방위 선교신학 및 변혁주의적 종교신학의 정립: 선교개념의 패러다임 변화

복음주의적 선교개념에 입각해서 한국교회는 선교의 새 패러다임을 도입해야 한다.

첫째, 선교개념를 확대해야 한다. 한국은 아직도 전인구의 20%만이 신자이기 때문에 나머지 80%는 선교의 대상이다. 그러므로 선교란 개념을 광범위하게 생각하여 국내 선교도 포함시켜 해외선교와 더불어 '전방위 선교' 개념을 가지는 것이 요청된다.[72] 국내에 있는 명목상의 신자, 그리고 문화와 경제교류에 의하여 국내에 들어와 있는 수십만의 외국인 근로자와 수많은 관광객이 선교의 대상이다.

둘째, 해외선교는 한국교회가 유산으로 물려받은 3자원리에 충실하며 후진국에서도 선(先)전도 후(後)문명화의 기본구도를 실천해 나가야 할 것이다. 이러한 기본 선교이념은 한국교회가 물량공세를 통한 문화선교나 식민지 선교를 한다는 비난[73]을 충고로 받아들이면서 지난 세기 서구의 자유주의 선교사들이 저지른 잘못에 빠지지 않도록 해야 할 것이다. 해외선교는 궁극적으로 원주민 지도자의 양성이고 선교사는 조력자의 역할을 다해야 한다. 동남아 등 제3세계는 국적과 문화의 차이로 인해 외국 선교사의 역할에 한계가 있기 때문에, 현지인들을 양육해서 이들로 전도하도록 하는 방향으로 선교정책을 바꿔야 할 것이다. 러시아에서는 빅토르 카잔스키 목사가 한국인에 의해 복음을 듣고 선교사들의 도움을 통해 신학을 공부하고 러시아 최초의 제1호 장로교 목회자가 되었다.[74] 태국에서도 예장 교단의 윤수길 선교사가 운영하는 태국복음신학교도 현지인 교회지도자들을 양성하고 있다.

셋째, 해외선교에 있어서 개교회나 개교파주의를 지양하고 하나의 공식적인 연합선교기구를 세워 그 아래서 초교파적인 협력을 하는 것이다. 선교지 교회와 깊은 유대관계를 통하여 선교협약을 통한 선교정책을 펴나가야 한다. 그리하여 선교사들이 선교지 교회의 보호와 지도를 받도록 해야 한다. 선교사들이 선교비나 생활비 조달에 매달려 선교에 지장이 초래되지 않도록 공식루트를 통해 선교비를 지원·배분해야 하며, 현지 신학교 운영도 초교파적으로 해야 한다. 필리핀 장로교 신학교나 모스크바 신학교(합동과 고신의 공동운영)가 이러한 협력의 좋은 예이다.

넷째, 한국교회 선교는 개인전도와 회개와 중생을 핵심으로 하는 복음주의적 선교이념을 원리로 하면서 해외선교에 있어서 영역 전문화(원주민, 마약중독자, 장애인, 빈민, 노인, 어린이, 학생 선교 등)를 이루는 것이 필요하다. 시각 장애인을 위한 선교, 알콜 또는 마약 중독자를 위한 선교, 전문영역의 선교를 택하는 것도 바람직하다. 필리핀 조인엽 선교사의 경우 예장 통합 서울 서노회에서 목사안수를 받고 1997년 필리핀 키아스(KIAS)에서 시각장애인들을 모으기 시작하여 현재 시각장애인 공동체(현지인 11명, 조 목사 가족 5명)를 운영하고 있다.[75] 그는 침을 무료로 놓아주고 지압을 해주면서 공동체를 이끌고 있다. 또한 점자녹음 도서관, 시각 장애인 학교, 자활훈련센터 등을 함께 운영하고자 하는 꿈을 가지고 있다.

다섯째, 이슬람교와 불교와 힌두교 등 아시아 재래 종교와 충돌이 증가되고 있는 즈음 복음주의적 종교신학의 정립이 요청된다. 그 방향은 단순히 배타적인 타종교 비판에 그치는 것이 아니라 타종교와 만나서 공통점과 차이를 분명히 하는 선교변증론(missionary apologetics)으로 발전되어야 한다.[76] 그것은 문화인류학이나 사회학, 종교현상학에 기초해서는 안 된다. 선교변증론은 철저히 성경의 신론과 존재론에 기반해야 한다. 구약의 선지자들은 동양의 신들의 존재를 인정치 않으며, 미신적이고 허무한 것이라고 말하고 있다. 선교변증론은 한편으로 타종교의 도덕적이고 사회적이며 영적 가치를 인정하면서 다른 한편으로는 그들의 신관과 세계관이 참 하나님과 창조-타락-구속이라는 성경적 세계관에 부합하지 않고 따라서 구원은 "오로지 예수 그리스도"(solus Christus)라는 사실을 천명하는 포용적 변혁주의적 착상에 기초해야 한다. 선교변증론은 변혁주의적 종교신학에 기초한다.

(7) 단군상 건립 반대운동과 비우상화신학 정립

한문화운동연합(단학선원에 모체를 둔 협회)은 1997년부터 전국 각지에 3,600개의 단군상 건립과 단군종교를 민족종교화 하고자 하는 운동을 벌이고 있다. 현재 전국 초등학교 300여 곳에 단군상이 있다고 한다.[77] 한국교회는 이를 방관해서는 안 된다. 만일 단군종교가 허용된다면 이것은 일본의 신도처럼 복음전파에 결정적인 장애를 초래하게 될 것이다. 오늘날 일본 기독교가 전 인구의 0.6%에 미치지 못한 것에는 자유주의 신학에 물든 일본 교단 기독교의 영적 왜소성에도 원인이 있으나 그보다는 일본 명치유신의 개혁파들이 서구를 본받아 무속종교와 천왕숭배를 결합한 혼합종교인 신도를 국가종교화 한 데 기인한다.[78] 일본인들에게는 기독교로 개종하는 것은 민족과 국가를 배반하는 것으로 종교사회적 분위기가 지배하고 있다.

한국교회는 종교개혁신학의 정신을 구현하면서 십계명의 첫째와 둘째 계명의 정신, 즉 하나님의 주권 교리[79]를 오늘날 우리 사회에 실천해야 한다. 그것은 인간의 신격화, 김정일의 신격화에서부터 시작하여 사회와 기업과 교회와 연예계에서 한 인간에 대한 맹목적인 추종화를 십자가신학적으로 비판하고 하나님이 우리사회의 절대주권자가 되신다는 사실을 선포해야 한다. 청소년들이 스타들에게 열광한다거나, 김정일에 대한 북한 주민들의 열광적인 신드롬은 인간이 얼마나 허황한 것에 맹목적으로 순응하는가를 알 수 있다. 기독교 복음, 십자가의 복음은 당시 로마 황제 권력에 대한 비신성화와 비판이었다. 이것은 복음이 지닌 정치신학적 기능이다. 복음이 지닌 정치신학적 기능이란 집단적으로 왜곡된 이데올로기를 비판하고 그 허구적 모습을 밝혀내는 것을 말한다.

(8) 환경운동과 생태신학 제시

한국교회는 환경운동을 복음으로 뒷받침해야 한다. 열대우림 보호를 위해 종이를 아껴쓰고 쓰레기를 분리수거하고 에너지를 절약하는 운동, 해양 대기오염을 지구촌이 힘을 합쳐 예방하고 배출가스가 없는 자전거 타기 운동을 교회에서 실천해야 한다. 독일교회는 이미 반세기 전부터 교회교육관에서 자료전시회를 통하여 환경운동을 실천하고, 설교를 통해 환경을 창조신학적으로 해석하면서 환경에 대한 청지기 사명을 강조하였다. 그리고 복음주의적 생태신학을 제시해야 한다. 그것은 오늘날의 인본주의적 생태사상과 범신론적 생태사상의 위험성을 알리고 창조자요 구속자요 새 생명이신 성부, 성자, 성신이신 삼위일체 하나님 안에서 자연 생태계에 대한 올바른 관계를 가지도록 하는 것이다.[80]

(9) 남북화해 무드 기여와 통일신학 제시

남북화해에 따른 정치적 · 사회적 · 문화적 통일의 단계에 한국교회는 하나의 기구로써 이에 대비하여야 할 것이다. 첫째, 한국교회는 한국정부의 통일정책에 대하여 하나의 목소리를 내야 한다. 교회협과 한기총으로 갈라진 두 가지 목소리가 아니라 협력하여 하나의 강력한 목소리를 내야 하고 먼저 통일의 기본적인 정신과 이념을 제시해야 할 것이다. 둘째, 탈북자

돕기 운동을 범교회적으로 전개해야 할 것이다. 셋째, 북한주민의 경제적 어려움을 돕는 일에 한국교회가 정성을 다해야 한다. 이것은 남북나눔운동 등을 꾸준히 함으로써 가능하다.[81] 오늘날 독일 통일에 기여한 독일교회의 정신적 원동력은 사회봉사신학에 기초한 동서독 교회의 나눔운동이었다고 볼 수 있다.[82] 셋째, 북한교회 재건운동으로 하나의 채널을 구축해야 할 것이다. 한국교회는 복음주의적 구도 안에서 평화통일신학을 제시해야 한다. 통일신학의 이념은 복음으로 남북이 하나님의 평화와 정의와 사랑 안에서 하나가 된다는 것이다.[83] 여기에는 복음의 선포가 필요하다. 복음은 심리적으로 지친 북한 주민의 마음에 새로운 삶의 의미를 주는 능력이 될 것이다.

(10) 개혁주의적 영성신학 제시

개신교 안에서 영성신학에 대하여 거부감을 가지는 자들이 적지 않다. 이들은 영성을 로마가톨릭의 전유물로 간주한다. 그리하여 '경건'이라는 말로 대치하고자 한다. 그러나 영성을 경건이라는 말로 표현하는 것은 적절하지 않다. 영적 체험은 반드시 신앙의 표준인 성경에 의존해야 한다. 아다나시우스, 어거스틴을 비롯한 초대교회 교부들은 하나님과의 만남을 위하여 부단히 노력한 영성가들이었다. 고전적 영성가들은 모두 성경중심적이었다. 신비적 체험은 반드시 성경에 비추어서 그 진위가 판단되어야 한다. 개혁주의적 영성은 교회의 전승에 맞아야 한다. 개혁주의적 영성은 성경적이고 종교개혁적 전승을 중요시한다. 사도신경이나 니케어신경이나 칼케돈신경도 모두 이단적 영성과 싸워 이겨낸 올바른 영성의 산물이다.

영성은 은사주의와는 다르다. 영성은 은사의 시녀가 아니다. 은사는 성령의 충만에서 주어진다. 그러나 영성은 전인격 속에서 신앙의 결정(結晶)으로 이루어지는 것이다. 영성은 성화와 관계한다. 영성은 신비주의와 다르다.[84] 영적 생활이 깊어지면 신비로운 체험을 하게 된다. 그러나 신비주의는 인간을 신과의 합일에 이르게 하며 인간을 신격화 하기에 이른다. 영성은 영적 분위기나 느낌과 다르다. 영성은 초점은 하나님이지 영적 분위기나 느낌이 아니다. 그러므로 유진 피터슨은 영성에 대한 가장 오해된 측면이 "신자됨의 특별한 형식"(a kind of specialized form of being a Christian)이라는 것이다.[85] 많은 사람들이 잘못된 이성에 끌리고 어떤 사람은 이것에 의하여 거부감을 느낀다. 영성이란 특별한 것이 아니라 일상적인 것이다: "영성이란 2,000년 동안 교회에 나가고 성례전을 받고, 세례 받고, 기도하기를 배우고, 성경을 바로 읽는 것을 해 온 것과 다르지 않다. 그것은 바로 일상적인 것이다."[86] 피터슨은 기독교 영성이 뉴에이지 영성과 다르다는 것을 말한다. 뉴에이지 영성은 "일상적인 것, 일상, 물질적인 것, 물질을 피한다. 그것은 영지주의 형식이다. 그것은 요리를 한다거나 기저귀를 간다거나 작업하는 것과 아무런 관계하지 않는 것이 영성이라고 보기 때문에 끔찍한 호소력이 있다."[87]

영성의 지도자는 나우엔이 『상처입은 치유자』(The Wounded Healer)에서 말하듯이 스스로 받은 고통과 아픔이 하나님 앞에서 승화되어 나오면 남의 아픔과 고통을 어루만지고 싸매어 줄 수 있는 능력을 갖기에 이른다.[88] 영적 지도자는 은혜의 통로이자 전달자이다. 영적 지도자는 영혼의 세계에 대한 깊은 이해와 경험을 가져야 한다.[89] 그리고 영혼 하나하나에 대한 진실어린 애정이 늘 내면에 깔려 있어야 한다. 궁극적으로 진정한 영성지도자는 성령이시다. 영성지도자는 상대방의 말을 듣기 전에 하나님의 음성을 들을 줄 알아야 한다. 영성지도자가 상대방의 영성을 조작하려고 해서는 안 된다. 하나님이 각자의 영성에 가장 알맞은 시간에 하시는 일을 주목하고 이에 순종해야 한다.

영성이란 중생하여 하나님을 아는 사람들이 하나님께 더 가까이 가기 위한 거룩한 몸부림이다. 예수 그리스도 안에서 새 사람이 된 우리는 그분을 더욱 깊게 알기 위해 끊임없는 영혼의 날개짓을 한다. 이것이 영성추구이다. 영성이란 믿음과 삶과 인격과 성품과 태도 따위를 통괄하는 통합체이다. 그러므로 영성이란 삶의 결정체이다. 개혁주의적 영성신학이란 조던 오먼(Jordan Aumann)[90] 이나 사이몬 찬(Simon Chan)[91]이 주장하듯이 단지 신학의 한 분야가 아니라 모든 신학의 결정체이다. 성경신학, 역사신학, 조직신학, 실천신학, 인간학, 상담학, 종교철학, 지도자학이 총망라되는 총체적 신학이다.[92]

*

복음주의 신학이 기초해 있는 복음적 영성은 포괄적이며 전인적이며 변혁적인 것이다. 그것은 개인변화적이며 문화변혁적이다. 그것은 오늘날 한국교회 안에 있는 무속종교적, 유불선적 신앙을 지니는 범신론적 요소를 복음의 능력으로 변혁시키며, 근대화와 현대화 그리고 탈 근대화과정에서 한국사회와 교회 안에 스며든 각종 세속주의와 인본주의의 잔재를 말씀의 능력으로 제거하는 능력을 지니고 있다.

21세기를 맞아 한국교회는 근본주의적 독선이나 자기 폐쇄의 성곽에 갇혀 있지 말고 복음의 능력을 가지고 한국사회를 향하여 과감히 들어가 세속을 변화시키는 세계내적 성화와 세계내적 금욕을 실현해야 한다. 이것이 바로 복음적 영성이다. 복음적 영성은 세속과 구별되는 청교도적 열정과 실천을 지니고 있다. 복음적 영성은 세속과 죄 속에 들어가 거기에 동화되거나 영합하는 것이 아니라 내적인 거룩한 생명력을 가지고 폭발하여 새 생명 새문화를 창조한다.

변혁적 영성은 복음에 입각하여 우리의 세상과 역사의 현실에서 도피하지 않고 들어가 그것을 하나님의 나라로 변혁시키는 현실변혁과 초월의 능력이다. 복음은 개인의 영혼만을 변화시키는 것이 아니라 더 나아가 사회의 구조를 변혁시킨다. 한국교회는 21세기 경제대국과 통일한국을 지향하는 우리 사회를 향하여 복음적 영성에 입각한 창조적 도덕관과 윤리관 그리고 정신적 가치관을 제시해 줄 수 있어야 한다. 이것이 개인주의적 회개를 넘어서 사회적 구조변화에 역점을 두어야 할 교회의 시대적 사명이며, 복음주의 신학이 21세기의 한국사회를 향하여 줄 수 있는 변혁적 영성이다. 이제 한국교회는 이 그리스도 복음이 지니는 새사람 새 사회가 되게 하는 변혁적 영성을 지니고 한국사회에 기독교문화를 창조해야 한다. 그것은 바로 그리스도의 문화, 복음의 문화 창조이다.

chapter 3
새 한국창조와 문화변혁

2007년 10월 21일 세계경제포럼(WEF)[1]이 발표한 한국을 포함한 131개
국의 국가경쟁력 순위에서 한국의 국가경쟁력이 2006년 23위에서 이듬해
11위로 12계단이나 올랐다. WEF는 "한국은 평가 대상국 중 올해 경쟁력
순위가 가장 향상된 국가"라고 밝혔다. 11위는 WEF가 한국의 국가경쟁력
을 발표하기 시작한 1996년 이후 가장 높은 순위다. WEF는 한국의 경우 고
등교육 취학률이 세계 1위를 기록하는 등 고등교육 및 훈련 부문에서 높은
평가를 받았고, 과학기술 수준, 기업 혁신, 거시경제 안정성, 기업활동의
성숙도에서도 강점을 보였다고 밝혔다. 국가경쟁력 세계 1위는 지난해에
이어 미국이 차지했다. 1위에서 10위는 미국, 스위스, 덴마크, 스웨덴, 독
일, 핀란드, 싱가포르, 일본, 영국, 네덜란드로 모두 선진국들이다. WEF의
한국 조사를 총괄한 서울과학종합대학원 기획조정팀 부장 김신효는 "한·
미 자유무역협정(FTA) 협상이 체결됐고, 과거와 달리 대통령 탄핵, 대규모
기업규제정책 등의 문제가 없었던 것도 한국의 순위가 급격히 올라가는 데
영향을 미친 것 같다"고 분석했다.[2]

21세기의 새 한국은 정의가 강처럼 흐르는 사회이다. 도덕적 정당성이

지배하는 사회이다. 지도자와 시민의 도덕성과 정직성과 신뢰성이 하수처럼 흐르는 사회이다. 국제 경쟁력을 갖추어 경제적으로 선진국의 대열에 진입하는 사회이다. 교육과 예술과 체육에 있어서 각자의 능력과 개성과 더불어 다양성이 존중되고 개발되는 사회이다. 다가온 21세기를 개척하는 창조적 역사의식과 더불어 선진기술과 신지식을 가지고 제3의 물결에 주도적으로 대비하며 녹색산업을 발전시키며 건강하고 쾌적한 환경을 누리는 사회이다. 그리하여 모두가 참여하고 신바람나고 일한 만큼 그 대가를 보상받고 인간다운 대우를 받으며 국제화의 물결에 이바지하는 사회이다.[3] 이러한 새 한국을 건설하기 위해서는 현금 우리의 문화가 앓고 있는 한국문화병을 진단하고 그 처방을 해야 한다.

*

1. 한국문화병의 증세

(1) 전통적 가치관과 권위의 붕괴: 사회주도적 가치관의 부재

오늘날 우리 문화의 풍토에는 가치관과 권위가 부재하고 있다. 이는 우리사회의 산업근대화, 군사문화의 영향, 그리고 국민의 정부와 참여의 정부 이래 형성된 좌경적인 가치관이다.

첫째, 도시화로 인해 전통적 가치관이 붕괴되었다. 국가의 근대화와 경제건설로 인해 산업화와 도시화가 추진되면서 농경사회의 구조가 도시화의 구조로 대체되었다. 전통적인 가족제도가 붕괴되면서 전통적 가치관이 붕괴되었다. 그리고 이를 대체할 수 있는 사회주도적 가치관이 부재하고 있다.

둘째, 지난 32년간의 군사정권은 집권의 정통성을 상실하고 물리적 힘에 의한 권위주의적 통치를 했다. 대학생을 비롯한 사회의 양심세력들은 권위주의에 저항하였다. 그러나 대학 당국과 교수, 사회의 민간 단체들은 이러한 권위주의적 통치를 용인하든지 아니면 묵시적으로 동조했다. 여기서 젊은이들 가운데 기성세대의 권위는 실추되고 말았다.

셋째, 국민의 정부, 특히 참여정부에 들어서 우리의 정치문화가 좌로 이동하고 있다. 운동권이 한국 사회의 신주류로 부상하면서 정치세력의 지각변동이 일어나고 있다. 그동안 당국에 의해 주사파로 분류되었던 사람뿐만 아니라 심지어 사형선고를 받았던 사람들조차도 "참여정부"의 핵심이 되었다. 그리고 지난날 사회혁명을 부르짖던 "친북반미" 세대가 사회의 중심으로 이동하고 있다.[4] 노무현 정부는 권위주의의 극단으로 나아가면서 포퓰리즘(대중인기주의, populism)[5]에 빠지는 위험성을 안고 있다.

그리하여 오늘날 우리 사회에서 3·1절을 기념하는 전혀 상반된 두 집회, 시청 앞 광장에서는 '반핵 반김정일 3·1절 국민대회'가 개최되었고, 탑골공원에서는 '민족자주 반전집회'가 열렸다. 전자에서는 "북핵개발 저지, 미군철수 반대"를 주장하는가 하면, 후자에서는 "살인미군 철수"를 주장하고 있다.[6]

이러한 이념의 갈등이 우리 사회의 통합성을 찢어놓고 있다. 서구에서는 이데올로기의 종언이 이루어지고 있는데 우리 사회는 아직도 이념의 갈등 속에서 사회가 내분하고 있다. 더욱이 노무현 정권이 추구하고 있는 "동북아 균형자"론의 외교정책은 "미국은 한국이 동맹에서 빠져 나가는 것을 구체화하는 것으로 볼 것이며, 전략적 유연성이나 주한미군의 재배치 등에서 상당한 이견이 있는 가운데 나온 것으로 미국으로부터 거리를 두고 자주적인 대외정책을 추진하려는 것으로 해석된다."[7] 그러므로 동북아 균형자론은 미국 중심의 동북아 다자안보체제와 상당한 차이가 있다. 그래서 동북아 균형자론은 "한미동맹에서 벗어나 발가벗은 약소국으로 전락"을 초래할 것이라는 보수층의 우려가 높다."[8] 이러한 가운데 전직대통령 김대중이 "한미일 공조를 유지하는 것은 선택 아닌 운명"이라는 발언은 현 집권층이 들어야 할 전임자의 중요한 충고이다: "우리 외교는 한미 동맹관계를 굳건히 하고 한·미·일 공조를 유지하고 4대국과의 협력을 보완해 가는 3개 틀 속에서 진행되는 것이 바람직하다 … 이는 선택의 문제가 아니라 운명적으로 받아들일 수밖에 없는 처지며 운명이다."[9]

동북아 균형론은 혹자가 우려하는 바 "북한이나 중국의 편들기"가 아니라 굳건한 한미동맹을 바탕으로 해야 한다. 그리고 한국의 지정학적 위상과 경제적 힘을 토대로 한 연성국력(soft power)을 바탕으로 한다면, "역사상 한반도 주변국을 침략하지 않은 평화애호국으로서 동북아의 어느 나라보다 사심없이 공정하게 화해와 협력을 위한 가교와 균형의 역할"을 할 수 있을 것이다. 이를 위하여는 한미동맹을 전제로 하여 미국에 깊은 이해를 구하고 "한·중·일 3국과의 정상회담"을 통한 "다자안보협력"이 수행되어야 할 것이다.[10]

(2) 물질만능주의

경제 발전, 국민소득의 증대와 함께 우리 사회는 물질만능주의가 지배하기 시작했다. 황금이 모든 것을 지배하기 시작했다. 신시가지 개발과 함께 부동산 투기가 만연하고 불로소득을 챙기는 자들이 많아졌다. 부동산 붐과 함께 신시가지가 개발되고 옛날의 논밭이 하루아침에 금싸라기 땅으로 변하여 졸부가 되는 이들도 많이 생겨나게 되었다. 이들은 하루아침에 생겨난 돈으로 우리사회에 가진 자 계층에 속하게 되었다. 공무원의 부정부패 속에서 이들은 돈의 권력을 행사하게 되었다. 경제건설와 더불어 더 가진 자와 덜 가진자 사이의 간격은 점점 벌어지게 되었다.

우리사회에 간헐적으로 일어나는 입시부정사건도 돈이면 대학졸업장까지 살 수 있다는 황금만능주의의 표본이라고 말할 수 있다. 재벌 총수가 정당을 만들고 돈으로 국회의원을 사고 기업의 돈을 빼돌리며 대통령선거에서 혼탁선거운동을 했다는 사실도 황금으로 명예와 대권까지도 살 수 있다는 물질만능주의에서 비롯된 것이다.

(3) 체면과 형식을 위주로 하는 허식 허례주의

조선시대의 잔재인 체면과 형식을 지나치게 따지는 허식과 허례가 우리 사회에 자리잡고 있다. 허례와 허식은 우리 문화의 관혼상제에서 가장 뚜렷이 나타난다. 부유층과 권력층의 관혼상제시 처분할 수 없을 정도로 많이 진열된 예물과 화환(花環)은 아직도 유교의 허례와 허식이 우리 문화의 구조에 깊이 배어 있다는 증거가 된다. 체면과 형식의 구체적 사례들은 사는 집의 평수에서부터 굴리는 자동차의 크기, 대학간판을 따기 위한 치열한 대입경쟁과 이에 따른 각종 부정사건 등에서 발견된다. SBS 텔레비전 방송에 의하면 한국에 연간 10억 원에 해당하는 외제 중고 옷들이 수입되어 상태가 좋은 것들은 세탁되어 새 옷으로 둔갑돼 나가는데, 그 이유는 한국인이 외제의 상표를 선호하기 때문이라는 것이다.

(4) 사회적 소비와 향락풍조

사회전반에 걸쳐 먹고 즐기는 과소비문화가 조장되고 일하기 싫어하는 분위기가 팽배되어 있다. 부동산 투기붐에 편승해 불로소득계층이 주도한 과소비문화가 사회문제화 되었다. 이것은 군사문화와 권위주의문화의 해체과정에서 나타나는 불가피한 문화적 혼란이기도 하였다.

각종 외국산제품이 범람하고 있으며 강남을 중심으로 각종 향락가가 우후죽순으로 생겨나고 있다. 대외수출 보다는 수입이 초과하고 민주화의 과정 속에서 지나친 욕구 분출로 말미암아 임금이 지나치게 상승하고 노동생산성은 저하되고 있다. 그리하여 대외수출 경쟁력이 떨어지고 우리 경제는 아시아의 4마리 용(龍) 가운데 지렁이로 변하게 되는 위험수위에 와 있다.

그러므로 미국의 신문은 한국인들이 샴페인을 너무 일찍 터트렸다고 평가하였고 급기야는 1997년 외환위기를 맞아 IMF 구제금융을 받기에 이르렀다. 그러나 3년 만에 외환위기를 극복하고 IMF 구제금융을 상환하는 등 다시 회복되면서 2004년 일인당 국민소득 1만 4,000달러에 도달하였다.

우리 사회에서는 텔레비전 프로그램의 반윤리성, 가치관의 부재와 물질주의 풍조와 더불어 전위적 탈현대적 풍조가 만연하고 있다. 텔레비전 방송 역시 규제가 풀리고 자율성을 얻게 되자 다양성이란 미명 아래 전위적 탈현대적 풍조를 주도하고 있다. 교육방송을 제외한 3개 텔레비전 채널을 통하여 황금시간대(저녁 7-9시)에 각 가정의 안방에 저속한 프로가 전파되고 있다. 이 프로들은 각종 폭력 및 불륜을 소재한 한 연속극, 각종 전위 댄스, 젊은 세대 가수들의 광란적인 연기와 노래, 저질 코미디 등이다. 저녁 시간대에 자녀들에 대한 걱정 없이 온 가족이 마음놓고 볼 수 있는 프로가 없다. 우리 문화의 언어는 감각적이고 혼란스럽게 되고 우리의 사고를 피상적인 수준으로 퇴영시키고 있다.

우리 사회의 소비와 향락 행태는 일명 "강남문화"라는 이름으로 일컬어지고 있다. "강남문화"는 마약과 섹스 등 퇴폐행위로 특징되며 다른 지역까지 번지고 있다. 강남에서는 전위적(前衛的)으로 옷을 입고, 기이한 헤어스타일을 하며, 고급호텔과 커피숍(coffee shop)을 전전하면서 향락을 즐기는 소위 오렌지족들이 사회적 물의를 일으키고 있다. 이들은 주로 강남개발에 편승해서 하루 아침에 부자가 된 강남 졸부나 황금만능주의에 사로잡힌 신흥 부유층의 자녀들로서 그 부모들의 잘못된 가치관과 생활관에 영향을 받은 것이라고 볼 수 있다.

(5) 획일적 평준화와 지식위주의 경쟁교육 풍토

우리 사회문화의 백년대계인 교육에 있어 인간성 교육이 결여돼 있다. 초등학교부터 중고등학교의 교육은 능력과 창의성을 고려하지 않는 획일적 평균주의에 지배되고 있다.[11] 이것도 군사문화가 만들어 낸 부산물이다. 군사정권에 의하여 전통있는 명문 초등, 중등, 고등학교가 자취를 감추게 되었다. 이러한 교육의 평준화는 대학입학을 더욱더 어렵게 하였다. 대학은 학력고사라는 획일적 평가에 의하여 입학생을 선발하였기 때문이다. 그리하여 대학 이전의 교육은 인간성교육을 외면하고 대학입학을 위한 전수학관이 되어 버리고 말았다.

최근 조사에 의하면 국민학생의 70%가 속셈 등 과외를 하고 있으며 5명 중 1명이 두 개 이상 과외를 하고 있는 것으로 드러났다. 이것 역시 경쟁에서 이겨야 한다는 교육풍토에서 비롯된 것이다. 초등학교와 중고등학교의 교육은 인간성 교육을 하는 사회와 도덕이라는 과목을 액세서리로 취급하고 있으며 국어, 영어, 수학에만 집중하고 있다. 외우는 지식과 경쟁에서 살아나는 법을 배우는 풍조가 교육제도를 통하여 전수되고 있다. 대학은 사회진출의 교두보로서 한번 들어가기만 하면 졸업과 사회진출을 보장받는 보증소가 되어 버렸다. 대학에서는 극소수를 제외하고는 졸업을 걱정할 필요가 없으며 진정한 면학이 분위기가 마련되어 있지 않다. 들어가기는 어렵고 졸업하기는 쉬워, 우수한 두뇌들이 오히려 대학에 들어가 사장되어 버리는 게 한국대학의 교육 풍토이다.

(6) 낙후된 과학기술정신과 시설과 투자

우리 정부와 기업은 과학기술교육과 투자를 게을리하였다. 1990년대에는 서울공대의 시설장비가 말레이시아, 태국, 스리랑카만 못한 현실이었다. 스위스의 로시홀딩이라는 정밀화학회사는 매출액의 14.9%를 연구와 개발에 투자하고 있고, 독일의 지멘스는 매출액의 11%를, 일본의 후지쓰는 11%를 투자하고 있는데 비해서, 한국기업은 고작 매출액의 3%를 연구와 개발에 투자하고 있는 실정이다.[12]

한국이 국제경쟁력을 잃고 있는 큰 이유는 1970-80년대 가격경쟁력으로 국제시장에 진출했으나 1980년대 후반 민주화와 더불어 임금상승 후 가격경쟁력을 상실했고, 이를 보완할 수 있는 품질경쟁력을 갖추지 못했기 때문이다. 그리하여 가격경쟁력은 후발개도국에 밀리고 품질경쟁력은 선진국에 밀리는 샌드위치 신세가 되고 있다.[13] 그 이유는 우리 기업이 연구 개발에 투자하지 않고 저임금에만 의존하는 낙후된 기술정신에 안주했기 때문이다. 정밀기술에 있어서 미국, 일본, 독일 등 "선진국이 mm인데 비하여 한국은 m수준"이다. 기술개발능력에 있어서 "미국이 100, 일본이 55, 독일이 38.7, 프랑스가 23.1인데 비하여 한국은 4.4"에 불과하다는 것이다.[14]

(7) 개별화되고 파벌화된 깨어진 사회문화: 공동체의식 부재

현금 우리사회의 정신풍토는 개별화되고 파벌화되고 불신이 만연되어 있다. 그 이유는 두 가지이다. 정치의 불신과 산업화로 인한 사회의 구조변형이 그것이다.

첫째, 20세기에 들어와 우리 사회는 일본에 짓밟히고 해방 이후 남북으로 갈라졌다. 최초의 민간정부는 독재정권이 되었고, 부정선거를 저지르고 난 뒤 시민혁명에 의하여 무너졌다. 4·19혁명에 의하여 탄생된 문민정부는 군사혁명에 의하여 무너지고 32년 동안 군사통치가 시작되었다. 군사정권의 정치적 술수와 물리적 힘과 안기부의 정치공작에 의한 통치는 우리사회에 불신을 심어주었다.

둘째, 구미(歐美)에서 들어온 근대적 산업주의에 의하여 우리의 전통적 사회 구조는 변형되었다. 대가족 제도는 핵가족 제도로 변형되면서 우리 사회는 점차 개별화되기 시작했다. 그러면서 혈연, 지연, 학연 그리고 이해 관계를 같이하는 계층 중심의 집단적 이기주의가 만연되어 있다. 이로 인 해 자기 가족, 혈연, 지연, 학연, 속한 계층의 이해관계만을 생각하며 더 넓은 사회 공동체와 민족 공동체와 국가 공동체의식이 부재하고 있다.

(8) 환경의식이 부재한 성장과 발전 위주의 문화풍토

지난 30여 년 동안 우리 사회는 가난과 후진에서 벗어나기 위해 오로지 경제성장과 발전만을 유일한 가치관으로 삼아왔다. 1960년대 초의 후진과 가난에서 탈피하여 우리는 1970년대의 활발한 경제개발을 하였고 1980년 대 국제경제수지 흑자를 기록하는 등 중진국 대열에까지 진입하였다. 1995 년도에 우리한국은 일인당 국민소득 1만 달러에 도달하였다. 그리고 1997 년 IMF 구제금융을 받는 외환유동성 위기를 만나 시련에 봉착하였고 전국 민이 합심하여 허리띠를 매고 노력한 결과 3년 만에 IMF에서 빌린 빚을 갚 고 채무국의 누명에서 벗어났다.

경제개발위주의 문화정책은 우리의 생존기반인 자연과 환경을 파괴하 였다. 이제 도처마다 우리는 생태계 파괴의 후유증에 시달리고 있다. 우리 의 젖줄인 한강은 심각하게 오염되어 있다. 1992년 6월에는 6차례나 잉어, 붕어 등 1,000여 마리 물고기들이 떼죽음을 하는 사건이 발생했다. 공기도 심각하게 오염되어 있다. 1992년 5월 최근 3년 동안 "겨울철 서울지역의 아 황산가스 농도를 9만 3,000여 차례에 걸쳐 측정한 결과 84%인 7만 8,000여 차례가 세계보건기구의 기준치를 넘어선 것으로 드러났으며 특히 이 가운 데 35%(3만 2,939회)는 유독한 상태로 간주되는 0.28ppm을 초과했다."[15] 더불어 호흡기 질환자들이 급증했으며 폐암도 급증하였다.

지난 20여 년 전부터 번식지였던 우리나라에서 제비가 모습을 감추기 시작했다. 이젠 도시에선 제비를 구경하기가 어렵게 되었다. 제비의 수는 우리 땅에 20년 사이에 100분의 1이 되어 버렸다.[16] 급기야 서울시는 제비를 '보호야생조'로 지정하기에 이르렀다. 제비가 사라진 큰 이유 가운데 하나는 논과 농경지에 뿌려진 농약과 화학비료가 제비의 먹이인 벌레를 없애버린 것이다. 농약으로 오염된 벌레를 먹게 되면 제비도 '환경호르몬'이라 불리는 내분비교란물을 섭취해 새끼를 제대로 낳지 못하거나 낳은 새끼도 제대로 자라지 못한다. 논의 환경파괴로 제비가 멸종해 간다면 논에 의지하여 살아가는 인간의 멸종 또한 다가오는 것으로 보아야 한다.

환경개선을 위하여 많은 노력을 기울인 결과 2000년대에 들어와 수질 및 대기오염이 많이 개선되고 그동안 보지 못했던 새로운 어류들과 새들이 한강에서 발견되고 있다. 2005년에는 청계천을 복구하여 물이 흐르는 도심을 만드는 공사가 마무리되었다.[17] 옛 뚝섬에는 나무가 울창한 생태숲이 있는 정원이 만들어졌다. 그동안 도심 안에서 섬처럼 고립되었던 남산을 비롯한 주변산들을 연결하여 동식물이 자유롭게 이동하도록 하는 생태다리를 건설하기도 했다.

(9) 국제화시대에 적응치 못하는 근시안적 국민의식

우리의 기업, 학문, 기술, 예술 등의 분야는 아직도 국내의 경쟁과 이권 다툼에만 급급하고 있고 국경을 넘어선 기술과 작품을 원활히 내지 못하고 있다. 국산승용차가 미국과 캐나다 시장에서 성공한 후 애프터 서비스는 생각치 않고 팔기만 급급하다 한때 어려움에 부딪히기도 했다. 이것은 상업주의 차원에서 머무른 채 국제적 차원에서 생각지 않은 데서 비롯된 것이다. 우리의 문화의식은 아직도 국제사회의 보편적인 관행과 국제의식에 충분히 적응하지 못하고 있다. 우리사회의 법규나 제도 뿐만 아니라 일상적인 문화적 준거와 행동지침이 국제사회의 보편적인 준거에서 보면 낙후되어 있거나 우물안의 개구리식이다. 한편 2000년대 들어와 파격적으로 서비스를 개선하여 한국 현대자동차는 '십만마일 서비스 보증'으로 미국시장에서 크게 신용을 얻고 있다. 현대 자동차는 2005년 미국의 남부 앨라배마 주에 현지공장을 세우기도 했다.

2. 새 한국을 위한 문화의 변혁

(1) 올바른 가치관의 확립: 권위와 법 질서의 존중

건전한 사회는 전통이 존중되고 그것이 창조적으로 계승되는 사회이다. 전통은 사회의 정신과 맥을 잇는 것으로 한 사회의 근본이다. 개혁이란 이 전통의 근거 위에서 이루어진다. 전통 가운데는 좋은 것이 있고 폐습도 있다. 좋은 것은 창조적으로 계승발전시키고 나쁜 것은 개혁되어야 한다.

1989년 천안문 사태의 정신적 지주로 알려진 중국최고 철학자 리쩌허우(李澤厚)는 최근 국내에 출간된 『고별혁명』(告別革命)에서 20세기 중국의 역사를 관통해 왔던 폭력적 혁명의 논리는 더 이상 발붙일 곳이 없다고 강조하였다.[18]

그는 2003년 《조선일보》와의 인터뷰에서 "혁명의 시대는 끝났다. 이제 개량의 시대다. 혁명으로 점철된 20세기를 극복하고 장기적인 '개량'의 길을 걸어야 한다"고 밝혔다. 그는 다음같이 말한다: "개량은 혁명의 물타기가 아니다. 개량은 혁명과 마찬가지로 사회변화와 발전의 방법이다. 내가 주장하는 '개량은 중국 사회가 나아가야 할 분명한 목표와 방향을 전제로 하고 있다. 경제발전이 최우선이고, 그 다음이 개인적 자유, 사회정의, 정치민주화라는 네 단계의 발전과정이다. 이를 위해 구체적인 노력을 하는 것이 개량이다. 개량이 혁명과 다른 점은 파괴와 전복이 없는 대신 훨씬 더 많은 시간과 인내가 필요하다는 것이다. 그동안 개량론자들이 혁명론자들에게 밀려왔던 이유는 항상 격정(激情)이 이성보다 빠르고 힘이 있었기 때문이다. 지금 중국에 또다시 혁명론을 고취하는 정서가 나타난다면 빈부와 실업문제 등 사회불만 요인일 것이다. 정부가 합리적인 법제에 기초한 정책으로 이들을 다독거려줘야 한다." [19]

전통적 가치관은 권위를 존중하고 위계질서를 존중하는 것이었다. 새 한국은 이러한 전통적 가치관을 창조적으로 계승하면서 건전한 권위와 법질서를 존중하는 풍토를 만들어야 한다. 사회의 권위란 가정, 사회, 국가의 삶의 영위에 있어서 사회 의식을 끌고 가는 원로들의 지혜, 사회적 기관들과 단체들의 축적된 규범과 지도력을 말한다. 이를 위해서는 먼저 정부와 지도층이 도덕성을 확립하여 국민의 신뢰와 지지를 받고 이러한 도덕성을 사회적으로 확대해 나가야 한다. 그리고 사회발전의 측면에서 도덕성이 효율성보다 선행한다는 풍토가 조성되어야 한다.

새 한국의 창조란 우리 사회를 지탱하는 건전한 권위를 창출하고 법질서를 존중하는 사회의 풍토를 조성함으로써 실현될 수 있다. 권위와 법질서를 존중하는 풍토를 조성함으로써 흐트러지는 국가의 기강(紀綱)을 세울 수 있다.

(2) 정신문화의 정립

물질만능 풍조를 불식시키고 정신문화를 정립해야 한다. 물질은 우리 개인과 국가가 살아가는 삶의 수단이다. 우리는 경제력을 계속 발전시켜 나가야 한다. 그러나 물질만능주의에 빠져서는 안 된다. 물질과 기술이 사회의 도덕과 규범에 앞서고 인간을 지배하게 될 때, 경제적인 부정부패와 기계기술적인 인간억압과 압제(壓制)가 생겨나게 된다. 정신문화란 물질과 기술이 인간과 사회의 복지를 위하여, 궁극적으로는 인류의 복지를 위하여 봉사하도록 하는 것이다. 정신문화란 물질과 기술사용에 있어 인간성과 도덕과 규범과 윤리를 앞세우고 그것을 기준으로 하여 물질을 사용하는 것을 말한다.

인간이 물질을 위하여 있지 않고, 물질이 인간을 위하여 존재한다. 인간의 존엄성과 사회의 선진성이란 물질의 양과 기술의 발전에 의하여 평가되지 않는다. 그것은 인간성과 도덕성과 윤리성에 의하여 평가된다. 정신문화의 정립을 위해서 우리 전통종교의 윤리성과 더불어 기독교의 가치관이 기여해야 한다.

(3) 실질과 내실을 존중하는 풍토

실질과 내실을 존중하는 풍토가 조성되어야 한다. 체면과 형식을 중시하여 내용이 비어 있는 각종 허례와 허식을 추방해야 한다. 관혼상제 의식이 간소화 되어야 한다. 큰 것만을 선호하는 체면과 형식주의가 사라져야 한다. 간판을 내세우는 형식주의가 배격되어야 한다. 그리고 작으나 내용이 견실하며 겉보기는 미약하게 보이나 속이 단단하고 충실한 것을 선호하는 풍토를 만들 수 있어야 한다.

우리의 허식주의 풍토 이면에는 유교적인 그릇된 풍습이 남아 있다. 선비는 글만 읽어야 하며 노동을 해서는 안 된다는 유교적 노동관은 공장에서 사장과 간부는 작업복을 입지 않는 것으로 왜곡되었다. 사장과 간부도 일반노동자와 마찬가지로 작업복을 입고 일하는 유럽이나 미국의 노동관은 우리에게 좋은 교훈이 된다. 허례주의(虛禮主義)는 사무실의 크기나 승용차의 크기가 그의 사회적 지위와 품격까지 나타낸다고 본다. 그러나 독일의 경우 적지 않은 대학교수들이 우리의 엑셀이나 프라이드에 해당하는 국민차를 몰고 있다. 한국에서는 체면과 관계되는 일이지만, 독일사회에서는 허용된다. 이러한 실질적 사고를 배워야 할 것이다.

새롭게 단장한 가옥이나 대형건물들이 겉으로는 화려하게 보이나 내부적으로는 난방이 되지 않고 여기저기 끝마무리가 잘 안 되어 있는 등 부실공사로 드러나는 경우가 많다. 2003년 2월에 일어난 대구지하철방화사건으로 200여 명이 사망한 것은 아직도 우리 사회가 안전불감증에 빠져 있다는 것을 보여주었다. 해외수출용 지하전동차는 불연성 차(車)를 수출하면서 국내 전동차는 가연성 전동차를 운행시키는 등 아직도 선진의식에는 미치는 못하는 수준을 드러낸다.

이에 비하여 우리보다 지하철 역사가 긴 독일에서는 지하철 화재사건이 몇 건 있었으나 안전시설이 잘 돼 있고 대비가 신속히 이루어져, 인명피해는 한번도 없었다. 독일의 경우 100년 이상 오래된 건물을 수리하여 겉으로 보기엔 좋지 않으나 그 내부에 들어가면 아주 현대식의 시설과 쾌적한 분위기를 조성하고 있는 건물들이 많다. 이런 내실적·실질적 태도는 배울 수 있어야 한다.

⑷ 근검과 절약풍토 조성: 가치지향적이고 생산적인 문화개발

근검 절약하는 풍토가 조성되어야 한다. 1970년 이후에 태어난 젊은 세대들은 "보리고개," "춘궁기" 때의 우리 사회의 어려운 생존시절을 모르고 자라났다. 그래서 아낄 줄을 모르고 씀씀이가 아주 헤프다. 사치와 낭비가 심하면 물가가 올라가고 생산성 향상보다 임금 올리기에 더 치중함으로써 상품은 국제 경쟁력을 상실하게 된다. 향락과 낭비와 임금투쟁에 더 많은 관심을 가지면 제품의 질은 날이 갈수록 떨어지게 된다. 우리 경제가 경쟁력을 갖추고 국제적인 경제전쟁에서 살아남기 위해서는 사치와 낭비를 줄이고 새로운 시설을 위하여 재투자하고 생산성을 높여야 한다. 검소하고 절약하는 생활은 낭비를 줄이고 자원을 재활용하며 새로운 투자를 위하여 비축하고 저장하는 길이다. 근검 절약하는 풍토 속에서 저속하고 저급한 문화예술이 아닌 질 높고 고차원적인 문화예술 프로그램을 개발해야 한다. 몰(沒)가치적 상업소비 문화에서, 가치지향적이고 생산적인 문화를 지향해야 하겠다. 일회성 행사문화, 진열장문화의 구습을 벗고 시민들의 창조적 상상력을 발휘하는 데 기여하는 문화프로그램을 개발해야 할 것이다.

(5) 윤리적이고 건전한 양식이 통하는 풍토

윤리적이고 건전한 양식이 통하는 풍토를 조성해야 한다. 첨단적인 유행이 반드시 나쁜 것은 아니다. 현대예술은 고전적 미적 감각으로는 해석하기 어려운 미의식의 새로운 영역을 개척하고 있다. 문학이나 미술이나 조각, 음악 등에서 나타나는 전위적 유행은 현대에 사는 사람들의 미적 감각의 표출이다. 그러나 여기에 예술이냐 아니면 퇴폐냐 라는 기준은 설정되어야 한다. 그 기준은 인간의 건전한 도덕성과 양식이다. 인간의 내면성과 성숙성을 위한 새로운 언어가 창출되어야 한다. 이 새로운 언어란 도덕성과 책임감을 각성시키며 자율성과 창조성에 기여하는 언어이다.

아무리 후기현대에 살고 있다 하더라도 우리는 인간성에 고유한 도덕성과 윤리성과 건전한 양식을 떠나 살 수는 없다. 만일 그렇게 될 때 우리 사회의 기존 질서-가정, 사회, 국가, 종교-는 붕괴되어 버릴 것이다. 현재 관영 및 민영 방송매체의 한계를 극복하기 위해서 종교 및 케이블 텔레비전 방송이 활성화되는 현상은 상업적이고 퇴폐지향적인 방송풍토에 새로운 활력을 제공할 것이다.

⑹ 개성과 소질을 존중하고, 재능의 다양성을 개발하고 인간성을 함양하는 교육

초·중·고등학교에서 개성이 존중되고 소질과 능력에 따라서 교육을 받을 수 있는 풍토가 주어져야 한다. 영재교육과 수재교육이 시행되어야 한다. 그리고 각 초·중·고등학교들이 가능하다면 옛날의 지위를 회복하고 각 학교마다 자기의 전통과 특성을 살려 나가야 한다. 그리고 공부하는 재능만이 아니라 각종 예술과 체육과 기술과 기능이 다양하게 개발될 수 있는 교육제도가 마련되어야 한다. 국민교육의 50% 이상의 몫을 차지하고 있는 사학(私學)교육의 내실적 발전을 위해서 정부는 재정적 지원을 과감하게 해야 한다.

지식, 예술, 체육, 기술 모두 만능이 아니라 인격과 인간됨이 우선적으로 평가받는 인간성 교육의 풍토가 조성되어야 한다. 지식과 예술, 체육, 기술과 기능이란 후기산업사회에서 필요시되는 도구에 불과하다. 다가오는 시대는 날로 과학기술의 진보와 함께 발전하는 지식과 기술, 기능의 확장과 더불어 이것을 선하게 사용할 수 있는 지혜와 인간성을 필요로 한다. 교육풍토가 근본적으로 개혁되어야 한다. 입시경쟁을 위한 교육이 아니라 인간과 자연, 세계와 우주, 그리고 하나님을 알도록 하는 교육풍토를 조성하는 것이다. 고등학교 졸업시험에만 합격하면 누구든지 대학에서 공부할 수 있도록 하고 대학의 졸업은 시험으로 엄격히 제한하는 제도가 필요하지 않을까? 대학 입학의 문은 활짝 열고 졸업의 문은 엄격히 제한하는 제도가 연구되어야 한다고 본다.

(7) 과감한 기초과학의 육성과 과학기술의 개발

기초과학을 육성하고 과학기술을 집중적으로 개발해야 한다. 21세기는 산업정보화 시대로서 컴퓨터와 전자통신을 결합하는 "제3의 기술혁명의 시대"(the third technological revolution)이다.[20] 우리는 과학과 기술을 더욱더 발전시켜 나가야 한다. 경제발전은 산업성장에 달려있고 산업성장은 과학기술의 발전에 달려있다.

세계의 경제대국 일본도 그냥 이루어진 것이 아니다. 일본은 1860년대부터 꾸준히 과학기술 교육에 투자를 해왔다. 동경대나 경도대는 1950년대와 1960년대 공과대 학생수를 2배 이상 늘였다. 현재 한국대학의 자연계와 공과대 비율이 1대 2-2.5인 데 비하여 일본의 경우 1대 4-5이다. 과학기술의 육성과 새 기술의 육성 및 개발이 없는 새 한국은 있을 수 없다. 그것은 선진국의 기술식민지를 자초하는 것이다. 과학기술혁명의 시대에는 "연구하고 개발하고 서비스하는" 제조업만이 살아 남을 수 있다.[21] 구태의연한 사고의 패러다임을 바꾸고 국제 경쟁력에서 이김으로써 새로운 한국이 실현된다.

2005년 9월 1일 원격대담에서 황우석(黃禹錫)과 앨빈 토플러(Alvin Toffler)가 "한국발전의 미래는 IT(정보통신기술)와 BT(생명공학기술)의 결합에 달려있다"고 전망한 것[22]은 주목할 만하다. 황우석은 한국의 미래를 BT와 IT의 결합에 둔다: "지적한 대로 변화를 두려워하지 않는 우리 민족의 특성을 살려 우리는 IT와 BT를 미래 발전의 동력으로 삼아 제2의 선진화를 이루려 한다. BT는 오케스트라라고 생각한다. 생물학, 물리학, 수학, 의학, 심지어 철학과 심리학, 인류학, 윤리학까지 결합된 새로운 형태의 학문과 기술의 영역이다. 융합의 예술이다. 그런 면에서 BT의 미래가치와 시장성은 IT보다 훨씬 클 것으로 예상된다. BT의 목적이 인류의 삶의 질을 향상시키는 데 있지만 궁극적으로는 산업화, 즉 실용화를 목표로 한다. BT가 순수과학은 아니라는 뜻이다. BT를 선점할 수 있는 국가가 세계의 지도를 바꾸어 놓는다. 지금은 역사의 큰 변화의 순간이다."[23] 토플러는 IT와 BT의 융합에 대하여 다음같이 피력한다: "미래의 많은 진화와 진보가 융합(convergence)에서 일어난다고 본다. 현재 많은 기술들이 동시다발(同時多發)로 개발되고 한편에선 융합되고 있다. BT건 IT건 뭔가를 다른 것에 합쳐서 그 융합을 바탕으로 하는 새로운 산업을 만들어야 한다. 그것이 새로운 시장과 생산품을 창출하는 해법이자 출발점이다. 그러기 위해서는 산업 간의 상호작용을 실시간으로 할 수 있는 복합체(cluster)가 필요하다. 다른 분야의 과학적 성과를 주시하고 연결하고 묶는 것에 관심을 둬야 한다. 과학과 비즈니스와 교육 및 정책이 통합적으로 아우러지는 사회적 시스템을 세우는 데 주력해야 한다. 이제 아이디어는 새로운 관계에서 창출된다."[24]

21세기의 학문의 특징 중의 하나가 학제 간의 연구이다. 퓨전(fusion, 융합)연구와 교육이 필요하다. 의학과 심리학이 만나야 하고, 생물학은 경영학과 만나고, 의학과 생물학은 법학과 만나야 한다. 그리고 이것들은 궁극적으로 의미를 묻기 위하여 신학과 만나야 한다. 기술혁명은 학교와 기업, 정부조직에서도 혁신이 요구한다. 이것을 위하여 학제 간의 대화를 촉진하고 연구하는 교육시스템이 필요하다.

(8) 통합 · 연대적인 공동체의식

"전체가 살아야 나도 산다"는 공동체적 의식을 가져야 한다. 서구의 자본주의 제도와 더불어 개인주의가 함께 들어와 우리의 미풍양속인 공동체의식이 와해되고 있다. 우리는 개인 이기주의와 집단 이기주의를 극복하고, 나보다 가정과 사회, 국가를 먼저 생각하고, 나보다 더 큰 유기체인 전체에 우선권을 부여하는 공동체의식을 회복할 수 있어야 한다. 부와 권력과 명예와 기회를 가진 자는 못 가진 자에게, 많이 가진 자는 덜 가진 자에게 양보할 수 있어야 한다. 내가 발전하고 성취함으로써 이웃의 발전과 성취가 저해되거나 방해되는 것이 아니라 오히려 함께 번영하고 공존공영할 수 있는 풍토를 만들어야 하겠다.

(9) 환경의식적이고 유지가능한 문화풍토

건강한 물과 공기를 회복시켜야 한다. 건강한 환경 없는 새 한국이란 상상할 수 없다. 심각한 생태계의 파괴에 직면해 있는 우리는, 생태학적으로 건강한 환경을 회복할 수 있도록 해야 한다. "제3의 기술혁명"과 더불어 급속히 발전하고 있는 현대의 문명에 발맞추어 가면서 동시에 생태학적 리듬을 스스로 조절할 수 있는 환경을 조성해야 한다. 그리하여 개발되고 발전하는 과학기술에 의하여 위협받는 환경이 아니라, 기술과 더불어 유지가능한 환경을 조성할 수 있어야 하겠다.

생태학적 균형 없는 문명적 발전이란 있을 수 없다는 관념이 "생태학적으로 유지가능한 발전"(ecologically sustainable development)이다. 그리하여 새 한국은 경제 및 문화건설을 함에 있어서 쾌적하고, 생태학적으로 유지가능한 발전모델을 만들어가야 한다. 새로운 생태학적 사고가 필요하다. 그것은 지구 전체와 그 속에 있는 생물과 미생물을 포함한 모든 생명체에 대한 윤리적 책임을 갖는 것이다.[25] 이 생태학적 사고는 개인의 한계를 넘어서는 유기체적 책임성의 사고이다.

(10) 국제화·개방화에 맞춘 의식의 선진화: 아시아를 통해서 세계로

이제 세계는 전자로 축소된 지구촌이 되었다. 다가오는 국제화시대에 발맞추어 나가는 나라만이 살아남고 그 문화적 영향을 국제사회에 끼칠 수 있다. 다가온 국제화-정보화 의식은 21세기의 정보·생명·산업사회에서 우리 국민들의 의식과 행동수준을 국제적 수준으로 끌어올려야 할 것이다. 그래야 우리도 선진국대열에 진입할 수 있다. 우리 국민의 사고와 행동의 질, 그리고 실력을 국제수준으로 높여야 할 것이다. 문화 전반에 있어서 국제적인 시설과 정보를 가지고 글로벌 경제와 문화(global economy and culture)에 기여할 수 있어야 한다. 그러기 위해서는 우리의 교육과 관행과 경영과 정보체계가 국제표준치에 맞추어 혁신되어야만 한다. 우리의 의식구조와 가치관도 국제적인 보편성을 가질 수 있도록 해야 한다.[26]

21세기는 아시아의 시대이다. 국제화로 나아가는 데 있어 먼저 아시아로 눈을 돌려야 한다. 21세기에 들어와 아시아는 점차 세계경제의 핵심지역으로 부상하고 있다. 아시아에는 전세계 인구의 35억이 살고 있다. 아시아에 3가지 변화가 일고 있다.[27] 첫째, 중국의 개방과 경제적 부상, 그리고 국제질서로의 편입과 더불어 종래의 미국과 일본 주도의 시대가 지나가고 미국, 일본, 중국의 삼두체제가 들어서고 있다. 둘째, 서남 아시아에서 잠재적 인도(印度)가 부상하고 있다. 2004년 7월 인도는 미국으로부터 핵보유국의 지위를 인정받았다. 경제적으로 인도는 수년간 매년 6%의 고속성장을 하고 있다. 그리고 한때 비동맹의 기수였던 인도가 친미로 돌아서고 있다. 셋째, 동남아국가연합(ASEAN) 외에 소규모 지역경제협력체들이 많이 생겨나고 있다. 예컨대, 인도차이나 반도에는 베트남, 캄보디아, 라오스, 태국 등을 중심으로 범(汎)메콩 지역협력체가 형성되고 있다. 일본은 싱가포르, 태국 등과 FTA를 체결했으며, 각종원조사업을 통해서 아시아 국가들에 대한 영향력을 증대시키고 있다. 한국도 이러한 아시아의 변화에 적절하게 대응해야 한다.

국제적인 경쟁력을 향상시키고 외국기업이 투자할 수 있도록 하기 위해서는 고려대 명예교수 김완순이 지적하는 바 같이[28] 다음같은 조건이 충족되어야 한다. 첫째, 영어 구사력은 물론 글로벌 사고방식을 갖춘 글로벌 인재를 길러내야 한다. 면적도 작고 내수 시장도 작은 한국에 외국인 투자를 유치하려면 우수한 글로벌 인재를 현지에서 조달할 수 있는가가 관건이다.

그러나 한국에 영어 교육 열풍이 그렇게 거세지만, 의견과 주장을 관철시킬 수 있는 소통 능력을 갖춘 인재는 그리 많지 않다. 또한 글로벌적 사고를 이해하고 글로벌 비즈니스에 부합하는 합리적인 사고와 에티켓을 갖춘 인재 역시 부족하다. 네덜란드, 스위스, 싱가포르 등 다른 지역 허브 국가들의 경우 거의 전 국민이 2~3개 국어에 능통하고 글로벌 마인드를 갖추고 있는 것과 대조적이다. 둘째, 외국인 투자자에 대한 적대적인 시각을 수정해야 한다. 삼성전자는 인도, 브라질 등 세계 곳곳에서 제품을 판다. 러시아와 중국에선 현대자동차가 길거리를 누빈다. 업종을 떠나 이미 세계는 자본과 서비스, 아이디어가 논스톱으로 오가는 하나의 운동장이다. 그럼에도 아직 우리는 이 땅에서 생산시설을 짓고 수백명의 인력을 고용해야만 경제에 기여한다고 여긴다. 반쪽짜리 애국심이다. 더욱이 외국 자본의 국내 투자 및 이익 실현에 대해 여전히 큰 적대감을 갖고 있다. 글로벌 투자자가 국내 기업을 인수합병(M&A)하려면 국부(國富) 유출 논란이 불거진다. 한편에선 국민연금 등 국내 기금과 대다수 국내 펀드가 나스닥이나 유럽 등 해외 증시에 중요한 투자자로 나서고 있으면서 말이다. 넷째, 법 집행이 일관성이 있고 예측 가능한지에 대해 점검해야 한다. 최근 한국금융연구원 자료에서 상당수 글로벌 투자은행(IB)들은 우리 금융관련법에 대해 "법 체계는 비교적 잘 갖췄으나 법 집행의 예측 가능성이 떨어진다"고 평가했다. '국민정서법' 이라는 불문법(不文法)이 작용하기 때문이다. 국가 간 축구 경기를 치른다고 할 때 심판이 바뀌었다고, 오래된 경기 규칙이 해당 국가에 불리하다고 해서 이를 예고도 없이 뜯어고치는 것은 국제양식에 반하는 것이다. 만일 그렇게 한다면 한국에 와서 원정 경기를 치를 외국 팀은 어디에도 없을 것이다.

다국적 기업은 우리나라에 와서 원정 비즈니스를 하고 있는 플레이어라고 볼 수 있다. 일관된 게임의 법칙이 보장되지 않는 땅에서 누가 리스크를 감수하고 사업을 하려 하겠는가? 세계 각국은 글로벌 기업과 투자자들을 놓고 한판의 유치 전쟁을 벌이고 있다. 예전에는 등장하지도 않았던 아랍과 아프리카 국가들도 두팔을 걷어붙이고 나섰다. 전쟁에서 승패를 가르는 결정적 변수가 절대적인 전력의 우위만은 아니라는 점을 카이사르와 나폴레옹이 역사를 통해 증명했다. 외자 유치 전쟁에서 승리하려면 외국인 투자자들이 원하는 바를 진정으로 파악하고 이를 공략할 전략을 차분히 가다듬어야 한다. 아일랜드, 두바이, 베트남 국가 등은 최근 글로벌 무대에서 외국인 투자 유치에서 독보적인 실적을 올리는 나라들이다. 이들 국가의 전략을 벤치마킹할 필요가 있다.

(11) 반도소강국의 분명한 정체성 확립

한반도는 유럽의 반도국인 이탈리아와는 달리 중국과 몽고와 일본 사이에 위치한 약소국으로서 양방향에서 침탈을 받아왔다. 120여 년 전인 1880년 조선이 쇄국정책에 매달려 해양세력의 북상과 대륙세력의 남하를 완충할 힘을 잃었을 때, 조선반도는 동북아와 대륙전역의 세력균형이 아니라 전쟁터가 되었고, 강자의 전리품이 되었다. 청일전쟁(1894년)과 노일전쟁(1905년)이 이 사실을 말해준다. 그후 조선은 일본의 식민지가 되었고 해방 이후 한반도의 분리 및 한국전쟁, 남북 분단이라는 지속적 고난이 오늘날 한국에게 동반되고 있다. 이제 우리 한국은 경제력과 한미동맹을 토대로 하여 반도의 완충국(buffer state)의 역할을 회복해야 한다. 반도 소강국의 건설에는 미국의 협조가 필요하다. GDP 면에서 미국은 미국을 뺀 G8국가의 합산을 능가한다. 또 대륙세력 합계보다 6배가 많고, 한국(6,000억 달러)의 18배 이상이다.[29] 군사력 면에서 이라크 전쟁에서 보았듯이 미국의 우월성은 더욱 뚜렷하다. 반도 소강국의 위상을 위해서는 미국이 동북아의 세력균형자의 역할을 하도록 미국과의 동맹을 확고히 하여야 한다. 19세기 영국은 동맹없는 "역외 균형자"였고, 2차세계대전 후 미국은 동북아에서 군사주둔과 공맹으로 역내 균형자의 기능을 해왔다. 이러한 동북아의 균형 속에서 한국은 지난 1950년대의 전쟁의 폐허에서 오늘날 경제적으로 부강한 나라가 되었다. 그런데 이러한 시대적 맥락에서 지난 노무현 정권의 동북아 세력 균형자론은 젊은이의 반미 소리에 편승하는 포퓰리즘적 발상이요 지정학적 완충국의 권력지향적 균형자로 오해하는 데 기인했다고 볼 수 있다.[30]

2005년 3월 3일 창간 85주년을 맞아 《조선일보》가 개최한 아시아 리더십 콘퍼런스가 "글로벌지도자들과 함께"라는 주제로 개최되었다. 일본 전 총리 나까소네 야스히로가 그의 강연에서 제시한 바 같이 "한국은 한미동맹을 기반으로 하여 한·중·일 3국의 협의체를 만들어 장기적으로는 동북아시아 공동체를 만드는 완충자의 역할을 할 수 있다."[31]

한국 정부는 "한국은 국가비전이 없어 주변부로 밀려날 수도 있다"는 캐나다 출신 맥킨지 컨설팅 바튼[32] 아태 총괄대표의 인터뷰를 귀담아 들어야 할 것이다. 그는 "중국경제의 빠른 성장과 변화 때문에 아시아는 세계경제 변화의 중심에 있다." "말레이시아와 싱가포르 등 다른 아시아 국가와 기업들은 향후 50년 동안 주도적인 지위를 차지하기 위한 공격적인 전략들을 추구하고 있다." "그러나 현재의 추세에서 보면 한국은 성장대열에서 동떨어진 주변부로 밀려날 가능성이 있다"고 지적한 것은 정부가 귀담아 들어야 할 부분이다.[33] 바튼은 "중국과 인도 등 다른 아시아국가가 높은 성장률을 보이고 있는 반면, 한국의 성장률은 둔화되면서 역전현상이 벌어지고 있다"면서 "이런 환경변화에도 불구하고 정부가 미래비전을 제시하지 못하고 있으며, 성장과 분배를 고루 강조하기 보다는 지나치게 분배에 치중하고 있다"고 진단하였다. 2005년 1분기 경제 성장률에 있어서 경제규모가 우리의 18배를 넘는 미국이 3.5%, 우리 경제규모의 7배가 넘는 일본이 5.3%, 중국이 9.5%, 말레이시아가 5.7%를 기록한 데 비해서 한국은 1.6%

로 크게 뒤지고 있다.[34] 바튼은 한국이 도약하기 위해서는 "노동시장의 경직성을 해소하고, 외국인 투자절차를 더욱 간소화 하며, 연기금의 주식투자를 늘려 한국주식의 저평가 현상도 개선해야 한다"고 주문하고 있다.[35]

세계경제포럼(WEF)는 2007년 국가 경쟁력 보고서에서 "한국은 작년 이후 가장 인상적인 개선을 이룩한 나라 중 하나"라고 밝혔다. 특히 2006년에는 효율성 주도 경제와 혁신 주도 경제의 중간 단계에 머물렀던 한국이 이번에는 선진국 모델인 혁신 주도 경제(1인당 GDP 1만 7,000달러 이상)에 완전 진입했다고 평가했다.[36] 131개 국가 및 경제를 대상으로 한 이번 보고서에서 한국의 경쟁력 순위는 2006년의 23위에서 11위로 수직 상승한 것으로 나타났다. 이는 2000년 28위를 기록한 이후 3년 연속 상승세를 보여 2003년에는 18위를 기록했으나, 2004년에 다시 29위로 추락한 뒤 2005년 19위, 2006년에는 23위를 기록한 바 있다. 이처럼 순위가 급상승한 것은 WEF의 12개 평가 항목별로 강점과 약점이 여전히 존재하고 있기는 하지만, 전 항목에서 고르게 우리나라의 경쟁력이 향상된 데 따른 것으로 풀이된다. 그 가운데, 고등교육 및 훈련(6위), 기술 준비도(7위), 거시경제 안정성(8위), 혁신(8위), 기업 고도화(9위) 등 5개 분야가 특히 강세를 보였다고 보고서는 평가했다. 예를 들어, 거시경제 안정성은 2006년 13위에서 이번에 8위로 올라섰으며, 혁신도는 15위에서 8위로, 그리고 기술 준비도는 18위에서 7위로 대폭 향상됐다. 특히 2006년 47위로 밀려났던 제도 항목 지수도 26위로 크게 개선된 것으로 나타났다.[37]

3. 한국 기독교의 역할: 문화변혁의 누룩

(1) 성경적 가치관의 이식

한국사회에서 권위와 법질서가 존중되는 데 있어 한국 기독교가 앞장서야 한다. 한국 기독교는 하나님 말씀의 권위에 입각해서 우리 사회에 참된 가치관을 제시해야 한다. 하나님의 말씀은 인간사회 가치관의 최종적인 권위이다. 이 말씀의 권위 위에서 한국 기독교는 우리 사회를 이끌고 나아가는 주도적 가치관을 제시해야 한다. 그것은 성경에 입각한 가치관들이다. 성경적 가치관의 핵심은 창조의 질서, 즉 정부의 권위와 법질서, 가정과 직장의 질서를 존중하는 것이다. 그 구체적 예는 정당한 국가권력에 대한 인정과 복종, 부모와 원로에 대한 존중, 하나님의 법과 사회의 법질서의 준수 등이다.

(2) 기독교 정신의 상황화

기독교 정신은 물질만능주의를 극복하고 정신문화를 정립하는 동력이 된다. 기독교 정신의 본질은 물질적이고 가시적인 것을 추구하는 것이 아니라 정신적이고 비가시적인 하나님의 왕국을 추구하는 데 있기 때문이다. 복음정신은 물질이 인간을 위해서만 존재하고 인간은 물질을 유용하게 사용함으로써 하나님께 영광을 돌려야 할 것을 가르친다. 기독교 정신은 새 한국의 정신문화의 창달에 원동력이 된다. 복음은 비판적 상황화 의식을 통해서 한국문화 속에 상황화 되어야 한다. 비판적 상황화(critical contextualization)는 문화적 특수성에 대한 무관심으로 복음을 초문화적으로만 생각하지 않고 문화적 특수성에 복음을 영합함으로써 혼합주의에 떨어지는 것이 아니다. 비판적 상황화는 복음의 초문화적 성격을 명료히 하면

서 복음을 그것이 선포되는 토양의 문화에 맞도록 표현되도록 하는 의식이다.[38]

(3) 율법주의 아닌 내면적 동기와 복음의 정신

복음의 정신은 율법의 외적인 규례의 준수에만 치중하고 율법이 본래 의도했던 내용을 망각한 바리새인의 외식(外飾)주의를 비판한다. 복음의 정신은 허례허식이 아니라 인간 내면성의 변화와 개혁을 강조한다. 초창기 한국 기독교는 유교의 허례 허식을 타파했다. 복음은 외식과 형식주의를 배격하고 인간의 내면성의 충만과 자발성을 지향한다. 한국 기독교는 복음의 정신으로 이러한 유교에서 유래한 허례와 체면위주의 사고방식을 변혁시킬 수 있다. 복음은 성령을 통해서 내면을 변화시킴으로써 율법을 타율적으로가 아니라 자율적으로 성취시키는 것이다.

(4) 청교도적 금욕정신

우리 사회에 팽배된 사치와 소비와 향락의 풍조를 극복하는 데 청교도적 금욕정신(puritan ascetic Spirit)이 새롭게 조명되어야 한다. 청교도적인 금욕정신은 영적으로는 하나님 나라를 지향하는 삶의 실천이요 경건운동이며[39] 외면적으로는 도덕윤리 운동으로 나타난다. 막스 베버(Max Weber)가 지적한 바 같이 청교도적 금욕정신은 재화를 절약저축하여 자본을 형성함으로써 자본주의의 길을 트게 하였다. 이러한 세계내적인 금욕사상(innerweltliche Askese)은 과소비로 인해 야기되는 생태계의 파괴와 위기를 극복하는 데도 요구되어지는 주요한 덕목이다.

(5) 내적인 인간의 변화 운동

사회문화의 도덕과 윤리가 변화되기 위해서는 제도적인 도덕 윤리 순화 운동과 더불어 인간의 내면성이 변화되어야 한다. 하나님의 말씀과 성령의 권능만이 인간의 심성을 변화시킨다. 내면적 의식과 심성의 변화가 외면적 도덕 윤리운동에 선행되어야 한다. 외면적 제도와 운동은 인간 내면성의 가치관과 도덕성에 의하여 움직여지기 때문이다. 루터와 칼뱅에 의한 종교 개혁운동도 내면적인 인간변화 운동이었다. 인간은 믿음으로 의롭게 되고 새 사람이 된다는 것이었다. 이러한 종교개혁운동은 오늘날 한국교회가 지속적으로 계승발전시켜야 한다. 개혁교회는 항상 개혁되어야 한다(ecclesia reformata semper reformanda).

(6) 다양한 은사의 인정과 기독교적 인간성의 재발견

성령의 은사는 획일적이지 않고 각 사람의 재능에 따라 다양하게 주어진다. 기독교 정신은 획일적 평준화에 반대한다. 그것은 각 사람에게 부여된 하나님의 은사를 무시하기 때문이다. 고린도 교회는 성령의 다양한 은사를 부여받았다. 이 다양성은 무질서나 혼란을 말하지 않고 성령 안에서의 통일성을 지향하기 때문에 역동적인 공동체를 이룬다. 기독교 정신은 물질이나 제도를 인간을 위해 있는 것이라고 여긴다. 진정한 인간성이란 하나님 앞에 선 인간(coram deo)이다. 그것은 하나님과 이웃을 위해 봉사하는 인간성이다. 그것은 권력의 인간성이 아니라 봉사와 헌신의 인간성이다. 한국 민족은 국제화 시대 속에서 한국의 독특한 문화와 기술을 발전시킬 때 국제화와 다양성에 기여할 수 있다.

(7) 창세기적 자연지배의 명령: 도구적 이성은 하나님의 선물

기독교의 창조신앙은 자연을 역사화 하면서 서구의 과학기술문명을 태동시키는 모태의 구실을 하였다. "과학기술 혁명은 기독교 문명의 품에서 양육되었을 뿐만 아니라 진정 기독교 문명의 산물의 하나"이다.[40] 과학기술은 하나님, 인간, 세계를 식별하는 정신의 힘의 영향으로 이루어진 문명의 특수한 현상이다.[41] 과학기술은 전통적인 사회의 신화적인 폐쇄성을 깨뜨리고 합리적인 사회의 개방성을 만들었다. 창세기적 자연지배는 자연에 대한 착취나 소유화가 아니라 자연에 대한 청지기적 보존과 유지가능한 개발을 의미한다. 인간이 자연을 개발하도록 하나님은 이성을 과학기술을 발전시키는 일반 은사를 선물로 주셨다. 그러므로 린 화이트(Lynn White)가 "기독교는 지금까지 세상에 있었던 그 어떤 종교보다도 가장 인간중심적인 종교"로서 환경파괴에 대한 "가장 무거운 죄의 짐을 지고 있다"고 한 비난[42]은 그의 기독교 오해에 기인한 것이다.[43]

(8) 가정, 직장, 국가: 창조질서적 위임-영역주권 사상

기독교 정신은 공동체 의식을 제공한다. 사도 바울은 고린도 교회를 향하여 유기체사상을 제시하였다. 여러 지체는 다양한 기능을 가지고 있으나 한몸이라는 유기체에 속해 있다. 어느 한 지체도 자기의 기능을 절대적으로 내세울 수 없다. 한 지체의 아픔은 다른 지체의 아픔으로 연결된다. 여기에 기독교적 공동체 사상이 있다. 가정과 직장과 국가란 하나님의 창조질서적 위임(mandate of creation order)이다. 가정, 직장, 국가는 각기 하나님의 창조질서에 속하는 것으로서 서로 불가분적인 관계 속에 있다. 그러나 가정과 직장에는 그 자체의 내적인 질서가 지배하고 있기 때문에 국가가 명령권을 행사할 수 없다. 이것이 "영역주권"(sphere sovereignty) 사상이다.[44]

영역주권 사상에서 각 영역의 고유성과 불가침해성과 독자성이 나온다.

(9) 창조론적 자연관 제시

생태학적 위기를 극복하기 위하여 개인의 한계를 넘어서는 유기체적인 책임성의 사고가 필요하다. 이러한 사고는 기독교의 창조론적 자연관과 연계되어 탈신화론화 되어야 한다. 창조론적 자연관에 의하면 자연이란 세속주의적 자연관이 주장하듯이 인간의 소유나 수탈의 대상도 아니고, 범신론적 자연관이 주장하듯이 인간을 떠나서 자체의 가치를 가지는 신적 존재도 아니다. 범신론적 자연관은 자연을 인격화하고, 신성화하며 모호하나 비옥한 힘을 가진 "어머니 자연"[45](Mother Nature)으로 본다. 이러한 자연이 세속주의적 자연관에 와서는 연구 목적을 위한 단순한 물질(matter)로 간주되었으며, 철저한 경제적 관점에서 자연자원으로 불리게 되었다. 그러나 이것도 자연에 관한 성경적 이해가 아니다. 성경의 창세기에 의하면 인간은 하나님이 창조하신 에덴동산의 정원사(gardner)로 부름을 받았다. 자연이란 창조자 하나님의 창조물로서 인간이 가꾸고 개발하고 관리해야 할 인간 삶의 환경이다. 자연은 그 자체로 있는 신적 존재도 아니며 인간이 마음대로 자기의 것으로 소유하는 대상도 아니다. 자연을 창조주로부터 위탁받은 것으로 인식할 때 자연에 대한 올바른 생태학적 책임성을 각성하게 된다.

범신론적 자연관은 안 내스(Arne Naess)의 "심오한 생태학"(deep ecology)에서도 나타난다: "만약 '자아'가 확대되고 심오해져 자유로운 자연에 대한 보호가 우리 자신에 대한 보호로 느껴지고 이해된다면, 관심(care)은 자연적으로 흘러넘치게 된다. … 마치 우리가 숨을 쉬는 데 도덕이 필요하지 않듯이 … 만약 넓은 의미로 당신의 '자아'가 다른 존재를 포용하게 되면, 관심을 보이기 위해 도덕적인 훈계가 필요하지 않는 것이다."[46] 범신론적 환경윤리는 '지식이 덕이다'(knowledge is virtue)라고 주장한다. 여기서 지식이란 자연, 지구-환경이 곧 우리 자신이라는 지식이다. 우리는 자연 속에 있지 않고 우리가 곧 자연이다. 범신론적 환경윤리는 그것을 알게 될 때 환경에 대하여 신중한 태도를 가지고 행동하게 된다고 주장한다. 그러나 존재로부터 윤리적 당위성이 귀결하지 않는다.[47] 창조론적 자연관은 우리는 자연이 아니다, 우리는 자연과 다르다고 가르친다.[48]

창조론적 자연관은 안식일을 중요시한다. 성경 기사에 의하면 창조의 절정은 인간 창조에 있지 않다. 창조의 절정은 모든 피조물이 완전한 것, 선한 것으로, 기쁨의 대상으로 경험되는 안식일의 휴식에 있다.[49] 창조의 왕관인 안식일에 인간은 안식을 누리고 창조자 하나님을 즐거워하며 찬양한다. 여기서 인간은 비로소 하나님 창조의 목적에 참여한다.

(10) 지구촌 시민과 박애주의 정신

인류는 하나님의 형상으로 지음을 받은 한 형제이다. 그러므로 자기 민족이나 국가의 이익에만 머물러 있을 수 없다. 지구촌이라는 마을에 함께 사는 온 인류의 복지와 평화에 기여해야 한다. 인류는 국제적인 관계에서 궁극적으로 경쟁의 관계를 넘어서서 서로 공존공영해 나가는 박애정신을 실현해야 한다. 핵의 위협이나 환경오염에서 보는 바 같이 인류는 서로 연결되어 있다. 온 인류가 오늘날 함께 살아남는 윤리를 제시해야 한다. 그것은 지구촌 윤리(global ethics)이다.[50] 지구촌 윤리는 한스 큉의 주장처럼 실현가능한 것이 아니다.[51] 왜냐하면 우리 인간이 모두들 자기의 가치적 선입견과 이데올로기에 사로잡혀 있기 때문이다. 우리는 단지 그것을 추구할 뿐이다.

*

　　한국 기독교는 새 한국의 문화창조를 위한 의식개혁운동을 일으켜야 한다. 전개되고 있는 정보화와 신기술 시대에 창조적 의식이 요청된다. 그것은 창의력과 끊임없는 자기개발로 특징된다. 창조적 의식이 한국인의 의식과 생활에 젖어야 한다. 그럴 때 개인도 살고 국가도 살 수 있다. 자율성과 윤리성과 국제성을 갖춘 성숙한 사회의식을 갖추어야 한다. 지도자에서부터 온시민에 이르기까지 낡은 껍질을 벗는 자아의 혁명을 일으켜야 한다. 한국사회의 각계 각층이 고통의 분담을 나누는 사회문화적 자아의 변화를 통하여 우리의 병든 문화는 비로소 변혁된다. 그리스도는 그의 수난과 십자가 고난을 통하여 인류의 병든 문화를 구속하셨다. 그리스도는 그의 십자가의 고난을 모범으로 보이시면서 사람들이 이기주의와 욕망의 길을 걷지 않고 이타주의와 절제의 길을 걷도록 인도하셨다. 역사적으로 그리스도를 모신 개인과 사회와 국가는 내면의 변화를 경험했다. 그리스도는 문화의 변혁자이다. 한국 기독교는 문화를 변혁시키는 그리스도의 사도로서 문화변혁의 누룩과 밀알이 되어야 한다.[52]

chapter 4
전통문화와 기독교문화: 변혁적 해석학 착상

초기 선교역사에서 보면 서구 선교사들은 복음과 더불어 그들이 이해한 문화, 소위 3C 즉, 기독교(Christianity) 내지 식민지(Colony), 문명(Civilization), 상업(Commerce)을 가지고 갔다.[1] 우리 한국, 일본 그리고 중국에서 기독교 선교는 근대화라는 형식 안에서 서구문물을 받아들이는 방식으로 수행된 것이다.

서구 기독교에서도 역사적으로 선포된 예수상은 각 시대가 이해한 모습으로 나타났다. 비잔틴 시대의 예수 모습은 최고의 자리에 있는 황제, 곧 "모든 것을 지배하는 자"(Pantocrator)의 모습, 중세에는 십자가 위에서 고통당하시는 모습, 개신교도인 앵글로 색슨족에게는 금발의 멋진 청년의 모습, 현대 남미의 기독교인에게는 전설적인 혁명투사 체 게바라(Che Guevara)의 모습, 초창기 한국 개신교도에게는 김기창 화백(畵伯)이 그린 것 같이 한복을 입고 삿갓 쓰신 모습으로 나타났다. 한국인에게 다가오는 그리스도의 모습은 결단코 앵글로 색슨족들에게 나타났던 금발의 청년의 모습이 될 수 없다. 그는 영어를 하시는 분이 아니라 한국말을 쓰시고 한국인의 피부와 얼굴을 가지고 우리에게 다가 오시는 것이다. 그러므로 한국인이 복음을 한국적인 사고와 전통문화 속에서 이해하고자 할 때 중요한 것은 한국의 전통문화에 대한 깊은 이해가 있어야 한다는 것이다.

한국에 오신 선교사들은 타문화선교(cross-cultural mission)에 대한 인류학적 지식과 선교학적 지혜를 갖춘 분들이었다. 복음이 전통문화와 만나서 전통문화의 형식을 수용하는 것을 "상황화"(contextualization)라고 부른다.

이 장에서는 오늘날 교회와 전통문화와의 만남에서 논의되는 올바른 상황화 개념을 조명하고, 전통문화와 기독교와의 관계를 올바른 상황화 개념으로 조명하고자 한다. 그리하여 올바른 상황화는 비판적 반성을 통해서 이루어진다. 필자는 여기에 전통문화와 복음의 만남에 있어 오늘날의 철학적 해석학적 반성을 적용하면서 수행되는 문화신학적 반성을, 변혁적 해석학의 착상으로 논구하고자 한다.

*

1. 올바른 상황화의 원리: 비판적 상황화

(1) 상황화 개념

문화는 한 지역과 시대의 구성원을 결속시키는 통합적 체계(an integrated system)이다. 문화는 정치, 경제, 교육, 예술, 종교라는 제도와 신념, 가치관, 관습 등을 표현하는 관례를 포함한다. 문화는 이러한 제도와 관례의 통합된 체계이다.[2] 이러한 문화는 여러 가지 상징체계로 이루어져 있다. 예컨대 옷차림새, 말하기, 쓰기, 신호등, 종소리, 인사 방식, 주거 방식 등은 문화적 상징(cultural symbols)체계의 한 단면이다.[3] 상황화(contextualization)는 이러한 문화적 상징체계를 받아들이면서 복음을 타문화 내지 전통문화에 적용하는 과정이다. 이 개념은 1972년 WCC의 신학교육기금(TEF,

Theological Education Fund)의 세 번째 명령보고서를 통해 선교문헌에 등장하였다.[4]

"상황화"란 토착화(indigenization)나 문화화(culturation) 순응(adaptation)이나 적응(accommodation)이라는 개념을 포괄하는 타문화권 선교의 포괄적 개념이다.[5] 토착화는 복음을 전통문화와 결부시키면서 그 전통문화의 부정적 요소들을 변혁시키는 것을 과소평가하는 경향이 있다. 그리하여 토착화에의 지나친 집착은 혼합주의(syncretism)에 떨어질 위험성이 있다. 순응이나 적응은 복음을 받아들이는 타문화의 현재적 풍토에 대한 일종의 양보를 의미한다. 순응이나 적응의 강조는 복음의 동질성을 약화시킬 위험성을 지니고 있다. 순응이나 적응은 문화에 파고 들어가는(caving in) 경향성을 지닌다. 토착화, 순응, 적응의 세 가지 개념은 모두 선교사들이 문화 위에 있고 복음과 교회에 대한 완전한 지식을 소유하고 있는 인상을 준다. 문화화(culturation)에는 신학적 문화화(inculturation), 학습적 문화화(enculturation), 상충적 문화화(acculturation)가 있다. "문화화"란 타문화를 배우고 학습(학습적 문화화)하면서, 자기 문화와 상충되고 갈등적이고 긴장적인 요소를 경험(상충적 문화화)하면서, 이 양자를 신학적으로 균형있게 조화(신학적 문화화)시키는 과정이다.

그러나 이 상황화 개념은 복음과 언어와 문화 사이의 상호작용이 지금까지 선교사들이 생각해 왔던 것보다는 더욱 활동적이고 복합적이라는 사실을 드러내 준다. 상황화는 과거의 문화적 전통만이 아니라 현재의 문화적 풍토에 대한 배려를 하는 "역동적이고 변화에 열려 있고 미래지향적인" 선교적 개념이다.[6]

이러한 상황화 개념은 해방신학, 제3세계 신학, 여성신학, 민중신학에서 먼저 사용되었으나 1970년대 로잔(Lausanne) 대회 이래 복음주의 선교학에서도 니콜스, 나이다, 히버트, 헤셀그레브, 롬멘 등에 의하여 새로운 착상으로 제시되었다. 브루스 니콜스(Bruce Nicholls)는 문화적 차이에 대한 감수성을 견지하면서 성경의 무오성과 권위를 진지하게 취급하는 "교의학적 상황화"(dogmatic contextualization)를 제시했고,[7] 찰스 크래프트(Charles Kraft)는 성경 텍스트를 훨씬 더 문화적으로 조건지은 것으로 간주하는 "역동적-등가 타문화화"(dynamic-equivalence transculturation)를 제시했다.[8]

(2) 상황화의 두 가지 상반되는 예

상황화의 두 가지 상반되는 예는 선교역사에서도 찾아볼 수 있다. 그것은 17세기 중국과 인도에 간 예수회(Jesuit) 선교사와 프랜시스회 선교사의 시도이다. 중국 황실에서 일했던 마테오 리치(Matteo Ricci)와 인도 남부지방에서 일했던 로베르트 드 노빌리(Roberto de Nobili) 사이의 논쟁의 경우이다.[9] 예수회 선교사 리치는 복음을 서구기술과 동일시하고 조상제사를 수용함으로써 중국인의 반발을 피하였다. 그러나 인도의 카스트 제도(caste system)는 수용하지 않았다. 예수회 선교활동에 의하여 개종된 신자들은 전통적 카스트 제도를 포함한 힌두교 관습과 완전히 결별하는 것을 요구받았다. 이것은 문화변혁적 태도였다. 그리하여 회심한 힌두교인들은 자동적으로 인도사회와 문화에서 배척당했고, 인도의 최하층인 불가촉 계층에 속한 사람들(Untouchables)로 간주되었다. 그러나 이들 개종된 자들은 힌두교 문화를 가진 세계에서 수적으로 점점 더 큰 집단이 되어 갔다. 그리하여 카스트 제도를 변혁시키는 방향으로 나아갔다.

이와는 대조적으로 프랜시스회 선교사 드 노빌리는 개종자들에게 현재 속한 카스트 제도상의 신분에 그대로 있을 것을 권하면서 카스트 제도를 순수한 사회제도로 취급했다. 드 노빌리는 카스트 제도를 사회적 관습 이상의 것으로 보면서 인도 신자들로 하여금 그들의 카스트 정체성을 유지하면서 살도록 촉구하였다. 그는 카스트 제도가 근본적으로 신앙에 관한 문제를 유발시키지 않는다고 보았다. 그리하여 이들 개종된 자들은 힌두교 세계 안에 살면서 서양인의 관습을 따르고 서양 선교사에 의존하여 살아갔다. 드 노빌리에게 카스트제도는 사회조직상의 문제이므로 기독교 신앙과는 모순되지 않는다고 여겨졌다.[10] 그러나 프랜시스회 선교사들의 선교방법은 예수회 선교사들에 의하여 혼합주의를 초래한다고 비판받고 거부당했던 것이다. 교황청은 나중에 드 노빌리의 방법을 철회하는 것으로 결정하였다. 그리스도인의 정서상으로도 카스트 제도를 수용한다는 것은 받아들일 수 없으며 특히 카스트 제도를 복음과 병립될 수 없는 것으로 본 것이다. 여기서 상황화는 서로 다른 방향으로 전개되었다. 예수회의 상황화는 카스트 제도를 변혁시키는 방향으로, 프랜시스회의 상황화는 카스트 제도를 인정하는 방향으로 나아갔다. 그 결과 예수회의 상황화는 올바른 방향이었고 프랜시스회의 상황화는 그릇된 방향이었다고 말할 수 있다. 카스트 제도를 수용하는 것은 복음을 저버리는 것이기 때문이다. 이것은 혼합주의로 떨어지는 것이다.

복음전파가 전통문화와 만날 때 무비판적 거부나 무비판적인 수용 모두 잘못된 태도이다. 범주적인 거부(categorical rejection)는 전통적인 관습(유교적 제사나 조상 숭배 등)을 비성경적이고 이교적이라고 보는 경우이다. 이러한 경우에 상황화는 이루어지지 않는다. 이것은 "저급(低級) 상황화"(under-contextualization)이다. 이런 경우 복음이 외래적인 것으로 거부되거나 전통 관습이나 신앙은 잠깐 지하로 숨어들어 갔다가 혼합주의의 모양으로 나중에 출현한다. 무비판적인 수용(uncritical acceptance)은 전통적인 의례나 관념들이 그대로 교회 안으로 받아들여지며 혼합주의나 세속주의가 생겨나게 된다. 이것은 과도(過度)-상황화(over-contextualization)이다. "올바른 상황화"는 무비판적인 거부나 무비판적인 수용 모두를 일면적인 것으로 거부한다. 올바른 상황화는 첫째, 전통적 신념과 종교의례, 이야기, 노래, 관습,

예술과 음악 등에 관한 자료와 정보를 모으고 이것들을 음미하고 사회 속에서의 그것들의 의미와 기능들을 결정한다. 둘째, 이것들에 대한 성경적 가르침을 연구한다. 성경적 규범의 빛 속에서 이것들을 평가하고 수용가능성을 연구한다. 셋째, 그리하여 새롭게 상황화된 기독교적 실천을 만든다. 그리고 이러한 상황화는 동서양의 교회, 지구상의 모든 교회가 그 정체성을 유지하기 위하여 행해야 한다.

상황화가 혼합주의나 세속주의에 떨어지지 않기 위해서는 그리스도의 교회가 온전히 설립되어야 한다. 선교사는 교회를 세워야 한다. "성경과 성례전과 그리고 사도적 사명이 구비된 회중이 있어야 한다."[11] 이러한 교회의 기초 위에서 선교사는 다음으로, 교회를 성장시키면서 복음을 자신이 처해 있는 문화 속에서 어떻게 구체적으로 형상화시킬 것인가를 구상해야 한다. 이렇게 할 때 상황화는 제대로 수행될 수 있다.

(3) 진정한 상황화

상황화의 모델은 예수 그리스도의 성육신 사건에서 찾을 수 있다. 하나님의 인간성(humanity of God)을 보여준 이 사건 안에서 일어나고 있는 모든 상황이 반영되어야 한다. 따라서 상황화의 모델은 인간의 인간성(humanity of man)이 아니라 하나님의 인간성이다.[12] 이것이 상황화의 신학적-인류학적 접근(theological-anthropological approach) 모델이다. 그러므로 올바른 상황화 원리란 "복음은 문화라는 옷을 입고 전해진다"는 원리이다.[13] 문화 속에서 구체적인 형체를 가지는 것이 아닌 순수복음이란 있을 수 없다.

진정한 상황화는 타문화의 추상적인 도덕률이나 정치적 규칙의 적용으로 되는 것이 아니라 하나님의 말씀을 기억하고 반복적으로 이야기하며, 그것에 따라 살아가는 공동체의 삶 속에서 일어나는 것이다. 상황화에서 중요한 것은 타문화에의 적용만이 아니라 하나님의 말씀을 지속적으로 읽고 묵상하며, 세례와 성례전을 집행하는 삶 속에서 타문화권 사람들을 복음의 공동체로 인도하는 사람들의 실제적이고 인격적인 만남을 통해서 이루어진다.[14]

올바른 상황화는 교회가 세상과 문화에 무관심하지 않고 배타적이지 않고 세상과 문화가 말하는 것에 대하여 열려 있고 그것과 비판적으로 대화한다. 따라서 전통이나 과거에 안주하지 않는다. 그리고 올바른 상황화는 세상과 문화에 무비판적으로 동화되거나 타협하는 것도 아니다. 순진한 상황화는 혼합주의(syncretism)를 초래하기 때문이다. 교회가 세상이나 전통이 모든 문제를 결정하도록 내버려 두지 않는다. 올바른 상황화는 복음으로써 모든 문제를 비판적으로 대결한다. 그것은 문화의 어떤 요소에 대해서는 긍정하고 어떤 요소에 대해서는 부정하는 선택적 긍정과 부정을 수행한다. 히버트가 언급하는 바 같이 상황화란 "성경에 대한 성실성"(faithfulness to Scripture)과 "문화에 대한 적절성"(fitness to culture)에 대한 관심을 충족시키는 것이다.

상황화는 복음의 원리에 따라야 한다. 따라서 지역적이면서 동시에 에큐메니칼해야 한다. 하나님의 말씀은 모세의 율법이나 선지자의 예언이나 그 시대의 사람들에게 주는 특수한 지역적인 말씀이었고, 그것은 동시에 오늘날 이방인으로서 그것들을 통해서 하나님 말씀을 듣는 전 세계의 모든 기독교인들에게 동시에 들려지는 에큐메니칼한 것이다. 마찬가지로 상황화도 지역적이면서도 보편성을 따라야 한다.

선교사는 순수한 복음을 가져다가 그것을 자신이 섬기는 지역의 문화에 적용시키는 것이 아니다. 그는 이미 자신이 속한 문화 안에서 구체화 된 복음을 가지고 가는 것이다. 한국에 최초의 선교사, 언더우드와 아펜젤러는 장로교적으로 해석된 복음, 그리고 감리교적으로 해석된 복음을 가지고 한국에 들어왔다. 이들은 예수 그리스도의 복음을 전하면서도 교단적으로는 장로교와 감리교라는 테두리 안에서 전도활동을 하였다. 이러한 전통 속에서 오늘의 한국 장로교회와 감리교회가 있는 것이다.

2. 상황화의 해석학

상황화는 해석학적 반성으로 수행된다. 그것은 긍정의 해석학, 의심의 해석학, 변혁의 해석학 단계로 수행된다.

(1) 긍정의 해석학

상황화는 긍정의 계기에서 출발한다. 타문화권 내지 전통문화권과 만날 때 우리는 그 속에서 살아온 이상 삶의 근거로서 그 문화를 긍정적으로 본다. 우리는 이미 전통 속에서 살고 있으며 그 문화의 관습과 언어와 사고와 그 공동체 속에서 살아왔기 때문이다. 인류학의 발전과 더불어 이제는 인류학자들도 사회를 고유한 언어와 문화를 가진 유기적인 실체로 본다. 그래서 단수개념인 "문화"(culture)가 아니라 "문화들"(cultures)이라는 복수개념을 사용한다. 하나의 주된 문화가 다른 지역으로 전파된다는 획일적인 문화발달이 아니라 각 사회는 각각의 고유한 문화를 갖는다. 이것은 문화의 다원주의를 인정한다. 그리고 문화들은 서로 차이점이 있다는 것을 인정한다. 이것이 바로 긍정의 해석학(a hermeneutic of affirmation)이다. 그러므로 긍정의 해석학은 인종중심주의(ethnocentrism)에서 벗어나고자 한다.[15]

긍정의 해석학은 전통의 문화를 일단은 복음의 상황화의 기초로서 받아들인다. 예컨대 장유유서(長幼有序), 부모효도, 친구우애, 부부유별 등 유교적 덕목은 오늘날에도 한국 사회의 윤리의 근간을 이룬다. 도교에서 오는 자연과의 친화 또한 오늘날 환경의 시대에 우리가 다시 한번 발견해야 할 유산이다. 민속음악과 예술, 민속의상, 미풍양속들도 여기에 포함된다. 한옥, 한지, 한약, 한글, 한식 등은 우리 민족이 가질 수 있는 고유한 것이며 이것은 창조주가 한국민족에게 주신 보존해야 할 선물이다.

미국 풀러의 맥가브란(McGavran)과 그가 이끄는 교회성장학파에 속하는 선교학자들은 전통문화를 긍정적으로 수용한다. 이들은 "하나님은 문화를 수용하신다"고 주장한다(로잔 세계복음화 회의, 1974). 그렇기 때문에 전통문화를 절대시하고, 개종이 내포할 수 밖에 없는 문화적 변화를 최소화해야 한다고 본다. 이러한 교회성장학파가 전통문화를 긍정적으로 보고 수용하는 것은 상황화의 긍정적 측면이다.

(2) 의심의 해석학

상황화는 긍정적인 차원에서 머물러서는 안 된다. 그것은 의심과 회의의 차원으로 나아가야 한다. 타문화권 선교의 현장에서 일어나는 상황화에 있어서 민중신학이나 해방신학의 상황화 해석학은 의심의 해석학(a hermeneutic of suspicion)이다. 그리하여 신학은 아래로부터 시작되어야 하고 억압받는 백정과 상놈, 민중에서 시작되어야 한다고 본다. 그리고 억압받는 자의 문화와 관점이 "인식론적 특권"(epistemological privilege)을 갖는다고 본다. 그리고 민중이 진리와 정의의 담지자들이며 구원을 가져다 주는 주체들이다. 이러한 의심의 해석학은 전통문화 가운데도 억눌린 문화(무당, 기생, 머슴이나 상놈의 관습)를 주도적 문화로 보고 전통사회를 지탱해 온 주도문화를 외연(外延)의 문화로 보면서 상황화의 과제를 사회개혁의 방향으로 수행한다.

의심의 해석학은 상황화의 한 계기로서 전통문화를 비판적으로 보는 눈을 제공하는 데 도움을 준다. 고대 인도의 사티(satti), 즉 남편이 죽어서 화장을 할 때 살아 있는 아내를 함께 태워 죽이는 제도, 사소한 죄를 범한 사람도 사형으로 다스리는 것, 파푸아 뉴기니아에 있는 식인(食人)문화 등이다. 사티제도는 그것을 아내의 헌신을 나타내는 궁극적인 상징으로 여기며 오늘날에도 이것을 옹호하는 자들이 있다고 한다. 파푸아 뉴기니아의 선교사에 의하면 이곳 부족민들은 사랑하는 사람의 시신(屍身)이 땅 속에 묻혀서 벌레에게 먹힌다는 생각이 너무나 충격적이기 때문에 차라리 그 시신을 가족이 먹어서 버리는 편이 훨씬 낫다고 생각한다.[16] 노예제도는 많은 문화들 속에 나타나는 지극히 오래된 요소이다. 초대교회의 시대에도 이러한 제도가 있었다. 바울은 빌레몬서에서 신자는 그리스도 안에서 새로운 피조물이므로 노예나 주인이나 모두 형제이며 그러므로 내면적으로는 노예제도를 부정했으나 사회제도적으로 그것을 공적으로 부인하지는 못했다. 1700년이 지나서야 비로소 교회는 노예제도가 복음과 병립할 수 없음을 인정하게 된다.

우리는 여기서 문화 속에 내포된 죄의 요소를 인정하지 않을 수 없으며, 교회나 기독교인이라고 할지라도 이러한 죄적 요소를 타파하는 데 역사적으로 많은 시간이 요구됨을 알 수 있다. 이런 의미에서 "하나님은 인간 문화를 심판하신다"는 문화심판의 명제가 성립한다. 인간 문화가 만든 세상은 하나님을 거부하고 하나님의 심판 아래 놓이게 된다. 의심의 해석학의 계기가 없으면 상황화는 무비판적인 것이 되고 혼합주의에 빠지게 된다. 올바른 상황화는 타문화 내지 전통문화 속에 있는 복음 정신에 이질적인 문화적 요소들을 말씀의 칼로 수술하고 청소하는 작업을 통해 가능하다.

(3) 변혁의 해석학

상황화는 긍정적 반성에서 회의의 반성으로 그리고 비판적 반성으로 나아간다. 그리고 비판적 반성이란 복음의 말씀의 빛을 통해서 의심과 회의의 요소들을 새롭게 조명하고 새로운 의미와 내용과 형식까지도 부여한다. 그러므로 이러한 비판적 반성을 변혁의 해석학(a hermeneutic of transformation)이라고 부른다. 변혁의 해석학은 세 가지 반성의 특징을 갖는다.

첫째, 교회는 해석학적 공동체(hermeneutical community)요 변혁적 사고의 주체이다. 신학자나 선교사는 인간 지식의 제한성을 인정한다. 인식론적 겸허를 받아들인다. 나의 생각이 주도적인 것이 아니라 서로의 생각이 일치하고 연합함으로써 부족함을 채우고 온전한 지식을 만들어 나간다. 이러한 교회의 사고는 상호(相互)주관적인 사고의 공동체이다.

둘째, 비판적인 상황화는 성경의 규범성에 기초되어야 한다. 모든 상황화 된 실천이나 신학들은 말씀의 기준에 맞추어져야 한다. 하나님의 말씀과 성령의 사역이 주도적인 역할을 한다. 변혁의 주체는 인간의 문화적 반성이 아니라 하나님의 말씀과 성령이 밝히시는 사역이다. 인간의 문화적인 반성은 말씀과 성령에 대한 순종하는 작업일 뿐이다. 하나님의 말씀은 살았고 운동력이 있어 좌우의 날선 검같이 예리하여 우리의 혼과 관절과 골수를 찔러 쪼개기까지 한다. 성령은 이러한 하나님 말씀의 동력으로 인간을 감동시키고 변화시키며 새로운 사고를 하도록 만든다.

셋째, 변혁의 해석학은 성령의 신비스러운 역사에 맡겨지는 공동체 안에서 일어난다. 복음전파를 받아들이는 인간의 입장은 너무나 다양하기 때문에 전혀 기대하지 못하는 일들이 지속적으로 일어나는 것을 인정하는 것이다. 여기서 복음은 독립적인 힘을 지닌다. 복음은 복음전도자의 손에서 놀아나는 도구가 아니다. 선교는 성령의 신비스러운 사역을 통해서 일어난다.[17]

말씀의 변혁적 사역은 성령의 신비스러운 사역에 쓰여지는 것이다. 상황분석은 필요하다. 그러나 상황분석이 선교의 출발점이 될 수 없다. 선교의 출발점은 하나님의 말씀이다. 선교의 역동성이란 성자 그리스도 안에서 세상을 정죄하시고 십자가로써 구속하신 성부 하나님의 복음 진리를 모든 사람의 마음 가운데 확신케 하시는 성령 하나님의 임재이다. 이러한 선교의 역동성은 변혁의 해석학으로 수행된다. "하나님은 인간 문화를 받으신다"라는 명제는 "하나님은 인간 문화를 심판하신다"라는 명제와 더불어 이해되어야 한다. 그리스도 안에서는 새로운 피조물이 된다. 새로운 피조물 된 신자는 그 세계관이 변혁되고 그 인생의 행동규범과 행동양식이 달라진다.

우리 민족에게 있는 전통문화의 영성, 무교적 영성, 불교적·도교적·유교적 영성, 기복적이고 이기주의적이며, 출세주의적이며, 성공주의적 종교성을 십자가 신학적으로 변혁시켜야 한다. 이러한 무교적, 재래종교적인 영성이 오늘날 한국 기독교의 정신구조를 지배하고 있다. 한국 기독교는 선교 초기에는 소외당한 노비, 농민, 천민, 상인들에게 다가섰으며, 저들의 안식처와 피난처가 되었으나 100년이 지난 오늘날 교회가 양적으로 성장하고 기득권의 자리에 서면서 이들을 외면하고 기득권의 세력으로 변질되어 사회적 비난을 받고 있다.[18] 이것은 한국 기독교가 성장 과정에서 우리 민족에게 남아 있는 무교를 비롯한 재래종교적 잔재를 복음적으로 걸러내지 못한 채 기독교의 양적 성장만을 초래한 데서 기인한 것이다.

올바른 상황화는 비판적 상황화(critical contextualization)로서 네 가지 단계로서 수행된다. 첫째, 하나님 말씀의 규범성을 확립한다. 상황에서 출발하지 않고 그것에 좌우되지 않는다. 상황화는 하나님 말씀의 성육신에 그 모범을 갖고 있다. 복음이 전통문화의 구체적인 공동체 안에 선포된다. 둘째, 종교 절기나 의례, 문화 풍습 배후의 세계관을 파악한다. 그것들이 가지고 있는 범신론적 내지 세속적인 세계관을 노정시킨다. 셋째, 이해된 문화의미를 하나님의 말씀으로 조명하며 성경적 의미를 전달한다. 넷째, 타문화권인 원주민의 지도자를 중심으로 문화변혁이 일어나서 토착신학이 형성된다.[19] 여기서 초문화(supraculture 또는 metaculture)와 타문화(transculture 또는 crossculture)를 구분한다. 초문화는 동정녀 교리나 삼위일체 교리, 그리스도의 신성 교리, 부활이나 영생 교리 등 기독교의 본래적 교리를 말하며, 타문화란 이러한 본래적 교리가 주어진 상황 속에서 전달되는 매체인 CCM이나 인터넷 문화, 다른 언어, 그리고 20대와 50대 등 나이층, 아시아와 유럽인 등 인종 차이를 말한다. 초문화는 상황화에서 변하지 않는 기독교의 본질적 메시지이며, 타문화는 상황화에서 고려해야 할 젊은 세대들에게 적용되는 경배와 찬양, 인터넷, 영상문화, 음악예배, 대화법 설교 등이다.

3. 전통문화의 재창조

복음은 전통문화와 만나서 전통문화와의 형식적 상응, 역동적 등가와 지평융합의 단계를 거치면서 새롭게 창조된다. 여기서 기독교 문화는 해석학적 반성이 수행하는 비판적 상황화를 통하여 형성된다.

(1) 형식적 일치(formal correspondence)

처음에는 복음을 전통문화의 문자 그대로 번역하는 것이다. 찰스 크래프트(Charles Kraft)는 이것을 "형식적 일치"(formal correspondence)라고 부른다.[20] 문자적 번역이란 아직도 신학적 반성이 가해지지 않은 소박한 차원이다. 이것은 전달자 중심의 커뮤니케이션(the sender-centered communication)이다. 여기서는 복음이 타문화권에 제대로 뿌리를 내릴 수 없다. 혼합주의가 발생된다. 더욱이 기독교 복음과 전통문화 사이에 상응관계가 많지 않을 때 더욱 큰 문제가 된다. 구체적인 예로 샤머니즘의 영성을 기독교의 영성으로 그대로 번역하는 경우이다. 기독교 하나님을 신(神)이나 신(神)들로 번역하고 예배를 굿으로, 예물을 제물로 이해하는 경우이다. 이 경우 기독교의 하나님은 무당종교의 제석이나 대감 등 무속종교의 신이 되어버린다. 여기서 샤머니즘의 영성은 그대로 기독교의 영성으로 수용되어 기독교는 제화초복(除禍招福)의 종교로 변질한다. 기독교의 예배가 전통제례의 제사에 문화적으로 상응하기 때문에 문자적으로 그대로 번역할 때 기독교 예배가 가지는 유일신론적이고 기독론적인 구속자에 대한 경배의 의미는 그대로 전달되지 못하고 하나의 기복적 예배로 왜곡된다.

(2) 역동적 동의어(同義語)(dynamic equivalence)

다음으로는 전통문화 속에서 복음의 개념에 상응하는 개념을 찾아낸다. 유진 나이다(Eugene A. Nida)는 토착문화 속에서 성경을 번역하는 데 있어서 성경의 계시 의미를 바르게 전달하기 위하여 문자 그대로 번역하는 것이 아니라 현지 문화의 언어 속에 있는 등가를 찾아내고자 하였다.[21] 찰스 크래프트(Charles Kraft)는 타문화권에 복음을 전달하는 데 있어서 수용자 중심으로 현지 문화의 언어 속에 있는 등가(等價) 내지 동의어(同義語)를 사용함으로써 복음의 전달이 역동적으로 수행된다고 보았다.[22] 이것은 수용자 중심의 커뮤니케이션(the receptor-centered communication)이다. 역동적(力動的) 동의어(同義語) 내지 등가(等價)라는 개념에는 문화에 대한 낙관적이고 적극적인 이해가 내포되어 있다. 이 개념은 문화를 기능 및 구조주의 측면으로 이해하여 문화의 중립성을 주장한다. 역동적 등가란 본래의 의미에 상응하는 다른 표현으로 바꾸는 번역이다. 이것은 본래적인 개념이 토착문화에 없기 때문에 이에 상응하는 개념을 사용하는 것이며, 하나의 모방을 하는 경우이다. "하나님" 개념이 그 중요한 예(例)라고 말할 수 있다. 우리말 "하나님"개념은 반드시 성서의 신(야훼나 엘로힘 등) 개념에 대한 문자 그대로 직역일 수 없다.

역동적 동의어 모형을 적용할 때 난점은 성경번역과 교회 형성 사이에 큰 차이가 있다는 것이다, 성경번역은 번역 후 번역자가 원문과 비교할 수 있으나, 교회형성의 경우는 모방하고자 하는 원형이 초대교회이므로 비교가 어렵게 된다. 그러나 어떤 것은 단어, 개념, 은유 등을 반드시 그대로 번역해야만 한다. 유대문화에 있는 포도주는 한국 전통문화의 동동주로 번역될 수 없다. 그러면 포도주가 갖는 많은 상징성을 잃어버리게 된다. 십자가나 부활이나 죄와 양(羊)도 마찬가지다. 나이다(Eugene Nida)와 레이번(William Reyburn)이 지적하는 바 같이 역동적 동의어 개념의 한계란 의미를 간직하고 형식을 바꾸는 것이 다른 형식의 메시지로의 변형을 초래하는 데 있다.[23] 형식을 바꿈으로써 의미를 그대로 간직하고자 하는 동의어라는 번역원리는 번역자의 머리 속에서 그리는 주관적인 개념으로 의미를 축소시킬 수 있기 때문이다.

폴 히버트(Paul Hiebert)는 역동적 동의어의 한계를 극복하기 위하여 기호학(semiology)이 제시하는 "이중 번역"(double translation) 개념을 도입한다. 번역자는 번역할 때 의미, 형태와 실재 간의 고리를 간직하고자 애써야 한다고 본다. 타문화에 대한 의미전달을 명확히 하기 위해 주석을 덧붙일 수 있다. 구체적인 예로서 세겔은 원(圓)으로 번역되지 않는다. 오히려 세겔의 가치를 알지 못하는 독자들을 위하여 세겔의 가치를 원으로 환산하는 각주를 다는 것이 필요하다. 이것이 문화적 형식과 의미를 함께 고려하는 이중 번역의 사고이다. 이처럼 기호학은 형식과 의미와 실재가 연결되어 있고 의미는 독자의 실재 이해 속에 있다고 본다.[24]

(3) 지평융합: 변혁적 사고

세 번째로 역동적 동의어 사고는 신앙적 반성의 지평융합의 단계로 나아가야 한다. 역동적 동의어 사고는 올바른 상황화를 향한 두 번째 단계이다. 그러나 역동적 동의어는 아직도 전통적 개념에 복음의 진리를 담고 표현함으로써 전통문화의 잔재를 버리지 않았으며, 완숙한 복음적 진리의 표현에 이르지 못했다. 토착문화 속에는 토착종교와 더불어 이교적 세계관이 근저에 있기 때문이다.[25] 문화의 형태 속에는 문화의 심층 구조로서 세계관이 작용하고 있다. 이 세계관의 영향을 무시한 채 문화의 형식을 소박하게 사용하는 것은 혼합주의에 빠질 위험성을 내포하고 있다.[26]

그러므로 역동적 동의어는 변혁적 사고에 의하여 복음의 말씀에 의한 온전한 문화적 변화를 수행해야 한다. 예컨대, 하나님 개념 안에 아직도 내포된 범신론적 내지 자연신론적 잔재를 말끔히 신학적으로 소제(掃除)하고 온전히 성경적이고 기독교적인 하나님 개념을 만들어야 한다. 변혁적 반성에서 역동적 동의어는 그 내용과 의미차원에서 더욱 풍부해지고 깊어지는 것이다.

변혁적 반성은 문화가 가지는 단층(斷層)으로 깊숙히 파고들면서 수행된다. 문화는 세 가지 단층을 가지고 있다. 첫째 단층은 가장 외부의 층으로서 기술적 문화이다. 이것은 물질세계를 조절하기 위해 계획된 인공물과 활동을 포함한다. 둘째 단층은 사회적 문화이다. 이것은 개인과 그룹 사이의 상호작용을 지배하는 행동과 관계양식을 뜻한다. 셋째 단층은 관념적 문화이다. 이것은 지식, 신앙, 세계관, 우주관 그리고 한 종족의 가치관을 말한다.[27] 변혁적 반성은 단지 첫째 단층에 머물지 않고 둘째 단층을 거쳐, 최종적으로는 셋째 단층에까지 파고들어가는 것을 말한다.

변혁적 사고에서 중요한 것은 전통적인 문화를 멸시하여 제거하는 것이 아니라 그 가운데서 복음의 정신에 상응하거나 부합하는 것은 적극적으로 발전시키고, 부합하지 않거나 배치되는 것은 쓸모있는 형식이 되도록 변혁시키는 것이다. 변혁적 사고는 전달자-수용자-중심의 커뮤니케이션으로 나아간다. 이것은 단순한 번역이나 역동적 등가가 아닌 새로운 문화의 창조이다.

4. 전통문화를 수용하는 문화신학의 원리

(1) 서구의 문화를 입은 기독교

19세기 초 기독교선교가 한창 진행될 때 선교지의 교회는 일반적으로 서구교회를 모범으로 삼았다. 이때 선교사들은 문화 인류학에 대한 관심이 없었다. 고딕양식의 건물, 서구의 기도 형식문, 성직자의 예복, 악기, 찬송곡조, 찬송가사, 의사결정의 과정, 교회제도 등 모든 분야에서 서구교회의 모습을 따랐다. 그리하여 선교지의 토착민 교회들은 전통적인 문화를 깨뜨리고 서양의 문화를 받아들이는 데 급급하였다. 그리하여 우리의 교회 건물 가운데도 한식(韓式)으로 지은 교회가 별로 없다. 이러한 사고에서 진정한 상황화는 수행되지 않는다. 19세기와 20세기 선교역사를 보면 선교사들은 복음전파를 마치 서구의 근대화된 기독교 사회를 모방하는 근대화 과정으로 이해하고 진정한 상황화를 이루지 못했다. 아시아 사회가 서구의 기독교 사회를 모방하는 것이 복음화라고 가르친 경우이다. 한국이나 중국, 일본과 인도, 동남아시아도 그러했다. 그러한 서구의 선교는 상황화에서는 실패하였다. 당시는 서구의 문화가 동아시아의 사회보다 개화되었으나 오늘날은 서구 기독교 사회의 세속화와 이와 더불어 일어나고 있는 각종 사회문제(이혼, 인종갈등, 각종 폭력 등)로 인해 더 이상 아시아 교회가 추구하고 모방해야 할 모델이 아니다.

상황화는 인간문화를 모방하는 것이 아니라 성경의 가르침에서 나와야한다. 바울은 선교지에 교회를 세우고 그 교회를 이끌고 나갈 지도자를 현지인으로 세웠으며 신자들로 하여금 자기가 부르심을 받은 그 자리에 충실하라고 가르치고 있다. 바울은 토착문화가 중요하다는 것을 보여주었다.

(2) 세계관의 변혁: 온전한 상황화의 단계

상황화에서 수행되는 변혁적 해석학에서는 세 가지 종류의 서로 다른 문화가 관련되어 서로 지평융합을 이룬다. 첫째, 하나님 말씀인 성경의 문화(the culture of Bible), 둘째, 복음을 전하는 선교사 자신의 문화(the culture of the speaker), 셋째, 복음을 전해받는 자, 피선교자의 문화(the culture of receptor)이다. 이 세 가지 문화가 서로 실체성을 상실하지 않으면서 서로 지평융합 되면서 진정한 상황화가 일어난다. 여기서 전통문화는 기독교문화가 된다. 여기서 생긴 기독교문화는 전통문화를 제거하거나 파괴하지 않고새롭게 창조한다.

문화를 구성하는 중요한 세 가지 요소는 세계관(worldview), 가치체계(value system)와 행동양식(behavior pattern)이다. 이 세 가지는 서로 밀접한관련을 가지고 있다. 세계관은 사람에게 세상과 인생과 사건을 해석하는인식적 차원과 정서적 차원에 영향을 미치고 평가적 차원인 윤리적 행동에도 영향을 미친다.[28] 이 세 가지 차원은 문화의 핵심을 구성한다. 인식적 차원은 지식과 논리를 지배하고, 감성적 차원은 감정과 심미(審美)를 지배하고, 평가적 차원은 가치와 규범을 지배한다. 이 세 가지를 종합하여 형성하는 것이 바로 세계관이다. 그러므로 행동양식과 가치체계를 바꾸는 데는이것의 근저에 깔려 있는 세계관을 변혁시켜야 한다. 종교적 회심이란 세계관의 변혁에까지 미쳐야만 비로소 온전한 문화적 변혁에 이르는 열매를 맺게 된다.

이 원리를 우리는 바울이 고린도전서 8장에서 10장에서 서술하는 견해에서 찾을 수 있다. ① 시장의 고기는 우상에게 바쳐졌는지 묻지 말고 먹으라. 이웃집에 초대되었을 때 주인이 내놓은 음식도 따지지 말고 먹으라. ② 약한 형제에게 상처를 줄 가능성이 있으면 음식을 먹지 말라. ③ 우상숭배나 우상 신전 앞에서의 잔치 참여는 안 된다. 여기서 바울은 기독자의 자유, 하나님 사랑과 이웃사랑을 원칙으로 제시하고 있다. 그는 약한 자를 향하여 저들을 고려하는 자신을 제약하는 태도와 불신자들을 향하여 기독자의 양심의 자유를 강조하고 있다.

(3) 비판적 상화화로서의 자기 신학화(self-theologizing)

비판적 상황화는 네비우스 3원칙, 자전(self-propagation), 자립(self-support), 자치(self-governance)를 넘어서 자기 신학화로 나아가야 한다. 비판적 상황화는 세 가지 차원의 자율(autonomy)을 넘어서 동반자 관계(partnership)로 나아가야 한다. 지역사회와 고립된 교회가 아니라 지역사회 속에 안주하고 지역사회의 문화와 하나가 되는 지역교회가 되고 지역문화의 중심이 된다. 조상숭배, 윤회와 환생, 물질, 기업, 국가, 직업, 민주주의, 공산주의, 사회주의, 인터넷, 유전자 공학, 통일 등에 관하여 이제 토착교회인 한국교회는 스스로 자기의 문화적 안목에서 말하는 것이다. 자기 신학화의 기본 원리는 종교개혁적 원리인 "오로지 성경"이다. 이 성경을 문화적 상황 속에 적용(accommodation)하는 것이다.

오늘날 한국교회는 신학적 상대주의라는 충격에 직면하게 된다. 그리하여 신학과 성경(계시)을 구분한다. 신학은 인간의 상황 속에서 이해되는 신적 계시이다. 그러므로 신학은 인간 문화의 영향을 받는다. 성경(계시)의 내용은 초문화적이지만, 신학은 문화적이라고 말할 수 있다. 보편적 신학이란 하나님에게만 있고, 인간에게는 문화적 영향을 받은 신학이 있을 뿐이다. 그렇다고 신학적 상대주의를 인정하지는 않는다. 성경(계시)의 불변성과 기준을 인정하기 때문이다. 창조, 타락, 구속에 관련된 하나님의 계시는 불변하나 그것을 이해하는 인간의 신학은 인종과 시대, 지역에 따라서 다르다. 예컨대 서구의 정통주의 신학, 아시아와 남미의 해방민학, 한국의 민중신학, 백인의 합리주의 신학, 흑인의 감성적인 신학 등이다.

신학은 복음을 특정한 문화와 연결시켜주는 가교의 역할을 한다. 건전한 신학을 위하여는 다음 세 가지 요소가 요청된다.[29] 첫째, 신중한 성경해석이다. 성경본문 연구와 그것의 역사적 문화적 상황에 대한 연구이다. 둘째, 해석자의 문화적 역사적 상황에 대한 해석이다. 오늘날 상황에 복음을 필요로 하는 부분이 무엇인지를 인식하는 것이다. 셋째, 올바른 해석학이다. 성경 본문과 오늘날의 문화적 상황을 연결시키는 해석적 반성이다. 올바른 해석학의 기준이란 진리를 점검하는 것이다.

점검기준은 세 가지이다.[30] 첫째, 성경자체이다. 종교개혁적 원리가 여기에 적용된다. 출발점은 우리의 신학이 아니라 성경이다. 우리의 신학에 성경을 꿰맞추는 것이 아니라 반대로 우리의 신학이 성경의 메시지에 합당한지 점검해야 한다. 여기에 진실한 성경주석이 필수적이다. 우리의 신학이 성경주석에 맞지 않을 때 우리는 우리의 신학을 바꾸어야 한다. 이것은 변혁적 사고의 중요한 계기이다. 둘째, 지속적인 성령의 역사이다. 마음을 열고 겸손한 자세로 하나님의 인도하심을 경청하는 사고를 가져야 한다. 성령의 역사는 신비적으로 일어나기 보다는 성경말씀을 명상하고 그 의미를 묵상하는 겸손한 마음 속에서 일어난다. 성령의 역사는 나 그리고 우리 속에서만 일어나는 것이 아니라 그리스도를 고백하는 너와 그들 속에서도 일어난다는 사실을 인정해야 한다. 그럴 때 신앙적인 독선과 교만에서 벗어날 수 있다. 셋째, 신앙의 공동체이다. 진리는 신앙의 공동체인 교회의 점검을 받아야 한다. 복음의 해석은 개인이나 지도자들의 과업이 아니라 분별력 있는 공동체로서 교회의 과업이다. 교회는 신앙의 공동체이며, 해석학적 공동체이다. 이 공동체가 주어진 문화에 진정한 성경의 의미를 결정해 준다.[31]

1) 과도한 상황화 경계

진정한 상황화는 다음 세 가지를 인정하면서 과도한 상황화를 경계한다. 첫째, 문화의 공통성과 차이성을 인정한다. 창조적 위임으로 주신, 가정, 직장, 사회, 종교 등의 창조질서로 주신 제도는 공통적이다. 그리고 진리와 윤리와 도덕 등 인간성에 주신 보편적 가치가 있다는 것을 인정한다. 인간의 공통된 속성과 경험을 가지고 있어서 모든 문화에 근간에는 기본적인 유사성이 있다. 인간들은 태어나 죽으며, 결혼하며, 자녀를 낳고 사회 속에서 산다. 정신과 영혼을 가지고 있으며, 기쁨과 슬픔, 고통과 충동과 두려움, 불만족 등을 경험한다. 그러나 가족관계, 남녀관계, 사회제도, 직장의 문화가 동서양에 따라 다르다는 것을 인정한다. 그리고 시대에 따라서 이러한 문화적 제도는 변천한다. 고대에는 노예제도가 있었고, 일부다처제가 있었고 인종차별이 있었고, 여성과 어린이들이 억압되었으나, 현대에 와서 노예제도가 폐지되고, 일부일처제가 합법화되고, 인종차별이 법적으로 금지되었으며, 여성과 어린이들의 권익이 신장되고 있다.

둘째, 비판적 상황화는 내부인이 볼 수 없는 것을 외부인들이 볼 수 있다는 것을 인정한다. 자기의 편견은 내부적으로는 드러나지 않는다. 그 속에서 생활하기 때문이다. 그러나 외부인들은 즉각 그 내부문화의 편견을 감지하게 된다. 예컨대, 한국문화가 유교적 가족 중심의 문화라는 것을 그 속에 있는 우리 자신은 잘 인식하지 못하나 명절에 가족이동하는 것을 외국인들이 볼 때는 한국의 독특한 풍습이라는 것을 인식한다. 외국에는 명절 때 가족의 이동이 없기 때문이다. 그리고 개 가족 중심의 외국인들은 한국에

와서 3대가 같이 살거나 명절에 모이는 것을 보고 유교적이고 가족중심적이라는 것을 인식한다.

셋째, 비판적 상황화는 과도한 상황화를 경계한다. 진정한 상황화는 그 문화 안에서 그 문화의 사람이 되는 동시에 하나님의 백성이 되는 것이다. 그런데 과도한 상황화는 문화화에만 치중하고 복음의 내용이 상실되는 경우이다. 그 구체적인 예는 나치 독일에서 일어났던 독일 기독교운동[32], 남미의 해방신학, 한국의 민중신학이다. 나치시절 독일 기독교 운동은 아리안신화를 하나님의 계명으로 해석하면서 독일 국수주의 선전에 이용하였다. 남미의 해방신학은 예수를 민중의 해방자로 해석하며, 체제 전복을 위한 무력봉기를 정당화 한다. 한국의 민중신학도 예수를 민중과 동일시하며, 성령을 민중의 한(恨, resentment)으로, 하나님을 민중의 해방자로 본다. 이러한 과도한 상황화에서는 복음은 국수주의 내지 정치·사회 이데올로기화 되어버린다.

2) 신학의 문화적 초월성 강조

비판적 상황화는 신학의 문화제약성, 문화적 상황화를 인정하면서도 문화적 차이를 넘어서서 보편적 내용을 가지는 것을 인정한다. 이것을 폴 히버트는 초문화신학(transcultural theology)[33]이라고 말한다. 초문화신학이란 문화적 편견(cultural bias)을 드러내면서 성경의 보편성을 탐구하는 신학이다. 아프리카 상황을 대표하는 아프리카신학, 인도 상황을 대변하는 인도신학, 남미상황을 대변하는 남미신학, 서구상황을 대변하는 서구신학, 한국상황을 대변하는 한국신학 등 지역신학을 넘어서는 보편신학을 말한다. 이러한 보편신학은 각 문화신학의 한계를 지적하면서 진리가 없다고 말하는 상대주의, 신학을 단지 인간의 주관적 산물이라고 보는 주관주의, 교회가 그리스도의 몸이라는 것을 부인하는 분파주의(particularism)에 대항하여 전 세계 속의 신앙공동체의 신학을 주장한다.

5. 변혁적 해석학의 구체적인 사례: 전통문화의 네 가지 범주

우리는 전통문화와 기독교 문화의 만남을 논할 때 네 가지 범주로써 전통문화를 구분할 수 있다. 그것은 거부해야 할 문화, 점차 없애야 할 풍습, 발전시켜야 할 좋은 문화풍습과 예술, 어떻게 해도 상관이 없는 문화풍습이다. 여기서 전통문화에 대한 기독교적 상황화의 태도는 변혁적인 관점에서 이러한 네 가지 범주를 구분하고 문화적 변혁을 시도하는 것이다.

(1) 거부해야 할 문화

이것은 주로 이방종교와 이에 관련된 풍습이나 우상숭배와 관련된다. 우리는 구약 신명기에서 가나안 풍습에 접하는 이스라엘에 대한 하나님의 경계(警戒)지침을 읽을 수 있다. "염소 새끼를 어미의 젖에 삶지 말라"(신 14:21). 그것은 너무 잔인하다는 것이다. 고문서 발굴을 통해서 당시 이방문화 중 그러한 제사제도가 있었음을 발견하게 된다. "여자는 남자의 의복을 입지 말 것이요 남자는 여자의 의복을 입지 말 것이라"(신 22:5). 중근동 지역의 이방인들은 종교적인 의미에서 여자로 하여금 바지를 입게 하였다. "네 포도원에 두 종자를 섞어 뿌리지 말라 … 소와 나귀를 겨리하여 갈지 말며 양 털과 베 실로 섞어 짠 것을 입지 말지니라"(신 22:9-11). 이러한 구절은 가나안의 종교적 축복론과 관련되어 있다. 성경은 이러한 이방종교적 관습을 거부하고 있다. 레위기는 점술행위(레 20:27)에 관하여서도 경계하고 있다.

이러한 모세오경의 경계는 오늘날 한국사회에서 퍼져 있는 미신적 이방풍습과도 관련된다. 4층 기피풍습, 백일주(대학입시 등 시험이 100일 앞으로 다가왔을 때 마시는 술), 입시(入試) 때 대학 문에 엿을 붙이는 행위, 엿과 찹쌀떡을 주고 받는 행위, 시험 때 이발이나 면도를 하지 않아야 한다는 풍습, 입시 당일 미역국을 먹지 않는다는 풍습, 결혼날이나 이사날을 정할 때 궂은 날을 피하는 풍습 등은 미신적인 풍습으로서 전혀 우리의 삶을 합리적이고 바르게 이끌어가는 데 아무런 도움을 주지 않는 폐습들이다. 이러한 전통적 폐습이 오늘날에는 인터넷 점술이나 역술(曆術)로 나타나 아무런 계획이나 노력 없이 역술적으로 우연히 다가오는 행운을 기다리게 만든다. 이러한 풍습에는 인간의 부패한 죄의 모습이 그대로 드러나 있다.

(2) 점차 없애야 할 풍습

이방문화로서는 노예제도, 카스트제도, 식인 문화, 고대 인도의 사티(sati)제도(남편이 죽어서 화장을 할 때 살아 있는 아내를 함께 태워 죽이는 제도), 일부다처제, 남존여비 제도, 여필종부 사상, 인종차별 제도, 신분 제도, 서자(庶子) 차별 제도, 직위 차별 제도 등이다. 힌두교의 윤회 사상을 근간으로 형성된 카스트 제도(caste system)는 인간을 선천적으로 차별하고, 인위적인 제도에 숙명적으로 체념하도록 하는 등 인권을 무시하는 제도이기 때문에 없어져야 할 풍습이다. 파푸아 뉴기니아 부족민들은 사랑하는 사람의 시신(屍身)이 땅 속에 묻혀 벌레에게 먹힌다는 생각이 너무 충격적이어서 차라리 그 시신을 가족이 먹어버리는 것이 훨씬 적절하다고 생각하였다. 사티 제도는 아내의 궁극적인 헌신을 나타내는 상징으로 여겨지면서 옹호하는 자들이 예전에도 있었고 지금도 있다.[34] 노예제도는 많은 문화들 속에 나타나는 가장 오래된 요소이다. 노예제도는 교회가 처음 발전하는 시대에도 있었다. 사도 바울은 자기의 복음 전파를 통해서 회심한 노예 오네시모를 그의 주인 빌레몬에게 돌려 보낸다. 사도 바울은 복음의 정신으로는 노예제도에 반대했지만 로마 시대라는 그 시대의 정신이 아직도 성숙하지 않았음을 인정하고 있다. 서구에서는 1700년이 지나서야 비로소 교회가 노예제도가 복음과 양립할 수 없음을 인정하게 된다. 노예 제도는 미국에서는 남북

전쟁을 발발케 하였으며, 북군이 이김으로써 노예가 해방되었다. 그러나 인종차별 제도는 여전히 남아 있어서 마틴 루터 킹을 중심으로 한 민권운동에 의하여 미국에서 인종차별금지법을 입안하게 되었다. 그러나 21세기에 들어온 오늘날 아직도 미국사회에서는 인종차별이 개인적 차원에나 공동체 차원에서 사라지지 않고 있다.

한국사회에서도 남녀칠세부동석, 여필종부, 양반상민제도 등은 기독교가 들여온 근대적 합리화의 영향으로 거의 없어졌다. 여성의 교육신장과 경제적 지위 향상으로 여성의 지위도 점점 높아지고 있다. 입학시험과 국가고시제도를 통해서 누구나 열심히 노력하여 합격만 하면 대학생이 되고 공무원이 될 수 있다. 그리고 자유롭게 사업을 하여 재산을 축적함으로써 부자가 될 수도 있다. 이처럼 교육, 국가고시, 사업 등을 통하여 계층 상승의 기회가 많아졌다.

(3) 발전시켜야 할 좋은 문화풍습과 예술

변혁적 해석학은 문화인류학적 관점에서 상황화 과정을 위해 배울 수 있는 여러 가지 면이 있다. 그러나 문화인류학은 인간본성에 대하여 긍정적인 생각을 가지게 됨으로써 죄를 신학적으로 인간 본성에서 보려고 하지 않고 사회문화적 조직이 불완전한 기능에서 비롯된 것으로 보는 한계를 지닌다.[35] 변혁적 해석학은 이러한 사회인류학의 장점과 한계를 동시에 균형있게 본다.

우리의 전통의 가옥, 생활풍습, 한복, 생활환경 등은 보존할 필요가 있다. 무조건 서구화를 맹종하면 우리 고유의 것을 상실하고 지나친 상황화에 빠지게 되기 때문이다. 근대화에 성공하고 선진국의 대열에 있는 일본의 경우 자기 고유의 것을 잘 보존하고 그것을 오히려 문화상품으로 살려 효용가치를 높이고 있다.

　일본의 경우는 "시타마치(下町) 문학 산보"가 그 구체적인 예다. 에도(江戶)시대부터 일본의 서민들이나 상공인들이 주로 살았다는 시타마치라는 곳이 있다. 야트막한 담장 너머로 동백꽃들이 밖을 내다보고 있는 한적한 주택가 골목길을 걷는 것이다. 그러나 이 문학 산보는 거대 국제도시 도쿄의 또 다른 모습을 보여준다.[36] 아주 오래되었다는 네즈(根津) 신사로부터 시작되어 몇몇 문학인들이 살았다는 집터, 기념관 등을 방문하는 것으로 이어진다. 제일 먼저 찾는 곳은 소설가 나쓰메 소세키가 살았다는 동네. 그러나 막상 현장에서 만날 수 있었던 것은 나쓰메 소세키야가 살았다는 집터 앞 골목길에 덩그렇게 세워져 있는 기념비 하나이다. 나쓰메 소세키는 그런대로 나은 대접이다. 그 일대 문인들의 흔적을 찾아 다니며 만날 수 있는 것은 대부분 골목 어귀 벽에 붙어 있는 조그만 스테인리스 기념판이다.

　유교적 덕목인 장유유서, 붕우유신 사상, 조상공경, 효도 사상 그리고 부부순결 사상, 인도주의 사상, 종교성, 신뢰성, 정직 사상, 추석, 구정(舊正) 등 민속의 날 등은 우리가 발전시킬 수 있는 아름다운 문화유산이다. 오늘날 서구에서 들어온 포스트모던 사상에 물들어 우리 가정과 사회의 기초질서가 붕괴되고 있다. 친구관계, 가족관계, 부부관계, 사제관계가 위태로워지고 있다. 이러한 시대에 전통적인 유교의 덕목은 기독교의 십계명의 윤리와 산상수훈의 윤리에 상응하는 것으로서 수용하면서 이것을 변혁적으로 발전시킬 필요가 있다. 추석은 구약의 맥추절과 상응하고 구정은 민속의 날로서 공동체가 연합하고 재상봉하는 데 필요한 역사적인 보고(寶庫)의 시간이다.

　우리의 악기인 장구와 가야금은 서구에서 들어와 유치원 때부터 익숙해진 피아노와 탬버린 등의 악기보다 주목을 받아오지 못했다. 국악은 정악(正樂)과 민속학(民俗樂)으로 분류된다. 정악은 궁중연회나 예식이나 제례에서 사용되는 음악이다. 민속악은 서민들의 삶과 노동과정에서 발생한 음악으로 판소리, 산조, 민요, 풍물(농악) 등이다. 정악은 음의 강하고 약함의 미묘한 농담(濃淡)을 통해 고유한 음질을 만들어 내며 민속악은 빠르고 경쾌한 음질이 특징이다. 풍물은 사물(四物), 즉 꽹과리, 장고, 북, 징으로 구성되어 있다.

이 네 가지 타악기는 우리 민족의 정서가 많이 새겨져 있다. 먼저 천둥과 번개소리에 비유되는 꽹가리는 풍물놀이 전체의 잇고 맺음을 좌우하는, 지휘자의 역할을 담당한다. 쇠(꽹가리)와 함께 음양을 이루는 장구는 다른 악기에 비해 변화무쌍한 소리를 내기 때문에 소나기 오는 소리에 비유된다. 북은 끊임없이 박자의 원칙을 제시해주며, 둥실 뜬 구름에 비유된다. 징은 무겁고 낮은 소리가 길게 울려 퍼지는 바람소리에 비유된다. 이 네 악기가 하나로 어울려져 내는 소리는 자연스러운 조화를 이룬다. 우리의 풍물은 치는 사람과 보는 사람이 따로 있는 것이 아니라 모두가 흥겨움에 젖어 덩실덩실 춤을 추며 "맘판"을 이루는 것이 특징이다.

이 네 가지 악기를 사용하여 한국적 복음송가나 찬송가를 연주해 보는 것도 시도해 볼 만한 일이다. 판소리나 탈춤도 복음을 나타내는 데 사용할 수 있을 것이다. 박동진의 판소리는 복음전파의 수단으로 사용되고 있다. 박동진 장로가 설교 전(前)에 예수전(傳)을 창(唱)으로 부를 수 있다. 이것은 설교 전에 찬양을 한국적인 판소리로 표현하는 것으로서 우리의 정서에 맞을 수 있다.

(4) 아디어포라 문화풍습

어떻게 해도 상관이 없는 아디아포라($\alpha\delta\iota\alpha\Phi o\rho\alpha$, Adiaphoroa, 무관계성) 문화 풍습에는 인사 형태(악수 또는 목례 또는 큰절), 머리 모양, 의복, 식사습관, 목욕습관, 잠자리 습관, 생활습관 등 우리의 표현문화가 속한다. 한국의 전통 가옥이나 건축방식이나 음악이나 예술 등이 이에 속한다. 2000년대 들어와서 젊은이들은 머리에 물을 들이는 것이 유행이다. 이것은 하나의 일시적 유행이기 때문에 기독교 청소년들이 머리를 노랗게 염색한다고 해서 사대주의니 너무 세속화되었다고 나무랄 수 없는 것이다. 조선조 시대에는 청소년들이 머리를 길게 땋는 풍습이 있었다. 그러나 오늘날에는 짧게 하는 풍습이다. 머리를 길게 하든 짧게 하든 그것 자체가 선이거나 악이 될 수 없는 것이다. 잠자리 습관도 요사이 젊은이들은 야행성(夜行性)이 강하여 새벽 1시나 2시에도 휴대폰으로 통화나 인터넷으로 채팅을 하고 새벽에 잠자리에 들어서 다음날 늦은 아침이나 정오 때 기상하여 활동을 시작하는 경향이 있다. 의학적으로는 빨리 자고 빨리 일어나는 것이 권장사항이나 이러한 청소년의 생활관습을 무조건 나쁘다고만 할 수는 없다. 이런 생활습관은 때가 되면 스스로 자연적인 관습에 맞도록 돌아오게 되는 것이다.

무관계성이 존재한다는 사실은 사상(事象)의 윤리적 중립성을 말하지 않는다. 그것은 인간 자유에 봉사하기 위한 하나님의 정하심을 의미한다. 본 회퍼는 사상의 인격적 관계성을 말한다: 어떤 사물도 원리적으로 무관계적인 것이 아니다. 오히려 한 사물의 무관계 성격이란 오로지 신앙진술이다. 그것은 인격과는 독립적인 사상(事象) 자체에 특성이 아니라 사상에 대한 인격의 일정한 관계의 표현이다. 원리적인 무관계성이란 이율배반적이다.[37] 창조의 질서에 합치하는 것은 좋은 것이고 불합치하는 것은 좋지 않다고 말할 수 있다. 일반적으로 남자는 머리를 짧게 하고 여자는 머리를 길게 한다. 여성이 남장(男裝)을 하는 것이나 남성이 여장(女裝)을 하는 것은 창조질서에 맞지 않다. 낮에는 일하고 밤에는 자는 것이 창조질서이다. 밤에도 일해야 하는 경비 일이나 각종 산업체의 경우를 제외하고는 아침에 일어나 낮에 일하고 저녁에는 일을 마치고 밤에는 휴식하고 잠을 자는 것이 창조의 질서이다. 그러므로 원리적인 무관계성을 주장할 수 없다. 모든 일은 우리 인간이 하는 일이기 때문에 창조의 질서와 공중의 질서를 따라서 하는 것이 바람직하다.

(5) 전통을 긍정적으로 평가하고 보존하는 정신

2007년 11월 일본 도쿄의 시타마치 문학산보에 참가한 한양대 문화콘텐츠 교수 박상천은 이 프로그램에서 방문하는 기념관들은 지극히 사소한 것에 불과하지만 이것을 관람하는 일본인들의 태도를 경이하게 묘사하고 있다: "한 문인의 기념판은 찾기가 어려워 이리저리 헤매었다. 담장 너머로 집 주인이 얼굴을 빼꼼 내밀더니 어디로 가라고 가르쳐준다. 그렇게 헤매어 찾아간 곳에도 역시 담벼락에 붙여놓은 조그만 기념판 하나. 그렇지만 일본의 시인들은 그 조그만 기념판들을 꼼꼼히 들여다보며 내가 보기에는 지나칠 정도로 감격스러워했다. 자손들이 잘 된 곳은 작가가 살던 집을 기념관으로 만들어 놓은 곳도 있었다. 그 기념관도 잘 만들어진 안내 책자나 팸플릿이 있는 것이 아니라 그저 모조지에 흑백으로 인쇄된 조촐한 안내장 정도를 준비해두었을 뿐이었지만 모두들 그것을 하나하나 소중히 들여다보며 간직한다."[38]

박상천은 자신들의 사소한 전통에 대하여 감격하는 일본인들의 정신에서 일본을 떠받치는 힘을 느낀다고 토로하고 있다: "아침에 시작한 시타마치 문학 산보는 어누워질 때까지 이어졌다. 지금은 빌딩 숲에 가려져 있지만 옛날에는 석양이 아름다워 시인들의 시에 자주 등장했다는 어느 사찰, 일본 시를 최초로 번역한 어느 문인이 묻혀 있다는 거대한 위령공원, 시타마치 풍속 자료관 부설의 허름한 전시장, 에도 시대부터 당고(團子)를 만들어 팔아왔다는 당고 가게……. 압권(?)으로 느껴졌던 것은 죽은 소나무 등치를 모셔놓은 누각이었다. 옛날 몇 편의 하이쿠에 나오는 소나무란다. 기가 찬 이방인은 뒤로 물러서 쓴 웃음을 짓고 있지만 동행한 일본 시인들은 나무 옆에 붙여놓은 하이쿠를 들여다 보고 죽은 소나무 등치를 보며 감격한다. 시타마치 문학산보에서 만난 소소한 자취들은 어찌 보면 시시하기까지 했다. 하지만 그것들을 소중히 간직하고 또 긴 시간 발품을 팔아가며 찾아다니고 있는 사람들이 있다. 거대 도시 도쿄, 나아가 일본을 떠받치고 있는 힘은 거기에서 나오는 것이 아닐까? 동백꽃 활짝 핀 11월 화려한 초현대 도시 도쿄의 뒷골목 주택가에서 내가 만났던 것들은 진정 무엇일까?"[39]

기독교를 우리의 전통문화와 결합시키기 위해서는 우리 전통문화를 잘 알고, 그것을 일본인의 시타마치 문학산보에서처럼 잘 보존해야 한다. 사소한 전통이라 할지라도 그것을 소중히 여기고, 아끼고 가꿈으로써 후대에 주는 의미와 가치를 음미하는 것이 중요하다. 예컨대 우리의 전통 한옥, 유교의 인 사상, 불교의 자비 사상, 무교의 정성 등은 연구해볼 만한 가치가 있다. 그것은 기독교적으로 변혁하면 훌륭한 종교적 감이 될 수 있다. 교회당이 반드시 서구식 고딕양식을 가질 필요는 없다. 고딕식이야말로 기독교가 유럽의 건축 문화 안에서 형성된 것이다. 한옥식 교회당도 있을 수 있다. 미국 하와이에 있는 한인교회의 지붕이나 소래교회당의 양식은 전통 기와 지붕을 한 한국양식이다. 한국의 새벽기도는 본래 도교 신자였던 길선주가 가졌던 도교적 종교성을 기독교식으로 전환시킨 것이다.

(6) 전통문화 개념에 대한 복음적 상황화: 문화적 변혁

문화의 변혁이란 전통문화 내지 타문화가 사용하는 개념을 수용하고 그 내용에 복음의 말씀을 따라 새로운 의미를 부여하는 것이다. 그것은 그 개념에 기독교적 세례를 부여하는 것이다. 할례는 유대 풍습이었으나 사도 바울은 그것에 영적 의미를 부여함으로써 기독교적인 독특한 의미(영적 할례)를 갖도록 했다. 하나님은 힛타이드족의 언약체결 방식을 사용하셔서 유대 백성과의 언약을 체결하심으로써 새로운 의미를 부여하셨다. 요한은 당시 헬라의 개념인 로고스(요 1:1)를 사용하여 성육신하신 그리스도를 표현하였다. 당시 로고스는 이성과 만유의 원리였다. 그러나 요한은 이 로고스를 인격자요 하나님으로 사용하였다.

한국 기독교에서도 유교적 제사, 불교의 업보, 무상, 고 개념의 복음적 변혁이 수행되어야 한다.

1) 유교적 제사의 변혁

조상숭배와 제사 제도는 우리 한국의 고유의 것이 아니다. 서구나 불교 문화권에는 제사라는 것이 없다. 죽은 자에게 제사드리는 풍습은 아프리카, 인도네시아와 유교권에만 있다. 제사는 중국으로부터 조선조 시대에 들어와 정착된 것이다. 외래 문화가 전통문화로 자리잡은 것이다. 그러므로 제사를 단순히 고유문화 내지 우리의 문화로 고집할 수 없다. 불교나 유교나 도교도 우리 사회에 들어와 오랫동안 우리의 삶과 종교가 되었기 때문에 타문화적인 것이 우리 고유문화적인 것이 된 것이다. 제사는 우리 한국인의 삶의 깊은 곳에 자리잡고 있다. 명절이나 가족의례는 제사와 관련이 된다.

제사에는 세 가지 개념이 들어 있다. 첫째, 부모를 공경하는 효도 개념, 둘째, 죽은 자의 귀신이 가정을 지켜주며 복을 준다는 무속신앙, 셋째, 가정 공동체의 공동유대를 결속시키는 집단의식 개념이다. 효도개념은 제5계명에 상응한다. 성경의 가르침과 유교의 가르침이 일치한다. 가정공동체를 결속시키는 것도 성경의 가르침에 상응한다. 그런데 문제되는 것은 우상숭배의 요소이다. 제사에서 신주나 지방을 모셔놓고 절하는 것은 명백한 우상숭배이다. 제사는 죽은 자의 혼을 인격체로 생각하고 그 혼이 와서 듣고 보고 먹는다고 생각하면서 죽은 자의 혼과 교제하는 방식으로 드려진다. 때문에 이것은 우상숭배이며 성경이 금하는 미신(迷信)행위이다. 제사에는 성경적인 두 가지 요소와 성경이 금하는 미신적인 요소가 혼재되어 있다. 그러므로 미신적인 요소를 제거하고 온 가족이 모여 조상을 추모하고 가족

공동체의식을 다지며 교제하는 모임을 갖는 추모식이 바람직하다. 신주(神主)나 지방(紙榜)없이 제사를 드린다거나 부모공경의 차원에서 제사를 드린다는 것은 이교와의 타협이요 혼합주의요 하나의 펑계이다.

추모식을 성경적이고 기독교적인 가정의례의 지침에 따라 드리게 될 때 유교적이고 샤머니즘적인 제사는 기독교적인 추모식으로 변혁되는 것이다. 기독교적 추모식 거행은 조상제사가 지니는 조상 숭배를 조상 공경으로 바꾸고, 조상이 죽어서 귀신이 되어 온다고 하는 샤머니즘의 인생관을 변혁시키는 것이다. 그리고 샤머니즘의 인생관은 기독교적인 인생관으로 바뀌는 것이다. 기독교적 인생관이란 인간은 죽어서 귀신이 되는 것이 아니라 하나님 앞에 서서 심판을 받으며, 예수 그리스도의 십자가 공로로 구원을 받는다는 사상이다. 그래서 여기에는 단지 의례(儀禮)만이 바뀌는 것이 아니라 제사에 들어 있는 종교적인 세계관과 인생관이 변혁되는 것이다.

2) 불교적 업보 개념의 변혁

불교가 가르치는 업보(karma)는 힌두교에서 온 것이다. 정통 힌두교는 카스트제도에서 추방당한 사람들이나 불가촉 천민(untouchables) 부락의 비참한 상태가 그들이 전생(前生)에 지은 죄의 결과이며 간섭할 수 없는 우주적 질서의 일부라고 믿었다.[40] 힌두교에서 온 카르마(karma, 업보)의 본질은 인간이 윤리적이고 주어진, 그리고 공유된 상황 안에서 책임감을 갖는 것이다. 카르마는 움직여지지 않는다. 이 카르마가 있으면 어느 누구도 자유로울 수 없다. 나쁜 카르마는 용서 받을 수 없다. 그러나 불교의 교리에 의하면 역설적(逆說的)으로 카르마는 실재적인 것이 아니다. 왜냐하면 이 세계와 그 안에서 일어나는 모든 것은 단지 환영(幻影)들이기 때문이다. 구원이란 카르마의 비실재성을 통찰하여 카르마에서 자유로운 것이다.

이 개념은 변혁적으로 수용되어야 한다. 이 개념이 구약과 산상수훈의 윤리적 선언 가운데 묘사된 하나님의 율법을 해석하는 데 사용되려면, 이것에 부착된 이방 종교적 요소들이 정화되어야 한다. 힌두교에서는 카르마가 법률수여자와 분리되며 신들까지도 카르마에 복종하는 원리가 되고 있다. 이것은 하나님의 율법을 남용하는 것이며 율법을 구원의 방편으로 만드는 것이다. 카르마 개념은 전제군주가 되어 용서가 불가능하고 대속의 개념도 생각할 수 없다. 그리하여 절망과 무의미와 침묵으로 끝나버리게 된다. 그러므로 카르마 개념은 창조주 하나님과 구속자 되시는 그의 아들 그리스도와 아들의 구속을 인간에게 전달하시는 성령이라는 기독교적 삼위일체 하나님의 구속의 개념 안에서 변혁되어야 한다. 그럴 때 카르마 개념은 스스로 절대적인 원리가 아니라 하나님의 말씀 안에서 우리 삶과 행위를 규정하는 상대적인 개념이 된다. 그럴 때 카르마 개념은 불교인들에게 복음을 전달하는 접촉점과 종교적 문화적 교량이 된다.[41]

3) 불교적 무상, 무아, 고(高) 개념의 변혁

불교가 말하는 무상(無常), 무아(無我), 고(苦)는 한편으로는 성경이 말하는 인간 타락과 소외를 말하는 사상적 틀을 제공한다. 이러한 사상은 전도서가 "헛되고 헛되며 헛되고 헛되니 모든 것이 헛되도다"(전 1:2)에서 시작하는 전도자의 허무사상과 맥을 같이 한다. 전도자는 "내가 사는 것을 미워하였노니 이는 해 아래서 하는 일이 내게 괴로움이요 모두 다 헛되어 바람을 잡으려는 것이기 때문이로다"(전 2:17) "일평생에 근심하며 수고하는 것이 슬픔뿐이라 그의 마음이 밤에도 쉬지 못하나니 이것도 헛되도다"(전 2:23). 이러한 전도자의 사상은 불교가 말하는 무상과 무아와 고(苦)를 잘 표현해준다. 이런 점에서 '무상' 이나 '무아' 나 '고' (苦)라는 개념은 역동적 등가의 역할을 할 수 있다.

다음은 한국불교로 출가한 외국 스님들의 세계관이다: 스위스 출신으로 티베트 불교로 출가한 게셰 툽텐 룬둡(54) 스님은 "모기, 바퀴벌레도 전생에 나의 어머니"라고 말한다. 그리고 "내가 이들을 도와야 해! 이렇게 앉아서 생각만 하고 있을 순 없어. 나의 어머니였던 이 존재들을 도와야만 해"라고 말한다. '자비심'이란 이런 것이란 말이다.[42] 프랑스 출신으로 역시 티베트 승려가 된 텐진 데키(54) 스님은 숨을 들이쉴 때는 세상의 모든 고통을 빨아들이고, 내쉴 때는 자신의 모든 선업(善業)을 세상의 모든 존재들에게 나눠주라고 권한다.[43] 모기나 바퀴벌레도 전생에 나의 어머니라고 보는 견해나 세상의 고통을 빨아들이고 선업을 내보내는 삶의 방식에는 한편으로는 불교의 자비심, 다른편으로는 범신론적 세계관이 깔려 있다. 자비심은 기독교의 사랑과 등가적이나 범신론은 기독교와 다르다.

따라서 불교의 개념들이 지니는 범신론적 세계관은 변혁되어야 한다. 전도자는 이러한 무상과 무아와 고(苦)가 만물 자체에서 나오는 것이 아니라 하나님의 우주섭리에서 나오는 것으로 보고 있다: "하나님이 인생들에게 노고를 주사 애쓰게 하신 것을 내가 보았노라. 하나님이 이 모든 것을 지으시되, 때를 따라 아름답게 하셨고 또 사람들에게는 영원을 사모하는 마음을 주셨느니라. 그러나 하나님이 하시는 일의 시종을 사람으로 측량할 수 없게 하셨도다"(전 3:10-11). 기독교 문화는 전통문화가 말하는 무상(無常)이나 무아(無我)나 고(苦)가 자연의 무의식적인 숙명의 사슬에서 나오는 것이 아니라 천하에 때를 정하시고 자신의 뜻대로 인간과 역사와 우주의 목적을 정하신 하나님의 섭리 안에서 이루어지는 것으로 해석하는 것이다. 이것이 변혁적 해석학이다.

4) 도교적 도(道) 개념의 변혁

도교가 말하는 도 개념은 모든 것이 거기서 나온 우주의 원리이다. 그러므로 도는 우주의 근원으로서 태극(太極)이다. 이 태극은 음양으로 되어 있고, 무극(無極)[44]이다. 무극은 태극이 있기 이전의 궁극자를 의미하기도 한다. 노자는 도를 무명(無明)이라고 하였다. 만물이 그에게서 나오고 또 다시 돌아가야 하는 문이고 파악될 수 없는 근원자이다.[45] 이러한 도 사상은 인간과 자연을 하나로 봄으로써 그 구별이 없으며, 천인합일 내지 신인동격 사상에 근거하고 있다.[46]

이러한 도 개념은 기독교의 로고스를 이해하는 데 선이해의 역할을 하고 있다. 요한복음 1장이 말하는 태초의 말씀은 로고스이다. 요한복음의 로고스는 도로서 만물의 근원이며 원천자이다. 그러나 그는 만물과 동일시되는 것이 아니라 만물의 창조자로서 만물을 초월하여 존재하며, 그는 말씀으로 창조하신 자로서 인격적인 신이시다. 그러므로 도교의 도 개념은 기독교적으로 변혁되어야 한다. 도는 천지인 삼재(三才)의 도(道) 내지 삼극(三極)의 도(道)[47]로서 범신론적으로 이해되어야 할 것이 아니라 성부, 성자, 성신 되시는 분으로서 삼위일체론적으로 인격적으로 이해되어야 한다.

(7) 고유한 한국적 기독교 정립

오늘날 한국 기독교는 선교 120년만에 미국에 이어 1,500만 신자(천주교 포함), 1만 6,000명의 선교사를 해외에 보낼 만큼 양적인 성장을 이루었다. 한국적 기독교란 나치 독일 기독교처럼 국수주의적 기독교가 아니라, 복음으로 한국 민족의 부정적 체질(당파성과 분열 등)을 변혁시키고, 기독교 복음을 한국인의 심성과 문화 속에 수용하여 체질화한 기독교를 말한다.

1) 복음주의 영성 기독교

복음주의 기독교는 번영과 성공의 이데올로기에 지배되어 자기 독선화와 자기 절대화의 위험성을 안고 있다. 이러한 번영의 이데올로기는 십자가 신학에 의하여 균형을 이루어야 한다. 복음주의 기독교는 십자가 신학의 사고에 의하여 자기성찰을 해야 한다.

1907년 평양의 영적 대각성운동은 원산에서 선교활동을 한 감리교 하디

선교사의 영적 회심에서 시작되었다. 이것이 평양의 장로교 선교사들에게 파급되어 장대현교회의 영적 각성운동으로 절정을 이루었다. 평양 영적 대각성운동을 통하여 한국교회는 복음주의 영성 기독교라는 체질을 이루었다.

2007년 한국교회는 "1907년 다시!"라는 전국적인 규모의 연합집회를 개최함으로써 평양 영적 대각성운동의 전통을 다시 이어가고자 시도하였다. 이것은 정통교리에 대한 생명력을 말한다. 경건의 능력을 받으려는 시도라 할 수 있다.

2) 시민신학

민중신학은 십자가적 신학을 그 기저에서 활성화해야 한다. 그리하여 범신론적 경향이나 민중의 자기구원적 경향을 극복해야 한다. 민중신학이 제기한 사회정의에 대한 관심의 활성화이다. 오늘날 한국의 기독교가 사회적으로 불신을 받는 이유 가운데 하나가 사회적인 삶의 모범이 되지 못했기 때문이다. 사회적 정의에 대한 실천과 모범이 되지 못했기 때문이다. 민중신학의 한계는 하나님 나라와 이상향적 미래를 구분하는 종말론적 단서를 제대로 인식하지 못한 데 있다.[48]

시민신학이란 중산층의 평범한 시민사회적 민주적 에토스를 표출하는 신학이다. 시민이란 특권층과 기층 민중 사이의 중간계층으로 국민소득 2만 달러 시대를 살아가는 중간계층의 신학이다. 사회의 민주적 질서화와 선거를 통한 유권자 행사를 통해 보다 좋은 사회를 이룩하고자 하는 민주사회의 일원이다. 신자에게 주시는 하나님의 언약사상을 삶의 중심으로 삼아 살아가도록 하는 신학이다. 영국 청교도들이 가졌던 언약 사상을 이들의 삶의 지표로 삼도록 도와주는 신학이다.

중산층이 하나님의 언약 사상을 가지고 자기의 일상적인 삶속에서 하나님의 소명을 발견하고 자기의 삶에 최선을 다하고 가정과 직장, 국가에서 하나님의 뜻을 이루는 만인제사장으로서 스스로를 자각하게 하는 신학이다. 시민신학이란 중산층의 신학이요, 곧 문화의 신학이다. 중산층이란 시민으로서 사회의 문화를 이루는 주요 구성원이기 때문이다. 기독교 중산층은 단지 주어지는 문화에 맹목적으로 따르지 않고 언약의 백성으로 이 문화의 콘텐츠를 비판적으로 모니터하고, 문화의 감시자가 되며, 적극적으로 문화변혁의 밀알이 되고자 한다.

3) 한국적 신학사상의 방향: 생명의 신학

초기 선교사들을 통하여 받은 보수적 개혁주의 사상을 계승한다. 청교도 사상이요, 복음주의적 개혁주의이다. 한국교회는 19세기와 20세기 초 역동적인 서구 개혁주의 신학은 오늘날 너무 합리화되어 영성이 고갈된 서구 정통교회를 향하여 역수출해야 한다. 그리하여 요가(yoga)나 선(禪) 같은 동양의 영성으로 대체되는 서구 기독교 영성에 새로운 활력을 제공해야 한다. 종교다원주의에 지배당하는 오늘날 서구신학에 대하여 예수 그리스도의 유일성을 새로운 방식으로 제시해야 한다. 평양의 복음주의적 영성 운동, 정통적 개혁주의 신학과 민중신학이 제기한 사회정의 사상을 균형있게 역동화시키는 것이 필요하다. 이것은 서구 선교사들이 전해준 정통주의 신학을 계승하고, 여기에 평양의 영적 대각성운동의 전통을 활성화시키며, 민중신학이 제기한 사회적 책임과 사회정의를 활성화시키는 것이다. 한국 전통종교의 기복적 신앙을 섬김과 나눔과 헌신의 신앙으로 변혁시키며, 이기주의와 당파주의의 사고를 이타주의와 공동체 사고로 변혁시키는 것이다.

그것의 구체적인 방향은 생명의 신학이다. 여기서 생명이란 하나님의 형상으로 지음을 받은 개인의 생명, 사회구성원의 생명, 자연환경과 우주의 생명에 이르는 거대한 생명의 공동체를 말한다. 하나님 자신이 영원부터 영원까지 계시는 영생하시는 홀로 계시는 생명의 원천이시기 때문이다. 하나님은 생명을 주시는 자이다. 이 지구는 우주에서 보면 보일듯 말듯한 크기의 "창백하고 푸른 점"이다. 지구전체는 하나의 점에 불과하고 우리가 사는 곳은 그 점의 한 구석에 지나지 않는다."[49] 생명의 신학은 파스칼이 언급한 바 같이 우주 속에 있는 한 점에 불과한 생명의 초라함과 동시 이 생명을 우주보다 귀하게 여기시는 창조자의 생명의 존귀히 여기심에 근거하는 하나님 주권의 신학이다. 이러한 생명의 신학은 티끌에 불과한 인간임을 자각하는 겸손과 이러한 인간을 존귀하게 하나님의 형상으로 지으신 창조주와 구속주 하나님에 대한 찬양에 근거하는 신학이다.

*

전통문화와 기독교 문화의 관계 설정에 있어서 전통문화라고 해서 무조건 배척하거나 또는 무조건 수용하는 것은 올바른 상황화의 태도가 아니다. 올바른 상황화는 비판적 상황화(critical contextualization)로 되어야 한다. 비판적 상황화란 전통적 문화를 무비판적으로 수용하는 것이 아니라 복음의 정신에 비추어서 분별하여 적합한 것만 수용하는 태도를 말한다. 그것은 변혁적 해석학으로 수행되어야 한다. 전통문화 가운데 미풍양속 같은 긍정적인 요소는 긍정하고, 남존여비 사상이나, 혈연 중심 사상, 남아선호 사상 등 폐습이나 악습 등 부정적인 요소는 비판되고 변혁되어야 한다. 이러한 것들은 복음의 말씀에 입각하여 기독교적인 가치관으로 변혁되어야 한다.

비판적 상황화는 단지 관습과 전통에 대한 규범이나 제도와 같은 표면적인 문화만이 아니라 진선미 등의 가치관 그리고 신앙, 신념, 궁극적인 의미 등의 세계관과 같은 내면적 문화까지 변혁의 수행이다. 이러한 문화의 내면적 차원에는 인식적이고, 감정적이고 평가적인 차원이 있다. 이러한 내면적 문화의 차원까지 변혁될 때 상황화는 온전히 이루어지고 기독교 문화는 꽃이 피는 것이다. 균형잡힌 상황화로서 비판적 상황화는 변혁적 해석학으로서 수행된다. 이처럼 전통문화가 표면적 차원만이 아니라 내면적 차원까지 변혁될 때 전통문화는 오늘날의 기독교 문화로서 새롭게 창조된다. 한국교회는 전통문화를 아예 제거하거나 전통문화를 그대로 수용하는 것이 아니라, 변혁적 해석학을 통하여 복음의 빛 안에서 새롭게 조명함으로써 전통문화의 풍토 속에서 복음의 새로운 문화를 꽃피울 수 있다.

이제 한국의 기독교는 더 이상 서구적 기독교가 아니라 한국의 문화와 풍토 안에서 새롭게 이식된 기독교가 되어야 한다. 한국적 기독교의 특징이란 새벽기도, 성경연구, 주일성수와 십일조, 전도와 선교를 강조하는 복음적 영성의 기독교이며, 민족주의와 동일시되지는 않으나 민족애를 지닌 기독교, 사회적 참여와 근대성에 참여하는 기독교, 소외된 민중의 한과 억울함을 배려하고 공명하는 기독교, 중산층인 시민들의 삶에 하나님의 언약을 심어주는 기독교, 복음에 빚진 자로서 아시아와 제3세계를 향하여 선교사를 파송하며 스스로를 하나님의 선민으로 여기고, 소명을 자각하는 기독교이다. 오늘날 쇠퇴하고 있는 서구교회와 신학을 향하여 종교개혁적인 생명의 신학을 제시해야 할 것이다. 오늘날 인류와 지구가 생존의 위협을 받고 있는 생태계의 위기 속에서 개체적 생명과 지구와 우주 생태의 가치를 환기시키며, 엔트로피 법칙에 따라서 필연적으로 소진되고 있는 이 우주를 구원하실 예수 그리스도의 재림을 기다리는 교회와 신학이 되어야 한다.

chapter 5
한국교회의 비판문화

종교는 거룩한 것(das Heilige)을 증거한다. 독일의 종교학자 루돌프 오토(Rudolf Otto)는 거룩한 것을 "누미노제"(das Numinose)라는 단어로 표시했다. 누미노제는 두 가지 성격을 가진다. 하나는 "경악적인 신비"(das mysterium tremendum)요, 다른 하나는 "열광적인 것"(das fascinosum)이다.[1] 여기에 종교의 영화성이 있다. 종교의 영화성이란 자신이 거룩한 것이 아니라 종교가 증거하는 대상의 신성하고 거룩하다는 사실에 있다. 그런데 종교는 이 거룩한 것을 증거하면서 마치 자신이 거룩하고 절대적이라는 환상에 빠지게 된다. 이것은 유한한 것의 절대화이다. 여기에 종교의 위험성이 있다. 그리하여 종교는 우상숭배에 빠지게 되는 것이다. 오늘날 한국교회도 20%정도의 교회가 300명 이상 신자수를 가지고 있고, 나머지 80%의 교회는 100명 이하의 교회이며 그 가운데서 5%정도의 교회가 초대형화의 추세를 보이면서 담임목회자가 절대화되는 위험성에 직면하고 있다. 이러한 자기절대화의 위험성에서 항상 거룩한 것을 증거해야 하는 자신의 상대성을 인식하기 위해서는 종교에도 비판문화가 요청된다.

*

1. 한국교회의 비판문화 진단

하나님이 내리신 복으로 한국교회는 놀라운 영적·양적 성장을 이룩하였다. 한국개신교는 이러한 복을 받은 것에 감사하며, 교회를 보다 건전한 열린 기구와 포용적인 제도의 성숙으로 발전시켜야 했었다. 그런데 교회는 이러한 하나님의 복에 호응하지 못했다.

권위주의적 제도 안에서 한국교회의 비판문화는 부재하고 있다. 교회사에 전래 없는 양적 팽창 속에서 한국교회는 하나의 거대한 종교적인 기구가 되고 있다. 기구화를 위하여 직분이 주어지고 직분화 속에서 교회는 하나의 위계적인 질서 속에 있다. 상하관계가 강조되고 수평적인 대화는 찾아보기 힘들다. 여기서 마음을 터놓은 대화와 건설적인 비평은 쉽지 않다. 사실적인 지적과 인격적인 공격이 구별되지 못한다. 이 양자가 구별되고 사실과 인격을 구분하는 것이다. 목회자의 목회행정에 대한 비판과 그의 인격에 대한 비판은 구분되어야 한다. 그러나 아직도 우리 한국교회에서는 목회행정에 대한 비판은 바로 목회자의 인격에 대한 비판으로 간주된다. 여기서 비판문화는 들어설 여지가 없다. 비판문화가 부재하기 때문에 비록 건설적인 비판이라 하더라도 그것은 바로 권위에 대한 도전이 되고, 그 사람은 적으로 간주된다.

(1) 유교적 권위주의

개교회에서는 많은 경우 담임목회자가 카리스마적 권위를 발휘함으로써 부목사는 설 자리가 없다. 교회 안에서 목회자와 교인들 사이, 장로와 평신도 사이에 하나의 보이지 않는 계층이 존재한다. 한국 기독교는 유교적인 권위주의와 결합하여 개신교적인 권위주의를 형성하였다. 그리하여 독일의 오버만(Obermann) 교수는 현재 한국개신교가 당면한 가장 심각한 위험은 종교개혁 직전의 교황제도화라고 보았다. 각 교단의 총회가 인격공동체의 성격보다는 하나의 기구요 제도의 역할로 전락하고 있다. 총회장과 임원직이 하나의 봉사직이 아니라 명예·종교적 출세의 길이 되어 버렸다. 이를 위한 경합이 세속적인 선거 못지 않게 치열할 뿐만 아니라 여기에 적지 않는 비용과 시간이 들어가야 한다. 이것은 종교적인 봉사와 헌신의 기구가 제도화 되었다는 것과 교회성직의 세속화를 뜻한다.

(2) 합리적인 대화 결여

오늘날 교회의 풍토를 보면 갈라진 교회의 교인 사이, 분열된 개신교 교단 사이에는 합리적인 대화가 없고 서로 간에 감정적인 비난과 적대감이 자리잡고 있다. 감정적인 편갈이만 있고 상대방의 결함에 대한 합리적인 지적과 비판을 수용할 수 있는 대화의 분위기는 결여된 채 비난만이 난무한다. 이것은 비판문화라고 할 수 없다. 2005년 통합측 교단 소속의 대형교회인 광성교회의 내분은 원로목사 측과 후계자 목사 측 사이의 갈등이요 이에 편승한 교인들 사이의 갈등으로, 물리적으로 충돌하는 사진이 일간 신문에까지 보도되면서 부끄러운 모습을 보여주었다. 신학적 경향으로 아직도 한국에서는 교단적으로 예수와 그리스도가 갈라져 있다. 예수라는 간판을 단 교단은 대체로 보수적이며 그리스도라는 간판을 단 교단은 진보적이다. 예컨대 예장과 기장, 예성과 기성, 예감과 기감, 예침과 기침 등이다. 여기다 예수교장로회는 100여 개의 교단으로 나누어져 있다. 신학적으로 예수와 그리스도는 나누어질 수 없다. 예수는 곧 그리스도요, 그리스도는 곧 예수다. 양자를 구분할 때 가현론적 기독론에 떨어지는 것이다. 예수는 하나님 아들의 역사적 측면이요, 그리스도는 하나님 아들의 메시야되는 구원론적 측면이다.

(3) 비판문화의 담지자 역할 결여

젊은이들은 교회 안에서 창의적인 비판문화의 담지자가 되지 못하고 있다. 교회의 운영체계에 대한 비판은 바로 불신앙이요 불순종이며, 목사에 대한 도전이요 당회의 권위에 대한 도전으로 간주된다. 그것은 바로 하나님의 일에 대한 방해와 동일시된다. 그리하여 젊은이들이 갖는 참신하고 정의로운 생각은 교회 안에서 언로(言路)를 찾지 못하고 사장되어 버린다. 이 때문에 젊은이들이 교회를 이탈하는 경우도 적지 않다. 목회자의 탈권위화가 요청된다. 그리하여 젊은이들과 대화하는 목회, 열린 목회가 이루어져야 할 것이다.

(4) 독선적 사고

군소교단이 아닌 타교단의 목사가 이적하고자 할 때 이수 학기, 강도사고시 요구 등 과다한 조건을 제시하는 것, 대형 보수 교단일수록 타교단 목사와의 강단 교류를 금지하는 것 등도 교단이 제도화 되었다는 것을 반영한다. 여기에는 자기 교단이 더 우월하다는 독선적인 사고가 깔려 있다. 이것은 그리스도 안에서 하나라는 신약적 사고와는 너무나도 어긋나는 것이다. 이러한 제도는 군소교단 내지 무인가 신학교 출신들이 유입하는 것을 제도적으로 여과하기 위한 장치이기도 하다. 그러나 외국의 유명한 신학교에서 신학박사까지 한 사람이 다시 교역학 과정 3년을 공부하도록 하는 등 시간과 경제에 있어서 낭비적인 요소가 너무 많다.

(5) 연구 활동 결여

보수교단일수록 산하에 교회문제 또는 사회문제 연구소 활동이 결여된 경우가 비일비재하다. 연구활동의 부재는 바로 건전한 비판문화 형성의 여건이 마련되지 않은 결과이다. 목회자들이 연구소의 연구활동의 결과에 대하여 진지하게 받아들이지 않기 때문이다. 하나님의 말씀과 그것에 대한 신앙고백의 본질은 어제나 오늘이나 불변하나 그것이 적용되는 방식은 항상 새로운 관계 속에서 조명되어야 한다. 이 적용방식은 다양한 측면을 가지고 있으며 협력하여 그 진리의 연관을 밝혀내야 한다. 여기에 학자들의 진지한 연구는 장려되고 그 연구 결과는 존중되어야 한다. 그런데 신학자들의 신앙적이고 양심적인 견해에 대한 교권주의적 간섭으로 인하여 학자들이 신앙적·신학적 견해 설정에 있어서 제약을 받고 있는 상황이다. 한국교회는 해외선교나 자체 예배당이나 교육관 및 부속건물의 증축과 확장에는 막대한 재정을 지출하나, 대학의 기독교관계 연구소에 연구지원을 하는 것에는 인색한 편이다.

(6) 담임목회자와 부교역자 사이의 엄청난 거리

담임목회자와 부교역자 사이에 너무나 엄청난 거리가 있다. 이것은 교회에 주인이 여럿일 때 교회가 방향을 상실하게 되고 교회의 분규가 일어나는 과거의 경험에서 나온 것이기는 하다. 그러나 같은 성직인데도 부교역자와 담임교역자 사이의 담은 너무나 높아서 부교역자들은 매년 노회에서 재임을 허락받아야 한다. 그리고 교회 안에서도 부교역자들은 담임교역자의 비서에 지나지 않는다. 교회가 대형화 될수록 이러한 장벽은 더욱 높다. 교인들조차도 부교역자들의 기도나 심방으로는 만족을 얻지 못하는 실정으로 부교역자들이 설 곳이 없다. 일부 교회에서는 부교역자들이 너무나 혹사당하는 곳도 있다. 그리고 부교역자들이 담임목회자의 목회에 대하여 진언을 하는 경우는 담임교역자에 대한 항명(抗命)으로 간주된다. 이러한 곳에서 진정한 비판문화는 들어설 여지가 없다.

2. 비판문화의 부재: 무엇을 말하는가

(1) 하나님 말씀에 대한 불순종

비판문화의 부재란 교회를 향하여 마땅히 따라야 하는 길을 하나님 말씀이 드러내심에 대해 교회가 경청하지 않음이요 교회의 불순종을 의미한다. 하나님 말씀은 항상 개인과 공동체를 향하여 우리의 잘못된 생각 그리고 결핍된 생각을 드러내어 주신다. 하나님 말씀은 우리의 자기중심적인 사고와 삶에 대하여 경고를 주시며 새로운 회개를 촉구한다. 목회자와 신자들은 하나님 말씀의 이러한 경고에 대하여 경청하고 이에 대하여 순종해야 한다.

(2) 교회의 자기 폐쇄성

비판문화의 부재란 교회와 기독교공동체의 자기 폐쇄성과 자기 절대화요 역사와 문화에 대한 몰자각성을 말한다. 비판문화의 부재는 교회로 하여금 닫힌 종교적 기구가 되도록 한다. 역사와 사회와 문화로부터 퇴각한 폐쇄된 집단이 되도록 한다. 교회와 공동체는 어디까지나 죄성을 지닌 인간의 모임이므로 항상 서로에 대하여 열린 태도를 가지고 서로에 대한 건설적인 비평에 대하여 경청해야 한다. 이러한 경청의 부재는 자기 절대화의 시도요 역사적이고 사회적인 삶에 공동적으로 참여함을 거부하는 것이다.

비판문화의 성경적 근거는 이스라엘에서 예언자의 출현이다. 예언자들은 제의비판과 사회비판을 동시에 수행했다. 예언자들은 종교비판을 통하여 왜곡된 모세율법의 해석을 바로 잡았고 사회비판을 통하여 모세율법의 올바른 해석을 제시하였다. 예언자들은 새로운 율법을 제시하지 않고 모세의 율법을 새롭게 해석했으며, 왜곡되게 해석된 율법을 시정하고자 하였다.

(3) 교파분열

    비판문화의 부재는 한국교회 내에 소수의 무리들이 끼리끼리 단합하여 나누어지는 교파분열을 초래했다. 비판문화가 있는 곳에 교회와 교단은 다양한 사고와 방법에 대하여 열리게 된다. 예장 통합은 크나큰 교회를 가진 교단이지만 예장 합동이 분열을 거듭하는 동안 한번도 분열하지 않았다. 그것은 통합 안에서는 그 나름대로 언로(言路)가 열려 있고 다양한 생각을 포용하는 분위기가 있기 때문이다.

(4) 정치의식의 부재

    비판문화의 부재는 정치의식의 부재를 말한다. 정치의식의 결여는 한국 보수교회를 권위주의 시대 때 정권의 시녀로 만들었다. 역사적으로 볼 때 기장(조선신학교)은 일제의 신사참배를 허용하는 정치적 영합 속에서 세워졌으나, 해방 후 한국사회를 향하여는 사회정치적 비판을 수행하는 반체제적인 입장을 가졌다. 예장(총회신학교)는 일제하에서는 총칼의 위협 속에서 비록 신사참배의 가결을 강요당하기는 했으나 개교회는 신사참배를 반대하는 입장을 가졌다. 그러나 해방 후 보수교단은 정경분리의 원칙을 앞세워 체제의 정책에 영합하는 체제지향적인 입장을 가졌다. 그것은 한국 보수교회가 아직도 올바른 정치신학을 가질 수 없었기 때문이다. 한국 기독교교회협의회는 비판문화적 기능을 잘 수행하고 있으나 그 방향이 교회적이기 보다는 정치사회적 측면이 강하다. 한국 기독교총연합회는 보수교회의 입장을 대변하면서 보다 교회내적 비판문화의 기능을 수행하고자 한다. 2003년 그리고 2005년 들어와 한기총도 반미감정의 확산과 관련된 시국을 염려하여 서울 시청 앞에서 그리고 대구와 부산에서 주한미군 주둔의 필요성과 북핵반대를 위한 평화기도회를 가진 것은 주목할 일이다. 그만큼 한국의 보수교단도 정치적인 의식을 각성하고 있다.

2000년대에 들어와 미국에서 복음주의자들의 사회참여가 활발한 것에 대하여 한국의 보수주의 교회는 주목해야 할 것이다. 미국의 정통 보수교회는 1973년 미국의 연방대법원이 낙태의 권리를 인정하자 이에 대한 반대운동을 펼치면서 복음주의 운동을 정치적으로 결집하기에 이르렀다.

그리하여 지난 30년 동안 낙태반대 운동을 펼치면서 각 주의 법을 낙태에 비우호적으로 하는 데 적지않은 성공을 거두었다. 미국의 복음주의자들은 미국의 대외정책에 있어서 중요한 법안을 통과시켜 중국이나 사우디아라비아 같은 나라에 관하여 종교의 자유를 신장하도록 하는 데에 영향력을 미치고 있다.

첫째, 1998년에 통과된 국제종교자유운동은 종교의 자유를 내세우는 것이 미국 외교정책의 기본적인 목표임을 내세우고 있다. 해당 국가의 종교 자유를 감시하고 진행시키기 위해 국무부가 구체적인 단계를 보일 것을 요구하고 있다.

둘째, 2000년에 통과된 악덕상인에 대한 희생자 보호운동은 후진국의 여성과 아이들을 매춘과 노동착취공장으로 보내는 국제적인 조직범죄단을 와해하는 데 목적을 두고 있다.

셋째, 2002년에 통과된 수단 평화운동은 복음주의자들과 연방 흑인간부회 그리고 남부교회에 이슬람 정부의 공격에 대해 분을 품은 다른 이들에 의해서 촉구되었다.

넷째, 2004년에 통과된 북한인권운동은 정부가 소위 불량국가들과 핵확산에 대해 다루는 일을 하는 것뿐만 아니라 탈북자들을 돕고 인권문제를 강조하는 데 더욱 노력할 것을 촉구한다.[2]

미국복음주의협회는 미국 전지역에 걸쳐 4만 5,000개의 교회와 3,000만 성도와 함께 52개의 교파를 포함하고 있다. 미국복음주의협회는 미국 대선

1개월 전인 2004년 10월 "국가의 안녕을 위해: 시민의 책임에 대한 기독교적 부르심"이라는 전면적인 선언서를 승인하였다. 이 선언서는 종교적 자유를 주장하고, 낙태를 반대할 뿐 아니라 가난한 자와 약한 자에게 정의와 연민을 구하고 하나님의 창조물을 보호하려는 노력까지 포함하는 보수적 기독교인들을 위한 우선상항을 언급하고 있다.[3]

3. 교회의 창조적인 비판이란 무엇인가

(1) 인본주의적 기구화 방지

교회의 창조적인 비판이란 한국교회가 더 이상 인본주의적 기구화 되는 것을 방지하는 사고방식이다. 그것은 한국개신교가 교권화 내지 제도화 되는 것을 방지하는 새로운 사고방식이다. 교회가 제도화 되고 기구화 될 때 교회는 더 이상 신약교회나 종교개혁자들이 의도한 교회는 아니다. 신약의 교회는 오늘날 서구교회에서 보는 것처럼 하나의 기관이나 제도가 아니다. 초대교회란 브룬너가 말하는 것처럼 성령의 공동체요 인격 공동체였다.[4] 오늘날의 교회도 제도나 기구이기 이전에 먼저 성령의 공동체요 인격 공동체요 메시아 공동체가 되어야 한다.

(2) 열린 자기 개혁 태도

교회의 창조적인 비판이란, 구체적으로는 복음 안에서 자기와 사회를 향한 교회의 열려 있고 자기 개혁적인 태도를 말한다.

1) 말씀에 대한 복종

창조적 비판이란 교회내적으로 하나님 말씀의 원리에 따라서 교회의 모든 행정과 경영이 수행되는 데 장애가 되는 것에 대하여 기탄없는 지적을 허용하는 태도이다. 그것은 하나님 말씀에 대한 복종이다. 예컨대, 한국복음주의협의회, 예장 통합 및 합동 교단 목회자 중심의 바른 목회실천 모임 등은 이러한 건전한 비판문화의 담지자라고 말할 수 있다. 이들 모임은 목회자 윤리강령 채택, 개척교회 설립에 있어서 목회자 윤리, 교회성장에 있어서 타교인들 쟁탈, 과도한 헌금강조, 교인 가계(家計)의 지나친 출혈을 통한 교회건축 등의 구체적인 이슈에 있어서 성경적인 입장에서 올바른 견해를 표명하고자 한다.

2) 위계적인 사고 극복

목회자와 교인들 사이에는 사제-평신도라는 위계적인 관계가 아니라 만인제사장 의식에 근거한 동역자 의식이 있어야 한다. 이 의식은 서로 배우는 성도의 교제요 상호관계이다. 양자 사이에는 가르치고 가르침을 받는 일방통행이 아니라 서로가 배우는 쌍방통행의 관계가 있어야 한다. 목회자는 전문가와 지도자로서 존경받고 평신도는 보조 사역자로서 같이 복음전파를 위하여 동역하는 것이다. 목회자는 교회의 사회봉사 영역에는 사회사업 전문가의 자문을 받고, 의료선교에는 의사의 자문을, 정치적 이슈에 관한 교회의 견해 표명에는 정치인의 자문을 받으며, 복음 사역을 하는 것이다.

3) 복음주의적 정치의식

교회 외적으로 비판문화란 복음주의적 정치의식의 각성이다. 정치적으로 정권이나 정부가 사회와 나라를 이끌어 나가는 데 있어서 교회가 사회의 예언자로서 하나님이 구약성경에서 말씀하시는 바 정의로운 사회와 국가

이념을 역설하는 것이다. 여기서 정치의식이란 정부나 정권에 대한 어용의 자세를 말하는 것이 아니라 하나님 말씀에 입각한 현실과 정치비판을 말한다. 복음선포와 사회비판이 구약의 예언자들에게는 분리되지 않았다. 양자는 영역은 둘이나 분리되지 않고 하나님의 거룩한 현실 안에서 하나요, 서로 분리될 수 없는 영역이다. 종교는 정치와 사회와 경제 질서를 떠나서 존재하지 않기 때문이다.

4) 사회문화의식

비판문화란 사회문화의식의 각성이다. 정치가 제대로 민주화된 사회에서 교회는 노사관계, 환경문제, 여성문제, 노인문제, 사회적으로 소외된 자의 문제에 대하여 청지기의 역할을 다하여야 한다. 예컨대 탈북동포 문제, 조선족 사기 사건에 대한 대책, 국내에 취업한 외국노동자 문제, 우리사회에 만연한 부정부패의 고리에 대한 감시자 의식이 형성되는 것이다. 이러한 사회봉사의 일들은 이차적인 문제가 아니라 복음전파와 더불어 교회가 감당해야 할 본질적 문제이다. 굶주린 자에게 교회는 먼저 먹을 것을 주고, 인권을 유린당한 자에게 인권이 회복되도록 도와야 하고, 거처가 없는 자에게는 먼저 거처를 주어야 한다. 이것은 인간의 기본권이다.

한국교회도 첨단의료기술이 발달하여 인위적으로 인간의 생명을 연장할 수 있는 시대, 안락사에 관한 보다 원만한 입장을 개진할 수 있어야 한다. 2005년 6월 미국의 식물인간 테리 시아보의 안락사를 놓고 세계적인 논쟁이 일어났다. 테리 시아보는 2005년 3월 31일 그녀의 남편 마이클 시아보의 의견을 지지하는 플로리다 주 법원의 결정으로 2주 가까이 영양공급튜브가 제거돼 숨졌다. 젭 부시 부지사는 "뇌사상태라고 해도 생명의 고귀함은 부인하지 못한다. 그녀는 가족이다"라고 부 법원의 결정에 반대하였다: "테리 시아보는 많은 이로부터 사랑을 받은 자매요, 아내요, 친구였다. 부검 결과 그녀가 뇌사상태였고 눈이 멀었다 해도 이 사실을 부인할 수 있는

사람은 없을 것이다"라고 말했다.[5]

5) 비판의 제한성과 상대성 인정

비판문화란 비판의 제한성과 상대성을 인정하는 것이다. 부정적인 비판이란 비판을 위한 비판이며 대안 없는 비판이다. 그것은 자기의 비판을 절대화하며 상대방의 입장을 인정하지 아니한다. 이러한 비판은 배타적이고 폐쇄적인 비판이다. 독선적인 비판이며 아무런 결실 없이 자기의 보는 한계를 인정하지 않는 비판이다. 창조적인 비판은 자기 비판의 한계와 제한성을 인정하면서 열려 있는 태도를 갖는다. 그리고 상대방의 입장과 처지에서 자기의 견해를 다시 한번 수정하는 자기비판의 입장을 갖는다.

6) 창조적 비판

비판문화란 상대방의 부정적인 측면만을 부각시켜 상대방을 깎아내리는 것이 아니다. 2007년 한나라 당내 후보 경쟁에서 이명박 후보와 박근혜 후보 양 캠프는 정책 대결보다는 상대방 흠집 내는 한방으로 상대방을 무너뜨리는 폭로성 비판의 모습을 보여주었다.[6] 이것은 아직도 민주화에서 성숙한 자유화의 단계로 나가지 못한 시민의식이라고 말할 수 있다. 1987년 민주화 이후 벌써 20년이 되었으나 성숙치 못한 민주화 단계에서는 주로 폭로성과 선동성을 중심으로 하는 대중선동의 정치가 지배하게 된다.[7] 열린우리당은 실정으로 말미암아 인기가 떨어지자 여당에 속한 국회의원들이 다음 총선에서 금배지를 다시 달기 위하여 이합집산하여 정당을 만드는 추태가 벌어지기도 하였다.[8]

상대방의 긍정적인 측면을 부각시키면서 상대방을 키워주고 성숙시켜주기 위한 태도가 바로 창조적인 비판이다. 이러한 비판은 상대방을 넘어뜨리는 것이 아니라 오히려 상대방을 바로 세워주는 건설적인 것이 된다. 예컨대, 구약성경에서 충신 우리야의 아내를 빼앗았던 다윗왕에 대하여 나단 선지자의 비판은 왕을 바르게 인도하기 위한 선지자의 창조적 비판행위였다. 신약성경에서 이방인들과 함께 먹었던 베드로가 유대인들이 들어오자 그 자리를 피하는 그의 위선에 대한 바울의 지적은 창조적 비판이다.

7) 문화적 문법의 전환

정수복은 그의 저서 『한국인의 문화적 문법』에서 "경직된 집단주의에서 벗어나 자유로운 개인의 영역을 더욱 보장해 줄 때 한국인의 새로운 모습이 탄생하게 될 것"[9]이라고 말하고 있다. 그의 성찰은 '민주화 이후 한국'에서 시작하고 있다. 소위 '87년 체제'의 등장과 함께 민주화가 진행됐고 시민운동도 전개되었다. 그러나 민주화 이후에 아직도 청산되지 않은 한국사회의 부정적 문화적 유산들이 있다. 이것들은 근대국가를 세우고 전쟁, 산업화, 민주화, 정보화 등의 단계를 거쳐왔음에도 불구하고 한국인에게는 여전히 바뀌지 않는 것들이다. "그것은 현세적 물질주의, 감정우선주의, 가족주의, 연고주의, 권위주의, 갈등회피주의이다." 이것이 여섯 가지 근본적 문법이다. 그는 파생적 문법으로 "감상적 민족주의, 국가중심주의, 속도지상주의, 근거없는 낙관주의, 수단방법중심주의, 이중규범주의 여섯 가지에 주목"[10]한다.

그는 이들 근본적 문법과 파생적 문법은 독립적으로 작용하는 게 아니라 서로 뒤엉키면서 한국인의 자화상을 만들어가고 있다고 진단한다. 좌파건 우파건 한국인이라면 여기서 자유롭지 못하다. 전통세대 못지않은 좌파들의 강한 위계질서가 그 대표적인 사례라고 했다. 왜 이렇게 되었는가? 문제의 해결은 단지 사회학적 분석을 넘어서서 종교적 차원으로 가야 가능하다. 이렇게 된 원인, 즉 종교의 문제를 파고들어야 해결방향도 잡을 수 있다. 그는 특히 한국사회는 무교(巫敎)와 유교(儒敎)의 결합체라고 분석했다. 그의 이같은 문화적 문법론은 북한사회라고 해서 예외가 아니다. 사회주의 붕괴에도 불구하고 북한이 완강하게 유지될 수 있는 이유는 스탈린주의 모델 밑에 가려져 있는 '무교-유교 결합체'가 그대로 지속되고 있기 때문으로 볼 수 있다. 그러므로 북한의 공산주의를 왕조 공산주의라고 한다. 그가 12개로 정리한 한국인의 문화적 문법은 일견 부정적으로 읽힌다. 그는 긍정 부정의 문제보다 그런 문법들에 담겨 있는 '억압성'이 더 심각하다고 지적했다. 여기서 그는 개인의 해방, 개인주의의 정립을 억압에서 벗어날 수 있는 가장 효과적인 처방으로 제시한다. "개인주의=자기만의 이익 추구=무질서=무정부주의=혼란=난장판의 등식이 자리잡고 있는 한국적 상황에서 개인주의가 갖는 긍정적 의미와 해방적 에너지는 지속적으로 무시되고 억압당했다."[11] 결국 개인주의 가치관으로 무장한 '진정한 개인'의 출현이 해결의 관건인데 이게 쉽지 않다. 오늘날의 10대나 20대들이 그런 싹을 보여주는 것은 사실이다. 그러나 이들은 '소비하는 주체로서의 개인'을 넘어서야 한다. 개인주의는 이기주의와 다르다. 젊은 세대에게 기대와 불안을 함께 갖고 있는 것도 그 때문이다. "문화적 문법의 전환"이 요청된다. 이것은 이제 산업사회에서 후기 산업사회로 도약하며 선진사회로 가기 위하여 필요시 된다. 이를 위해서는 가정, 사회 등에서 지속적인 노력을 해야 한다. 기업파괴적인 전투적인 노사운동이 중단되어야 한다. 기업이 죽고 노동자도 죽는 상사(相死)상멸(相滅)의 노사운동은 근절되어야 한다. 정치중심의 사회운동은 문화중심의 사회운동으로 바뀌어야 하고 개인의 가치를 존중해야 한다. 가족관계의 민주화, 교실의 민주화, 대학과 인문사회과학의 역할 강화, 문학과 예술의 역할 강화, 종교개혁과 종교단체의 민주화 등이 이뤄져야 한다.[12]

4. 교회의 비판문화를 성숙시키기 위한 대안

(1) 상대방의 양심과 믿음을 존중

바울은 로마서 14장에서 올바른 비판문화의 틀을 제시하고 있다. "믿음이 연약한 자를 너희가 받되 그의 의견을 비판하지 말라"(롬 14:1). 여기서 믿음이란 구체적인 신앙생활에 있어서 나타나는 상대적인 사항에 대한 태도표명을 말한다. 고기를 먹는 것, 채소를 먹는 것, 날을 정하는 것, 남의 고용인을 판단하는 일 등 상대적인 생활의 관습에서 일어나는 일을 말한다. 바울은 다음같이 말한다. "우리가 다시는 서로 비판하지 말고 도리어 부딪힐 것이나 거칠 것을 형제 앞에 두지 아니하도록 주의하라"(롬 14:13). 식물이나 날이나 하나님께서 우리의 양심과 자유에 맡기신 일들은 우리가 그것에 관하여 어떻게 생각하느냐에 따라서 그것의 가치가 결정되는 것이라고 말한다. "무엇이든지 스스로 속된 것이 없으되 다만 속되게 여기는 그 사람에게는 속되니라"(롬 14:14). 이러한 바울의 견해는 비판문화의 기준을 제시해주고 있다. 하나님이 우리의 양심에 맡기신 상대적인 사항에 대하여는 우리가 한결같을 수가 없고 그 생육환경과 사고방식에 따라서 다를 수 있다는 것이다. 이렇게 서로 다를 수 있다는 사실을 인정하고 상대방의 양심과 믿음을 존중하는 태도를 가져야 한다.

(2) 인간적인 성숙성

목회자와 교인들의 인간적인 성숙이 요구된다. 그것은 열려 있는 인간적인 태도이다. 하나님에 대하여 열려 있어야 하듯이 동료 목회자와 성도들을 향하여 열려 있어야 한다. 목회자와 당회는 교인들의 견해를 경청하면서 이들의 견해를 당회 결정에 반영시켜야 한다. 그리고 교인들은 목회자와 당회의 결정에 대하여 존중하면서 자기들의 의사를 개진시키는 열린 태도를 가져야 한다. 목회자가 자기는 만능이요 완전하다고 생각하는 것은 교만이요 넘어지는 것이다. 자기의 결정이나 판단의 한계를 인정하고 잘못했을 때 그것을 솔직히 시인해야 한다. 교인들도 목회자를 초인이나 성자로 생각하고 대하지 않도록 만든다. 그렇지 않으면 목회자는 실수하지 않기 위해서 항상 긴장하기 때문에 지쳐 버리게 된다.

(3) 다양한 모임과 대화의 채널

목회자들 사이에 다양한 모임과 대화의 채널이 필요하다. 이러한 모임(한국복음주의협의회, 교단간 연합사업, 바른목회실천협의회 등)을 통하여 다양한 견해가 제시되고 현 교회운영과 노회나 총회 운영에 대한 보다 다양하고 객관적인 견해가 제시된다. 목회자가 당면한 심각한 문제들을 상담할 수 있는 모임과 대화의 채널이 요청된다. 이러한 모임에서 자기의 문제를 털어놓고 토론하고 자문을 구함으로써 목회자들은 교회에서 벗어나 문제를 보다 넓은 시각에서 볼 수 있게 된다.

기독교단체만이 아니라 반기독교단체의 주장도 들어봄으로써 목회자는 독선과 아집의 태도에서 자유로울 수 있다.

2007년 들어와 기독교는 안티기독교와 잇단 대화를 벌이고 있다. CBS TV는 2007년 12월 21일 〈크리스천Q〉에서 '한국교회, 안티를 넘어서'라는 주제로 토론회를 방영했다. 이날 토론에는 한국교회언론회 대변인 이억주와 실천신학대학원 교수 조성돈, 종교법인법 제정추진 시민연대대표 고은광순이 패널로 참여했다.[13]

토론회 도중에는 반(反)기독교시민연합회장 이찬경을 인터뷰한 장면이 1분여 동안 방영됐다. 인터뷰에서 그는 기독교의 일부 행태에 대한 반감이 아닌, 기독교 교리 자체에 대한 반대임을 여과없이 드러냈다. 인터뷰에서 그는 "우리는 기독교를 하나의 큰 미신으로 본다"며 "기존의 전통적인 미신을 쫓아내고 새로 들어온 미신이다. 그래서 없어져야 하고 사라져야 할 존재"라고 주장했다.

종교법인법 추진 단체대표 고은광순은 한국교회의 문제점으로 선교와 전도를 가리켜 '상대방을 고려하지 않은 일종의 폭력'이라고 말했다. 고은광순은 "올 한 해 폭력적인 비방을 하는 안티가 많이 생긴 건 기독교가 먼저 그들을 공격했기 때문"이라고 주장했다. 그는 이랜드 사태와 관련해서도 회사내 기독교적 문화를 "직원들에게 기도하게 하고 기독교를 강요한 것도 굉장한 폭력이다"며 "기업 자체가 평소 직원들에게 기독교를 강제했고 노조활동을 무시했다"며 "노조 단체의 행동은 정당한 권리"라고 주장했다.

조성돈은 안티 기독교의 문화에 대해 "인터넷에서 문제라고 지적되는 비약적 논리, 단순성, 유언비어, 폭력성 등의 정크(Junk:쓰레기) 문화의 일종"이라고 지적하며 "지금 개신교에서 많은 노력을 하지만 이 노력들이 좋게 비춰져서 안티가 없어진다고 생각하지 않는다"며 "하나의 사회적 문제며 윤리적 문제"라고 규정했다. 안티기독교가 주목받는 원인으로 그는 "기독교인과 전선 형성으로 인해 서로 과격한 맞대응이 오고가며 사람들의 관심을 끌면서 그들이 성장했다"며 "(기독교인이) 그걸 신앙의 문제라고 생각하고 너무 많은 의미를 부여하는 것 자체가 문제"라고 지적했다.[14]

기독교가 대내적 그리고 대외적 비판을 향하여 귀를 기울이는 태도는 바람직하다. 그럴 때 기독교는 자기성찰을 하게 되고 아집과 독선에서 벗어날 수 있게 된다. 열린 교회, 열린 보수주의가 한국 기독교의 길이다.

(4) 상담목회

말씀선포의 목회와 아울러 교인들과 대화시간을 갖는 상담목회는 다가오는 21세기의 보다 성숙한 목회의 길이다. 여태까지의 목회는 심방과 설교가 중심이 되었다. 목회자의 역할은 단지 교인들의 가정을 심방하고 일반적인 삶의 문제에 관하여 대화하고 이들 가정에 축복하는 것으로 만족되었다. 그리하여 목회자는 교인들이 추구하고 있는 목회와 교회에 대한 바람을 깊이 몰랐다. 21세기는 후기산업사회요 포스트모던 사회로서 우리 사회는 지식과 정보를 통하여 역동적으로 움직이고 그만큼 인간관계와 사회관계도 복잡해지고 삶의 양보다는 질을 추구하게 되었다. 그러므로 상담목회(postoral care)를 통하여 교인들의 영적·정신적 문제에 보다 깊이 참여하고 이들이 제시하는 목회에 대한 비판적 제안을 수용하는 것이 요청된다. 이것은 목회에 있어서 비판문화를 형성하는 데 중요한 역할을 한다. 그런데 오늘날 교역자들은 상담목회보다는 목회상담(pastoral counselling) 쪽으로 너무나 치우치고 있다. 목회상담이 주로 목회를 위한 상담의 기술을 익히는 훈련이라고 한다면, 상담목회란 목회자가 영적 권위를 가지고 교인들을 만나 하나님의 말씀 안에서 필요한 신앙의 방향을 제시해주는 것이다. 오늘날 목회상담은 자칫 상담기술과 이론을 배우는 것으로 나아가 상담의 가장 중요한 목회자의 영적 권위를 잃어버리는 위험에 봉착해 있다. 그리하여 목회상담이 일반 정신과 상담과 같은 수준에서 수행되고 있다. 따라서 오늘날 한국교회 목회자들은 목회상담보다는 상담목회의 정신을 가지고 교회를 영적인 권위를 가지고 끌고 나가는 법을 훈련해야 한다: "상담목회는 그 범위를 목양적인 관점에서 수행하는 목회에 제한하면서도 상담적인 기법을 활용하는 목회방법을 이야기하는 것이다." [15)]

(5) 의식이 깨어 있는 성도와 목회자

창조적 비판이란 신자 가운데서도 지식인이 할 수 있다. 교회 안에서도, 교단 안에서도 그 의식이 깨어 있는 성도와 목회자만이 할 수 있다. 개교회나 교단은 건설적인 비판과 그 대안의 제시에 대하여 묵살하거나 적대세력으로 간주하지 말고, 이들의 목소리를 경청하고 반영하는 목회적·교회정치적 성숙성을 함양해야 한다. 한국교회는 아직도 신학자들과 많이 배운 신자들의 비판을 행동은 없고 불평만 늘어놓는 방해물로 간주하는 분위기가 있다. 비판하는 사람은 아직도 신앙이 부족하고 문제가 되는 인물로 간주하여 버리는 반지성적인 풍토가 교회를 주도하는 경향이 있다. 하나님 말씀만이 절대적이지 그 외 당회의 결정이나 총회나 노회의 결정이 절대적일 수 없다. 인간이 모여서 결정하는 방법에는 항상 한계와 제한이 있을 수밖에 없다. 신자들이 보다 잘 이해할 수 있도록 대화하고, 이해하여 참여하도록 하는 문화가 바로 비판문화이다.

⑹ 공동체 의식의 문화신학과 사회윤리학 교육 필요

공동체의식과 가치관, 사회의식과 문화의식을 다루는 문화신학과 사회윤리학의 강좌가 신학대학에서 강의되어야 한다. 그리하여 하나님 앞에 서는 개인윤리만이 아니라 여러 사람들과 더불어 사는 공동체윤리와 문화윤리의식을 각성하고 개발해야 한다. 여태까지 한국교회의 윤리는 청교도 윤리를 개인윤리 차원에서 수용하면서 사회와 공동체의 민주화와 인간화에 대해서는 큰 관심을 두지 아니한 것이 사실이다. 그리하여 교회는 양적으로 성장했으나 우리 사회의 윤리의식을 형성하는 데 한국 개신교회가 해야할 만큼의 영향을 끼치지 못한 것이다. 그래서 목회자의 사회적 신뢰도는 교사보다 낮은 수준이다. 이제 한국교회는 개인윤리의 차원에 머물지 않고 사회문화윤리 차원으로 그 신앙윤리적 지평을 확대해 나가야 한다.

서구와 미국과 같은 기독교 이후의 사회에서는 교의학보다는 문화와 윤리학 그리고 비교종교학이 주된 관심이 되고 있다. 오늘날 같이 다양한 문화와 염색체 의학이 발달하면서 가상문화와 발생의료 문화가 형성되고 있다. 그리고 여기서 인터넷 윤리와 발생의료 윤리가 요청되고 있다. 이러한 새로운 윤리도 현대의 공리주의나 실용주의에서 그 윤리적 동기를 찾아서는 안 된다. 새로운 윤리도 그 근거는 교의학에서 나와야 한다. 인간은 단지 공중에서 던져진 실존적 존재가 아니라 하나님의 형상으로 지음을 받은 존귀한 존재이기 때문이다. 오늘날의 현대 윤리가 인본주의적 윤리에 기초하게 될 때 동성애도 허용되고, 낙태도 허용되고 인간복제도 허용되는 것이다. 인간에게 편리하고 인간관계를 증진하는 모든 것이 좋다는 공리주의는, 윤리사상을 인본주의로 나아가게 만든다. 그리하여 소돔과 고모라처럼 인간의 안락과 쾌락에 기여하는 방향으로 가치관이 설정된다. 여기서 인간은 물신(物神)이 지배되는 최첨단 사회 속에서 인간의 쾌락을 극대화하는 방향으로 그들의 윤리적 이성을 사용한다. 그러나 이러한 인본주의 윤리는 인간의 정신과 삶을 공허하게 하는 것이다. 이미 영국의 문화사학가 크리스토프 도손(Christopher Dawson)이 그의 저서 『기독교와 현대문명』(*The Historic Reality of Christian Culture*)에서 말한 바 같이 현대인은 물질적으로 풍요한 삶 속에서 영적으로 빈곤한 삶을 살고 있다. 물질적 풍요 속에서 영적 비전을 상실하게 될 때 현대문명은 위기에 직면하게 되는 것이다.[16] 이러한 현대 인간의 영적 위기와 관련해 구약의 선지자 아모스는 이러한 포스트모던 시대의 윤리적 공허를 향하여 예언하고 있다: "주 여호와의 말씀이니라 보라 날이 이를지라 내가 기근을 땅에 보내리니 양식이 없어 주림이 아니며 물이 없어 갈함이 아니요 여호와의 말씀을 듣지 못한 기갈이라 사람이 이 바다에서 저 바다까지, 북쪽에서 동쪽까지 비틀거리며 여호와의 말씀을 구하려고 돌아다녀도 얻지 못하리니 그 날에 아름다운 처녀와 젊은 남자가 다 갈하여 쓰러지라"(암 8:11-13)

(7) 중요한 이슈에 대하여 대화

《월간 목회》, 《목회와 신학》, 《기독교 사상》, 《한국개혁신학》, 《성경과 신학》 등 기독교 저널, 그리고 《국민일보》와 《미래의 한국》, 《크리스천 투데이》 등 기독교 신문들이 여러 가지 중요한 이슈에 대하여 대화를 주선함으로써 비판문화 형성에 기여해야 한다. 여태까지 중요한 이슈(환경문제, 생명윤리, 외국인 근로자 처우, 낙태, 제사문제, 안락사, 교회성장둔화 요인, 탈북자, 북핵, 남북대화 등)에 대한 서로 다른 견해의 전문가들을 모아, 기탄없는 대화를 소개함으로써 한국 목회자들과 교인들이 다양한 견해에 대한 의견을 가질 수 있게 하는 것이 비판문화 형성의 중요한 길이다.

창조적 비판과 관련하여 내면적 치유에 관한 지식도 중요하다. 내면적 치유와 관련하여 손상된 자화상을 치유하는 것은 매우 중요하다. 손상된 자화상에서 모든 것에 대한 부정적인 비판이 나가기 때문이다. 회복된 통전적 자화상에서는 긍정적이고 창조적인 비판이 나간다. 2005년 6월 한국을 방문하여 "파워 영성 세미나"에 참석한 미국 풀러(Fuller)신학대학의 찰스 크라프 박사는 긍정적 자화상을 중심으로 강연을 하였다.[17] 사단은 "자신을 거부함, 죄책감, 가치없음 부적격의 감정"을 우리에게 불어넣는다. 그러나 하나님은 "자신을 수용함, 용서를 수용함, 가치를 느낌, 적격자로 수용함"을 경험하시기 원하신다. 그리고 사단은 "하나님은 너를 버렸다. 따라서 너는 걱정해야 한다. 두려워해야 한다"고 속삭인다. 그러나 하나님은 "내가 너와 함께 한다. 따라서 너는 너의 걱정을 나에게 맡겨라. 두려워할 필요없다"고 말씀하신다. 하나님은 사단이 파괴한 자화상을 회복시키기 원하시고 회복시킬 수 있으시다."[18]

(8) 교회가 하나님 나라가 아니다

교회나 노회나 총회가 바로 하나님의 나라는 아니다. 교회나 노회나 총회가 자기 자신을 하나님 나라와 동일시할 때, 그때 교회는 더 이상 에클레시아가 되기를 멈추고 세속적 기구화 내지 제도화되는 것이다.[19] 브루너는 다음같이 피력한다: "교회의 과제는 에클레시아가 되는 것일 수 없다. 그것은 불가능하다. 오로지 에클레시아가 되도록 봉사하는 것이며 그것은 결코 자명치 아니한 최소한이다. 에클레시아가 됨을 방해하지 않는 것이다."[20] 판넨베르크가 주장하는 것 같이 교회는 다가오는 하나님 나라를 지시하는 공동체로서만 그 존재가치를 가진다: "교회는 전 인류의 운명, 즉 역사의 목표를 예견하고 대표하는" 공동체요, "인류의 미래를 개척해 나가는 종말론적 공동체"이다. "하나님 나라는 교회가 아니다. 사실 전혀 교회없이 하나님의 나라를 생각할 수 있다."[21] 자신이 하나님 나라와 동일시 된다고 생각하고 결정할 때 개신교 교회는 그 개혁교회의 본질에서 변질되는 것이다. 루터와 본 회퍼가 피력한 바 같이, 교회는 단지 이 이 세상에서 부름을 받은 죄인의 공동체이다. 죄인의 공동체로서 교회는 비로소 용서함을 받은 성도의 공동체다. 교회가 자신이 용서받은 죄인의 공동체라는 것을 각성할 때 교회는 창조적인 비판을 향하여 열리는 것이다.

(9) 도덕성을 회복의 메시아 공동체

지난 1960년대에서 80년까지 군사정권 아래서 민중과 가난한 자와 소외 계층을 위하여 일했던 진보주의 교회는 1998년에서 2008년까지 국민정부와 참여정부를 거치며 권력의 중심에서 활동하면서 기득권 세력으로 변질하였다. "이로 인하여 가난한 교인들은 교회를 떠나기 시작했고, 가난한 민중들의 마지막 희망인 교회의 역할을 상실하는 결과를 초래했다. 오늘날 한국교회는 기독교의 중심사상인 나눔과 섬김, 그리고 사랑을 잃어버렸으며, 타락한 중세교회의 모습과 중세교회 지도자들을 생겨나게 한다."[22] 초창기 민중과 더불어 이들 편에 섰고, 이들의 사랑방이었던 1세기 후 한국교회가 양적 팽창하고 기득권의 세력에 편입되면서 그 초창기의 순수한 영성을 상실하기에 이르른 것은 자성해야 한다.

교회는 단지 종교적인 기구나 단체로서 머물러서는 안 된다. 교회는 이 세속화 되어가는 사회를 향하여 도덕성을 회복시키며 하나님의 사랑과 정의가 항상 세속사회 속에서 실현될 수 있도록 각성시키는 메시아 공동체가 되어야 한다. 우리 사회를 향하여 빛과 소금의 역할을 다해야 한다. 이를 위해서 교회는 스스로 자기의 어두움을 밝히고 자기의 기구적 내지 제도적 절대화에 대하여 항상 스스로 비판할 수 있어야 한다. 이것이 바로 교회 안에 필요시 되는 창조적 비판문화이다. 중세교회의 오류는 교권의 절대화였다. 교회는 하나님의 은혜의 담지자이지 자신이 은혜의 저장소가 되어서는 안 된다. 하나님의 은혜는 만나처럼 매일 새롭게 받아야지 저장하면 썩어버리기 때문이다. 교회는 하나님 은혜의 은행이 아니라 하나님의 은혜의 보유자로서, 각 신자들이 인격적인 결단과 믿음으로 이 은혜를 자기 것으로 고유화하는 것이다.

(10) 소수의 영적 도덕적 지도자들

교회갱신을 주도하는 데는 소수의 영적 도덕적 지도자들이 필요하다. 소수의 영적 도덕적 선구자들은 비판문화가 활성화되지 않은 한국교회 안에서 도덕적인 모범을 보이며 이것을 행동으로 옮겨야 한다. 한국교회 안에서 도덕적이며 창조적 비판을 수행하는 데에는 손해를 감수해야 한다. 십자가를 지는 태도로서 창조적 비판을 수행할 때 비로소 설득력이 있게 되는 것이다. 이러한 창조적 비판은 사랑에 입각한, 공동체를 위한 건설적 비판이다. 이것은 세상의 상급이 아니라 하나님의 상급을 바라보는 태도에서 가능하다. 이러한 모범적 행동을 통해서 여러 사람들을 감화시키고 자기가 맡은 교회공동체를 이러한 믿음, 소망, 사랑의 공동체로 변화시킬 때 이것이 힘이 되어 다른 교회와 사회 공동체로 확산되는 것이다. 한국교회는 창조적 자기비판을 통해 우리 사회에 궁극적으로 윤리와 도덕의 변혁을 하는 데 기여해야 한다. 한국교회는 그동안 양적으로 크게 발전했으나, 도덕적 권위를 상실한다면 민족 복음화에 아무런 힘을 발휘할 수 없을 것이다. 이 도덕적 윤리적 권위란 바로 한국교회가 성령의 열매를 맺는 것이며 믿음, 소망, 사랑이라는 성화를 이루는 것이다.

(11) 자기성찰 및 참회 기도회

정기적인 자기성찰과 참회기도회가 필요하다. 2005년 4월 한국복음주의 협의회에서 "제가 잘못했습니다"[23)]라는 주제로 가진 몇차례 발표회와 기도회가 있었고, 2007년 11월에는 보수적 개신교계의 목소리를 대변해온 한국교회언론회(대표 박봉상 목사)도 '안티기독교' 단체인 반기독교시민운동연합 이찬경 회장을 초청해 토론회를 열었다.

2007년 7월 아프카니스탄 인질사태 후 반기독교 정서가 확산됨에 따라 2007년 11월 26일 대한예수교장로회(통합)이 "목회자 참회기도회"를 가졌다. 26일 예장통합 목회자 참회기도회에서는 신랄한 자기비판과 참회의 목소리가 터져 나왔다. 이날 목회자들은 "국민들 눈에 비치는 기독교 수준 너무 낮아," 교단 내부 독선적 행태를 자성하자는 의견이 잇따라 나왔다. "우리의 관심은 회개와 함께 새로운 부흥에 대한 열망을 동시에 담고 있다. 전적으로 진실한 회개에 머물러야 한다." "일반 국민들의 눈에 비치는 한국의 기독교는 수준이 낮을 뿐만 아니라 너무 시끄럽다." "한국교회의 목사들은 세상의 빛도 소금도 아니었다." … "세상과의 소통이 부족했다", "목회자부터 솔선수범하겠다" 등의 의견을 밝혔다.

연세대 교목실 교수 정종훈은 "1907년 장로교 최초로 목사 안수를 받았던 7인은 선비정신에 예수정신이 결합돼 정직과 청빈으로 목회했고 교회 안팎에서 존경을 받았다. 그런데 100년 전 세상의 희망이었던 교회가 지금은 세상의 손가락질을 받고 있다"고 말했다.[24]

26일 예장통합 목회자 참회기도회에서 장로회신학대교수 김명용은 근본주의 신학의 폐해, 샤머니즘과 영합한 교회성장, 반(反)지성주의, 말만 하고 듣지 않는 오만, 성장지상주의, 세상을 섬기지 않고 지배하려는 교회 등을 문제점으로 지적했다.[25] 그는 "루터의 종교개혁은 '바른 교회 만들기' 운동이었다"며 "한국교회의 지도자들은 바른 교회를 만들지 않고서는 교회의 진정한 성장도 없다는 것을 유념해서 바른 교회 만들기에 힘을 쏟아야 한다"고 말했다. 기도회에서는 목회자로서 경건한 삶 추구, 목회 사역을 위한 헌신, 청렴하고 검약한 생활, 세상의 빛과 소금으로 사회의 책임 등의 조항을 담은 '참회 선언문'도 발표됐다.[26]

한국복음주의협의회장 김명혁은 '2007년도 복음주의권 한국교회의 결산'이란 제목의 칼럼을 통해 "지금 우리가 할 수 있는 일은 그저 하늘을 향해서 처절하고 겸손하게 부르짖을 뿐"이라고 강조했다.[27] 김명혁은 "부흥 100주년을 맞은 한국교회에 돌아온 것은 회개와 부흥 보다는 교회에 대한 극단적인 불신과 함께 교회 안에 나타난 양극화와 정치화이며 아프간 사태로 인한 선교의 위축"이라고 보았다. 김 목사는 한국교회가 지향할 항목을 제시하며 "우리의 신앙의 선배들이 지녔던 '순교 신앙'과 '재림 신앙'과 '순결한 삶'을 회복하는 일, 한국교회와 목회자들이 세상과 사회에 착한 행실을 나타내 보이는 소금과 빛이 되도록 최선을 다하는 일, 포용과 아량을 작은 교회 격려와 육성을 들었다.[28]

*

　한국교회는 올바른 종교개혁적 정신을 회복하기 위해서 창조적인 비판 문화를 필요로 한다. 창조적인 비판문화란 자기 견해와 안목의 제한성과 상대성을 인식하면서 하나님 말씀에 입각해서 항상 동료 목회자, 교인들의 올바른 지적에 대하여 가슴을 열고 자기의 잘못을 받아들이는 태도이다. 창조적인 비판문화가 형성되는 곳에 교회는 다가오는 하나님 나라를 증거하는 공동체로서 발전하고 사회문화를 향하여 이바지한다. 창조적인 비판이 있는 곳에 교회는 항상 자기성찰을 하고 하나님 나라라는 궁극적 목표를 향하여 나아가면서 자기의 제도화와 기구화를 거부하기 때문이다. 교회는 사회의 양심과 진리의 최후의 보루이다. 그럴 때 교회는 사회적 문제의 판결의 진정한 권위로서 존재하게 된다. 교회의 영적 권위는 말씀과 성령에 근거하는 도덕적이고 윤리적인 권위이다. 오늘날 포스트모더니즘의 영향을 받고 있는 한국사회, 더욱이 물량주의와 세속주의가 팽배하고 있는 한국사회를 향하여 한국교회는 자기를 버리는 무욕(無慾), 즉 그리스도의 사랑을 가시적으로 보여주시는 영적 도덕적 권위를 가져야 한다. 그럴 때 교회가 사회를 향하여 하는 비판이 무게 있는 영향력을 행사할 것이다.

chapter 6
한국사회의 반기독교 정서(情緒)와 그 대처방안

아시아에서 기독교는 중국이나 일본이나 동남아시아와 달리 한국에서 바르게 수용되었고 한국근대화의 기수의 역할을 하였다. 그런데 기독교가 성공했다는 오늘날 양적으로 팽창한 한국 기독교는 한국 사회의 기득권 세력이 되어 한국의 소외된 자들, 가난한 자들의 권익을 옹호하지 못하고 기득권의 편에 서 있으며, 도덕과 윤리성에 있어서도 사회의 귀감이 되지 못한다는 비난을 받고 있다. 반 기독교 정서 형성의 단면은 2007년 7월에 있었던 분당샘물교회의 아프간 선교봉사원들이 아프간 현지에서 탈레반 반군에 의하여 납치됨으로써 표면화되었다. 기독교가 현지사정에 대한 충분한 연구없이 위험지역에 무모하게 선교봉사단을 파견하였고, 전시주의적 선교정책과 물량주의적 한국교회의 모습에 대한 비난이 쏟아졌다. 배형규 목사와 신성민 씨 두 분이 처형되는 아픔이 있었으나 나머지는 정부와 반군 사이의 협상으로 무사히 돌아왔다. 한국 기독교는 해외 선교사들에 의하여 시작된 교회로서 예전에 입은 빚을 되돌려주려고 한다. 그런데 선교초창기에 그렇게 국민들의 선망과 등대가 되었던 한국교회가 오늘날 왜 우리 국민들로부터 비판을 받고 국민들 사이에 반기독교 정서가 형성된 것인지 자성하지 않을 수 없다.

이 장에서는 한국사회에서 형성된 친기독교 정서와, 오늘날 한국사회 안에 형성된 반기독교 정서의 이유를 밝히고 그 대안을 제시하고자 한다.

*

1. 한국에서의 친기독교 정서

한국은 아시아권에서 중국이나 일본이나 동남아시아와 달리 기독교가 가장 '성공'한 나라이다. 오늘날 젊은이들 가운데서도 가장 매력있는 종교는 전통종교인 불교나 유교보다는 기독교이다. 그 이유는 크게 두 가지로 들 수 있다.

하나는 초창기 기독교가 반일본식민주의라는 민족주의와 결합한 것이고, 다른 하나는 1950년에 일어난 한국전쟁 때 역시 기독교국가인 미국을 비롯한 유엔군들이 한국을 중공과 소련의 공산군의 침략과 만행에서 지켜주었기 때문이다. 이 두 가지 사건은 무의식 가운데 한국 국민들에게 기독교에 대한 좋은 정서를 형성하였다. 이 사건 배후에 보이지 않는 손으로 역사와 인간의 마음을 움직이시는 전능하신 하나님의 섭리와 경륜의 손길이 있음은 말할 나위가 없다.

(1) 민중의 편에 선 기독교

첫째, 개화기에 조선에 온 기독교 선교사들은 일제의 압박 당시 민중의 편에 서서 한국의 독립을 돕고, 한국의 억압의 실태를 해외에 알려주었다. 이로 인해 기독교는 한국민중들의 환영을 받았다. 초기 선교사들은 일제의 식민정책과의 마찰을 피하기 위하여 탈정치화하면서 순수복음을 전파하는 데 주력하였다.[1] 그러나 선교사들은 실제적으로는 일제에 억압받는 한국 민중들을 보호하여 주었다. 압제하는 관리와 일본경찰을 피하기 위하여 한국민중들은 치외법권을 가진 선교사의 집을 은신처로 삼았다. 초창기 기독교는 일제의 군국주의에 의하여 누란의 위기에 있는 나라를 구하려는 애국심으로 불탔다. 기독교인들의 집과 교회에는 태극기가 휘날렸다.

다음은 1895년 북장로교 선교보고서의 일문이다: "한국교회가 지닌 가장 흥미있는 양상의 하나는 애국심이다. 우리의 해안선은 어느날 아침 늦게 북쪽 땅에 우리를 내려놓았다. 강 언덕 마을을 보니 대나무 끝에서 조그마한 한국국기가 휘날리고 있었다. 이 깃발들은 기독교인들의 집이나 교회 위에서 휘날리는 것이었다. 주일날이면 국기를 그들의 집이나 교회 위에 단다는 것은 선교사들의 아무 지시도 없이 일어난 실천이었다."[2]

역사가들의 연구에 의하면 3·1운동이 전국적 규모로 가능할 수 있었던 것은 교회가 연락망이 되었기 때문이다. 독립선언서 서명자 33인 가운데 16명이 기독교인이었고 3·1운동 이후 일제의 박해와 가장 큰 피해를 입은 곳은 교회였다. 초창기에 기독교는 민족주의와 결합하였다.[3] 일제시대에 기독교는 한국인들에게 심리적으로 믿을 만한 정서를 심어주었다.

(2) 반공의 요새로서의 교회

둘째, 1950년에 한국전쟁이 일어나 한국의 정권이 누란의 위기에 직면했을 때 미국을 비롯한 서구의 연합군들은 한국을 공산군의 침범에서 피를 흘리고 구해주었다. 그리하여 그후 반세기 동안 한국은 반공(反共)주의의 요새(要塞)가 되었고 교회는 이것의 중심역할을 하였다. 기독교 국가인 미국이 한국을 공산주의의 침략에서 구하여 준 것은 한국에서 서양 종교인 기독교를 환영하고 받아들인 중요한 근거가 된다. 이것이 오늘날 한국 기독교가 한국에서 세계교회사에 유래없는 성장과 성공을 이룩한 역사적 이유이

다.[4]

해방 이후에도 자유당 정권은 기독교 장로인 이승만이 이끌었다. 자유당 정권 시절 일제 하에 기독교에 대해 긍정적으로 형성된 정서가 그대로 이어졌고, 기독교는 기독교 신장이라는 정부시책에 힘입어 크게 발전하였다. 이 시절 "섰다 하면 교회당"이라고 할 정도로 교회는 급속도로 발전했다. 이 시절 군목제도가 도입되어 군복음화 운동은 기독교 전파에 황금어장의 계기를 마련해 주었다. 그러나 자유당 정권 말년 이승만이 독재자가 되고 서울 남산공원과 부산 용두산공원 등지에 그의 개인 우상이 세워지면서 대한민국의 초대 대통령이요 민족 지도자로서 이승만의 위상은 무너지게 되었다. 그것은 그가 배경에 가졌던 기독교의 위상 추락과도 연결되는 것이었다.

(3) 1980년대 이후의 기독교

이후로부터 한국 기독교는 1960년대에 시작된 민족 복음화운동과 더불어 신자수는 크게 신장하였지만 대사회적 영향력은 1960년부터 1980년대까지 지속된 26년간의 군사독재정권에 영합 내지 침묵함으로써 감소하였다. 이러한 보수교회의 사회적 무관심 내지 책임성 부재의 태도가 대사회적으로는 젊은 세대들이 반 기독교정서를 형성하는 데 여지를 제공하였다고 할 수 있다. 그리하여 사회에 대한 봉사와 섬김보다는 교세확장에 주력한 한국 보수기독교가 지닌 근본주의 신앙관과 윤리성 약화 그리고 기독교 내에서 자라난 각종 이단 운동이 한국의 젊은이들 가운데 기독교에 대한 정서를 나쁘게 만드는 데 기여하였다.

2005년 5월 30일 한국갤럽은 2004년에 조사한 "한국인의 종교와 종교의식"에 관한 조사연구를 발표하였다. 갤럽의 이번 조사는 한국의 종교지형을 알아보기 위한 것으로 5-7년을 주기로 한국인의 종교의식을 조사해 왔으며 이번에 발표한 자료는 1984년과 1989년, 1997년, 2004년에 조사한 결과를 종합한 것이다. 이 조사에 의하면 개신교는 성장이 둔화하고 교인이탈이 심각한 것으로 나타났다. 지난 20년간 한국 기독교는 4.2%의 성장에 그쳤고, 개종자 가운데 기존종교가 기독교인 사람이 78.9%라는 높은 비율을 보였다. 그리고 이 갤럽에 의하면 한국인이 가장 많이 믿는 종교는 개신교가 아닌 불교로 나타났다. 한국갤럽이 전국의 성인남녀 1,500명을 대상으로 진행한 설문조사에서 개신교인은 응답자의 21.45%에 불과, 24.4%인 불교에 이어 두 번째인 것으로 나타났다.[5] 이러한 한국인 전체 인구에서 종교를 믿는 종교인의 비율이 53%, 비종교인의 비율이 46.5%로 나타났다. 종교인 가운데서 불교가 큰 비율을 차지하고 기독교는 천주교 7%를 합하면 28.45%로 불교보다도 높은 것으로 조사되었다. 1984년의 조사에서는 불교신자가 18.8%, 개신교신자가 17.2%이었다. 1997년 조사에서는 개신교가 전체 종교인구 중 가장 높은 비율을 차지했으나 2005년에는 불교에 성장률에 있어서 추월을 당하였다.[6] 1980년 이후 20년간의 성장률에 있어서 불교가 5.6% 성장한 반면, 개신교는 4.2% 성장하였다. 개신교의 활발한 선교, 불교의 정적인 포교에 비하면 개신교의 성장률이 둔화되는 것으로 나타났다. 개종 경험이 있는 이들의 응답에서 개종 이전의 종교가 개신교 45.5%로 나타나 성도 이탈의 위험수위도 높았다. 현재 불교로 개종한 사람이 이전에 믿었던 종교는 개신교가 78.9%, 천주교가 18.0%였다. 이에 반해서 현재 개신교로 개종한 사람이 이전에 믿었던 종교는 불교가 70.0%, 천주교가 22.9%였다. 현재 천주교로 개종한 사람이 이전에 믿었던 종교는 불교가 34.4%, 개신교가 59.2%였다.[7] 그리고 천주교에서 개신교로 개종한 사람의 비율이 개신교에서 천주교로 가는 비율보다 2배 이상으로 높은 것으로 나타나고 있다.

비종교인을 대상으로 가장 호감을 느끼는 종교가 무엇인지를 물어본 결과 불교가 37.4%로 가장 높았고, 천주교가 17.0%, 개신교가 12.3%, 호감(好感)을 느끼는 종교가 없다는 비율도 33.0%를 차지하였다. 비종교인들에게 개신교는 가장 호감도가 낮은 종교로 꼽혔다.[8] 신앙생활에 있어서는 개신교인이 가장 적극적인 것으로 나타났다. 일주일에 한 번 이상 종교의례에 참여하는 경우는 개신교인이 71.1%로 가장 높았고, 천주교인 42.9%, 불교인이 3.5% 순으로 나타났다.[9] 그리고 경전 읽기, 기도, 헌금 등에 있어서도 개신교는 타종교에 비해 두 배 이상 높은 수치를 기록했다.

전반적으로 종교생활을 시작하는 연령이 낮아져 청년기 이전에 시작하는 비율이 증가했다. 특히 개신교인의 37.3%가 9세 이하에 신앙생활을 시작한다고 응답해, 개인적 결단으로 입교하는 것보다 부모의 종교가 자녀들에게 전승되는 경우가 늘어나는 추세를 나타냈다. 개신교는 부모와 본인의 종교일치도가 높아지고 있어서 부모가 믿는 종교를 따라 믿는 경우가 많다는 것을 뒷받침하고 있다. 20년 이상의 장기 신앙생활자의 비율도 52.0%로 늘었다.[10]

이 조사에서 보면 불교에서 개신교로 개종한 비율보다도 개신교에서 불교로 개종한 비율이 높다는 것을 알 수 있고, 천주교에서 개신교로 개종한 비율보다도 개신교에서 천주교로 개종한 비율이 높은 것으로 나타났다. 비종교인들에게 개신교의 호감도가 낮은 이유는 독선적이고 이웃에 대하여 배려하지 않으며, 자기의 구원만을 추구하는 열광적인 기독교인과 교회자체에서 찾아야 한다. 종교의례 참여도는 개신교가 불교나 천주교보다도 월등히 높은데도 불구하고 이탈이 많다는 것은 개신교회가 갖는 각종 분열과 교회 내분(2005년 예장 통합측 광성교회 사태가 대표적)과 비윤리성(무인가 신학교 남발, 무자격 목사 남발) 때문으로 보여진다. 한국교회 초기에 형성된 기독교우호적인 정서에서 점차 반기독교적인 정서로 옮겨가고 있는 것이다. 이러한 현상은 사회문화적으로는 "기독교의 사회적 역할 축소, 기독교 문화의 독자적인 영향력 감소, 기복신앙 답습의 폐해, 여가생활의 확산 등 사회문화적 변동"에 기인하는 것으로 볼 수도 있다.[11]

필자는 다음에서 한국사회가 역사적으로 좋은 기독교 정서를 가졌는데도 불구하고, 1980년대 이래로 우리 사회의 일각에서 형성되고 있는 반기독교 정서는 기독교인들과 교회자체의 책임이라고 보고 이에 대하여 요인들을 분석하고자 한다.

2. 반기독교 정서의 역사적 요인

(1) 근본주의 신앙관

한국 보수교회는 1960년대 이후로 근본주의적 성향으로 나아가 5·16 군사혁명을 통해 군인들이 세운 군사정권에 영합하면서 삼선개헌과 유신(維新)정부에 대한 용인, 10·26 정변이후 출현한 신군부의 5·17 쿠데타 및 신군부정권의 출범에 영합 내지 동조하였다. 그리하여 당시 교회는 자체적으로 부흥하였으나 양심있는 젊은이들의 정의감과 윤리의식에 많은 실망과 냉소를 가져다 주었다.

이에 반해서 한국의 진보주의 교회는 군사정권에 반대하면서 인권보호와 신장에 적지않은 공헌을 하였다. 그리고 가톨릭교회도 명동성당을 중심으로 소외받는 노동자들의 농성장소가 되었고, 실정법을 어긴 재야(在野)지도자들의 은신처가 되었다. 이로 인해 젊은이들에게 정의감과 윤리의식의 공감을 자아내면서 종교에 관심있는 많은 젊은이들을 가톨릭 교회로 끌어들인 것도 사실이다.

(2) 기독교 이단의 영향

기독교의 이름을 표방한 이단들, 통일교와 박태선 천부교, 양도천의 하나님 집의 공회, 각종 신비주의 기도원의 비윤리적 행태, 시한부 종말론, 예컨대 1992년 다미선교회의 열광적인 종말론 운동, 오대양 신도 집단 자살 사건, 만민중앙교회 및 대성교회, 애천교회와 구원파들의 반윤리적 행태 등이 일반사회인으로 하여금 기독교에 대한 반감적인 정서를 형성시켰다고 생각된다.

다미선교회의 "다가오는 미래를 준비하라"는 열광적 종말론 운동은 1996년 10월 28일을 예수 재림일로 설정하고 구원을 얻을 자는 자기의 모든 재산을 교회에 바치고 재림을 기다리라는 메시지는 우매한 신자들을 미혹하여 생업을 포기하게 하고 자기의 재산을 바치도록 하였다. 1996년 예언한 시간에 재림이 불발하자 이들의 환상과 예언이 사기요 허위라는 것이 드러났다. 그리고 이들 교주들이 신도들의 재산을 개인 계좌에 저축하는 등 횡령한 것이 드러나면서 교리적으로뿐만 아니라 윤리적으로 지탄을 받게 되었다.

2000년 들어와서는 안상홍 하나님의 교회, 신천지 장막교회 등이 다시 한국사회를 어지럽히고 있다. 안상홍 하나님의 교회는 안상홍을 재림예수로 믿으며,[12] 신천지 장막교회는 이만희를 재림예수로 믿고 있다.[13] 이러한 사이비 이단들의 열광적 종말운동은 일반 사회인들에게 마치 기독교란 현실사회를 부정하고, 현실과 유리된 종교라는 견해를 심어준 것이다.

2. 반기독교 정서의 사회적 요인

기독교에 대한 반대적인 정서란 기독교 자체가 만들어 낸 것이다. 보수 교회가 만일 이것을 반기독교인들의 음모라고 무시한다면 교회는 자기독선과 아집에 사로잡혀 있는 것이요 교회의 자체 갱신은 요원할 것이다.

(1) 한국교회의 분열

오늘날 한국 기독교는 적게는 전 인구의 19.7%, 많게는 25%나 될 정도로 성장하였다. 오늘날 한국 기독교는 불교나 유교보다도 우리 사회와 정치에 많은 영향을 주고 있다. 김영삼 문민정부시에는 대통령 내외가 장로교 장로와 권사요 장관들의 절반이 기독교인들이요, 김대중 국민정부에도 대통령이 천주교인이며 부인은 감리교 장로요 장관들도 적지 않은 자들이 기독교인들이었다. 현재 노무현 참여정부의 경우에도 대통령이 천주교 영세를 받았으며, 영부인은 성경공부를 열심히 하고 있다고 한다.

이처럼 기독교의 영향은 사회적으로 주도적인 위치에 있지만, 기독교는 교파의 분열 때문에 지탄을 받고 있다. 한국교회의 3분의 2를 차지하는 장로교회가 크게 세 교단으로 나누어졌을 뿐 아니라, 대한예수교장로회라는 교단 아래 130여 개의 교단들이 등록되어 문공부의 비난과 냉소를 받고 있다. 감리교단이나 성결교단, 하나님의 성회도 그 규모면에서는 장로교에 미치지 못하지만 교파가 분열되고 교회내에 대립과 갈등이 있는 것은 크게 다를 것이 없다. 이러한 한국 기독교의 교파분열과 교회내의 각종 이해관계에 따른 싸움은 기독교를 싸우는 종교로 오해하게도 하였다. 사회나 직장에서 다툼이 났을 때 "싸우려면 교회가서 싸우라" 라고 하는 것은 한국교회의 무질서하고 다투는 곱지 못한 모습을 반영하고 있다. 각종 기독교 단체에서의 분열과 투쟁은 한국교회가 자성해야 할 부분이다.

(2) 보수교회의 반사회적 신앙관

한국 보수교회의 반사회적 태도란 보수교회가 가진 근본주의 세계관과 독선적인 신앙관에 기인하고 있다. 한국 보수교회는 교회사적인 양적 성장을 하면서 엄청난 헌금을 거두어 들였다. 그러나 지역사회를 위하여 불우 이웃을 돕기보다는 그것을 교회당 확장, 교육관 증축, 기도원 설립, 교회묘지 조성 등 교세확장을 위하여서 일차적으로 사용하였다. 교회 이웃에 사는 불우한 자들에 대한 구제와 사회봉사에 관심을 기울이지 못했고, 이들을 위하여 재정을 지출하지 못하고 있다. 여기서 교회는 믿는 자들의 독선적이고 폐쇄적인 공동체가 되어 버린 것이다.

한편 한국교회는 1960년대 이후 여태까지 가진 자와 권력자에 대해서는 많은 관심을 가지고 그들을 교회로 데려오기 위하여 많은 노력을 기울였다. 다른 편으로 교회에 와도 도움이 되지 않는 부담이 되는 자, 부와 권력이 없는 지극히 작은 자들에 대한 관심은 적었다고 할 수 있다. 한국교회가 소외된 자들의 처지에 대하여 상대적으로 소홀히 했다는 것이다.

이러한 한국교회의 대사회적 자세는 초창기 한국교회와는 전혀 다른 것이다. 초창기의 한국교회는 개화의 수단이 되었고, 민족주의자들의 회합처가 되었고 봉건적 신분사회를 깨뜨리는 사민평등의 정신을 심어주었다.[14] 당시 한국교회는 전국적 조직망을 가지고 3·1독립운동을 전국적인 규모로 전개할 수 있는 유일한 조직망이었다.[15] 그리하여 3·1운동 직후 개신교회는 일제의 탄압을 받아 가장 큰 피해를 입었다. 초창기의 한국 기독교는 민족의 어려움과 고난의 동반자였기 때문에 동남아와 달리 한국에서의 기독교는 제국주의의 앞잡이가 아니라 민족주의의 동반자로 수용되었고, 심지어 일제가 물러간 후 최초의 정부가 수립되었을 때 감리교 장로인 이승만이 이끄는 자유당정권이 탄생한 것이다.

(3) 한국교회의 비윤리적 성향

한국교회는 이신득의(以信得義, justification through faith)의 신앙을 강조하면서 신앙과 생활을 분리함으로써, 교회와 직장에서 신도들의 삶에 괴리가 생기게 되었다. 그리하여 우리 사회에서 터지는 대소(大小)형(型) 부정사건에 기독교인 관리(官吏)들이 적지 않게 연루되고 있다. 목회자들에 대한 사회적 신뢰도는 일반 교사들보다 떨어지는 상황이다. 반면 천주교 신부들이 개신교 목사들보다 더 사회적인 신뢰를 받고 있으며, 천주교 신자들이 개신교 신자들보다 더 신뢰를 받고 있다.

독실한 신자이며 기업체 회장인 장로가 외화 해외 밀반출 혐의로 구속되고, 이러한 과정에서 옷로비 사건이 터지면서 교회 직분자인 기독교인 당사자들이 청문회에 나와서 서로 상대방의 혐의를 추궁하는 등의 사건으로 인해 기독교의 위상이 실제적으로 추락한 것이 사실이다.

1990년대 서울의 몇 대형교회를 중심으로 하는 목회세습 그리고 후계자 선임과정도 사회적으로 문제화 되었다. 이러한 세습자체가 무조건 비난의 대상이 되는 것은 아니나 과정이 투명하지 못하고, 교인들의 합리적인 동의 없이 세습목사의 독단으로 이루어는 것은 문제가 될 수 있다.

(4) 물량주의적 성향

한국교회는 양적 성장과 팽창 성향으로 인한 엄청난 재정력을 해외선교에 사용하게 되었다. 그리하여 2006년에는 아프카니스탄에 1,000여 명의 기독교인들이 선교행사를 가지려다가 당국의 제지로 취소된 데 이어 2007년 7월에는 분당 샘물교회 청년선교봉사단 23명이 아프간에 선교봉사를 하러 갔다가 탈레반 반군들에게 납치되는 일이 발생하였다. 모든 국민의 관심이 여기에 쏠렸고, 인터넷을 통해 "위험한 지역에 왜 갔느냐?" 등 선교봉사단을 질책하는 글들이 쇄도하였다. 선교봉사단의 인질사태로 한국교회의 물량주의적이고 전시주의적 선교정책이 언론의 비판의 대상이 됨으로써 반기독교적 정서는 더욱 심화되었다.

자기들을 위하여 봉사하러 간 봉사자들을 인질로 삼아 처형하는 야만적인 탈레반에 대한 분노와 응징보다는 위험한 지역에 입국하여 국민적 에너지를 소모케 한 선교봉사단원을 나무라는 목소리가 더욱 컸다. 돌아온 그들을 보며 기쁨을 표현하기 보다는 '국가적인 물의를 일으킨 인물' 이라고 비난했다. "현지 아프간 주민들이 이들이 다시 돌아오길 원하는 것은 봉사단이 얼마나 현지에서 헌신적으로 활동했는가를 보여주고 있다. 그런데도 이들을 강제로 잡아 협상의 도구로 이용하고 심지어 죽이기까지 했던 탈레반의 행태를 비난하는 글은 찾기 힘들다. 자신들의 행위에 대한 비판이 없는 탓인지 탈레반도 아무런 죄책감도 없이 '납치는 적들을 압박하는 데 있어 돈도 안 드는 좋은 전략' 이라며 앞으로도 납치를 계속하겠다는 후안무치한 태도를 보이고 있다." [16]

2007년 7월 아프간 피랍사태의 근본적인 원인은 사랑을 실천하기 위해 아프간을 찾은 봉사단에 있는 것이 아니라, 이들을 강제로 납치하고 무자비하게 살해해 전 세계 사람들에게 충격을 준 탈레반 무장단체에 있다. 이 봉사단의 주된 목적은 선교보다는 봉사였다. 국내 여론 중에는 봉사단의 선교활동에 대한 비판도 있는데, 설사 봉사단이 선교를 전제로 봉사활동을 펼쳤다 하더라도 선교의 자유 자체로 비판받을 수는 없다. 신앙의 자유 안에는 선교의 자유도 포함돼 있다. 신앙의 자유는 천부인권이다. 즉 신앙을 강제하지 않는 한 자유로운 선교는 보장돼야 한다.

3. 반기독교 정서의 시대적 요인

(1) 안티기독교운동

안티기독교 세력이 한국사회에서 성장한 것은 시대적인 요인도 적지 않다. 인터넷 시대의 개막과 더불어 기독교가 인터넷 선교에 직접 뛰어들면서 이에 대한 반작용으로 안티기독교 세력이 일어났다. 세 번의 기회가 있었다.[17] 첫 번째, 2000년 한 기독교언론이 안티기독교를 소개하면서 적지 않은 기독교인들이 안티기독교 사이트에 비난의 글을 올렸다. 그리하여 안티기독교들과의 전선이 형성되었다. 두 번째, 2002년 월드컵 때에 "붉은 악마"에 대하여 비난한 주장들이 안티기독교 세력을 결집하게 했고 공동의 전선을 형성하게 했다. 세 번째, 분당샘물교회 선교봉사단들이 아프간에서 납치됨으로써 이에 대한 안 좋은 여론을 등에 업은 안티기독교의 공감전선이었다. 2003년 반기독교시민운동연합(www.antichrist.or.kr)은 창립선언문에서 "이 사회에서 기독교가 더 이상 패악질을 일삼지 못하도록 기독교를 박멸하겠다"고 밝히고 있다. 이들은 기독교에 대하여 편견을 가지고 폭언을 일삼고 있다. 이들은 기독교에 대해 듣기에 거북한 말들을 쏟아내면서 분노를 격발시킨다. 이것은 하위문화(subculture)이며 동시에 정크(쓰레기)문화라고 할 수 있다. 안티기독교 운동은 인터넷이 지닌 익명성을 수단으로 폭력성이나 거짓을 유포하는 유언비어를 무차별로 퍼뜨리고 있다. 안티기독교 세력이 아프간에 납치되어 살해 위협을 받고 있는 한국선교봉사원들에 대하여 '너희들이 잘못하여 위험지역에 제 발로 들어갔으니 스스로 벌을 받아 옳다'는 식으로 여기는 생명경시의 풍조는 폭력성의 구체적인 예라고 볼 수 있다.

기독교계에서는 교단적 또는 초교파적으로 안티기독교에 대한 대처가 거의 없는 상황이다. 대처는커녕 안티기독교인들의 정체나 활동조차 제대로 파악하고 있지 못한 실정이다. 그러는 동안 안티기독교는 각 분야 속으로 파고들어가고 있다. 《한겨레신문》의 토론방인 한토마나 다음의 토론방인 아고라의 종교방을 안티들이 점령한 것은 이미 확실한 일이고 안티들이 영향력을 넓히고 있는 곳 중 하나는 야후(yahoo) 토론마당의 문화방이다.[18]

예수비전교회 목사 안희한은 2008년 1월 하순 다음같이 안티기독교운동의 심각성을 제시하고 있다.[19]

첫째로 안티들이 기독교를 사회악으로 규정하고 있다. 개혁의 대상이거나 변화의 대상으로 보는 것이 아니라 제거해야 할 대상으로 보는 것이다. 안티를 순진한 눈으로 보면서 개혁자들이 해야 할 말을 안티들이 대신 해주고 있다는 말을 하는 이들도 있는데, 이것은 대단한 착각이 아닐 수 없다. 안티들은 실상 교회의 도덕성에 큰 관심을 가지고 있지 않다. 다만 비도덕적인 모습이 나타날 때 이용할 뿐이다. 안티들에게 있어 기독교는 그 존재 자체로 사라져야 할 대상일 뿐이다.

둘째로 안티들은 자신들이 하는 일에 최선을 다하고 있다. 그 중에는 심심풀이나 장난 삼아 안티활동을 하는 이들도 있지만 상당수는 분명한 목표를 가지고 안티를 하는 이들도 있다. 안티들이 왜 그토록 많은 시간과 에너지를 쏟으면서 기독교 파괴에 열심을 내고 있느냐 하는 것도 그들의 목표의식을 이해할 때 해명이 된다. 그들 중에는 좌파, 대종교, 불교에 속한 사람들이 발견되기도 하는데 그에 대한 것은 차차 밝혀 나갈 것이다.

셋째로 안티들이 조직적으로 안티활동을 하고 있다는 것이다. 다음 아고라의 종교방이나 문화방에서 그들은 서로 협력한다. 추천을 해 달라고 요청하면 순식간에 많은 추천이 붙으며 그렇지 않을 경우에도 서로의 글을 무조건적으로 추천하여서 베스트에 보내고 있다. 야후 토론마당의 문화방에 베스트 글을 올리는 것도 마찬가지 맥락이다. 다음의 안티들에게 야후의 안티 글에도 추천해줄 것을 요청하고 실제로 그렇게 실행하는 것이다.

사실 기독교인들의 숫자는 안티들과 비교할 수 없을 만큼 많다. 문제는 기독교인들이 무관심하다는 것이다. 교계 지도자들이나 개교회 지도자들 역시 마찬가지다. 그렇게 손을 놓고 무관심하게 있는 사이에 사이버 세상은 점점 안티들의 점령지가 되어가고 있다. 자기 발로 사이버 공간 속으로 뛰어들어가는 수많은 청소년들과 젊은이들은 안티들의 잘못된 글에 물들어가고 있다.[20]

(2) 안티 기독교측과의 대화

한국교회언론회(대표 박봉상 목사)가 2007년 11월 23일 연동교회에서 '안티 기독교와의 토론회'를 개최했다. 토론회의 취지는 '반기독교가 그동안 온라인상에서 기독교에 대한 공격적 자세를 취해왔는데, 예수 믿는 사람들이 1,000만 명에 이르고 있는 상황에서 비판을 받는 데 대한 사회적 책임도 있다고 판단해 대화의 시간을 갖기로 했다"는 것이다. 또 교회언론회는 "그동안 한국교회가 안에서만 교회를 바라봤다면 밖에서의 시선도 한번쯤 살펴볼 필요성이 있다"며 "만일 대화를 통해 기독교에 대한 문제점이 타당하게 지적된다면 반기독교측의 의견이라도 존중할 방침"이라고 밝혔다.[21]

이날 토론회에는 기독교계에서는 실천신학대학원 교수 조성돈, 해외에서 안티기독교 현상을 분석하고 있는 호주 시드니 사랑방교회 목사 지성수, 진보적 입장에서 안티문제를 바라보고 있는 세계와 기독교변혁연대 연구실장 정강길이 참여했고 안티기독교 측에서는 대표적 안티기독교 단체인 '반기독교시민운동연합' 회장 이찬경이 패널로 참여했다.

패널로 참석한 조성돈은 종교사회학적으로 안티기독교 현상을 분석하였다. "안티기독교가 종교화되어지고 그들이 신봉하는 안티기독이라는 것들이 교리화되고 있다"며 "그래서 유사종교로서 이제 그들의 공동체와 마음에 자리하고 있는 것"이라고 강조했다. 조성돈의 이같은 지적은 내부적으로 기독교 도그마 비판 등의 교리적인 요소까지 가미돼 음지에서 집단주의 형태를 띠고 있는 안티기독교의 양상을 지적한 것이다.[22]

조성돈은 "대한민국이 민주국가라고 한다면 적어도 그의 국민 하나하나가 기본권이라도 챙겨가면서 인간답게 살 수 있도록 해 줘야 할 것"이라며 "건전한 사회가 될 수 있도록 하기 위해서는 나의 신념과 생각을 집요하게 강요하는 집단주의의 망령에서 벗어나야 할 것"이라고 강조했다. 조 교수는 "종교의 태도에서도 반성할 부분이 있고 반종교적인 태도에서도 반성할 부분이 있다"고 말했다.

'붉은악마'를 계기로 안티기독교가 성장한 배경에 대해서도 지적했다. 조성돈은 "2002년 월드컵 당시 기독교가 '붉은악마' 반대 캠페인이나 기독교 배경을 가진 선수들을 부각하는 데 대해 안티기독교가 자극을 받았다"며 "기독교의 호전적 대응은 당시 나타났던 안티기독교 참여 세대에게 공격의 빌미가 됐다"고 기독교 활동의 반작용으로 안티기독교의 활동이 시작됐음을 설명했다.

안티 기독교측을 대변하는 이찬경은 이날 토론회에서 "우리는 기독교가 자정능력이 아예 없거나 상실했다고 판단한다"며 기독교가 더 이상 무용하다는 논리를 폈다. 이찬경은 "천민자본주의가 판을 치고 교회의 외적 성장과 신도의 양적 팽창이 목사의 성공으로 치부되는 현실에서 신도들은 결국 현금지급기 노릇만 죽어라 하고 있다"고 지적하였다. 그는 "공룡화된 교회는 실로 거대한 기업처럼 돌아간다"며 "천문학적인 숫자의 교회 건축 비용을 충당하기 위해 각종 헌금을 나열해서 마치 수익사업처럼 걷는다"고 비판했다. 또 "교회 건물 하나에 수백억이 들었다면 생산적인 사업을 벌인 것도 아닌 교회는 수십개의 명칭을 붙인 헌금과 신도수의 확장에 목을 맨 것"

이라며 "신유치료를 빙자한 기독교의 기도원은 하나의 사업 아이템이 된 지 오래"라고 비판했다. 또 이찬경은 "기독교가 배타적이고 독선적인 교리로 다른 문화와 다른 종교에 대한 멸시와 폄하를 일삼으며, 피해를 주는 것은 어제 오늘 일이 아니다"라며 "제국주의 첨병에는 언제나 선교사가 있었고 순교했다고 주장하는 기독교인들의 수십 수만 배나 달하는 사람들이 기독교 앞에서 짐승처럼 죽어갔다"고 역사적 해석이 필요한 부분까지 들췄다.[23]

대안 기독교적 입장을 전한 정강길은 "기독교계가 외부적인 비판을 받는 데 대한 자정의 노력과 자성의 모습이 있어야 할 것"이라고 강조하면서도 "안티 기독교는 사랑이 전제된 비판인지 비판을 위한 비판인지 동기를 돌아볼 필요가 있다"고 공격을 전제로 한 형태를 지적했다. 안티 기독교운동에는 "기독교는 무조건 망해라"는 "기독교 박멸주의"라는 신념이 무차별적으로 전제되고 신봉된다는 점에서 폭력성을 지니고 있다.[24] 안티 기독교 운동은 "어느 민족에게나 존재하는 하나의 신화를 마치 실재했던 역사적 사실인 것처럼 내세우는 것이 기독교의 구약이다", "기독교에서 내세우는 역사적 사실은 모두 허구다. 신화가 신화의 자리에 있지 않고 역사적 사실로 인정받으려는 것은 억지다" 등의 독단적 주장을 하고 있다.

지성수는 "안티 기독교의 자극성이나 선정성을 보면, 성경 19금 운동을 펼칠 것이 아니라 안티 기독교 사이트 19금 운동을 전개해야 할 것으로 보인다"며 "과연 욕설과 저주로 진행되는 시민운동이 있는지 반문하고 싶고 대승적인 안티 기독교가 되었으면 한다"고 밝혔다. 이 토론회에서 국내 안티 기독교운동이 종교화된 양상을 띠고 있다는 지적이 제기됐다. 또 사고의 틀에 박힌 전체주의의 망령이라는 평가도 나왔다.

안티 기독교운동도 하나님이 기독교의 갱신을 위하여 쓰시는 병기라고 이해하는 것이 기독교에 도움이 된다. 이들이 비판하는 "공룡화된 교회는 실로 거대한 기업", "수십개의 명칭을 붙인 헌금과 신도수의 확장", "기도원은 하나의 사업 아이템" 등은 물량주의로 나아가는 현 한국교회의 단면을 지적하고 있다. 이에 대하여 한국 기독교는 무조건 왜곡이라고 변명하기 보다는 자신의 모습을 성찰해보는 태도를 가짐으로, 한국교회의 내실적 성숙에 도움이 될 수 있다. 한국 기독교는 안티 기독교 운동에 직면하여 즉각적인 맞대응을 자제하고, 이들의 비판을 통하여 자신을 성찰하고 특히 도덕성에 대한 점검을 하는 것이 요청된다. 한국교회가 그동안 안티 기독교의 빌미를 준 것을 자성하면서 회개와 갱신을 통하여 "스스로 자정능력을 지속적으로 키워나가야 한다."[25] 빛의 자연인 기독교인들은 세상에 속하는 어두움의 자녀들에 대하여 도덕적 윤리적 우월성을 신앙의 열매로 보여주어야 할 것이다.

(3) 안티기독교운동의 영적 요인

우리는 반기독교 정서의 사회적 요인을 분석하면서 영적 요인을 간과해서는 안 된다. 영적 요인이야말로 가장 중요하다고 말할 수 있다. 이 세상에서 마귀가 실권을 쥐고 있기 때문에 빛의 자녀들과 교회의 일에 대하여 반감을 가지는 것이다. 반기독교적 정서는 이 세상이 마귀에 의하여 지배당하고 있기 때문에 생겨나는 것이다. 이것은 영적 측면이다. 예수님은 이 세상이 하나님의 백성을 미워한다고 하였다. 세상의 영인 마귀는 자기의 때가 얼마 남지 않은 줄 알고 더욱 이 세상 사람들의 영을 더욱 강퍅하게 한다. 불신의 세대를 지배하는 영은 이 세상의 영으로서 하나님으로부터 멸망당하기까지는 권세를 잠정적으로 양도받는 권세이다. 이 불신의 권세들이 오늘날 사람들의 마음을 더욱 강퍅하게 하여 하나님과 교회에 대항하고 있다.

21세기를 주도하는 포스터모더니즘이란 세속주의 풍조는 보편적인 진리와 가치의 실재를 부정하고 사회의 제도를 부정하며, 기독교의 진리와 제도에 대해서도 도전하고 있다. 더욱이 해체주의의 이름으로 다가오는 오늘날의 시대풍조는 기독교의 설교와 윤리를 회의적으로 만들며 무위화하려고 하고 있다. 이러한 해체주의는 현대인이 가져야 할 객관적 가치나 진리가 독립적으로 있는 것이 아니라 인간이 자기 좋을 대로 만들어 내는 것으로 본다.[26]

절대 진리와 가치를 부정하고 상대주의를 주장하고 애매모호한 언어와 행동을 정당화하는 이 시대의 풍조는 성경의 권위를 절대적으로 믿고 진리와 가치와 규범을 받아들이는 기독교인들을 미워하는 것이다.[27] 예수님은 예루살렘에 올라가서서 당시 종교인들에 의하여 체포되어 십자가에 못박히시기 전에 제자들에게 이 세상이 인자에 대하여 그리고 제자들에 대하여 가진 증오를 다음같이 가르치셨다: "세상이 너희를 미워하면 너희보다 먼저 나를 미워한줄을 알라 너희가 세상에 속하였으면 세상이 자기의 것을 사랑할 것이나 너희는 세상에 속한 자가 아니요 도리어 내가 너희를 세상에서 택하였기 때문에 세상이 너희를 미워하느니라"(요 15:18-19). 세상이 기독교 신자를 증오하는 것은 신자들이 세상에 속한 자가 아니라 하나님께 속한 자이기 때문에, 말하자면 시민권이 다르기 때문이라고 말씀하신다.

그리고 주님은 이 세상의 증오가 아무런 까닭이 없음을 말하고 계신다: "나를 미워하는 자는 또 내 아버지를 미워하느니라 내가 아무도 못한 일을 그들 중에서 하지 아니하였더면 그들에게 죄가 없었으려니와 지금은 그들이 나와 및 내 아버지를 보았고 또 미워하였도다 그러나 이는 그들의 율법에 기록된 바 그들이 이유없이 나를 미워하였다 한 말을 응하게 하려 함이라"(요 15:23-25). 역시 세상이 가진 기독교인의 증오는 아무런 이유가 없음을 가르치신다. 이유없이 미워함은 이 세상 사람들의 마음이 어두운의 마귀의 권세에 의하여 지배받고 있기 때문이다.

5. 반기독교 정서에 대한 교회의 대처방안

그러므로 신자들은 말과 행동에 있어서 신중하고 조심스러워야 한다. 교회와 신자들의 허물이야말로 이들의 힐난과 고발과 반기독교 정서를 만드는 빌미를 제공한다. 기독교인들은 말과 행동을 더욱 조심스럽게 해야 할 것이다. 기독교인은 자기의 정체성을 분명하게 할수록 그만큼 어두움을 밝힌다. 이만큼 기독교인들은 어두움에 속한 사람들의 증오의 대상이 된다. 그러나 우리는 이에 두려워할 필요가 없다. 주님은 말씀하시기를 "세상에서는 너희가 환난을 당하나 담대하라 내가 세상을 이기었노라"(요 16:33)라고 말씀하신다.

(1) 신앙의 생활화: 칭의에서 성화로 성숙

신앙과 삶이 일치되어야 한다. 이신득의(Rechtfertigung, justification)의 신앙이란 믿음으로 칭의를 받는 것이지 여기에 선한 행실을 폐기하는 것이 결코 아니다. 이신득의의 신앙이 잘못 이해되어 선한 행실 없이도 신앙생활을 할 수 있으며, 지은 죄를 반복하여도 용서받고 천국갈 수 있다는 신앙은 종교개혁적 신앙을 값싼 은혜로 바꾸는 것이다. 독일의 신학자 본회퍼가 『나를 따르라』(Nachfolge)에서 독일의 나치 하에서 루터교 신자들이 그리스도를 따르는 제자직(discipleship, Jungerschaft) 없는 기독교인의 삶을 비판하고, 그것은 그리스도의 고귀한 은혜를 싸구려 은혜로 변질시키는 것이라고 지적한 것은[28] 오늘날 한국교회에도 타당한 비판이다. 이제 한국 기독교인들에게 신앙의 생활화가 요청된다. 그것은 칭의에서 성화로 나아가는 것이다. 그것은 결단코 율법생활을 말하는 것이 아니라 칭의에 따른 삶이요, 성령의 열매를 맺는 삶이다.

(2) 역사의식의 고취: 근본주의 신앙관 극복

기독교는 역사를 하나님의 섭리하시는 도구로 보는 종교이다. 역사를 중요시하는 종교이다. 초창기의 한국개신교가 그렇듯이 민중을 떠나서 기독교는 존재하지 않는다. 초창기 기독교는 복음을 근대화의 도구로 생각했다. 민족주의와 결합하였고 기독교는 한국의 독립과 계몽을 위하여 기여했다. 그리하여 한국의 민중들에게 환영을 받았던 것이다.

한국의 기독교는 1930년대 일본의 문화통치 이후 타계화하기 시작하였고 근본주의 신앙관에 연결된다.[29] 역사를 떠나 타계적인 구원에 매달리며 현실에 대한 진지한 관심과 봉사에서 떠나게 된다. 한국 보수주의 교회는 (타계주의적 흐름을) 그대로 이어받아 해방 이후 자유당 정권의 독재화를 묵인하였다. 1960년대 기독교인들이 실권을 가졌던 자유당 정권은 4·19 학생혁명에 의하여 무너졌다. 이것은 기독교의 윤리에 대하여 한국사회가 실망을 가지게 된 과정이었다. 보수주의 교회는 1960년대 70년대의 권위주의적이고 억압적인 유신정권을 묵인하는 현실방관적인 태도를 일관하였다. 그러다가 1974년 로잔(Lausanne)에서 열린 세계 복음화 대회에서 채택된 복음주의의 사회참여론(Lausanne Covenant)은 보수교회로 하여금 사회참여에 관심을 갖고 여태까지의 현실방관에 대한 반성의 계기를 마련하였다. 그리하여 1980년대 신군부정권이 시도한 대통령 간선을 단임제 직선으로 헌법개정하는 데 한국보수교회도 적극적으로 참여하였다.

(3) 물량주의 탈피, 내실적 성장 추구

2007년 아프간 선교봉사단 인질사태는 한국교회의 전시(展示)주의적이고 물량주의적 선교가 초래한 부정적인 산물이라고 말할 수 있다. 선교봉사단이 잘못한 것이 아니라 이들을 그 위험지역에 보낸 한국교회의 선교정책이 물량주의적이고 전시주의적이라는 것이다. 위험한 지역에는 다수의 사람을 보내지 않고 소수를 보내며, 또한 드러내지 않고 조용히 은밀히 해야 한다. 하나님은 인간의 실수들을 결과적으로는 그분의 영광을 위해 그리고 모든 사람의 유익을 위해서 사용하신다. 애굽 바로왕의 강팍을 그의 백성의 구원을 위하여 사용하시듯, 하나님은 탈레반의 야만적이고 사악함을 그분의 주권을 위하여 사용하실 것이다. 한국교회는 이 사건을 통해 깊이 자기 반성을 하면서 보다 성숙하는 기회로 삼아야 할 것이다.

첫째, 새로운 내면화와 자기 갱신(更新)과 충전(充塡)의 자세를 가져야 한다. 각종 양적 성장위주 및 전시주의 정책에서부터 선교사 및 선교봉사원을 보내는 데 있어서 현장을 면밀히 조사하고, 연구하고, 준비하는 보다 내실적인 방향으로 돌이켜야 한다.

둘째, 아프간 인질 사건을 계기로 선교의 열정이 식는 것이 아니라, 선교정책을 내실화하는 방향으로 심화되어야 한다. 헌신적이고 아름다운 봉사가 세간에서 말하듯 "비정상적인 사고를 가진 자들의 철없는 행동"으로 폄하되어서는 안 된다. 선교봉사단의 동기와 정신은 높이 평가되어야 한다.

셋째, 전문가적인 시각을 가지고 선교를 보아야 한다. 이슬람선교의 경우 이들 문화를 보다 깊이 이해하고 그들의 관점에서 문화를 이해함으로써 현지인의 거부감을 최소화 해야 한다. 21세기에 문제의 종교로 등장한 이슬람에 대한 새로운 연구와 선교전략 및 전문화가 요청된다.

넷째, 선교지역에서 통일성 없는 교파경쟁적 선교를 지양해야 한다. 개교회 내지 교파 확장선교를 지양해야 한다. 자기 교회 내지 자기 교파이름 아래 선교사를 묶어 놓는 선교를 탈피해야 한다. 해외 선교사들이 아무리 한국 기독교의 이름으로 선교를 하려 해도 선교비를 보내는 선교본부에서 막아버리는 것이다. 이것이 교파주의적이고 전시(展示)주의적 선교이다. 현재 논의되고 있는 '선교사위기관리기구' 및 '세계봉사연합기구' 가 만들어져 개교회·개교파적으로가 아니라, 유기적으로 통합적으로 선교하는 구조를 만드는 것이 절실하다.

한국교회는 지난 세기 서구선교사들이 우리에게 접근한 서구문화 우월적이고 정복주의적 선교 방식의 문제점을 비판적으로 성찰하고 현지인을 배우고, 섬기고, 복음으로 변화시키며, 현지인이 주도하게 하는 현지인 중심의 문화적 선교방식으로의 패러다임 변화를 시도해야 할 것이다. 성장의 정체기에 있다고 해외선교를 멈출 수는 없다. 근실한 해외선교와 교회개척은 국내 교회의 활성화와 내실적 성장으로 되돌아오기 때문이다.

(4) 사회를 섬기는 교회와 신자: 독선 극복

진정한 신앙이란 혼자 구원받는 것이 아니라, 이웃과 사회를 구원받도록 하기 위하여 부름을 받았다는 사실을 인식하는 것이다. 신자란 독선적으로 스스로 의롭다고 생각하는 것이 아니라 하나님으로부터 용서받은 죄인이며 이웃을 위하여 봉사하도록 주님의 사랑을 빚지고 있다고 생각하는 사람이다.

주님은 교회를 세상의 빛과 소금이라고 하였다. 본회퍼는 이러한 교회의 존재를 "타자를 위한 존재"(Sein fur andere)라고 하였다. 교회는 세상으로부터 구원받았다고 세상을 멸시하면서 독선적으로 존재하는 것이 아니라 세상을 비추고 세상의 부패를 방지하기 위하여 존재하는 것이다. 빛이 어두움을 비추고 소금이 부패를 방지하려면, 빛은 어두움 속으로 뚫고 들어가며 소금은 부패한 물질 속으로 녹아 들어가야 한다. 초는 녹아내리면서 어두움을 밝혀낸다. 교회는 바로 자신의 존재를 이렇게 주고 섬기는 존재로 이해해야 한다.

(5) 목회자 윤리강령 제정, 부과 및 시행

미국교회는 각 교파별로 목회자 윤리강령을 제정하여 모든 목회자에게 목회의 원칙과 지침을 제시하고 있다. 목회자 윤리강령은 다음 문장으로 시작한다: "복음을 전하도록 하나님께 부름받았고, 성령에 의해 교회를 목양하도록 기름부음을 받은 나는 이 윤리강령이 제시하는 원칙과 지침에 따라 목회사역을 수행하도록 헌신하겠습니다."

목사안수식이나 목사취임식을 전후해서 목회자 윤리강령에 서약하는 법이 없는 우리 한국교회도 이제 목회자의 윤리강령이 절실히 필요하다. 목회자들의 윤리성과 도덕성과 행동규범이 질적으로 높아져야 한다. 그래서 목회자들이 도덕성과 윤리성에 있어서 사회적으로 존경받을 수 있어야 한다. 목회자들의 목회활동은 입으로의 설교나 가르침을 넘어서서 삶의 실천과 모범을 통해서 이루어져야 한다.

미국교회의 윤리강령은 목회자 자신과 그의 가정과 교회와 지역공동체에 대한 책임을 다음같이 규정하고 있다.[30]

첫째, 자기 자신에 대한 책임이다. 좋은 음식습관과 규칙적인 운동으로 육체적인 건강과 정서적인 건강을 유지, 규칙적인 기도와 성서읽기와 묵상을 통해서 헌신적 삶의 증진, 공부와 독서, 교육세미나의 참여를 통해서 지적 성장 노력, 개인, 교회, 가정에 대한 책임을 위해 시간을 균형있게 관리, 개인의 재정에 정직하며 책임있는 처신, 말에 진실, 인종과 계층과 종교적 신념에 상관없이 모든 사람들에 대하여 그리스도처럼 처신하고 행동할 것을 약속한다.

둘째, 가정에 대한 책임이다. 가족에 대해 공정하고, 이들에게 필요한 시간과 사랑과 배려를 제공, 배우자의 독특한 역할 이해, 즉 영원한 파트너이자 자녀들의 부모로서의 우선적인 책임과 조력자로서의 이차적인 책임 이해, 자녀에 대한 바른 이해, 즉 하나님의 선물로서 그들에게 부당한 기대로 짐을 지우지 않으며, 그들의 개인적 필요를 충족시켜주도록 약속한다.

셋째, 교회에 대한 책임이다. 그리스도를 모범으로 섬기는 종이 되며, 목사와 교사로서 설교자와 행정가로서 시간과 정력을 충실하게 사용하며, 모든 교인들에게 공정하며, 설교를 위해 기도와 준비에 시간을 적절히 사용하며, 상담한 내용의 비밀을 지키며, 복음전파의 사명을 다함으로써 회심을 조작하거나 다른 교회의 교인들을 빼앗아오거나 다른 종교의 신앙을 폄하하지 않으며, 심방이나 상담시 다른 교인들이 가까이 없는 경우 홀로 이성의 교인과 함께 있지 않으며, 교인들의 결혼식이나 장례식에서 사례비를 받지 않으며, 교인들의 동의없이 보수받는 외부의 일을 하지 않으며, 교회를 떠날 때는 교회와 건강을 우선 고려할 것을 약속한다.

넷째, 동료목회자들에 대한 책임이다. 모든 목회자들에 대해 하나님의 동역자로서 그들의 사역을 존중하며 그들과 협력하며, 교회의 자리를 얻고 명예와 수치적인 성공에 도달하고자 다른 목회자들을 경쟁자로 삼지 않으며, 다른 목회자 특히 전임자나 후임자의 인격이나 사역을 얕보지 않으며, 이전에 봉사했던 교회에 어떤 형태로든 개입하지 않으며, 교회나 기관에 어떤 목회자를 추천할 때 정직하겠다는 약속을 한다.

다섯째, 지역공동체에 대한 책임이다. 지역공동체에서 예언적인 증언과 사회적인 행동을 감당하며, 비윤리적이고 비성서적이며, 부정직한 정치활동과 당파적인 정치에 참여하지 않으며, 지역공동체에 봉사하느라 목회의 의무를 소홀히 하지 않는다고 약속한다.

미국교회가 목회자들에게 부여하고 있는 이상의 윤리강령은 거의 대부분 한국교회 목회자들에게도 적용될 수 있는 윤리와 규범이라고 볼 수 있다. 2007년 7월 아프가니스탄 선교봉사원들의 납치 이후 사회적으로 문제시된 한국교회에 대한 비난과 비판은 단지 전시위주의 선교봉사활동에만 미치지 않는다. 한국교회를 향한 비난의 원인은 평신도들에게 있기 보다 목회자들에게 있다. 우리 목회자들이 위의 윤리강령에 따라서 처신했더라면 반기독교적인 감정을 무마할 뿐 아니라 사회적으로 존경과 명예를 받을 수 있었을 것이라 본다. 소극적으로는 한국교회에 대한 반기독교정서를 무마하기 위해서, 적극적·사회적으로는 목회자들이 존경을 받기 위해서 목회자들의 윤리강령의 제정과 부과 및 실천이 요청된다.

*

예수님은 우리가 세상의 소금이요 빛이라고 하였다. 세상의 소금과 빛의 역할을 하는 교회는 결단코 이 세상으로부터 반감 내지 반대정서를 가지게 할 수 없다. 기독교 초창기에 불신자 부모들은 자신들은 시간이 없어서 또는 불교를 믿어서 교회를 나가지 못하지만 자기 아들 딸들은 교회에 나가야 착한 사람이 되고 선진문화를 습득할 수 있다고 생각하여 교회에 보내었다.

안티기독교 운동과 반 기독교정서에 대하여 한국교회는 진지한 자기성찰을 함으로써 이것을 한국교회의 도덕성과 윤리성 향상 및 내실적 성장의 계기로 삼아야 한다. 하나님은 항상 악한 세력을 사용하시어 당신의 거룩한 뜻을 이루신다. 느부갓네살왕이나 고레스왕 등 이방왕을 사용하시어 당신의 백성을 징책하시던 것처럼 오늘날 반기독교세력을 사용하시어 기독교에 대해 교훈을 주시고자 하신다. 한국교회는 겸허한 마음을 가지고 이를 경청하는 태도를 가져야 한다.

초창기 교회가 심어준 좋은 정서를 되찾기 위해서 한국교회는 독선적인 종교적인 울타리에서 나와 이웃에게 마음을 열고, 섬기는 태도를 가져야 한다. 윤리의식을 각성하고 칭의의 상태에서 성화의 상태로 나아가면서 과연 예수 믿는 자들이 다르구나 하는 평판을 받을 수 있어야 한다.

이러한 섬김과 봉사의 정신은 성경을 정확무오한 하나님 말씀으로 받고 신앙과 생활의 표준으로 삼으며, 그렇게 사는 데서 나온다. 한국교회도 우리 실정에 필요한 목회자 윤리강령을 제정·시행하여 목회자들이 교회에서뿐만 아니라 사회적으로도 존경받는 풍토를 만들어야 한다.

chapter 7
한국 기독인의 사회적 영향력

오늘날 한국 기독교는 아세아에서 가장 큰 영향력을 지니고 있으나 사회에 대한 영향력은 양적 성장만큼 크다고 말할 수 없다. 역사적으로 초대 이승만 정권과 김영삼 문민정권은 기독교인의 집권시기였다고 볼 수 있다. 이승만은 감리교 장로였고 그의 자유당 정권 아래 군복제도가 도입되었고 교회가 우후죽순처럼 세워졌다. 김영삼 역시 기독교 가정에서 태어났고 장로교 장로였으며, 그의 각료들도 절반 이상이 독실한 기독교 신자였다. 그러나 오늘날 장로교를 대표하는 영락교회와 충현교회, 감리교를 대표하는 광림교회는 후계자 문제 등으로 사회적으로 모범이 되지 못하고 있다. 초대 이승만 정권은 부정선거와 독재로 붕괴되었고, 도덕성과 정권의 정통성을 내세웠던 김영삼 정권은 아들의 국정농락과 외환금융 위기를 초래함으로써 치명적인 오점을 남겼다. 기독교 지도자들과 교회 지도자들이 사회에 물의를 일으키면서 교회가 가져야 할 중요한 덕목인 도덕적 순결에 흠을 내었다. 교회의 대사회적 영향력은 교회의 양적 규모에 있는 것이 아니라 사회를 향하여 보여주는 빛과 소금, 즉 도덕성(약 2:14-20)에 기인한다고 할 수 있다.

이 장에서 한국교회가 역사적으로 사회에 대하여 보여준 영향력을 고찰하고, 오늘날 사회를 향한 교회의 영향력의 과제를 제시해보기로 한다.

*

1. 역사적 고찰

(1) 민족주의와 결합한 기독교

한국에서의 개신교의 성공은 19세기와 20세기 서구열강의 식민주의 시대에 동남아에서는 기독교가 서구의 식민정부와 결탁하고 협력자가 된 데 반하여 한국에서만 기독교가 민족주의와 만나고 근대화의 방편이 된 데 있다.

동류의 사회개혁의식을 가진 신(新)지식층, 서재필, 윤치호, 이상재, 남궁억, 이승만 등이 주도한 "독립협회"가 1896년에 창립되고 이어서 전덕기, 윤치호, 이동휘, 이동녕을 중심으로 항일비밀결사단체인 신민회가 1907년에 조직된다. 이들은 예수를 믿는 것과 나라를 구하는 것이 분리되지 않고 하나로 연결된 민족신앙을 지닌 자들이었다. 이러한 민족신앙은 민족 수난기 속에서 한국교회의 민족운동에 커다란 동력이 되었다. 1910년 조선이 결국 일제의 식민지가 되었을 때 기독교인들은 국가적 위기의식을 느끼고 민족운동에 참여하였다. 특히 일제 강점기에 일제가 신사참배를 강요하자 평양숭실과 산정현교회를 중심으로 신사참배 반대운동이 일어났다. 평양숭실의 교장 맥큔(McCune) 박사와 산정현교회의 담임 주기철 목사는 신사참배란 단순한 시민요배가 아니라 일제의 죽은 천황 신들에게 경배하는 이교적 우상숭배요, 민족의 정신을 말살하는 것이라 선언하였다.[1] 신사참배 거부운동은 한국교회의 순수 신앙운동이었다. 그러나 그 전개과정에서 그것은 일제(日帝)신사(神社) 신(神)들 거부운동과 연결되고 일제의 박해를 받으면서 항일운동으로 나타났고 민족주의와 결합하게 되었다.

그러나 신앙적 헌신이 없는 사회운동가들, 즉 하나님에 대한 진정한 인격적 신앙 없이 기독교를 독립운동의 수단으로 이용한 자들, 유치호, 신흥우 등은 3 · 1운동이 실패하자 변절하여 일제에 협력자가 된다. 이에 반해 주기철 등 초월적 신앙을 가진 자들은 순교하면서 일제에 저항했고, 신사참배를 거부하고 신앙과 민족절개를 지킨다. 기독교의 사회참여란 십자가와 부활을 믿는 신앙 안에서만 온전한 그 사명을 감당할 수 있다.

(2) 민족 개화와 근대화의 수단으로서의 기독교

개화기인 1885년에서 1910년 사이 관서지방을 중심으로 기독교인들이 현저하게 늘어나게 되었는데 그 이유는 이들이 기울어져 가는 민족을 구원하는 길이 예수의 희생봉사의 정신으로 새 사람이 되는 데 있다는 민족의식의 각성에 있었다.[2] 당시 기독교의 가르침은 유교적 신분사회에서 혁명적인 것이었다.[3] 기독교는 모든 인간이 하나님 앞에서 평등하다고 가르쳤다. 교회에서 신자들은 양반과 상민, 남자와 여자, 어른과 아이가 동등하다고 믿고 한 자리에서 종교의식을 거행하였다. 이들은 유교적 신분차별, 제사관행과 축첩과 아편중독 등을 비기독교적인 것으로 단정하고 유교적 가르침의 허례허식을 개혁하고자 하였다.

그리고 교육선교와 의료선교를 통하여 조선의 근대화에 공헌하였다. 서양문물을 수용하려는 젊은이들이 선교학교의 문을 두드렸다. 의료선교로 세브란스 병원을 설립하였고, 교육선교로 숭실학당, 이화학당, 연희학당이 세워졌으며, 이들 학교는 한국 근대고등교육의 산실이 되었다. 당시 폐쇄적 조선사회에서 선교학교와 병원은 선교사들의 유일한 활동거점이었다. 의료혜택을 받을 수 없는 가난한 이들은 돈을 내지 않거나 적은 비용으로 치료를 받을 수 있는 선교병원으로 줄지어 찾아 들어왔다. 이 선교학교와 병원에서 선교사들을 접촉하여 의료, 교육의 혜택을 받은 조선 사람들은 오랫동안 지녀왔던 반서양·반 기독교적 태도를 누그러뜨리거나 바꾸어갔고 기독교로 개종하기도 하였다. 이 선교학교와 병원을 중심으로 기독교 공동체가 싹트기 시작하였다.[4]

(3) 가난하고 소외된 자들의 피난처

초창기 교회는 가난한 사람들을 향하였다. 평안도에 기독교인들이 많았던 것도 당시 한양 기득권의 세력에서 소외되었던 관서 지역의 중산층들에게 교회가 새로운 삶을 향한 비전을 제시했기 때문이다. 선교 초기 한국 기독교는 양반들로부터 소외당한 노비, 농민, 천민, 상인들에게 다가가서 시민평등과 인간의 존엄성을 일깨워주었다. 이들을 기반으로 한국개신교는 크게 성장하였다. 당시 선교사들은 의료사업을 통하여 민중들을 치료해 주었고, 이들을 전도자원이 되게 했으며, 가난한 민중들에게 '하나님 앞에서 모두가 평등하다' 는 사상을 심어줌으로써 가난한 사람들에게 희망을 주는 종교로 자리잡았다.

한국교회가 들어가는 마을마다 십자가 탑이 세워졌다. 이것은 교회가 가난한 자들을 향해 나눔과 섬김의 선교를 실천했으며, 교회공동체가 건강했다는 증거이다. 교회는 도덕성이 있었고 민족을 향하여 새로운 사회의 비전을 제시해 주었다. 그리하여 일제 치하 의지할 곳 없이 가난하고 소외된 자들이 탐관오리를 피하여 그 몸을 선교사의 집이나 교회에 은신하였던 것이다.

(4) 1930년대 국가 현실과 유리된 기독교

3·1독립운동 이후 일제 정책이 무단정책에서 문화정책으로 바뀐다. 민족운동 세력은 비로소 집회, 결사, 언론의 자유를 가지게 되어 사회정치 단체를 조직하고 신문과 잡지를 발행한다. 사회정치운동을 할 수 있는 여건이 만들어지면서 민족운동 세력들은 기독교 울타리 밖으로 나가게 된다. 그래서 기독교는 사회문제에 직면해 세상 문제를 바라보기 보다는 저 세상만을 바라보는 곳이 되었다. 그리하여 기독교와 민족운동 세력 사이에 엇물림이 나타났다.[5]

기독교 공동체와 독립운동세력 사이의 엇물림은 3·1운동 이후 일제가 식민정책을 무력정책에서 문화정책으로 전환시키는 것과 그 맥을 같이 한다. 일제가 "문화정치"라는 이름으로 제한적이지만 조선에게 집회, 결사, 언론의 자유를 허용하였기 때문이다. 조선독립세력은 변화된 환경 속에서 기독교 공동체 울타리 밖에서도 사회 정치 단체를 조직하고 신문, 잡지를 발행할 수 있게 된 것이다.[6] 이러한 상황 속에서 기독교 지도자들은 사회, 정치적 문제를 외면하기에 이르렀다. 송창근도 1933년 《신학지남》에 실린 글에서 다음같이 교회와 사회문제를 분리시켰다: "교회는 결코 사회문제, 노동문제, 평화문제, 국제문제를 말하거나 혹은 사람들의 변변치 않은 지식이나 주서 모은 사상을 논하는 곳이 아니외다. 복음, 즉 예수 그리스도의 복음, 중생의 복음이 우리 교회의 중심이외다. 교회가 초자연적인 단체일진데, 교회는 초자연적 실재자와의 교통이 그 중에 큰 일이 될 것이외다."[7]

기독교 지도자들은 이제 사회적 지위와 명망을 지닌 사회계층이 되었다. 이들은 기독교가 사회문제에 깊이 관여하기보다는 순수한 종교로서 자리잡기를 바랐다. 이러한 지시계급 내지 문화계급이 된 기독교 지도자들이 자기들의 사회적 지위를 보호하기 위하여 독립운동을 비롯한 사회·정치적 문제에 등을 돌렸다.[8] 그런데 필자의 견해에는 정치적 문제에 등을 돌리게 된 것이 단지 문화계급이 되어 자기들의 사회적 지위를 보호하기 위해서는 아닌 듯하다. 한국교회 지도자들이 이제 신앙적으로 신학적으로 성숙한 단계에 이르러 일제에 항거하여 기독교 복음전파에 걸림돌이 되기보다, 그것은 정치의 일이니까 제쳐놓고 복음을 전파하는 일에 매진하게 되었다고 본다. 그럼에도 불구하고 이 때에 한국교회는 지나치게 내세주의적이고 현세적 기복신앙으로 나아간 것을 부인할 수 없다.

김익두와 이용도의 신비운동과 치병운동이 한국교회를 휩쓸게 된 것은 1930년대와 1940년, 교회는 이웃을 위하여 봉사하는 교회라기 보다는 이 세상의 축복을 갈망하는 현세적 · 물질적 · 이기적 기복신앙의 집단으로 변모하였다.[9]

한국교회는 일제의 신사참배 강요라는 시대적 시련 앞에서 분열되었다. 평양 숭실과 평양장로회신학교를 중심한 보수주의자들은 학교를 폐쇄함으로 이에 불응하였고, 진보주의자는 순응하면서 학교를 운영하였다. 이것은 일제가 노리던 것이었다.[10] 평양신학교가 신사참배 거부로 폐쇄되자 1940년 4월 11일 동경제대 출신 채필근(蔡弼根)이 장로회신학교를 재개하는 형식으로 충독부의 허락을 받아 문을 열었다.[11] 그리하여 신사참배를 하고 황민화 순일본 기독교로 개종하는 데 앞장섰다. 서울에서는 김재준(金在俊)이 순수 한국인에 의해 세워진 신학교라는 미명으로 조선신학교를 설립하였다. 조선신학교(오늘의 한신대학교, 1951년 개명)는 일제와 이교(異敎)신(神)에게 충절을 바침으로써 신앙의 정절을 유린당하고 황민화 기관으로 출범한 것이다.[12] 조선신학교는 1940년 4월 승동교회당에서 개교했다. 이 두 신학교는 평양신학교를 지켰던 박형룡과 남궁혁이 망명했고 신앙정절을 지킨 선교사들이 출국하고 주기철, 한상동, 주남선 등 보수신앙을 가진 지도자들이 투옥과 순교를 당할 때 일제가 마련해준 호기를 틈타 출범한 것이다. 일제의 한국교회 분열 공작에 놀아난 것이었다.

1960년대와 70년대에 한국 보수교회는 정경분리의 원칙 아래 오히려 정권의 불의를 눈감아줄 뿐 아니라 권력에 야합하는 태도를 가졌다. 이것은 보수교회의 윤리성에 문제를 제기하는 것이다. 이 시대에 오히려 보수교회가 자유주의라고 매도했던 진보주의 교회는 부도덕한 정권에 대하여 예언자적 사명을 감당하였다. 역설적으로 30년 전 일제의 신사참배 강요와 황실기독교화 정책에 대하여 비판적이었고 투쟁했던 보수교회는 해방 이후 친정권의 입장에 서게 되었고, 30년 전 일제의 신사참배와 교육정책에 타협하였던 진보교회는 1960년대과 70년대 군사정권에 대하여 그 부도덕성을 지적하는 위치에 서게 되었다. 역사 속의 교회는 온전한 것이 아니라 종교개혁자 루터가 말하는 것처럼 "죄인인 동시에 의인"(simul justus et peccator)이라는 말을 실감케 한다.

(5) 반공의 정신적 보루로서의 기독교

해방이후 한국사회에 대한 한국 기독교의 공헌은 공산주의를 막아주는 반공 이데올로기의 보루의 역할이었다고 말할 수 있다. 해방 후 60년이 되어가는 오늘까지 한국교회는 신앙의 자유를 수호하기 위하여 공산주의의 침투를 막아주는 데 결정적인 역할을 해왔다. 그리고 기독교는 자유주의의 상징이요 한국전쟁에서 자유 한국을 방어해준 우방국인 미국과의 긴밀한 관계를 유지하는 데 긴밀한 역할을 해왔다.

오늘날 참여정부가 들어서 친미에서 반미, 반공에서 용공으로, 한미동맹에서 동북아 균형자로 우리 시대의 이념이 방향을 잃고 표류하는 것은 매우 우려할 만한 일이다.[13] 기독교는 다시 한번 반공의 보루와 자유와 양심을 지키는 등대의 사명을 감당하여야 한다.

(6) 1980년대 민주화, 사회변혁에 눈뜨기 시작한 보수교회

해방이후 1970년대까지 보수교회는 사회참여에 미온적이었고 진보교회
는 사회참여에 적극적이었다. 1970년대 유신정권 시절 국회가 해산되고 인
권이 짓밟혔을 때 보수교회는 친(親)정부편에 서 있었고, 진보교회는 인권
신장과 독재항거를 위하여 사회참여하며 지도자들이 감옥에 갇히는 등 고
난을 받았고 한국사회의 민주화와 인권신장에 기여하였다. 보수교회도
1974년에 제네바에서 채택된 로잔언약(Lausanne Covenant)-복음화와 사회
참여가 신발의 짝으로서 서로 분리될 수 없다는-의 영향을 받아 1980년 초
사회참여에 대해 보다 적극적인 입장을 가지기에 이른다.

1980년 후반 보수교회는 신군부 정권으로 하여금 대통령의 직접선출을
합의하도록 하는 데 청소년들을 중심으로 참여하기 시작하였다. 오늘날 한
국의 "복음주의협의회", "기독교북한선교회"나 "한국복음주의신학회",
"한국개혁신학회"는 민주화와 인간화와 사회화, 특히 분배의 정의와 투명
한 정치운영을 위한 각종 세미나 및 연구를 하면서 사회화와 통일논의에 참
여하고 있다.

(7) 2000년대 시민운동: 기독교윤리실천운동 등 전개

1987년 6월 민주화 항쟁에서 독재적인 정부는 민주적인 절차를 도입하
기에 이르렀다. 이 6월 민주화를 기점으로 사회운동은 민중운동과 시민운
동으로 분화된다.[14] 이러한 분화는 1989년과 1990년 초에 일어난 소련과
동구 사회주의 국가의 붕괴가 국제적인 조건이 되었다. 사회주의 이념을
강하게 가지고 사회주의 체제로의 변혁을 추구하였던 민중운동의 전망이
불투명하게 되었다. 이에 반해 체제 내적인 변화와 개량을 추구하는 시민
운동은 이러한 국제적이고 국내적인 변화에 힙입어 약진하게 된다.[15]

1993년에 김영삼 문민정부가 들어서면서 정부의 관용적이고 호의적인 정책에 힘입어 시민운동은 더욱더 활성화되었다. 이들은 1998년에 출범한 김대중의 국민의 정부를 거쳐 2003년에 출범한 노무현의 참여정부에 이르기까지 민중운동을 압도하면서 사회운동을 주도하는 위치에 이르게 된다.[16] 이러한 시민운동에 복음주의 진영의 기독교인들이 대거 참여하면서 2000년대에 들어와 자신의 기독교사회운동을 민중운동 아닌 시민운동으로 규정하고 이에 걸맞는 정체성을 재정립하고자 노력하고 있다.[17] 대표적인 시민운동 단체는 기독교윤리실천운동과 경제정의실천운동 등이 있다.

기독교윤리 실천 운동은 다음 몇 가지로 구체화되었다.

첫째, 올바른 선거 문화 운동이다. 1990년대에 있었던 각종 선거가 공명하게 치루어지는 것을 감시하기 위한 공명선거감시운동에 보수계 기독교 청년들이 대거 참여했다. 그리하여 올바른 선거문화가 형성되도록 기독교 청년들이 계몽 및 감시 활동을 하였다.

둘째, 올바른 문화소비자 운동이다. 올바른 문화가 사회 속에 뿌리내리도록 문화소비자 운동을 전개하고 있다.[18] 문화소비자 운동의 목표는 문화의 생산과 소비에 윤리적 책임을 부여하는 운동이다. 텔레비전 프로그램, 신문 연재소설, 광고, 영화, 음악 등 문화상품 전반에 있어서 불량품을 감시하고 고발한다. 음란하고 폭력적인 문화상품(텔레비전 프로그램과 광고, 영화와 음악, 스포츠신문 등)에 대한 브레이크 운동을 한다. 문화상품을 바르게 생산하고 소비하도록 청소년과 주부층에게 5개의 모니터 팀을 훈련시켜 텔레비전과 광고와 인쇄 매체의 모니터 비평활동을 하도록 한다.

셋째, 잡지 발간 등 저널을 통한 문화 사상의 형성이다. 중산층 청년평신도들에게 열려 있는 《빛과 소금》, 사회적 관심을 가지고 있는 청년들을 위하여 로잔언약(Lausanne Covenant)을 신앙고백으로 창간된 《복음과 상황》 등은 복음주의적 입장에서 기독교문화와 윤리의 실천을 위하여 노력하고 있는 월간지들이다. 그리고 청소년층을 많은 독자로 가지며 기독교문화를 전문적으로 다루는 월간《낮은 울타리》등이 있다.

넷째, 생명존엄사상 보급이다. 영국 로즐린 연구소가 돌리 복제양을 성공적으로 생산함에 자극을 받아 국내의 경희의료원에서 "핵전이술(核轉移術)을 이용한 생식용 인간복제(Human Reproductive Cloning by Nuclear Transfer)가 시도되었다. 이에 대하여 기독교윤리실천운동은 그 부당성을 지적하는 캠페인을 벌였다.[19] 이처럼 기독교윤리운동은 젊은 세대들 가운데 기독교적 가치관을 생활 속에 그리고 사회 속에 뿌리 내리도록 하자는 목적을 가지고 있으며, 기독교 가치관을 정립시키는 운동으로 자리잡아가고 있다. 2004년 2월에는 황우석 교수팀이 배아에서 간(幹)세포를 배양하는 방법을 세계최초로 성공하여 세계 의학계의 주목을 끌었다. 이것은 인간복제의 과정을 밟는 것이다. 그는 윤리적인 문제를 이유로 배아를 이용한 간세포 배양을 당분간 중지하겠다고 선언하였다. 배아에서 줄기세포를 추출하는 것은 그 배아를 파괴하는 것이므로 생명의 존엄성과 관련하여 윤리적 문제가 제기되기 때문이다.[20] 기독교 윤리운동은 이에 대한 관심을 고조시키는 중대한 사명이 있다.

(8) 기득권의 세력이 되어버린 기독교

교회지도자들이 기득권을 가진 사람들로 변질되면서 오늘날 한국교회는 가진 자의 종교로 변질되었다. 한국교회는 보수와 진보의 대립과 갈등이 첨예해지면서 사회를 향하여 빛과 향기를 잃어버리는 위기에 직면하고 있다. 2000년대 들어와 한국교회 성장의 정체성 내지 교인수의 감소가 이를 지표적으로 나타내주고 있다. 한국교회의 마이너스 성장은 교회 지도자들이 기층 민중들을 외면하면서 자연스럽게 일어난 현상이다. 한국교회는 해외선교를 크게 하고 있으며 우리 사회의 도시 영세민들, 산간벽촌이나 어촌의 사람들 등 가난한 사람들을 위한 선교정책을 제대로 제시해주지 못하고 있다.

가난한 사람들은 교회로부터 외면당하면서 교회를 떠나기 시작하였다. 그리하여 오늘날 한국교회는 마이너스 성장을 하고 있다. 그리하여 일부 중대형교회는 다른 교회 교인들을 등록시키는 평행이동을 통하여 양적 성장을 하고 있다. 그리하여 교회 간, 목회자 간, 교인 간의 양극화 현상이 일어나고 있다.[21] 교인들은 기복신앙에 길들여졌고, 개인이기주의와 교회이기주의에서 헤어나오지 못하고 있다.

일본시절 민족주의 색채를 띠고 있었던 한국교회는 1930년대와 40년대 점차 친일세력으로 변질되었고, 윤치호와 신흥우가 중심이 된 기독교는 가난한 민중과 소외된 민중의 아들 딸들을 일본군과 정신대, 군수공장 노동자로 파는 데 앞장을 섰다. 한국교회는 해방 후 교회 장로인 이승만이 권력을 잡은 자유당 정권 하에서 권력자의 편에 서서 대통령이 독재가 되도록 하는 데 역할을 하였다. 보수교회 지도자들은 1960년 박정희 정권, 노태우 정권, 김영삼 정권 시절 권력자의 편에 서서 온갖 혜택을 누렸고 기득권의 세력으로 변질되었다. 진보교회 지도자들 역시 1997년 시작한 김대중 정권과 2002년 시작된 노무현 정권을 거치면서 기득권을 가진 종교지도자로 변질되었다. 군사정권 하에서 일부 양심있는 목회자들은 억압받는 민중을 위해, 이들의 권익을 옹호하고 사회정의를 위하여 외쳤고 박해도 받았다. 그러나 진보정권이 들어선 후로부터 국정에 참여하고 권력의 중심에서 온갖 혜택을 다 누렸다. 그리하여 한국교회 지도자들은 보수와 진보를 가릴 것 없이 기득권의 세력으로 변질되었다.

그리하여 교회가 기득권자의 처소가 되어버림으로써 가난하고 소외된 자들이 교회에서 설 자리를 잃어버리게 되었다. 이제 한국교회 어디를 가나 농민을 위한 교회, 빈민을 위한 교회, 가난한 자를 위한 교회, 여성을 위한 교회, 생명을 살리는 교회를 찾아보기 힘든 상황이 되었다. 보수와 진보를 막론하고 빛과 향기를 발하는 교회를 찾아보기 어려운 상황이 되고 있다.

2. 사회적 영향력을 향한 기독교인의 과제

(1) 한국교회의 도덕성을 높여야 한다

한국교회는 성장지상주의에서 벗어나 질적 내실적 성장으로 나가야 하며 여기에는 성화의 신앙이 필요하다. 의인의 신앙은 이제 성화의 신앙, 도덕성의 열매를 맺는 신앙으로 나아가야 한다. 한국 공직사회의 각종 독직 사건에 연루된 기독교인이 적지 않은 것은 당사자의 잘못에만 책임을 물 것이 아니라 교회의 도덕성의 약화에서도 그 원인을 찾아보아야 한다. 한국교회의 통계, 교파분열, 교회내 주도권 싸움, 사회소외자들을 위한 보수교회의 무관심 등은 부패를 막는 소금이요, 어두움을 밝히는 빛이어야 할 교회의 도덕적 무능을 말해주고 있다.

진정한 은혜는 절차와 정의와 윤리를 무시하는 것이 아니다. 그러나 은혜지상주의로 모든 잘못과 부정을 은폐하고 덮어버리며 쉬쉬로 일관하는 것은 법도와 질서가 부재한 상습병을 야기한다. 하나님은 은혜와 진리가 충만하며, 사랑과 공의가 충만하시기 때문에 교회도 그러해야 한다. 진리와 공의가 없는 은혜와 사랑은 정실주의가 되어버리며 참된 그리스도의 교회의 모습이 되지 못한다.

교회의 모든 기관도 잘못과 부정을 제도적으로 감시할 수 있는 제도적 장치가 필요하다. 이것은 교회는 "의인이요 동시에 죄인"(simul justus et peccator)이기 때문이다. 교회는 한편으로 구속함을 받은 의인의 공동체이나, 다른 한편으로는 이 지상에서 여전히 죄의 법 아래 있는 죄인들의 공동체이기 때문에 세상의 잘못을 범할 수 있는 오류를 방지할 수 있는 제도적 장치(목회자 청빙 절차, 여성의 교회내 지위, 교회 예산 집행 등)가 필요하다.

(2) 교회의 모든 운영이 투명하게 되어야 한다

서울 서초동 소재 사랑의 교회는 옥한흠 담임목사의 조기은퇴와 투명한 담임목사 교체로 한국교회 전체와 사회의 호응을 받고 있다. 그리고 2008년 1월 강변교회 김명혁 담임목사가 원로로 추대되고 후임목사가 축복가운데 취임하였다. 이것은 교회세습과 담임목사의 독단적 교회운영으로 비난을 받고 있는 현 한국교회를 생각할 때, 모범적 행위라고 할 수 있다.

교회의 헌금이 선교와 학원선교, 사회복지를 위해 얼마나 쓰여지고 있는가? 한국교회가 해외에 보내는 선교사의 95%가 원주민 선교가 아니라 현지 교포목회를 하고 있다. 선교사의 수는 세계 2위이나 선교의 질에 있어서 아직도 한국교회는 가야 할 길이 멀다.

한국교회는 학원 선교를 위하여 투자하는 데 너무나 인색하다. 더욱이 대학내 연구소 활동에 대해서 투자할 생각을 하지 않는다. 교목을 보내거나 기독교문화형성을 위한 각종 프로젝트를 하는 데에도 한국교회는 관심이 적다.

한국교회가 학원 선교에 인색한 이유 가운데 하나는 '개교회주의' 와 '목사 중심주의' 이다. 이로 인해 교회가 공동체적으로 대사회적인 연합 사업에 대처하는 능력이 부족하다. 한국교회는 목회자들의 과도한 업무량을 이제 평신도의 능력을 키워 이양해야 한다. 세계적으로 생각하고 지역적으로 행동해야 한다(Think Globally, Act locally). 세계의 흐름 속에서 한국교회가 책임을 수행하는 능력이 뒷받침되어야 한다. 선명회 회장 박종삼은 "한국교회가 가장 게으른 부분은 세상을 알지도 못하고, 알려고 하지도 않는 것"
이라며 "예배나 기독교란 이름으로 생명을 섬길 기회를 뺏고 있진 않는지
심각히 들어야 할 것"이라고 경계하고 있다.[22]

(3) 국가적 관심을 높이고 실천을 보여주어야 한다

교회는 자기만을 위해 존재하지 않고 지역사회에 민족사회와 세계를 위
하여 존재해야 한다. 오늘날 우리사회는 이념적 방향이 흔들리고 있다. 젊
은 세대들은 "우리의 주적이 북한이 아니라 미국이라고 생각할 정도"이다.
김수환 추기경이 2004년 1월 29일 열린 우리당 지도부에 "우리나라가 어디
로 가고 있는지 걱정이 된다", "군에도 미국을 주적처럼 생각하는 사병이
있을 정도로 반미 친북 세력이 커져가는 게 사실"이라는 우려를 표명하였
다. 수도 이전의 문제도 "앞으로 통일을 해야 하는데 서울을 다 옮기면 어
떻게 하느냐", "이전에는 '행정수도 이전'이라고 하다가 근래에 '지배세력
의 교체를 위하여 천도(遷都)'를 언급하는 것은 근시안적이며 나라 전체의
유익을 생각지 않은 처사"라고 밝히고 있다.

사회의 이념이 흔들리고 국가와 사회가 나아가야 할 방향을 잃고 표류하
게 될 때 교회는 구국기도회와 연합집회를 통해서 국가가 나가야 할 방향을
제시해주어야 한다. 한국교회는 탈북자를 지원해야 하고, 탈북난민과 북한
주민의 인권에 관한 관심을 가져야 한다. 신앙의 자유와 인권의 보장없는
통일이란 아무런 의미가 없음을 명백히 밝혀야 한다. 그리고 미국과의 우
방적 동맹과, 경제에 있어서 비판적 연대를 강화해야 한다.

최근 기독교정당의 설립에 관한 논의가 제기되고 있다. 서구의 기독교
국가에서는 이미 있어 왔던 일이다. 원칙적으로 찬성할 만한 일이지만, 기
독교정당을 태동할 만한 한국교회의 정치의식과 도덕의식이 성숙하지 않
으면 어려운 일이다. 기독교정당이 복음과 정치를 혼동함으로써 오히려 우

리 사회에 복음을 전하는 데 걸림돌이 될 수 있을 것이다.

(4) 사회 봉사와 구제의 생활화가 필요하다

사회봉사를 교회봉사의 구체적인 프로그램 안에 넣어야 한다. 개신교, 특히 보수교회는 봉사를 단지 교회 안으로만 제한하는 경향이 많다. 그러나 교회는 사회에 봉사함으로써 그 존재가치를 갖는다. 지역 개신교가 연합하여 사회복지관을 운영할 필요가 절실하다. 하나님의 봉사는 이웃에 대한 봉사를 떠나서는 존재하지 않는다. "보이는 형제를 사랑하지 않고 어떻게 보이지 않는 하나님을 사랑할 수 있는가"라고 야고보는 말하고 있다.

한국교회 신자들도 4대째 내려오면서 교회의 중추가 되는 반면, 새로 오는 신자들에 대한 특권계층으로 안주하는 경향이 있다. 이들은 교회의 기존계층으로 특히 사회적으로 소외된 계층이 교회에 들어오는 데 대한 장애가 될 수도 있다. 교회의 중산층 이상의 신자들은 교회내의 사회적 약자와 소외계층에 대하여 한국교회 초창기의 신자들처럼 이들과 장벽을 헐고 진정한 형제애를 나누어야 한다. 또한 교회 차원에서 사회적으로 살아갈 수 있는 대책을 마련해주어야 할 것이다.

2004년 2월 15일 일요스페셜은 "전 세계 가난한 이들의 노래-1달러의 삶"에서 하루 1달러 수입으로 살아가는 사람들의 애잔한 현실을 보도하고 있다. UN은 하루 1달러 미만으로 살아가는 사람들을 절대빈곤층으로 분류한다. 2003년에 발표된 UNDP 보고서에 따르면 전 세계에 이런 절대빈곤층이 5명 중 1명꼴로 존재한다. 한국도 6·25 직후 모든 것이 잿더미가 된 폐허에서 출발했고 양키들이 먹다버린 쓰레기통을 뒤지면서 배고픔을 면하려고 했던 것이 불과 몇십년 전이다. 이제 한국사회도 이들 절대빈곤국가에 대하여 나눔의 빵을 보내는 일을 해야 하고 한국교회는 이러한 국제적인 나눔활동과 개발사업에 앞장서야 할 것이다.

　교회는 국내 빈곤층에 대해서도 특별한 관심을 가지고 이들의 기본생활권을 돌보아 주어야 한다. 이것이 전도의 새로운 개념이다. 구체적인 예가 전라북도 순창군 기독교연합회의 지역노인 복지사업이다. 순창군은 예로부터 장수마을로 불리는 고장이다. 이 지역은 65세 이상의 노인인구가 전체 인구의 37.4%인 초고령사회로 인구 10만 명당 100세 이상의 장수노인이 전국 최고 수준에 이르고 있다. 순창지역의 82개 개신교회는 노인선교에 전력을 다하고 있다. 기독교연합회는 순창군청과 연합해서 지역노인들에게 직접적인 의료사업이나 그리고 건강에 간접적인 영향을 미치는 영양보충사업, 항상 보호상태에서 돌봄을 받을 수 있는 프로그램을 실시하고 있다.[23] 보다 구체적으로 부양가족의 직장 출근, 긴급외출 등과 같은 부득한 사유가 발생했을 때의 노인들을 위한 돌봄이 프로그램이다. 가족의 보호를 받을 수 없는 신체적·정신적 장애가 경미한 노인들을 교회가 밤과 낮 시간 동안 돌봐줘 노인들의 비보호상태를 방지하고 사회와 접촉할 수 있는 기회를 제공하고 있다. 여기에 신체적·정신적 쇠약, 가정과 사회와의 갈등, 역할과 지위의 상실에 따른 자아상실, 다가오는 죽음에 대한 두려움 등에 따른 노인들의 심리적 고통을 완화시켜 주기 위한 상담도 하고 있다.[24] 기독교연합회는 지역노인들을 위한 여가 프로그램을 마련해 복음을 전파하는 일에도 게을리 하지 않는다. 각 교회마다 노인시설을 만드는 데 주력하고 있으며, 이들이 생활 속에서 느끼는 즐거움에 더해 하나님의 말씀을 따르는 삶을 살아갈 수 있도록 해준다. 노인들에게 종합적인 서비스를 제공할 수 있도록 노인종합복지회관을 군내에 설치, 운영하고 있다.

　국내 개신교 10개 교단의 목사 120명이 만든 기독교 사회봉사단 '한국교회 희망연대'(2007년 12월 출범)는 2008년 설연휴가 시작된 2월 6일부터 2월

9일까지 서울역 지하도에서 노숙자와 쪽방촌 이웃들에게 하루 세 끼 식사를 대접하였다. 한국교회희망연대는 자금 지원, 교회신자 위주의 봉사활동에서 벗어나 목사들이 직접 현장에서 발로 뛰면서 봉사한다는 취지로 결성되었다. 설연휴 5일간 30여 개 교회에서 매일 100여 명의 자원봉사자들이 연휴를 반납한 채 요리와 배식, 설거지를 도맡았고, '희망연대' 소속 목사 120명도 현장봉사에 참여했다.[25] 5일간 연인원 2만 명에 식사를 제공하였다. 거룩한빛광성교회(정성진 목사), 영안교회(양병희 목사), 목동제자교회(정삼지 목사), 서울 나들목교회(박원영 목사), 순복음부흥교회(김성식 목사), 일산소망교회(최대식 목사) 등이 이 희망연대에 참여하고 있다. 이러한 실천적인 봉사는 한국사회의 소외계층을 끌어내고자 하는 구체적인 모습으로, 한국교회의 사회적 영향력을 확대하는 것이다.

"한국교회는 이제 교회 안으로 (사람을) 끌어오는 교회 성장과 부흥이 아니라, 하나님의 사람들을 내보내어 사회 속에서 행동하게 해야 한다." "교회가 지역사회와 세계를 위해 존재한다는 것을 알아야 나아갈 방향이 뚜렷해질 것"이다.[26]

(5) 기독교인들이 책임있는 지도층으로 무장

조기 유학한 부유층 자제들이 외국에서 고급외제차를 몰고 다니며 교포사회에 물의를 일으키고, 방학이면 귀국해서 탈선을 저지른다는 보도가 흔히 있다. 등을 떠밀어 자녀들을 유학 보내고 부(富) 대물림에 골몰하는 빗나간 사랑이 "버릇없는 왕"을 키우고 있다. 우리사회의 상류층이 가족주의와 혈연주의를 넘어서지 못하고 있다. 그것은 사회전체를 생각하는 공공선 의식이 부족하기 때문이다.

우리나라에도 과거 사대부 가문에는 철학과 도덕을 갖춘 교육문화가 있었다. 300년에 걸쳐 만석꾼을 지낸 경주 최부자 집은 "만 석 이상의 재산은 사회에 환원하라", "주변 100리 안에 굶어죽는 사람이 없게 하라"는 가훈을 대대로 가르쳤고, 후손인 최준은 모든 재산을 영남대에 기부함으로써 노블레스 오블리주를 실천하였다.

고(故) 장택상 국무총리는 미국 하와이대 교수를 지낸 딸 병혜씨의 유학 시절 경제적인 지원을 일절하지 않았다. 접시닦이, 통조림공장 잡부, 가정부 등 허드렛일을 하며, 생활비를 벌었던 장씨는 "아버지가 일깨워준 암울한 조국의 현실 때문에 '1달러 벌면 1달러만큼 애국한 것' 이라는 정신으로 악착같이 일하고 공부했다"고 말했다.

영국에서는 귀족가문을 중심으로 노블레스 오블리주 전통을 이어왔다. 옥스퍼드대 교정에 세계대전에서 전사한 재학생과 졸업생들의 이름을 새긴 기념비가 있을만큼 지식층과 상류층이 나라의 위기를 극복하기 위해 솔선수범했다. 모든 중고등학교에서 시민정신을 교과목으로 정해 이웃에 대한 배려와 봉사정신을 의무적으로 가르치고 있다.

미국의 억만장자 존 록펠러 시니어는 다섯 아이들에게 단지 주당 25센트를 용돈으로 주었고 필요한 돈은 직접 벌어쓰되, 용돈과 소득의 10%는 자선단체에 기부하고 10%는 저축하도록 가르쳤다.

2004년 1월 16일부터 21일까지 인도 뭄바야에서 개최된 "국제시민사회단체포럼"(World Social Forum)에서는 부도덕한 기업들에 대한 성토가 주요 이슈였다. 환경을 오염시키는 제품을 만들거나 폐기물을 배출하는 행위, 노동자들에게 열악한 조건의 노동을 강요하는 행위, 불투명하고 불공정한 경영, 권력층에 뇌물을 건네는 행위, 경영주의 부패 등 사회에 폐해를 주는 기업행위에 대해 소비자가 적극 감시하자는 내용이었다.[27] 이제 기업이 사회적 책임을 다해야만 살아남고 존경받는 시대가 되었다.

기업도 자산과 자원을 단지 이익의 극대화를 위해 투자하는 것이 아니라 사회전체를 위한 최상의 선을 위해 투자해야 한다. 최근 비자금 파문, 부당 내부거래 등 몇몇 기업들의 부덕한 행위로 인한 사회적 손실이 커지면서 사회책임투자의 필요성이 적극 요구되고 있다. 투자수익이라는 목적 못지 않게 우리 사회를 지속가능한 사회로 만들기 위해서도, 시민들이 기업활동을 감시하거나 극소수만을 위한 수익배분구조에서 벗어나 기업이익이 사회적으로 환원되어야 한다.

기업들의 사회공헌 활동이 보다 확산되고 질적으로 개선되기 위해서는 소비자들의 적극적인 기업활동 감시가 필요하다. 해외에서는 그 방법 중 하나로 사회책임펀드(Socially Responsible Investing, SRI)가 널리 활용되고 있다. 2001년부터 일부선진국(미국, 유럽, 호주, 일본 등)에서 확산되기 시작한 SRI 펀드는 도덕적이고 윤리의식이 충만한 기업이나 사회공헌을 많이 하는 기업, 투병한 경영을 추구하는 기업, 환경친화적인 제품을 생산하는 기업 등의 주식이나 채권에 투자하고, 그와 반대적인 기업들에는 일절 투자를 하지 않는 간접 투자상품이다. 한국에서도 시민단체인 "기업책임을 위한 시민연대"(www.ccsr.or.kr)를 중심으로 2003년 12월부터 SRI 투자운동이 본격화 되기 시작하였다. 시민연대측이 제일투자증권과 공동으로 SRI머니 마켓펀드를 출시하였다. 이 펀드는 사회적 책임의식이 투철한 기업들의 채권을 매입 운용하고 그 수익을 투자자들에게 돌려주는 상품이다.

미국에서 가장 존경을 받는 기업중의 하나인 존슨 앤 존슨(Johnson & Johnson)은 이미 1943년에 '우리의 신조' 라는 윤리경영과 사회적 책임경영, 기업이익의 사회환원 등을 추구하는 강령을 제정, 지금까지 성실히 수행해 오고 있다. 이 회사는 1982년 자사제품에 인체 해독한 물질이 함유된 사실이 뒤늦게 발견되면서 큰 위기에 봉착했다. 하지만 소비자들은 이 회사가 수십년간 추구해온 사회적 책임 경영 방침을 믿고 즉각적인 불매운동을 자제했고, 회사측은 곧 바로 3,000억에 달하는 비용을 감수하면서 모든 제품을 회수, 폐기함으로써 다시 한번 소비자들의 신뢰를 얻게 되었다.[28]

유한양행의 창업자 유일환씨는 정직하게 세금을 내고 기업의 이윤을 사회에 환원하고, 자기의 재산을 자식에게 대물리지 않고 사회에 환원함으로써 한국적 윤리적 기업경영의 귀감이 되고 있다. 이러한 책임있는 기업의 윤리경영에 기독자들이 귀감이 되어야 한다. 막스 베버(Max Weber)는 『프로테스탄트 윤리와 자본주의 정신』(*Die protestantische Ethik und der Geist des Kapitalismus*)에서 칼빈주의 신앙을 가진 화란의 기독기업인들이 하나님의 영광이라는 목적을 가지고 근검절약함으로써 자본을 모으고 이것을 투자함으로써 자본주의가 발전했다. 개신교 윤리가 바로 자본주의의 정신이 된 것을 말하고 있다.

교회의 주일학교와 가정이 이러한 주일학교 학생들과 우리의 자녀들을 책임있는 지도층으로 양육하며, 우리 자신이 노블레스 오블리주 정신을 갖고 자녀들에게 솔선수범하는 것이 필요하다.

(6) 시민신학의 정립

한국교회는 시민운동을 위한 시민신학을 정립해야 한다. 민중신학은 1970-1980년대 중반에 이르기까지 군부독재 정권과 권위주의적 정권 아래서 민주주의 요구와 억압된 민중의 한을 대변하는 역할을 하였다. 그리하여 민중신학은 민중운동의 사회신학적 근거를 마련해주었고 그 시대에 공헌하였다. 그러나 민중신학은 1987년 6월 민주화 운동 이후 새로운 국제정세 속에서 전개되는 시민운동의 확산이라는 시대적 상황에 상응하지 못했다. 따라서 민중신학은 그 사명을 다했다고 말할 수 있다. 민중신학이 일어난 사회적 상황이 1970년과 1980년이라는 권위주의적 독재정권의 상황이었기 때문이다.

따라서 2000년대 들어서 날로 발전하는 시민운동을 성찰 대상으로 삼는 시민신학의 정립은 시대적 당위성을 부여받는다. 시민운동은 시민사회에 사는 시민들의 민주적 합의에 기초한 사회참여운동이다. 시민운동은 민중운동과는 그 성격이 다르다. 민중운동은 억압적인 사회제도 속에서 억압과 압제에 대한 민중의 저항과 해방운동이요, 이것은 민중의 저항운동을 군사적 공권력으로 억누르고 차단시키는 체제의 전복운동으로 이어진다. 그러나 시민운동은 그럴 필요가 없다. 시민운동은 이미 민주화된 사회체제 안에서 논의의 과정을 보다 효율적으로 하고 시민들의 의식을 각성시키고, 정부가 이러한 다수의 시민들의 의사를 정책에 반영하도록 하는 사회발전운동이다.

이제 한국사회는 정치적인 민주화의 단계를 넘어서 사회 각 영역들이 자율성을 가지고 상호교통하면서 다양성 가운데 통일성을 이루는 사회를 지향하게 된다. 이것이 독재사회의 획일성을 지양하고 사회의 각 영역들이 부분적인 자기 영역주권(the sphere sovereignty)을 지니고 상호작용하는 시민사회의 모습이다. 정치, 경제, 교육, 종교, 문화, 예술, 체육 등 여러 가지 영역이 있다. 이 가운데 사회의 근본역할을 수행해온 영역은 정치 영역, 경제 영역, 교육 영역 그리고 종교영역이다. 이 부분영역들은 역사적으로 사회의 구체적 제도인 정치제도, 경제제도, 교육제도 그리고 종교제도로 구체화된다.[29] 이 네 가지 제도들은 각기 고유한 부분영역으로서 서로 의존관계 속에 있으며 상호작용하여 하나의 시민사회를 이루는 것이다.

독재정권 하에서는 네 가지 영역의 상호작용이 정치제도의 경직성 때문에 원활하게 되지 못하고 기능장애를 일으킨다. 한국의 유신정권 시절, 독일의 나치시절 등이 그 대표적 예이다.

바람직한 사회란 사회제도들 사이의 기능장애가 완전히 제거되어 각각의 사회제도가 자율성을 갖고 다른 사회 제도와 균형적으로 상호작용하는 사회라고 말할 수 있다. 기독교 윤리학자 아이럿-헤름스(Elert Herms)와 아르노 안젠바허(Arno Anzenbacher)는 이러한 바람직한 사회를 “적절하게 질서잡힌 사회적 상태"[30](angemessen geordneter sozialer Zustand)라고 칭하고
있다.

　시민사회론에 의하면 사회를 보는 삼분 모델과 이분 모델이 있다.[31] 삼분
(分)모델은 국가, 경제(시장), 시민사회이며, 이분 모델은 국가와 시민사회
이다. 이분 모델은 경제를 시민사회에 포함시킴으로써 경제에 대한 통제를
불가능하게 할 위험성이 있다.[32] 삼분 모델은 경제의 독자성을 인정하기 때
문에 시민사회의 자율성은 경제의 자율성으로부터 분리하는 장점을 갖는
다. 삼분 모델에 근거하여 시민사회의 유형은 다음같이 세분화된다.[33]
　제1유형은 강한 국가-약한 시민사회, 강한 시장- 약한 시민사회의 유형
이다.
　제2유형은 약한 국가-강한 시민사회, 강한 시장- 약한 시민사회의 유형
이다.
　제3유형은 강한 국가-약한 시민사회, 약한 시장- 강한 시민사회의 유형
이다.
　제4유형은 약한 국가-강한 시민사회, 약한 시장- 강한 시민사회의 유형
이다.

　제1유형에서 시민사회는 국가나 시장으로부터 자율성을 얻지 못하고 있
으며 동아시아 신흥공업국이 이에 해당한다. 제2유형에서 시민사회는 국
가의 지배로부터 벗어나 있지만 시장의 지배로부터 벗어나지 못하고 있으
며 미국이 이에 해당한다. 제3유형에서 시민사회는 시장으로부터 자율성
을 얻으나 국가의 지배에서 벗어나지 못하고 있으며 동유럽의 구사회주의
국가가 이에 해당한다. 제4유형에서 시민사회는 국가와 시장으로부터 자
율성을 확보한 상태인데 서유럽국가가 이에 해당한다. 오늘 한국사회는 국
가와 시장의 영향력이 막강하여 시민사회의 자율성이 제대로 확보되지 못

한 제1유형에 속한다.[34] 한국도 21세기에 들어와 민주주의가 성숙하게 이루어져서 미국 같은 제2유형으로 발전해야 할 것이다. 자원이 없는 나라에서 서유럽처럼 시장이 약하게 될 때 경제력은 약하게 되고 국제적으로 우리의 설 자리를 상실하게 될 것이다.

*

오늘날 한국교회는 사회를 이끌고 나갈 도덕적이고 책임있는 지도층이 되어야 한다. 또한 우리의 자녀들을 이러한 지도층으로 양육해야 할 과제를 지니고 있다. 이제 한국교회 신자들은 "노블레스 오블리주"의 정신을 지닌 신자들이 되어야 한다. 여태까지 한국교회는 은혜는 있으나 정의와 윤리가 결여되어 있었다. 이것이 양적 성장에도 불구하고 사회의 영향력이 크기만큼 크지 못한 것을 말해준다.

한국교회는 시민운동의 담당자가 되고, 내부적 비판자로서 역할을 하고, 시민운동의 후원자로서, 시민운동의 주도자로서 그 역할을 해야 할 것이다. 사회의 제도적인 측면에서 볼 때 이러한 교회의 기능은 NGO(Non-Government Organization)라는 민간단체로서 그 역할을 다하는 것이다. 그러나 교회는 단지 NGO로서만 머물러서는 안 된다. 교회는 영적 권위를 가지고 모든 동료 NGO를 지도해야 한다. 교회는 하나님의 말씀과 성령을 모시고 있기 때문이다.

바닷물의 소금은 2-3% 정도의 염분을 가지고 모든 오염을 제거하는 역할을 한다. 전 인구의 20%에 육박하는 기독교인들이 아직도 염분의 역할을 제대로 못하고 있다. 여기에 법조인들을 비롯한 사회의식을 지닌 신자들의 사명이 있다. 이제 한국교회는 그 안에서 하나님의 공의와 그분이 원하시는 윤리가 그리스도의 은혜 안에서 숨쉴 수 있도록 해야 할 것이다. 한국의 개혁신앙을 가진 정치인들, 법조인들, 교육자들, 기업인들은 하나님 주권의 신앙을 가지고 우리 삶의 모든 영역, 특히 우리의 가정과 직장에 하나님의 영광을 실현하는 도구가 되어야 한다. 그리스도인은 세속문화와의 영합자가 아니라 문화의 변혁자가 되어야 한다.

chapter 8

한국 기독교문화 형성에 관한 소고(小考)

한국 기독교의 경이적인 성장은 이제 신앙을 신자들의 삶 속에 접목시키는 기독교문화를 구현해야 하는 새로운 과제에 직면해 있다. 선교 120년 만에 전 인구의 약 25%가 기독교 신자(개신교 1,000만 가톨릭 200만)이다. 한국 기독교는 독일 선교학자 바이어하우스(Peter Beyerhaus) 교수가 말하듯이 세계선교 역사상 유례없는 경이적인 성장을 했다. 기독교 대통령(개신교 두 분, 가톨릭 한 분)이 세 분이나 나왔다. 장관이나 국회의원의 과반수가 신자다. 대만이나 홍콩, 인도네시아 등지에서 기독교는 소수의 종교다. 일본도 마찬가지다. 이들 나라에서 기독교는 살아남기에 바쁘다. 감히 기독교문화란 말을 쓸 수가 없다. 한국사회에서 각종 사회운동(민주화, 교육개혁, 공명선거)에 기독교의 힘은 주류적이라고 할 수 있다. 한국은 아세아에서 기독교 대학이 가장 잘 되는 나라다.

문화란 자연적인 것을 인간의 노력을 통하여 개발하는 것을 말한다. 문화는 세 가지 범주로 도식화 된다. 물질을 취급하는 기술적 문화(산업화, 의료기술), 사회적 구성원의 상호작용에서 이루어지는 사회적 문화(결혼, 교육, 법 등 제도), 사회구성원의 가치체계인 관념적 문화(우주관, 세계관)이다.[1] 문화는 네 가지 특징을 가진다. 문화는 첫째, 습득되는 것이며, 둘째, 사회 구성원이 공유하는 것이며, 셋째, 각 개인이 상호 그리고 전체에 영향을 끼치는 통합된 것이며, 넷째, 내적 그리고 외적 영향과 혁신에 의하여 끊임없이 변화하는 것이다. 문화란 "한 집단 공동체가 생각하고, 느끼고 행동하는 것을 조직하고 조정하고 또 함께 나누고 있는 통일된 사상, 감정, 가치관, 그리고 그것들의 연합된 행동유형과 그 산물"[2]이다. 문화의 기원은 창세기 1장 28절에 나온다. 하나님은 인간을 문화적 존재로 창조하셨다. 기독교는 문화 종교이다. 기독교가 전파된 나라들마다 개화되고 선진사회로 나아갔다. 기독교는 한국에서는 근대화 문물과 더불어 수입되었다. 그러나 아직도 한국교회와 한국사회에서 기독교문화는 만족할만큼 형성되어 있지 못하다. 신자의 수가 증가하는 것만이 아니라 기독교 정신이 신자들을 통하여 사회 속에 구현될 때에 비로소 우리는 기독교문화의 형성을 말할 수 있다.

기독교는 전통문화에 대한 깊은 이해를 가지고 전통문화가 갖는 긍정적 의미를 드러내야 한다. 한국교회사에 있어서 선교사들은 복음을 전하는 것 외에 우리 전통문화에 대한 이해와 긍정적인 평가를 하려고 노력하였다. 그러나 선교사들도 그 시대의 문화적 우월주의에 사로잡혔던 것을 부인할 수 없다. 여태까지 한국교회는 서구의 잣대를 가지고 우리의 전통적인 것을 긍정하기 보다는 부정하고 없애려고 했던 것이 사실이다. 서구에서는 후기식민시대(post-colonial era)에 즈음하여 식민지 시대 선교사들이 선교지 문화를 부정하려고 했던 선교방식에 대해 비판하고, 선교지의 문화를 중요시하는 '상황화'(contextualization) 작업이 기독교 선교의 중요한 과제로 제기되고 있다.[3] 이러한 맥락에서 이 장에서는 한국사회에서 기독교문화 형성의 과제를 다음같이 제시하고자 한다.

*

1. 감사절 축제와 한국민족의 유월절

(1) 우리 고유의 추수감사절

한국교회는 추수감사절을 추석에 지키는 것이 요청된다. 기독교 절기를 우리의 전통문화의 형식에 맞추어 지키자는 것이다. 이것은 기독교문화를 형성하는 데 중요하다. 가을 한가위에 햇곡식을 가지고 천지신명에게 감사를 드렸던 우리 고유의 추수감사절을 서구교회처럼 11월 셋째 주일에 지키는 것은 우리의 농경 사이클 및 정서에 맞지 않는다. 이것은 이중 감사절을 지키는 것이다. 한국의 한가위는 옛날 샤머니즘 시대부터 한해의 농작물을 수확한 후 천지신명에게 제사지냈던 우리의 고유한 감사절이다. 한국교회는 1904년 제4회 장로회 공의회에서 11월 10일 추수감사절을 지켜왔다. 그후 미국인 선교사가 조선에 입국한 날을 기념, 매년 11월 셋째 주 수요일을 추수감사절로 선언했고 이후 수요일에서 주일로 바뀌게 되었다. 따라서 한국교회가 지키는 추수감사절은 미국인 선교사들의 영향을 받은 것이다. 한국교회는 이제 추석에 추수감사절을 지킴으로써 한국인들에게 감사의 대상이 천지신명이 아닌 하나님이라는 메시지를 문화적으로 전달할 수 있게 된다.

1980년대 초반 경동교회, 향린교회 등 일부 진보적인 교회들과 민중교회들에 추석을 전후하여 추수감사절을 지키려는 움직임이 있었다. 이는 우리의 농경문화와 추수감사절을 일치시키고, 민중의 삶 속에 함께하는 모습을 위한 움직임이었다. 그러나 1990년대 후반 들어 민중교회의 퇴조현상과 함께 이러한 움직임도 급속히 쇠퇴하기 시작하였다. 그리하여 많은 교회들이 다시 11월 셋째주 추수감사절로 되돌아갔다. 2007년 추수감사절의 경우에는 추석과는 상관없이 교회의 사정에 따라 추수감사절을 지키는 사례가 늘어나고 있다.[4] 11월 셋째주는 시기적으로 성탄절과 너무 가까워 교인들의 부담이 크고, 추석을 전후한 시키는 귀성하는 교인들이 많아 감사헌금이 줄어들 수밖에 없기 때문이다.[5] 농경문화에 예민한 농촌교회들이 추석을 전후한 시기에 추수감사절을 지키지 못하는 것도 헌금과 관련이 있다. 추석이 첫 소출을 얻기 시작하는 시기이기는 하지만 아직도 추수가 완전히 끝나지 않아 감사헌금을 바칠 여력이 갖춰지지 않기 때문이다.[6]

세계 기독교가 성탄절로 지키는 12월 25일은 서방세계에서는 태양 탄생제를 지냈던 로마종교의 축제일이었다. 동지가 지나면 해가 길어지기 시작하기 때문이다. 그러나 4세기에 이르러 기독교가 로마의 국교가 되자 이 축제일에 기독교인들은 태양신 아닌 "의의 태양"(die Sonne der Gerechtigkeit)인 그리스도의 탄생을 축하하였다. 그후로 로마종교의 축제일은 기독교의 성탄절로 변혁되었다. 비록 그 날짜와 축제라는 형식은 그대로 가져왔으나 내용면에서는 완전히 기독교적 내용으로 바뀐 것이다. 유대인들은 추수감사절로서 초막절을 지켰다. 추석은 우리의 초막절이요 추수감사절이다. 추수감사절이야말로 한국문화 속에 기독교를 정착시키는 데 가장 중요한 전통적 형식이다. 이를 위한 범교단적인 합의를 이루어 교회 헌법에 명시하는 것이 좋다.

그리하여 한국교회 전체가 일시에 정해진 한 날(추석이 있는 주의 주일)에 추수감사절을 지내는 것이 요청된다. 이것은 한국교회가 추석이라는 민족의 감사절에 함께 참여하여 사회전체의 감사축제를 신앙적으로 승화시키는 계기를 마련한다는 데 의미가 있다. 그럴 때 기독교는 우리 고유문화와 어우러져 감사와 나눔을 실천하게 되는 것이다. 그러면 추수감사절은 미국 순례자의 추수감사가 아니라 우리 사회구성원의 추수감사가 되는 것이다. 서울 강동구에 위치한 명성교회에서는 추수감사절에 마을잔치를 벌인다. 전 교인들이 어우러져서 우리 고유의 춤과 음악으로 하나님께 감사하면서 교제를 나눈다. 음악회를 열고, 기독신인들이나 CCM 가수들을 초청하여 찬양행사를 하거나 성극을 공연하기도 한다. 교회마당에서는 사물놀이, 팽이치기, 도리깨질, 먹거리 장터 등 다양한 프로그램이 운영된다.[7] 서울 고척동 평화교회에서는 이웃과 함께 하는 "행복축제"를 진행하고 있다.[8] 평화교회 행복축제는 3단계로 진행한다. 첫 단계는 성도들의 영성증진이다. 이를 위하여 성경필사운동과 매일밤 기도회를 진행한다. 두 번째 단계는 일선전도이다. 세 번째 단계는 감사예배이다. 이 절기를 이용한 세 단계 프로그램을 통해 불신자들에게도, 한번쯤 교회에 가볼까 하는 마음이 일어나는 기회를 마련한다.

(2) 광복절을 우리 민족의 유월절로

8 · 15 광복절을 한국민족의 유월절로 지키는 것이 요청된다. 다시 말하면 유월절이 이스라엘 민족의 출애굽을 기념한 것처럼, 8 · 15 광복절을 한국민족의 유월절로 지키는 것이 바람직하다. 이스라엘은 이집트의 종살이에서 나올 때 유월절 규례를 지켰다. 유월절은 이스라엘이 이집트의 종살이에서 해방되는 것을 기념하는 이스라엘의 민족절기이다. 한국 기독교 신자들은 인종적으로나 문화적으로나 유월절과는 상관이 없다. 우리가 이스라엘의 유월절을 지킨다는 것은 아무런 의미가 없다. 그러나 기독교 신자들은 신앙적으로 이스라엘의 유월절을 우리의 절기와 유비(類比)하여 지킬 수 있다. 그럴 때 이스라엘의 절기는 우리에게 보다 실감있게 다가오는 것이다. 그렇다면 우리 민족이 일제의 식민지에서 해방되었던 8월 15일 광복

절이야말로 문화적으로 역동적인 동의어(同義語)(culturally dynamical equivalence)이다.[9] 언더우드가 설립한 한국의 대표적 장로교회인 새문안교회에서는 8·15 광복절을 기하여 특별강연회 및 기념행사를 해오고 있다. 필자도 새문안교회에서 2006년 광복절기념강연을 한 적이 있다.

2. 전통 신상의 비신화론화

서울 노량진 2동 장승백이 삼거리는 옛날부터 장승으로 유명한 곳이다. "천하 대장군, 지하 여장군"이라고 쓰여진 이 장승은 전통적으로 마을의 입구에 그 마을의 수호신으로 세워졌다. 그리하여 그 지명 이름을 장승백이라고 했다. 이처럼 장승이란 우리의 민속문화와 더불어 내려왔다. 그런데 이 장승이 열성적인 기독교인들에 의하여 수난을 당하고 있다.

1988년 전대협이 남북청년학생회담을 기념해 연세대 도서관 앞에 장승을 세웠다. 그런데 1년 만에 밑둥이 잘려져 나갔다. 뒤이어 연세대 총학생회가 그 자리에 세운 "민족 해방 대장군"과 "조국통일 여장군" 장승도 기독교 학생동아리에 의하여 1년을 넘기지 못하고 사라져 버렸다. 1990년 10월 20일 부산외국어대 해방터 앞에 세워진 "통일나라 대장부"와 "참 세상 여장부" 장승도 이 대학 기독학생회에 의하여 밑둥이 잘려져 나갔다. 노량진 장승백이에도 장승 1쌍이 전통문화 육성의 차원에서 다시 1991년 10월 24일 세워졌다. 그런데 11월 2일 새벽 지하 여장군이 불에 타버린 사건이 발생했다. 건립 전부터 주변 여러 교회의 반발이 있어서 예정보다 6개월 뒤에 세워졌다. 그래서 주민들은 교인중 누군가의 소행이라고 추정하고 있다. 사사기(士師記)에 기록된 우상 바알의 단을 깨뜨린 여룹바알 기드온의 신앙적 용기(삿 6:25-32)를 본받는 기독교인의 열정은 평가할 만하다. 그러나 이러한 신앙적 열정은 전통문화를 없애는 부작용도 지니고 있다.

이처럼 전통문화와 기독교신앙 사이에는 갈등의 요소들이 많다. 그러나 이제 이러한 장승을 하나의 신상으로 간주하기 보다는 문화재로 생각하는 보다 성숙한 신앙이 필요하지 않을까? 옛날에는 그 장승 앞에 가서 빌고 신상을 신격화 했으나 오늘날에는 일반적으로 장승을 신으로 보지 않는다. 따라서 문명의 발달과 더불어 장승의 의미가 문화재로 변했다는 것이다. 따라서 장승을 하나의 문화재로 비신격화 하는 작업이 필요하다고 본다. 언제 건립되었으며, 다시 보수되었는지를 표시하고 우리 조상과 더불어 온 장승의 문화적 과정을 알리는 것이 비신격화 작업이라고 본다. 그리하여 한국교회 젊은이들에게는 장승을 비밀리에 파괴하기보다 장승을 조상들이 만든 조형물로, 전통문화재로서 보는 것이 요청된다. 장승을 비신격화 하여, 마을을 지키는 자는 하나님이라는 것을 알리는 것이 전통문화도 보존하고 전도도 하는 길이 될 것이다.

"하르방" 은 옛날에는 제주도를 지키는 수호신이었다. 여기에는 무교신앙이 같이 자리 잡았다. 그러나 오늘날 "하르방" 은 이제 제주도를 나타내는 전통적 여행기념품 가운데 하나가 된 것이다. 이제 무당이나 무교신앙을 가진 자 외에 "하르방" 을 수호신이라고 생각하는 사람은 없다. 기독교는 여기에 착안하여 "하르방" 이 수호신이 아니라 옛날 제주도에서 선조들이 섬겼던 하나의 "수호신상" 이라고 여기고 이것을 지나간 시대의 문화재로 비신격화 하는 작업이 필요하다.

기독교인 가운데 근본주의자는 사사기의 기드온처럼 장승이 우상이기 때문에 없애 버려야 한다고 주장한다. 그러나 오늘날 장승을 마을의 수호신으로 경배하는 자는 없다. 그러므로 오늘날의 시대적 상황은 사사 시대의 기드온 시대와 다르다. 한국교회는 장승을 비신격화하고 그것을 단순히 민속적인 기념품으로 받아들이는 것이 요청된다. 이것은 우리의 전통문화를 말살하지 않고 그것의 진정한 의미를 다시 발굴하는 것이다. 기독교문화란 소극적으로 전통문화를 말살하는 것이 아니라 적극적으로 전통문화가 오늘날 지니는 바른 의미와 교훈을 드러내는 비신화론화 작업이다. 물론 이 작업에서 무속신앙의 잔재인 귀신신앙은 철저히 제거해야 할 것이다.

3. 기독교 예술 문화의 창조

전통문화 가운데 예술 분야, 특히 음악, 건축, 미술 등은 하나님의 창조 계시가 크게 왜곡됨 없이 반영되어 있는 영역이다. 예술 형식의 영역은 죄의 부패성과 오염을 가장 적게 받은 영역이다. 이러한 예술영역은 친숙한 공통의 영역으로, 복음이 이 형식을 빌려 부담없이 대중들의 감정과 정서에 호소할 수 있다. 그러므로 이러한 전통예술의 영역에 복음의 정신을 불어넣는 작업이 요청된다.

(1) 기독교 음악

찬송가의 토착화 작업은 한국교회 초기에 선교사들에 의하여 추진되었다.[10] 게일(Gale) 선교사는 한국인 신자들은 서양곡에 맞추어 노래하기 보다는 한국 고유의 가락으로 찬송해야 한다고 생각하였다. 그래서 그는 1917년 "조선 음악 연구회"를 조직하여 재래음률의 곡을 작곡하는 등 노력을 했으나 결실을 거두지 못했다. 장로교 초대목사요 부흥사인 길선주도 찬송을 하는데 재래음률을 사용하고자 노력했으나 한국인 신자들은 성가를 세속적인 가락에 붙여 노래할 수 없다는 이유로 반대하였다.[11] 그리하여 한국 기독교 신자들은 서구가사를 번역한 서양의 찬송가를 즐겨 불렀고 그 중에서도 우리 민요조와 비슷한 3박자 혹은 6박자 찬송을 즐겨 불렀다.

1945년 이후 한국교회 작곡가 곽상수, 나운영, 장수철, 이동훈 등이 한국적인 음률의 찬송가를 작곡하는 일에 힘썼다. 그러나 이미 반세기 동안 서양곡조에 너무 익숙하고 한국의 재래곡조는 거의 상실된 상황에서, 한국적 찬송가락에 익숙해진다는 것이 쉬운 일이 아니었다. 역설적으로 "내 주는 강한 성이요", "하늘 가는 밝은 길", "천부여 의지 없어서" 등 한국교회 신자들이 즐겨 불러왔던 찬송가는 독일의 민요나 영국의 세속음악이었던 것이다.

현재 한국교회가 사용하는 개신교 찬송가 558곡 중 한국인 작사곡은 26곡에 불과하고 대부분이 서양 찬송가이다. 독일 종교개혁시에 루터는 많은 곡을 가톨릭 교회에서 가져오고 그리고 당시의 민요나 유명한 세속 곡(예컨대, 384장 "내 주는 강한 성이요")을 사용했다. 한국 기독교는 전통문화 형식인 판소리와 풍류도와 가무곡도 복음의 메시지를 표현하는 데 사용할 수 있어야 한다. 우리의 정서에 맞는 찬송가가 개발되어야 한다. 일반 민중들에게 가장 의미있게 다가오는 추석이나 구정(舊正) 등 전통적 절기에 부를 수 있는 가사와 곡이 만들어지고 보급되는 것이 필요하다. 또한 3·1절이나 광복절 등 역사적 절기에 맞는 찬송가가 개발되어야 한다. 입학, 졸업, 생일, 결혼, 회갑, 고희 등 기념행사에 적합한 찬송가가 개발되어야 한다.

한국교회는 총회적으로 위원회를 만들거나 각 노회나 이것에 관심을 가진 개교회가 위원회를 만들어 이러한 작업을 시도하는 것이 필요하다. 예컨대, 예장 합동교단 소속 사랑교회 담임목사 김중석이 이 일에 소명을 받아 『한국찬송가』(1993년 초판, 2003년 증보판)를 출판하여 보급하는 데 심혈을 기울이고 있다.[12] 그는 개혁신학적 관점에서 찬송가의 토착화를 위하여 귀한 열성을 보이고 있다. 이러한 찬송가의 토착화에 있어서 경계해야 하는 것은 혼합주의에 빠지는 것이다. 한국적 예배 음악에 민족종교인 무속종교의 강신 굿 형식을 도입할 수 없다. 그리고 한국교회의 부흥회에서 찬송을 부를 때 속도를 차츰 빨리 하는 방식으로 신도들을 열광으로 몰아넣는 것은 무속적인 굿 형식을 빌리고 있지 않는가 반성해야 한다.

한국찬송가공회는 1996년에 각 교단 파송위원과 종교음악 전문가, 신학자, 국문·영문학자 등으로 '21세기찬송가 개발위원회'를 구성해 지난 10여 년 동안 500여 회의 모임을 갖고 21세기찬송가를 제작해왔다. 21세기찬송가는 기존 찬송가곡과 공모곡 등 총 3만여 곡 중에서 645곡을 최종 선정했는데, 기존의 통일찬송가(현재 국내에서 사용되는 찬송가)에서 481곡, 외국찬송가에서 55곡, 성가곡에서 109곡을 각각 엄선한 것이다.

21세기찬송가에는 통일찬송가에 16곡밖에 없었던 한국인 작사·작곡 찬송가가 90여 곡으로 대폭 늘어나 우리 정서에 맞게 손질되었다는 평가를 받고 있으며, 젊은이들을 위한 경배와 찬양곡도 다수 수록된 것으로 알려졌다. 예장통합과 예장합동, 기감, 기장, 기침, 기성 등 10개 주요 교단장들은 2006년 7월 3일 한국찬송가공회가 주관한 간담회에 참석해 "한국인들의 정서에 부응하고 세계교회의 변화에 발맞춘 새로운 찬송가를 발행하게 되었기에 이를 환영해마지 않는다"며 "어떤 찬송가보다도 훌륭한 찬송가임을 확신한다"고 밝혔다.[13]

2007년 9월 중순 한국교회에 21세기 찬송가가 도입되었다. 21세기 찬송가는 기존 통일찬송가 558곡에 162곡을 새로 추가했고 78곡의 기존 곡을 삭제했다.[14] 가사도 상당수가 변경되었으며, 국내 작곡가의 곡이 대폭 추가되었다. 추가된 곡은 교인들의 편의를 위해 작곡된 노래가 대부분이다. 그런데 교회가 사전에 충분히 교인들에게 숙지를 시키지 않아, 예배에 서로 다른 찬송가를 상용하는 혼란이 일어나고 있다.[15]

(2) 기독교 미술과 조각

한국 기독교 초창기에는 기독교인이 조각을 한다거나 성화를 그린다는 것은 십계명의 제2계명을 위배한다고 보았기 때문에 기독교는 한국 개화기 미술에 아무런 공헌을 하지 못했다. 그러나 게일(J. S. Gale) 선교사는 천로 역정을 번역할 때 한국의상을 입은 신자의 삽화를 넣도록 했다. 김기창의 예수전은 예수에게 우리 의상(衣裳)을 입힘으로써 예수를 한국인의 모습으로 이해하는 데 기여하였다.

종교적인 미적 형상화는 제2계명에 위배되지 않는다. 제2계명은 성부 하나님의 모습을 그리지 말라는 것이다. 우리는 성자 그리스도의 모습을 이미 서구의 미술을 통하여 접해 왔고 이것은 우리 신앙에 직관적 요소를 부여한다. 우리는 이러한 기독교 미술이나 조각이나 건축을 봄으로써 각 시대에 나타난 신앙의 신조들의 신앙체험을 형상화 할 수 있다. 예컨대, 비잔틴 시대 예술에 그려진 예수는 최고의 자리에 있는 황제, 곧 "모든 것을 지배하는 자"(Pantocrator)의 모습, 중세에 그려진 예수는 십자가 위에서 고통당하는 모습, 근대에 앵글로 색슨족에게 그려진 예수는 금발의 멋진 청년의 모습을 하고 있다.[16] 이처럼 신앙을 형상화 하는 미술이나 조각은 기독교 신자의 신앙을 구체화하고 불신자들에게도 전도하는 데 기여한다. 우리는 김기창 화백(畵伯)이 시도한 바 같이 우리의 체취에 맞게 성경의 주요 사건들을 재형상화 할 수 있다.

오늘 기독교 이후의 시대를 맞이한 독일이나 영국 등 서구의 교회당을 방문해보면 근 1,000년 전의 교회당들이 정교하고 아름다운 성화와 조각과 건축을 우리에게 남겨줌으로써 방문하는 후대인들에게 여전히 예술을 통해서도 메시지를 전하고 있다. 필자는 2004년 안식년 중 6개월을 독일 북부의 복훔대 신학부에서 보내었는데 독일의 대부분 도시들이 가지고 있는 교회의 성화나 조각들은 그 당대의 종교문화를 알려준다는 것을 체험하였다. 예컨대 뮌스터는 종교개혁당시 재세례파들이 새 예루살렘이 임할 처소라고 주장하던 곳이며, 뮌스터에는 당시 재세례파를 처형했던 성전 꼭대기의 혼적이 그대로 있으며, 신구교 30년 전쟁의 평화조약이 체결되었던 시청 안에서 여러 가지 종교적인 형상물을 찾아볼 수 있다.

(3) 기독교 건축

1) 교회 건축 양식

1900년 이전의 한국교회 건물 양식은 기존의 한옥(韓屋)을 개조한 것으로 토착적이었다. 가장 먼저 설립된 황해도 소래교회가 1896년에 지은 새 예배당 건물은 전통적인 한옥 가옥이었다. 1896년에 설립된 서울의 남대문밖 교회는 1910년 오늘날 우리들이 보는 서양식 새 교회당을 짓기까지는 왕실의 별궁을 예배당으로 사용하였다. 1900년에 설립된 평북의 강계읍 교회당과 안주읍 중앙교회당도 모두 한옥식 예배당이었다. 그런데 1910년 이후 교회들이 새 교회당 건물을 지으면서부터 서양식으로 지었다.

그리하여 한국교회는 교회건축의 토착화를 제대로 보여주지 못했다. 근래에 세워진 한국의 새로운 교회당은 대부분 서구의 건축형식으로 지었기 때문에 서구의 교회당과 차이가 없다. 중세식의 권위와 배타주의 건축양식에 따른 교회는 현대인들에게 더 이상 친밀감을 주지 않는다. 하늘을 찌를 듯한 탑은 "하늘만을 바라보고 살라"고 "지시하는 손가락"이다.

예배당은 일요일만 필요한 것이 아니라 매일 지역사회와 교인들의 모임과 기도와 연구와 교제의 처소가 되어야 한다. 예배당은 예배드리는 공간만이 아니라 지역 자치모임, 미술 전시회, 음악회 등 건전한 각종 축제를 위하여 개방되어야 한다. 예배실도 예배뿐만 아니라 연극 공연, 음악회와 강연회 기능까지 할 수 있도록 설계되어야 한다. 이것이 바로 "역동적 교회당"으로서의 건축 양식이다. "종교성을 표현하는 교회 건축양식은 세상 감성에도 호소하는 교회" 양식이다.

교회건축 양식이 사랑방 교회의 모습으로 조형되어야 한다. 미국 하와이에 있는 한인교회는 그 지붕이 서울 광화문의 모습을 하고 있어서 처음 찾아오는 한국인이면 누구에게도 "저것이 바로 한인교회"라는 것을 알 수 있다. 서울 장석교회는 한편으로 한국의 재래 한옥의 건축양식을 살리면서, 다른 편으로는 기독교의 삼위일체를 교회당 모습에 형상화 하고자 했다. 한옥을 기념물로 보관할 정도로 재래의 건축양식이 사라지는 요즘 교회건축에 있어서 한국의 건축양식을 살리는 것이 우리의 고유 문화보존을 위해서도 요청된다.

그러나 교회건물의 토착화가 반드시 한옥식의 건물을 세워야 한다는 것은 아니다. 이제 세계화 시대에 한옥식과 더불어 각종 새로운 건축양식이 한국으로 들어오고 한국에서도 모던 내지 포스트모던 건축양식이 유행하고 있다. 오늘날 실용한복이 유행하듯이 교회건축 양식도 전통적인 것과 현대적인 것을 잘 결합해 새로운 건축 양식을 고려할 수 있어야 한다.

2) 교회당 내부 양식

한국 교회당의 내부양식은 재래유교적인 요소가 많이 가미되어 비종교개혁적으로 설계되거나 사용되고 있다. 한국교회에서 보수적인 교회당의 강단은 예배순서 담당시 평신도가 사용하는 아래 강단과 목사만이 사용하는 윗 강단의 이중강단으로 발전하였다. 이러한 이중강단은 교회직분의 계층화를 나타내게 되었고, 교인들의 신분을 구분하는 기능을 하게 되었다.[17] 보수교회일수록 전도사나 여자가 예배를 인도하거나 강도(講道)를 할 경우와 장로나 안수집사가 기도를 할 경우에 아래 강단에서 하도록 하였다.

이러한 강단이해는 구약적 내지 가톨릭적인 것이다. 구약시대에는 성소를 지성소와 성소로 나누고 지성소에 해당하는 안쪽에 제단을 위치시켰다. 로마 가톨릭도 이러한 구약의 제사제도를 그대로 답습하고 있다. 그러나 종교개혁자들은 설교단을 강단 중앙에 두고 성소와 지성소 개념을 철폐하였다. 이중강단은 성경적이지 않다. 그뿐 아니라 강단이 성역화됨으로써 예배실이 강단과 회중석으로 다시 이분화 되고 있다. 이러한 구조 역시 전혀 개신교적이 아니다. 종교개혁의 전통에서는 성소와 지성소의 구분이 철폐되었을 뿐 아니라 강단과 회중석의 구분이 없다.

한국교회 성찬상은 전혀 눈에 드러나지 않는 경우가 많다. 성찬상이 설교단 아래 쪽에 설치되는 경우에는 제2의 설교단이나 타용도 탁자로 사용되어 성찬상이 지니는 의미를 전달하지 못하고 있다. 또한 세례를 위한 물을 담는 세례대는 한국교회의 예배당에는 거의 없다. 교회의 표지가 말씀의 선포와 성례의 집행이라면 설교단과 더불어 성례를 집행하는 성찬상과 세례를 베푸는 세례대가 같이 마련되는 것은 종교개혁신학적으로 바람직한 일이다.[18]

4. 예배 형식의 변화

첫째, 한국교회 예전(禮典)에는 구약적이고 일반 무속적인 요소가 아직도 남아 있다. 강단을 "제단"이라고 하며, 예배를 "제사"라고 하고, 새벽 기도회를 "새벽 제단"이라고 한다.[19] 목사를 "제사장"으로 보아, 평신도와는 완전히 구별된 거룩한 존재로 본다. 예배에 대한 개혁신학적 이해를 정립함으로써 아직도 예전에 남아 있는 구약적인 잔재와 가톨릭적 잔재를 청산해야 할 것이다.

둘째, 장로교나 감리교의 예배는 미국 백인의 예배로부터 딱딱하고 형식적인 요소를 모방하였다. 성결교나 순복음 교회의 예배는 미국 흑인들의 예배로부터 자유분방하고 무형식의 요소를 모방하였다. 장로교와 감리교 예배는 너무 경건하여 유교적인 형식으로 흐르는 경향이 있고, 성결교회나 순복음교회의 예배는 너무 자유분방하여 무교적인 열광으로 치닫는 경향이 있다. 장로교 예배가 윤리적이고 율법적인 경향이 강한 데 반해서 성결교회나 순복음 교회의 예배는 개인주의적이고 기복적인 면이 강하다.[20] 장로가 목회기도가 아닌 참회와 헌신기도를 대표로 드리는 것은 한국교회의 특징이다. 통성기도나 두손 모아 기도드리는 것은 모두 바람직하다. 한국교회는 예배에 대한 개혁신학적 이해를 정립함으로써 유교적 형식이나 무교적 자유분방에서 벗어나, 예배가 다가오는 하나님 나라의 잔치에 참여하는 축제가 되도록 해야 한다.

셋째, 성만찬에 반드시 누룩있는 서양 빵과 포도주를 사용해야 하는가? 누룩없는 전통 떡은 성경적일 수 있다. 그러나 포도주나 포도즙 대신에 감주나 이에 상응하는 민속주를 사용하고자 할 때 신학적 의미를 살리는 것이 필요하다. 포도주를 사용하는 것은 주님의 생명인 피를 상징하는 것이기 때문이다. 붉은 색의 민속주를 사용하여 포도주처럼 그리스도의 피를 상징하는 시각효과를 줄 수 있어야 한다. 민속주인 흰 막걸리를 사용한다고 할 때 그리스도의 피를 지시하는 상징효과(symbol effect)가 떨어질 수 있다. 요즈음은 한국에서도 포도가 많이 나고 포도즙이나 포도주가 대중적으로 많이 사용되기 때문에 포도즙을 사용하는 것은 현대화된 우리의 식습관에 생소하지 않다.

넷째, 성직자나 성가대원 및 헌금위원의 가운은 검은색 보다 흰색이 좋지 않은가? 검은 가운은 서양의 대학에서 교수들이 입은 옷이었다. 이것이 서구교회로 전해져서 목회자도 검은 가운을 입게 되었다. 성경에는 흰 세마포 입은 성도들의 모습이 나온다. 흰색은 성경적 예복의 기초이다. 흰색은 정결을 나타내는 색으로서 신앙의 순결성과 정숙을 나타내는 데 적합한 색깔로 여겨진다. 우리 민족은 백의(白衣) 민족으로 흰옷을 입기 좋아하는 풍습을 가지고 있다. 그러므로 성직자나 교회성가대원이나 순서담당자들이 흰색의 가운을 입는 것은 우리 민족의 정서에도 맞고 성경의 가르침에도 부합한다.

5. 제례 및 장묘 문화의 변혁

(1) 제례문화의 변혁

한국사회의 제례는 유교적 전통 속에 정착되어 있는 제례이다. 유교는 예절 문화로서 제사는 중요한 예절행사에 속한다. 제사는 조상에 대한 효도(孝道)의 차원에서 이해되고 있다. 유교의 생애주기(life cycle)이론에 따른 장례식의 절차는 한국 장례식의 전형이 되어 있다. 유교의 상례(喪禮)는 초종(初終), 성복발인(成服發靷), 치장(治葬), 흉제(凶祭)로 되어 있다. 성복발인에서는 우청룡 좌백호 지점을 찾아 음택(陰宅)을 만들고, 흉제에서는 신주(神主)와 혼백(魂魄)을 만들어 집에다 2년 이상 안치한다. 이러한 유교의 상례는 사람이 죽으면 고복(皐復)의 예를 통해서 몸을 떠난 영혼이 돌아오기를 기대한다. 그리고 대렴(大斂) 후에는 혼백상자를 만들어 몸을 떠난 영혼의 일부가 방황하는 것을 좌정시켜준다. 삼우제(三虞祭)를 통해 몸을 지하에 남겨두고 지상에 남아 있는 영혼을 위로하려고 한다. 죽은 자를 위한 사당(祠堂)이 필요한 이유가 여기에 있다. 이처럼 유교는 조상의 영혼과 무덤이 후손의 생사화복에 영향을 주는 것으로 보기 때문에 매장과 제사가 필연적으로 요청된다.

기독교적 관점에서 보면, 제사는 효도의 표현이기는 하나 샤머니즘의 귀신숭배를 내포하고 있다. 초창기 가톨릭은 제사를 반대하여 1791년 신해박해를 시발로 많은 순교자를 내었다.[21] 그런데 1939년 로마 교황청은 교서(教書)를 통하여 제사를 선조(先祖)에게 효성을 표하는 민간의식으로 규정하였다. 이러한 결정은 일본과의 외교적 대립을 피하기 위한 정치적 결정으로서 가톨릭 순교자들에 대한 모독이라고 볼 수 있다.

한국 개신교는 유교적 제사를 거부하지만 조상에 대한 효성을 거부하지

는 않는다. 개신교가 유교적 제사를 거부하는 것은 조상을 공경하지 않는
다는 것이 아니라 유교적 제사에 깔려 있는 무속적인 신앙을 배격하기 때문
이다. 유교적 제사는 조상의 영혼이 죽은 후에 영혼으로 떠돌아다니면서
후손의 공양과 위로를 받고, 그 대신 후손을 가호한다고 믿고 있다. 기독교
신앙이 제사를 거부하는 것은 조상을 거부하는 것이 아니라 죽은 조상이 귀
신이 된다는 범신론적 영혼숭배사상을 거부하는 것이다.

　기독교도 역시 조상을 추모하고 살아 계시는 부모에 대해 효도하기를 가
르치고 있다.[22] 우리는 유교적 제사를 기독교적 추도(追悼)식보다는 기독교
적 추모(追慕)예식으로 변혁, 정착시켜 나가야 한다.[23] 추도식에는 다시 만
날 수 없다는 애도와 슬픔이 많이 내포되어 있으나, 추모에는 조상에 대한
흠모와 다시 만난다는 부활 소망을 내포하고 있기 때문이다. 제사가 가지
고 있는 조상에 대한 효성을 계승하고 그것을 기독교 방식으로 발전시켜 나
가야 한다.[24]

(2) 장묘문화의 변혁

　한국사회의 장묘문화는 불교의 전통과 영향이 깊음에도 불구하고 화장
(火葬)문화가 정착되지 못하고 매장을 고집하는 전통이 지속되었다. 한국교
회도 유교의 영향을 강하게 받아 매장(埋葬)을 고집하는 실정이다. 중요한
이유는 민간신앙인 풍수(風水)사상의 영향이다. 풍수사상은 묘소를 죽은 자
를 안치하는 장소로만 여기지 않고 죽은 자가 지속적으로 후손들을 삶에 영
향을 줄 수 있는 자리라고 믿게 했다.[25] 사회지도층일수록 풍수에 집착하여
대선후보들이 선영(先塋)을 옮기는 예가 흔히 있다.

　한국의 새로운 장묘문화를 위해서는 매장 면적을 최대한으로 줄여서 국
토잠식과 환경파괴를 최대한 줄여나가야 할 것이다. 광활한 국토를 가진
미국도 1인당 매장면적이 한 평 정도로 제한되어 있다. 국토의 면적이 좁은

한국은 화장(火葬)을 권장해야 한다. 여태까지 화장은 불교가 하는 것으로 여겼으나 화장에 대한 것도 성경에 언급되어 있다. 성경은 어떤 장묘법이 하나님이 정해주신 제도라고 규정하고 있지 않다. 구약 사무엘상 31장 12-13절에는 "모든 장사들이 일어나 밤새도록 달려가서 사울의 시체와 그의 아들들의 시체를 벧산 성벽에서 내려 가지고 야베스에 돌아가서 거기서 불사르고 그의 뼈를 가져다가 야베스 에셀나무 아래에 장사하고 칠 일 동안 금식하였더라"라고 기록되어 있다. 이스라엘의 왕인 사울과 그의 아들들이 화장되어 그 다음 남은 뼈를 매장했음을 말하고 있다. 그리고 구약 아모스 6장 10절상에는 "죽은 사람의 친척, 곧 시체를 불사를 자가 그 뼈를 집 밖으로 가져갈 때에"라고 기록되어 있다. 여기서는 죽은 자를 매장하는 것이 원칙이나 죽은 자의 수효가 워낙 많아서 친척에 의하여 불사를 수밖에 없는 것을 말하고 있다. 그러므로 매장이냐 화장이냐 하는 것은 비본질적인 문제이다.[26)]

생태문화 형성에 기여하는 장묘제도를 정립하는 일에 한국교회는 기여해야 한다. 지금까지는 매장이 권장되었으나 화장(火葬)을 권장하고 교회 내 납골당(納骨堂)을 만드는 것도 시급히 해야 할 과제이다. 서구교회에 가 보면 교회당의 정원이나 마당이 지역주민의 무덤이요 교회당 내(예컨대, 독일 하이델베르그 요리문답이 채택된 성령교회, Heiligen Geistes Kirche), 쾰른(Koeln)의 성당(Dom)에는 왕이나 귀족들의 무덤이 있는 것을 발견할 수 있다. 그것은 교회가 그만큼 지역사람들의 삶과 긴밀한 관계 속에 있다는 것을 보여주는 것이다.

교회당 내 납골당은 조상과 후손, 죽은 자와 산 자가 하나님의 집에서 만난다는 점에서는 신앙적 의미가 있으며, 공동묘지라기 보다 만남의 공간으로 여겨짐으로, 그만큼 우리의 삶을 질적으로 향상시키는 것이다. 이러한 교회당 내외의 납골당은 삶과 죽음의 경계선을 메워주는 생활공간으로서 새로운 선교의 장이 될 수 있다. 교회당의 공간설계 중 단 1%만이라도 각 교회의 규모와 형편에 맞게 추모공간으로 배려해야 할 사회적 필요가 대두되고 있다.[27] 교회당 내외에 고인(故人)을 위한 추모공간을 만들어 기일과 명절에 고인을 추모하고 아름다운 성전의 분위기에서 맛있는 음식을 서로 나누며 의미있는 시간을 보내는 것은 기독교 추모문화와 장례문화를 정립하는 데 필요한 일이다.

6. 성경의 새 번역

현재 우리가 사용하고 있는 개역성경은 1938년에 출판되었고 1956년에 완성된 개정판이다. 이것은 가히 한국의 흠정(欽定)역이라고 말할 수 있다. 그 후에 40년간 아직도 이에 대한 개정판이 나오지 못하였다. 이 개정판에는 "가라사대", "이르노니", "하니라", "하였더라", "있더라", "이었더라", "가니라", "혹이 가로되", "부르짖으니라", "하였나이다" 등 오늘날 쓰지 않는 말들이 많이 들어있다. 그래서 개역성경의 표현들은 젊은이들에게 생소한 느낌을 주는 것이 많다. 그리하여 그 내용이 제대로 전달되지 못하고 있다. 예컨대, "하나님이 돌이키샤 뎌희를 그 하날의 군대 섬기는 일에 바려두셧스니 이는 션지자의 책에 긔록된바 이스라엘의 집이여 사십 년을 광야에서 너희가 희생과 졔물을 내게 드리지 아니 하엿나냐" (1938년 "개역" 행 7:42)를 "하나님이 돌이키사 저희를 그 하늘의 군대 섬기는 일에 버려두셨으니 이는 선지자의 책에 기록된바 이스라엘의 집이여 사십 년을 광야에서 너희가 희생과 제물을 내게 드린 일이 있었느냐" (1956/1961년 "개역 한글판" 행 7:42)로 개정하였다.

이에 반해서 개신교 성서공회와 가톨릭 교회가 함께 노력하여 1993년 출판된 표준새번역 성서는 신학적 문제를 가지고 있다. "하나님의 신"을 "하나님의 기운"(창 1:2), "메시아"를 "병을 앓고 있는 자"(사 53:3), "여호와의 책"을 "짐승들의 책"(사 34:16), "식물을 물 위에 던질 자"를 "돈이 있으면 무역에 투자하라"(전 11:1)로 번역하고 있어 원문까지 수정하고 있다.[28] 그래서 표준새번역 성서는 개신교 보수교회가 사용하기에는 신학적으로 심각한 문제를 지니고 있다.[29] 그리하여 이 새번역 성서는 성공하지 못했다. 개신교에서는 진보교단만이 이 표준새번역 성서를 사용할 뿐이고 보수교회는 이 새번역 성서를 철저히 외면하고 있다.

1998년에 개역성경 개정판이 나왔다. 개역개정판은 새번역 성서가 주지 못하는 보수적 번역을 제공하게 된 것이다. 그리고 개역개정판은 그동안 사용되지 않은 용어들을 현재 사용하는 용어로 바꾸었다. 개역개정판은 개역 성경의 분위기를 유지하면서 변화된 한글 맞춤법과 시대적 정서를 감안해 꼭 필요한 부분(수정된 맞춤법, 의미의 변화, 번역의 오류)만을 개정한 것이다. 예컨대, 번역의 오류인 창세기 5장 1절의 "하나님의 형상대로"(개역)를 "하나님의 모양대로"(개역개정)로, 창세기 16장 12절의 "그가 모든 형제의 동방에서 살리라"를 "그가 모든 형제와 대항하여 살리라"(개역개정)로, 고린도전서 7장 36절, "자기 처녀딸에 대한 일"(개역)을 "자기의 약혼녀에 대한 행동"(개역개정)으로 수정하였다.

'개역' 번역에 문제가 있다고 판단되는 곳에서는 번역 내용의 일부를 고쳤다. 예를 들면, "주기도"(마 6:9-13)에서 "뜻이 하늘에서 이룬 것 같이"는 "뜻이 하늘에서 이루어진 것 같이"로 고쳐서 다음에 나오는 "땅에서도 이루어지이다"와 수동태의 문법 형식이 일치하게 번역하였다. 마태복음 6장 34절의 "내일 일은 내일 염려할 것이요"라고 하여 마치 내일 일을 오늘 지레 염려하지 말고 내일 일은 내일 가서 염려하라는 뜻으로 오해되는 '개역'의 번역을 '개역개정판'에서는 "내일 일은 내일이 염려할 것이요"로 바로 잡아서 염려라고 하는 것은 아예 할 것이 아니라고 하는 본문의 뜻을 살렸다.

오늘의 독자들이 이해하기 어려운 고어(古語)와 한자어(漢字語)는 쉬운 말로 고쳤다. 예를 들면, 창세기 24장 22절의 "약대"는 "낙타"로, 창세기 15장 4절의 "후사"(後嗣)는 "상속자"(相續者)로, 이사야 25장 5절의 "훤화"(喧譁)는 "소란"(騷亂) 등으로 고쳤다. 또 국어 맞춤법이 달라진 곳을 고쳤다. 예를 들면, "일찌기"는 "일찍이"로 "-찌라도"는 "-지라도"로, "찌어다" 같은 것은 "지어다"로 "추숫군"은 "추수꾼"으로, "수염소"는 "숫염소"로 고친 것이 이런 범주에 속한다. 이 밖에, 문법에 맞지 아니하는 문장이나 어색한 문장을 다듬었다. 예를 들면, 창세기 3장 7절의 "치마를 하였더라"는 "치마로 삼았더라"로, 마태복음 3장 2절의 "천국이 가까왔느니라"는 "천국이 가까이 왔느니라"로 고쳤다. 장애인 기피·차별 용어를 고쳤다. 예를 들면, "문둥병"은 "나병"으로, "소경"은 "맹인"으로, "곱사등이"는 "등 굽은 자"로, "난쟁이"는 "키 못 자란 사람"으로, "절뚝발이"는 "다리 저는 자"로, "벙어리"는 "말 못하는 사람"으로, "귀머거리"는 "못 듣는 사람"으로, "앉은뱅이"는 "못 걷는 사람"으로, "불구자"는 "장애인"으로, "병신"은 "몸 불편한 사람" 등으로 표현을 바꾸었다.

개역개정은 완성된 것이 아니라 하나의 시도에 불과하고 개악의 경우도 있다. 예컨대, 출애굽기 19장 1절, "나올 때부터 제 삼월 그 때에"(개역)를 "떠난지 삼개월 되던 날"(개역개정)로, 민수기 13장 23절 "골짜기에… 포도 한송이 달린"(개역)을 "골짜기에… 포도송이가 달린"(개역개정)으로, 민수기 23장 20절, "그가 하신 축복을 내가 돌이킬 수 없도다"(개역)를 "그가 주신 복을 내가 돌이키지 않으리라"(개역개정)로, 신명기 12장 11절, "너희가 여호와께 서원하는… 서원물을 가져가고"(개역)를 "너희가 여호와께 원하시는… 서원물을 가져가고"(개역개정)로, 시편 38편 15절, "종신토록 각근히 행하리이다"(개역)를 "내가 종신토록 방황하리이다"(개역개정)로 개악(改惡)[30]하였다. 개정보다 개역이 더 원문에 가까운 번역이기 때문이다. 앞으로 다시 개정되어야 할 것이다. 우리가 가지고 있는 가장 오래된 성경원문도 성경 저자에 의해 기록된 진본(眞本)이 아니고, 모두 사본의 파편들이거나 그 사본으로부터 다시 각국의 언어로 번역된 번역본들이기 때문이다.

이것은 대한성서공회의 큰 업적이라 할 수 있다. 그리하여 우리말 성경이 다시 젊어지게 되었고 젊은이들에게 보다 쉽게 읽혀질 수 있는 성경이 되었다. 이 개역개정판은 한국교회의 흠정판인 성경번역서의 내용을 그대로 보존하면서 그 어법을 현대화 한 것으로서 표준새번역 성서보다는 보수적이어서 한국의 대부분 교단이 2006년부터 이것을 공식적으로 사용하기로 결의한 바 있다.[31] 한국교회는 이 개역개정판을 범교단적으로 사용해야 할 것이다.

대한예수교장로회 통합교단(7,000여 개 교회, 250만 교인)은 2007년 9월에 개최된 제91회 총회에서 새번역 사도신경과 주기도문을 채택하였다. 주기도문은 총회의 결의에 따라 새번역안을 즉시 사용할 수 있으며, 사도신경은 62노회 중 3분의 2 이상 가결과 투표 총수의 3분의 2 이상의 찬성을 얻어 내년 제92회 총회에서 총회장이 공포함으로 사용된다.

새번역 주기도문은 현재의 '나라이 임하옵시며' 를 '아버지의 나라가 오게 하시며' 로, '아버지께 영원히 있사옵나이다' 를 '영원히 아버지의 것입니다' 로 현대어법에 맞게 수정했다.

새번역 사도신경은 신앙고백의 특성상 고백자인 주어를 강조하도록 해 '전능하사 천지를…' 과 '그 외아들 우리 주 예수…' 를 각각 '나는 전능하신 아버지 하나님' , '나는 그의 유일하신 아들 우리 주 예수…' 로 변경했으며 또 '성령으로 잉태하사' 와 '하늘에 오르사' 등 옛 어법들을 '성령으로 잉태되어', '하늘에 오르시어' 로 고쳤다. '저리로서' 는 '거기로부터' 로 최종 변경했다.

주기도문과 사도신경 문구가 이렇게 바뀌었다.[32]

① 주기도문 재(새)번역

하늘에 계신 우리 아버지,
아버지의 이름을 거룩하게 하시며
아버지의 나라가 오게 하시며,
아버지의 뜻이 하늘에서와 같이
땅에서도 이루어지게 하소서.
오늘 우리에게 일용할 양식을 주시고,
우리가 우리에게 잘못한 사람을 용서하여 준 것 같이
우리 죄를 용서하여 주시고,
우리를 시험에 빠지지 않게 하시고
악에서 구하소서.
나라와 권능과 영광이
영원히 아버지의 것입니다. 아멘.

② 사도신경 재(새)번역

나는 전능하신 아버지 하나님, 천지의 창조주를 믿습니다.
나는 그의 유일하신 아들, 우리 주 예수 그리스도를 믿습니다.
그는 성령으로 잉태되어 동정녀 마리아에게서 나시고,

본디오 빌라도에게 고난을 받아 십자가에 못 박혀 죽으시고,

장사된 지 사흘만에 죽은 자 가운데서 다시 살아나셨으며,

하늘에 오르시어 전능하신 아버지 하나님 우편에 앉아 계시다가,

거기로부터 살아있는 자와 죽은 자를 심판하러 오십니다.

나는 성령을 믿으며,

거룩한 공교회와

성도의 교제와

죄를 용서 받는 것과

몸의 부활과

영생을 믿습니다. 아멘.

7. 타종교와의 원만한 관계 정립

한국교회가 세계선교사상 가장 성공한 교회가 된 것은 언더우드, 아펜젤러, 베어드, 마펫 등 복음주의적 선교사들이 한국에 들어와 예수 그리스도의 복음을 분명히 선포하여 한국교회가 예수 그리스도 중심의 공동체로서 교회의 정체성을 확고히 한 것에서 비롯된다. 그러나 한국은 이미 기독교 이전 다른 아시아 종교들이 들어와 전통종교문화를 형성한 종교다원주의 사회이다. 유교는 조선왕조 500년의 역사를 통하여 우리의 생활윤리 속에 들어와 있으며, 불교 역시 삼국시대와 고려시대를 거쳐 오랜 세월동안 우리 민족의 사고와 삶에 영향을 미치고 있다. 이러한 사회 속에서 한국교회가 재래종교와의 관계를 원만히 정립한다는 것은 중요한 일이다. 이것은 자신의 복음적 정체성을 명확히 하고 다른 종교의 정체성을 인정하는 원만한 관계정립이다. 이것은 혼합주의나 영합주의를 말하지 않는다.

우리는 일반적으로 타종교에 대한 세 가지 관계정립의 견해를 말할 수

있다.

(1) 타종교를 우상숭배로 보는 견해로서 배타주의

이 견해는 타종교를 인정하지 않는 배타적이고 소극적인 태도이다. 그러나 개혁신학의 전통은 타종교의 실재와 상대적인 인류에의 공헌을 인정하고 있다. "옛적에 선지자들을 통하여 여러 부분과 여러 모양으로 우리 조상들에게 말씀하신 하나님이 이 모든 날 마지막에는 아들을 통하여 우리에게 말씀하셨으니 이 아들을 만유의 상속자로 세우시고 또 그로 말미암아 모든 세계를 지으셨느니라"(히 1:1-2). "인류의 모든 족속을 한 혈통으로 만드사 온 땅으로 살게 하시고 그들의 연대를 정하시며 거주의 경계를 한정하셨으니, 이는 사람으로 혹 하나님을 더듬어 찾아 발견하게 하려 하심이로되 그는 우리 각 사람에게서 멀리 계시지 아니하도다"(행 17:26-27). 따라서 우리는 한국에 이미 들어온 재래종교들이 구원을 가져다주지는 않으나 복음의 새벽이 오기까지 역사의 그 시대에서 그 시대의 사람들의 종교성을 충족시키고 도덕성을 유지하도록 이끈 공헌을 인정해야 한다. 이런 면에서 재래종교의 존재를 거부하거나 바르트처럼 이들을 우상숭배라고[33] 정죄해서는 안 된다.

(2) 타종교도 구원이 있다고 보는 견해로서 종교다원주의

이 견해는 기독교의 독특성을 상실한다. 힉(John Hick)은 모든 종교가 문화적으로 서로 다른 신들을 말하나 이 종교들은 공통적으로 궁극적인 실재(the ultimate reality)를 지시한다고 본다. 사마르타(Stanley Samartha)는 "신만을 유일하게 절대자로 인식하고 모든 종교들을 상대적인 것으로 간주한다." 파니카(Raimundo Pannikar)는 여러 종교 안에 보편적인 그리스도가 있다고 보며 신, 인간, 우주의 전체성에 대한 살아있는 상징이라고 본다. 이 그리스도는 역사적으로 나사렛 예수, 라마, 크리슈나, 이스바라로 나타난다고 본다. 니터(Paul Knitter)는 예수의 선교와 인격은 본래 왕국중심적이거나 신중심적이었는데 나중에 초대교회에 의하여 예수를 하나님의 아들로 보는 진화론적 변형이 이루어졌다고 본다. 그러므로 기독론적 사고에서 신중심으로 나아갈 때 종교대화가 가능하다고 본다. 이러한 종교다원주의는 예수 그리스도의 성육신과 구속의 유일성을 신화로 간주하고 부인함으로써 기독교를 다원주의적 이데올로기로 변형시키고 있다.[34]

(3) 타종교에 대한 변혁적 포용의 관계를 취하는 견해

이 견해는 타종교의 상대적 가치를 인정하고 그들의 경건성을 배우고 이들의 존재를 존중하고 공존하면서 이들을 삼위일체 하나님에게로 인도해야 한다고 본다. 이 견해는 포용적 변혁주의 대화를 제시한다. 다음 다섯 가지를 언급한다. 첫째, 종교 간의 공식적 대화는 다른 종교에 대한 올바른 이해를 위해 필요하다. 상호배움은 편견을 불식시키는 데 중요하다. 둘째, 종교 간의 대화는 공동의 선[35]이라는 사회유익을 위한 공동사업(태안 앞바다 기름유출 제거작업 등 생태보존, 북한 기아 아동돕기 및 북한 인권운동, 탈북자 돕기 운동, 아프리카 난민 돕기 등)을 함으로써 효과적으로 수행될 수 있다. 셋째, 인격적인 만남과 깊은 차원의 대화는 신자들 개인 사이의 비공식적 만남과 대화에서 이루어진다. 넷째, 종교 간의 대화를 행하는 기본적인 입장은 선교적이고 복음화하는 변혁적인 입장이어야 한다. 대화를 통하여 서로 배우며, 더 나아가 상호 배움의 차원을 넘어서 그리스도의 주되심을 알리는 데까지 나아가야 한다.[36] 다섯째, 종교 간의 대화는 일회적으로 끝나지 않고 역사 속에서는 끊임없는 증언과 설득의 과정에 머문다.[37] 그러나 종교 간의 대화가 인류의 공동선의 추구와 상호이해를 위하여 적절히 수용되되, 기독교의 정체성을 약화시키지 않고 효과적 복음 증거에 기여하는 방향으로 나아가야 한다.

8. 생태환경 및 생명 문화

(1) 생태환경 문화

과도한 개발로 인한 생태계의 파괴와 과잉 소비문화로 인한 쓰레기 공해가 만연하고 있다. 프레온가스(CFC)로 인한 지상 30km 지점 성층권에 있는 오존층(생명의 보호막)이 파괴되고 있다. 특히 남극 하늘의 오존층에 구멍이 생기고 있다. 태양에서 나오는 자외선은 생물 세포를 구성하는 단백질과 유전인자를 파괴해 버리는 죽음의 광선이다. 오촌층은 태양 에너지 중 강한 에너지를 가지고 있는 자외선을 대부분 흡수하여 지구의 생명체가 생존할 수 있는 환경을 만들어 주는 절대적인 역할을 한다. 그런데 이 자외선을 차단하는 기능을 하는 오존층의 파괴로 인해 태양의 자외선이 그대로 지구 표면의 생명체에 전달된다. 식물이 오존에 노출되면 엽록소가 파괴되어 식량 생산량이 줄어들고, 바다의 플랑크톤도 자외선의 영향을 받아 어류의 양이 감소하는 등 오존층의 감소는 지표면의 생물에는 가히 치명적이다. 그리하여 호주와 남미에서 피부암이 급증하고 있다. 백내장 환자가 늘어가고 있다. 야생동물 가운데서 산토끼나 양의 실명 사례가 많다고 한다.[38]

남북반구 공기가 2년간 주기로 섞이면서 그 영향이 북반구에서도 나타나고 있다. 이산화탄소로 인한 온실효과로 기상이변이 일어나고 있다. 무역풍이 약해져 발생하는 엘리뇨와 라니냐 현상은 대기순환에 악영향을 주어 지구촌 이상기후의 원인이 된다. 최근 한반도에도 아열대성 기후가 형성되고 2003년에는 인도, 네팔, 방글라데시 등 남아시아 지역에서는 이상

한파(異常寒波)가 한 달 이상 지속되었고, 러시아, 영국, 폴란드 등 유럽에 혹한(酷寒)과 폭설이 찾아오는 등 기상이변이 일어나고 있다.[39] 지구의 표면온도가 높아져 극(極) 지역의 빙하가 녹아 흐르면서 해면(海面)이 높아지고 있으며, 베니스, 방콕 등 지구 저지대 항구도시들은 2030년경에는 바다 속으로 침식할 것으로 경고되고 있다.

지구 생태계는 사막이 늘어가면서 황무한 땅이 되고 있다. 농사를 잘못 짓고 나무를 함부로 베어내 매년 남한 크기의 땅이 사막으로 변하고 있다. 지난 100여 년간 인간들은 해안 갯벌을 파괴하면서 해안 생태계를 파괴해 오고 있다. 우리 한반도는 세계에서 가장 거대한 갯벌의 보유지인데 농지를 만든다고 하며 많은 갯벌들을 없앰으로써 해안 생태계를 파괴하고 있다.[40]

환경문제와 빈곤문제는 서로 뗄 수 없는 관계에 있다. 부의 축적은 탐욕의 결과이며, 탐욕이 에너지와 물자를 과도하게 소비하기 때문에 환경파괴를 야기한다. 그리고 극빈층은 식량과 안전한 식수의 부족과 더불어 열악한 환경으로 인해 생존을 위협받고 있다. 경제적 불평등과 불의는 부유층과 빈곤층에 의하여 이중적으로 환경오염을 가져온다. 이스라엘의 이스마일 세라겔딘 세계은행 부총재는 "20세기 전쟁이 석유쟁탈이었다면, 21세기 전쟁은 물을 차지하기 위한 전쟁이 될 것이다"라고 경고했다. 인도의 환경운동가(eco-feminist) 반다나 시바는 『물 전쟁』이라는 저서에서 그의 경고를 인용하면서 21세기는 물전쟁의 시대가 될 것을 예고하고 있다. 그는 영국, 미국 등 20%의 부자나라가 지구자원의 80%를 독점하고 있음을 비판하고 있다.[41] 자원의 고갈은 지구공동체의 파괴를 초래하고 있다. 인간의 탐욕과 교만으로 인해 생태환경이 파괴되고 희귀종이 멸종하고 있다. 인간이 스스로 절제하지 않으면 인간은 환경의 보복을 받게 될 것이다.

2005년 2월부터 교토협약(Kyoto-protocol)이 발효되면서 한국을 포함한 협약 비준국들은 지구 온난화의 주범인 이산화탄소 배출량을 의무적으로 줄여야 한다. 줄일 수 없다면 배출권을 돈 주고 사와야 하므로 기업으로선 경비부담이 늘어나는 상황이다. 이에 따라 깨끗한 차세대 에너지를 발굴하고 상품화하는 클린전쟁(clean war)이 세계적으로 확산되고 있다.[42] 21세기 환경산업에 있어서 신기술 전쟁은 차량공해를 없애는 방향으로 나아가고 있다. 각 자동차 기업들은 하이브리드차 내지 연료전지차 개발에 박차를 가하고 있다. 2005년 3월 청와대에서는 휘발유 대신에 수소에너지를 사용하는 현대자동차의 연료전지 차량시승식이 있었다. 연료전지는 세상에서 가장 풍부한 원소인 수소를 산소와 화학반응시켜 전기가 발생하는 원리를 이용한다.

클린경쟁이 가장 치열한 곳은 자동차 산업이다. 미국, 유럽연합, 일본 등은 매년 환경친화적인 미래형 자동차 개발에 수억 달러(수천억 원)씩을 투자하고 있다. 이 분야에서 가장 앞서가는 기업은 일본 도요타(Toyota)자동차이다. 도요타는 2004년 한해 전기에너지와 휘발유를 함께 사용하는 하이브리드 자동차 "프리우스"를 13만 5,000대를 판매했다. 이에 대하여 세계최대 자동차 업계인 GM은 반격에 나서 2009년까지 4,400만 달러를 수소연료 차량 개발에 쏟아 붓겠다고 발표했다. 다임러크라이슬러는 7,000만 달러 이상을 친환경 기술개발에 투자하겠다고 밝혔다. 수소에너지는 자동차 외에도 항공기, 잠수함 등 각종 운송수단에 널리 쓰일 수 있다. 포드자동차 회장 빌 포드(Bill Ford) 2세는 "수소에너지 개발이 가속화 되면서 100년 동안 사용해온 가솔린 엔진은 조만간 역사의 뒷면으로 사라질 것"이라고 선언하였다.[43] 전자업계에서도 공해물질을 줄이는 일이 최대의 당면과제이다. 세계반도체협회는 반도체 생산공정에서 생기는 온실가스(PFCs)를 10% 이상 줄이기로 협회소속사들과 합의하였다.

환경학자 린 화이트(Lynn White)는 1967년 유대-기독교 전통이 이방종교의 물활론(animism)을 제거하고 자연을 인간만의 사용을 위한 존재로만 이해함으로써 자연착취의 길을 열어 놓았다는 비판[44]은 기독교에 대한 바른 이해에 근거한 것이 아니다. 이미 구약자체는 인간을 자연의 정복자나 착취자가 아니라 자연의 청지기로 이해하고 있다.[45] 독일의 하이델베르그대 구약학자 베스터만(K. Westermann)은 창세기 1장에서 11장을 주석하면서 창조본문을 창조만이 아니라 인류의 존속, 말하자면, "전 생명 공간의 보전"이라는 관점에서 해석하였다. 웨스트만의 해석은 기존의 창조신학에 대하여 생태학적 관점에서 창조를 해석하는 보존신학의 관점을 제시하는 것이다. 노아 홍수의 사건은 인간이 하나님에 대해 불순종할 때 창조에 대한 하나님의 창조의지와 보존의지가 철회될 수 있다는 것을 말해주는 것으로 본다.[46] 창조에 대한 인간의 신적 위임(창 1:28)은 피조물에 대한 하나님의 지속적인 보존과 복주시는 행위 속에서 이해되어야 한다. 인간은 하나님의 보존하시고 복주시는 행위에 걸맞게 자연에 대한 역동적인 책임행위로 부르심을 받고 있다. 레위기 26장은 우상을 섬기고 안식의 법을 어기면 하나님은 인간을 살고 있는 땅에서 쫓아내심으로써 그 땅이 안식을 누리게 되어(35절) 스스로 회복될 것이라고 경고한다. 이사야도 예언하고 있다: "땅이 온전히 공허하게 되고 온전히 황무하게 되리라 … 땅이 슬퍼하고 쇠잔하며 세계가 쇠약하고 쇠잔하며 세상 백성 중에 높은 자가 쇠약하며 땅이 또한 그 주민 아래서 더럽게 되었으니 이는 그들이 율법을 범하며 율례를 어기며 영원한 언약을 깨뜨렸음이라"(사 24:3-5).

한국교회는 물질주의적 가치관을 시정하고 하나님 중심의 자연친화적 가치관을 제시해야 한다. 리우환경회의에서 채택된 바 같이 "지속가능한 개발"(sustainable development)을 해야 한다. 기업활동은 "환경친화적"(environment-friendly)이어야 한다. 기독교인들은 쓰레기 분리수거와 자연보

호, 생태계 보존에 앞장서야 한다. 물과 공기를 깨끗이 보존하려는 환경의
식을 가지고 실천하는 운동이 필요하다. 신자들은 가정과 직장에서 각종
생활폐수와 공장폐수, 축산폐수, 생활 쓰레기와 산업 쓰레기를 환경친화적
으로 처리해야 한다. 교회에서도 환경주일을 지키면서 생태보존에 대한 각
성과 계몽이 있어야 한다. 이를 구체적으로 실천하기 위해서는 세계내적
금욕(innerweltliche Askese)이 요청된다. 과욕과 탐욕을 버리고 겸허하게 일
용할 물질에 만족하는 겸허한 삶의 태도가 요청된다.

(2) 생명문화

한국교회는 생태환경 문화와 더불어 생명문화를 발전시키는 데 기여해
야 한다. 오늘날 한국사회에서도 컴퓨터 기술이 생물학에 응용되면서 유전
자공학(genetic engineering)의 혁명을 수행하고 있다. 유전자공학의 혁명이
란 유전자를 삽입, 재조합, 삭제하여 자기 자신과 후손을 수정, 변형, 조작
하는 기술적 처방이다. 이것은 예술이 아니라 교묘한 기술이다. 무제한한
소비자의 선택에 의거한다.[47] 유전자 공학은 한편으로는 생명의 치유에 공
헌할 수 있다. 또한 유전자 결함으로 인해 생긴 불치병(파킨스씨 병, 알츠하이
머 병, 암, 당뇨병 등)에 대하여 유전자를 치료함으로써 인간에게 건강한 생명
을 부여한다. 최근까지 체세포 복제배아에서 줄기세포를 배양하여 난치병
을 치료를 목적으로 하는 연구에 박차를 가하였다. 그런데 복제배아에서
줄기세포의 추출은 배아를 희생시켜야 하고 배아복제를 위한 난자 제공을
필요로 함으로써 윤리적 문제를 일으키고 있다. 기독교 의학자들은 성체줄
기 세포추출 방식은 윤리적으로 문제가 없다고 제안하고 있다.[48] 그런데
2007년 11월 미국 위스콘신대 제임스 톰슨(Thomson) 교수와 준잉 유(Yu)
박사 연구팀과 일본 교토대 야마나카 신야(Shinya) 교수 연구팀이 성인의 피
부세포로 배아줄기세포를 만드는 데 잇따라 성공했다.[49] 과학계에서는 이

번 연구로 배아를 파괴하거나 복제를 하지 않고도 환자에게 면역거부반응 없는 맞춤형 배아줄기세포를 공급할 수 있는 길이 열렸다고 흥분하고 있다.

생명공학은 21세기에 하나님이 인류의 건강한 생명을 위하여 주시는 일반 은총이라고 할 수 있다. 한국교회는 오늘날 생명공학기술이 상업주의의 논리가 아니라 인도주의의 길을 걷도록 지도해야 한다. 그것이 윤리적 지침이 되어야 하며 이 윤리는 신본적 윤리에 기반해야 함을 천명하여야 한다.

만일 오늘날의 생명공학이 인간복제를 시도한다면, 그것은 제2의 선악과를 따 먹는 반란을 획책하는 것과 같다. 인간복제가 야기하는 문제는 다음과 같다.

첫째, 자연의 섭리를 깨뜨리는 것이다. 그것은 스스로 파멸의 길을 가는 것이다. "네 구속자요 모태에서 너를 지은 나 여호와가 이같이 말하노라"(사 44:24). 정자와 난자의 결합을 통한 생명 탄생은 창조주가 내려주신 자연의 질서이다. 생명복제란 생명다양성을 실종시키고 생태계의 질서를 교란시키는 판도라 상자를 여는 것이다. 생명복제 시도는 99% 기형아를 태어나게 한다. 과학자들의 실험에 의하면 동물복제 실험과정에서 뇌의 절반이 없거나, 심장에 구멍이 뚫려 있거나 간이 정상보다 5배나 크거나 척추신경이 아예 없는 동물들이 태어나고 있다. 6세 양을 복제한 돌리는 실제 나이 11세에 해당하고 세포의 수명을 조절하는 DNA의 첨단부(telomere)가 같은 또래의 양들에 비하여 훨씬 짧기 때문에 노화현상이 빨리 오거나, 세포이상 증식으로 암이 발생할 가능성이 우려된다. 이러한 불완전한 지식을 인간에게 적용할 수 없으며 설혹 복제기술이 완전해지더라도 한 명의 복제인간의 출생을 위해 무수히 많은 난자가 필요하고, 대리모가 필요하다. 인간복제는 배우자 없이 남성, 여성 중 한쪽으로만 대를 잇게 되어 결혼을 무의미하게 만든다. 이는 가정 질서와 사회의 질서의 근간을 깨뜨리는 결과를 낳을 것이다.

둘째, 인간 존엄성을 스스로 깨뜨리는 것이다. 복제인간의 출생은 인간 존엄성이 파괴되고 기존의 사회질서가 무너지는 것을 의미한다. 남녀의 구분이 없어지고, 인간의 상호의존성도 사라진다. 인간은 존엄성을 가지고 태어나는 존재가 아니라, 기술과 조작에 의하여 만들어지는 존재가 된다. 그리하여 인간의 도구화와 수단화가 가속화 된다. 2003년 최초의 인간 개체 복제에 성공했다고 발표한 라엘리안과 크로네이드사의 "이식을 통한 성인 복제인간 개발"은 인간의 존엄을 깨뜨리는 시도이다. 복제된 천재나 독재자나 노예가 양산될 수 있다. 이러한 인간복제 시도는 치료목적으로 사용되고 난 후 폐기 처분될 많은 보조인간이 생겨나고, 미인과 우생아를 대량을 복제하여 상품화하며, 악인을 복제하여 세상을 지배하려는 우생학적 범죄가 발생하는 등의 폐해를 초래할 수 있다. 후쿠야마는 최근의 저서 『인간퓨처』(*Human Future*)에서 인간복제 같은 고삐 풀린 생명공학 기술로 인해 나치의 공포를 연상시키는 우생학의 망령이 재등장할 것을 경고하고 있다.[50)]

셋째, 기독교는 생명의 존엄성을 지키는 최후의 보루(堡壘)가 되어야 한다. 성경에 기초한 기독교만이 잘못된 생각을 가진 극소수의 과학자와 광신적 사이비종교의 위험한 시도에 대하여 그 잘못을 경계하고 인류에게 바른 길을 제시해 줄 수 있다. 오늘날 세대는 과학기술을 최상의 것으로 여기고 인간 존엄성과 종교는 진부한 것으로 여기는 기술주의 이데올로기의 포로가 되어 있다. 이러한 시대에 진정하게 인류를 구원할 수 있는 길은 창조주 하나님의 섭리를 겸허하게 경청하도록 하는 복음의 말씀이다. 인간은 하나님의 형상으로 지음을 받았기 때문에 복제될 수 없는 존엄성을 가지고 있다. 천하와 바꿀 수 없는 인간의 존엄성은 인간의 기술로써 좌지우지할 수 없다. 예수 그리스도는 인간 생명의 구속을 위하여 보혈의 피를 흘리심으로 인간 생명의 존엄성을 보여주셨다. 하나님의 아들이 생명을 증여하시고 인간의 구속을 이룬 십자가의 복음만이 인간의 존엄성을 지킬 수 있다. 한국교회는 창조와 구속의 복음을 이 시대에 전파해야 할 것이다.

9. 기독교 윤리 정립

(1) 교회 안에서의 연합과 일치

한국교회는 지역적으로 분열되고 남북으로 갈라진 우리 한국사회를 향하여 연합과 일치를 보여주어야 한다. 1세기 전에 하나의 교단으로 출발했던 한국장로교는 오늘날에 이르러 예수교장로회라는 간판아래 100여 개의 교단이 등록되어 있는 현실이다. 거기다 장로교만이 아니라 감리교나 성결교 침례교에 이르기까지 예수(교단)와 그리스도(교단)가 갈라져 있다. 이러한 교단의 사분오열의 주원인은 견해의 차이와 형제의 과오를 서로 용납하고 화합하는 기독교 덕성의 결핍이다. 한국 보수교회는 교리의 순결을 강조하고 다른 교리를 가진 자를 정죄했으나 형제우의와 화합의 윤리에는 큰 관심을 가지지 못했다. 최근 옛 합동교단에서 갈라져 나간 교단들 사이에 연합과 일치 노력이 있는 것은 바람직한 일이다. 교파의 분열을 해소하고, 교파가 다른 교인들 사이의 장벽을 헐고 그리스도 안에서 연합하는 신자가 되어야 한다. 보수교회는 열린 사고를, 진보교회는 합리적인 사고를 해서 열린 보수와 합리적인 진보가 대화하며, 그리스도의 몸된 하나의 교회를 형성해 가야 할 것이다.

(2) 윤리적 열매를 맺는 삶

한국 기독교 신자들은 칭의에 그치지 않고 그것을 성화로 연결시키는 삶을 살아야 한다. 그것은 신자로서 삶에서 윤리적 열매를 맺는 것이다. 예배와 삶이 분리되지 않고 연결되어야 한다. 몇 해 전 토지정보사 사기사건에서 증발된 수억 원이 교회 헌금으로 들어갔다는 사실이 조사를 통해서 드러났다. 이 사실은 일부 한국교회의 윤리성을 단적으로 나타낸다고 볼 수 있다. 부조리한 재물을 교회에 헌금으로 가져와서는 안 된다. 목회자는 그러한 불의한 헌물을 받아서는 안 된다. 하나님께 드리는 감사행위로서 드리는 헌물은 땀을 흘린 열매로서 깨끗하고 순결해야 할 것을 성경은 가르치고 있다. 구약 잠언은 창기의 돈을 제단에 가져오지 말라고 가르치고 있다. 한국교회 신자들은 교회에서 하나님께 드리는 예배에 그치지 않고 성도의 착한 행실로 하나님이 기뻐 받으시는 삶의 예배를 드려야 한다. 착한 행실로서 하나님을 증거하는 신자가 되어야 한다.

2007년에 이어 2008년에도 공영방송에서 대형교회 목회자의 납세문제와 재정관리의 불투명성에 관하여 시리즈로 보도하고 있다. 한국교회는 이에 대하여 공영방송이 기독교를 표적하여 편파방송을 한다고 비판하기 전에 먼저 자신을 냉철히 반성해보는 기회를 가져야 할 것이다. 한국교회가 재정운영에 투명해진다면 공영방송이 더 이상 교회를 표적할 수 없을 것이기 때문이다.

또한 신자들에게 있어서 교회와 직장이 분리되지 않고 연결되어야 한다. 시나 구청 공무원인 교인들이 사회의 각종 부정사건과 연루된 사실이 보도된 적이 있었다. 교회는 성장하고 있으나 사회윤리는 나아지지 않고 있다. 여기에 신자들이 방부제의 역할을 하기는커녕, 각종 사회적 비리(세금 횡령, 외화 밀반출 등)에 연루되고 있다. 이것은 신앙이 아직도 기복적이거나 자기구원만을 지향하고 십자가의 정신인 "이웃을 위한 존재"(being for neighbor) 이신 그리스도의 삶을 제대로 알지 못하기 때문이다. 본회퍼는 신자의 삶을 타자를 위한 삶(being for others)으로 규정하였다. 이것은 십자가 신학에 근거하는 기독교 신앙의 본질에서 나오는 삶의 윤리이다.

한국교회는 우리 사회의 기본 질서를 지키는 사회윤리의 보루가 되어야 한다. 이것은 포스트모던 풍조와 더불어 일어나고 있는 사회기초 질서(가정과 성윤리, 사제관계, 친구관계, 공동체 윤리)가 부정되는 시대적 경향에 대항하여 한국교회가 해야 할 중요한 역할이다. 사회의 근본가치를 보존하고 확산하는 기독교인의 운동이 전개되어야 한다. 우리의 직장에서 선한 변혁의 밀알 운동이 전개되어야 한다. 가정을 중시하는 운동을 일으켜야 한다. 혼전순결 운동이 확산되어야 한다. 생명을 준엄시하는 운동-낙태와 임신중절을 금하는 운동이 일어나야 한다. 개인위주가 아닌 공동체를 중시하는 운동이 일어나야 한다.

과학기술 사용에 있어서 책임윤리(responsible ethics)를 제시해야 한다. 오늘날 과학기술시대에 접어든 한국사회는 컴퓨터의 발달과 더불어 정보사회에 접어들고 있다. 이 정보사회에서는 지식이 새로운 권력이 되고 있으며, 정보를 가진 자가 사회를 지배하게 된다. 이러한 정보사회에서 정보에 대한 새로운 책임윤리가 제기된다. 컴퓨터는 사이버 공간을 창조하였다. 인간은 실재와 다른 무한한 사이버 공간에서 사이버 캐릭터(character)와 만나는 사이버 현실 속에 살고 있다. 여기서도 사이버 공간의 윤리가 필요시 되며, 비록 익명으로 만난다 하더라도 책임이 전제되지 않으면 그 만남은 지속될 수 없다. 첨단 과학기술에 의한 가공할 만한 대량살상무기와 인류를 공멸시키는 전쟁기술의 발전에 대한 책임윤리 정립은 매우 중요한 과제이다. 첨단기술에 의한 각종 문명의 이기(利器)는 특히 생명의료기술시행에 있어서는 인간을 비인간화 시키는 수단이 아니라 인간을 인격으로 대하고 인간을 목적으로 대하는 책임윤리의 정립을 필요로 한다. 미국의 윤리학자 맥킨타이어(A. MacIntyre)가 『덕의 상실』(*After Virtue*)에서 지적하는 바 같이 현대사회와 문화는 가치다원화와 통약불가능한 상대주의 가치관이 지배하는 무정부 상태의 개인주의와 가치조작의 위험에 노출된 관료주의의 영향 아래 있다.[51] 따라서 책임 윤리의 구체적인 정립을 위해서는 개인보다는 공동체를 중요시하는 덕성(德性, virtue)의 정립이 요청된다.[52]

(3) 투명한 사회를 만드는 감시자의 역할

기독교는 한국사회가 투명한 사회가 되도록 감시자의 역할을 다해야 한다. 사회의 법과 제도가 올바르게 만들어지고 투명하게 경영되도록 감시해야 한다. 역사의 과정에서 하나님은 그의 창조의 세계를 공동 선(善)의 원리에 따라 진행시키신다. 그러므로 양심과 도덕성은 하나님이 우리에게 주신 일반 선의 원천이다. 우리 사회는 외면적으로는 법과 제도, 내면적으로는 양심과 도덕성에 의하여 지탱된다. 법과 제도는 합리적이고 투명해야 한다. 그리고 이러한 외면적인 제도가 바르게 지켜지도록 하는 것이 하나님이 우리에게 주신 이성과 도덕성이다. 이성과 도덕성이란 바로 우리 각자가 가지고 있는 양심(良心)이요 양식(良識)이다. 이것이 바로 활용되고 실천되어야 한다. 한국사회의 법과 제도는 아직도 불합리한 것이 많다. 정부는 모두가 지키지도 못할 것을 법과 제도로 만드는 경우가 적지 않다. 이것이 후진성이다. 불투명한 법과 제도 속에서 불법과 비리가 개입할 여지가 조성되는 것이다. 우리 사회에 있는 세법(稅法)이나 각종 인허가 규제가 바로 그것이다. 불투명하고 불합리한 법과 제도를 고쳐나가야 한다. 교회는 뜻을 가진 신자들과 사회단체를 통하여 간접적으로 감시자의 역할을 해야 한다. 교회의 설교단은 우리 사회에 "공법이 강같이, 정의가 하수같이" 흐르도록 하나님의 말씀을 증거해야 한다. 원칙적인 것을 구체적으로 각 직장과 사회의 각 영역에서 실천하는 자는 정치에 참여하거나 관료로 봉직하는 신자들이다. 시민으로서의 각 신자들은 자기 삶의 구체적인 영역에서 투명한 사회를 만드는 준법과 진실과 정의를 행하는 모범을 보여주어야 한다.[53]

*

　기독교 신자들이 자신의 몸을 살아있는 제물로 하나님께 드리는 것이 기독교문화다. 기독교 신자들은 이 세대를 본받지 않아야 한다. 마음을 새롭게 해야 한다. 하나님의 선하시고 기뻐하시고 온전하신 뜻을 분별하고 행하시는 삶이 기독교문화다. 신율적 문화(theonomical culture)를 이루어야 한다. 신율적 문화란 자율성과 타율성을 종합하는 하나님 중심의 문화를 말한다. 신율성이란 인간이 하나님으로부터 벗어나 자기 성숙성을 주장하는 자율성(autonomy)도 아니고, 인간이 계명적으로 하나님의 율법에 강제적으로 종속되는 타율성(heteronomy)도 아니다. 이 신율성은 틸리히(Paul Tillich)가 말하는 범신론적 신율성(pantheistic theonomy)이 아니다. 틸리히의 신율성은 하나님을 존재 그 자체로 보고 인간의 신앙을 존재에의 용기로 보면서 비인격적인 존재에 대한 지적인 자각을 강조하기 때문이다. 그러나 필자가 말하는 신율성은 삼위일체론적이고 하나님주권적인 신율성(trinitarian, God's sovereign theonomy)이다. 이 신율성은 몰트만이 말하는 바 범재신론적 생태학적 신율성(panentheistic ecological theonomy)도 아니다. 몰트만의 신율성이란 생태적인 자연에의 참여를 말하면서 자연과 신과의 구분이 애매한 신비주의에 빠지기 때문이다. 필자가 말하는 신율성이란 하나님의 법에 대한 자율적 순응을 말한다. 그것은 자기의 양심과 자유의 결단에서 하나님의 뜻에 순종하는 것이며, 하나님의 법을 결코 타율적인 강제력 때문에 복종하는 것이 아니다. 이러한 신율적 문화에는 인간 신앙의 성숙이 있으며, 인간의 자유가 최대한으로 보장되어 있다. 하나님은 신율적 문화창조를 위하여 한국교회를 부르셨다. 이러한 신율성은 문화변혁의 신율성(culture-transformed theonomy)이다.

chapter 9
한국에서의 기독교 성공과 기독교문화

2007년 현재 한국에는 대략 6만여 개의 개신교회와 10만여 명의 목회자, 800만여 명의 개신교 신자가 있다. 한국세계선교협의회(KWMA)의 2008년 1월 12일 한국 선교사 파송 리서치 결과 발표에 의하면 전 세계에서 활동하는 한국 선교사는 168개국 1만 7,697명으로 집계됐다.[1] 120여 년 선교지였던 한국은 오늘날 기독교의 성공과 더불어 미국 다음으로 선교대국의 위치를 점하고 있다. 아시아인구의 2%가 개신교 신자라는 것을 감안하면 15%가 신자인 한국의 기독교는 선교역사상 유래가 없을 정도로 성장하였다. 한국 기독교의 성공의 이유는 기독교가 한국의 전통문화와 갈등을 가지면서도 절충과 타협을 통해 혼합되지 않고, 변혁을 추구하면서 한국전통종교와 사회에 적응한 역동성에 있다고 생각한다.

한국 선교에 한평생을 바친 교회사가 사무엘 마펫(Samuel Moffet)는 다음 같이 피력하고 있다: "한국 개신교는 유교와 마찬가지로 사회적 정의를 가르쳤고, 학문과 배움을 높은 가치로 존중하였고, 불교와 마찬가지로 순수함을 추구하였고 내세를 약속하였으며, 무속종교와 마찬가지로 기도에는 응답이 있으며 기적이 일어날 것을 가르쳤다."[2]

이 장에서는 한국에서의 기독교를 한국 전통문화의 맥락에서 서술하면서 한국 기독교의 성장과 문제의 현황을 소개하고자 한다.

*

1. 무속적 기복 종교: 현세적 번영 추구—한국종교 문화의 기반

한국의 전통적인 국가종교로는 무교, 불교, 유교, 도교가 있다. 불교는 삼국시대부터 고려시대까지 1,000년을, 유교는 조선조 500년을 지배해 왔으며 무교는 불교와 유교이전 민간신앙으로 고조선부터 한국인들의 종교적 모태가 되었다. 불교나 유교나 도교 모두 무속신앙과 결합하여 한국적으로 혼합된 종교로 나타났다.

한국인은 지정학적 특성으로 인해 역사적으로 외부로는 많은 침략을 받았고 내부로는 가난과 질병에 시달렸다. 이러한 한국인에게 무속신앙은 가장 강력한 종교적 영향력을 행사하였다.[3] 무속신앙은 재화초복이라는 현실적인 욕구, 액(厄)땜, 장수, 건강, 득남, 부와 명성 등의 현실적인 소원을 실현하고자 하였다. 세속적인 삶에서의 번영을 위하여 신령에게 의존하였다. 신령(神靈)은 죽은 조상들의 영혼으로서 개인의 운명을 결정한다고 믿었다. 무당은 현세인과 혼령을 연결시켜 주는 중보자였다.

현실적 번영을 추구하는 기복신앙은 한국인의 세속적, 물질적, 숙명적, 실용적 소원성취에 있어 한국인의 무의식에 영향을 주면서 종교문화의 토대가 되어왔다. 그리하여 중국에서 전래된 종교들도 한국인의 기복(祈福)적 신앙과 결합하여 기복적인 불교나 유교가 되기에 이르렀다. 하나님은 반만년 역사를 통하여 한국인으로 하여금 고난을 당하게 하여 한국인의 심성을 하나님 의존적이고 기복적으로 만듦으로써 기독교 복음을 받아들일 수 있는 종교적 심성을 준비하셨다.

　이러한 한국인의 종교적 심성 속에서 수용된 기독교도 상당부분 무속신앙적 요소를 가미하게 되었다. 개신교는 무속신앙의 현실 번영의 요소를 받아들여 세속적인 번영을 강조하였다. 일제의 침략과 어려운 경제적인 여건 속에서 개신교는 세속적인 재난과 역경을 이기는 신앙을 제공하였고 해방이후에는 세속적인 번영을 획득하는 종교가 되었다.

　개신교는 개인적인 성공과 국가적인 번영의 종교로서 신자들에게 받아들여졌다. 개신교 목회자의 설교의 핵심은 그리스도를 구세주로 영접함으로써 물질적 축복과 세속적 번영을 누릴 수 있다는 것으로 받아들여졌다. 그 대표적 예가 세계적 최대교회를 자랑하는 순복음교회의 조용기가 선포하는 축복의 신앙이다: 그의 삼 박자 축복설교는 요한일서 3장 2절 "네 영혼이 잘 됨 같이 네가 범사에 잘되고 복받을 것이다"에 근거하고 있다.[4] 이 설교는 영혼의 구원과 신체의 건강과 현세의 번영을 약속한다. 1970년대까지는 한국교회 유명 개신교나 부흥회의 설교도 예수의 기적행위와 더불어 신앙치료를 가장 중요한 주제로 부각시켰다.[5]

　질병을 치료하고 악령을 쫓아내며 원혼을 풀어주고 장래 일을 예언하는 무속종교는 개신교가 동반하는 그리스도의 이름으로 일어난 초자연적인 기적의 복음을 믿게 하는 데 선 이해의 역할을 하였다. 불트만은 신약성서의 비신화론작업에서 현대 서구인들을 위하여 성서의 기적을 실재사건이 아니라 신화적인 표현으로 간주하여 그 실존론적 의미만을 받아들이고자 제안하였다.

　그의 실존론적 신학은 서구교회뿐만 아니라 아시아교회에 많은 물의를 일으켰다. 그러나 현대의 한국인들은 전통적인 샤머니즘을 통하여 문화적으로 신내림, 질병치유, 악귀추방 등을 이미 경험하고 있기 때문에 이것들이 예수 그리스도의 이름으로 오늘날 일어난다는 사실을 의심하지 않는다. 무속신앙에서 오는 신비적 요소는 복음 전파에 긍정적 역할을 하였던 것이다.[6] 무속신앙은 기독교 복음의 선 이해 역할을 하고 있다.

그러나 1980년대부터 한국교회는 민주화의 과정에 보다 적극적으로 참여하면서 현실에 대하여 깨어 있는 윤리적 의식과 더불어 기독자의 사회적 책임을 강조하기 시작하였다. 한국이 일인당 국민소득 1만 달러를 넘어선 1990년대 중반부터 한국 목회자들은 설교강단에서 질적인 성장과 내실 있는 신앙과 신행일치를 강조하고 신자들이 사는 모든 현실 속에서의 하나님의 뜻을 실천하는 성숙한 신앙을 강조하기 시작하였다. 더욱이 개혁신앙으로 신학교육을 받은 장로교 목사들은 현실에 대한 하나님의 예정과 절대주권과 현실에 대한 기독인의 변혁적 책임을 중심으로 설교하였다.

2. 조선왕조 붕괴와 전통종교의 공백

조선왕조는 500년 동안 유교를 국교로 채택하였고 학문을 우선시 하는 문민정부였으므로 군사력이 약하였다. 그리고 조선왕조는 중국의 청나라를 본받아 쇄국정책으로 일관하며 내부적으로 정치는 탐관오리에 의하여 부패하였다. 그리하여 조선왕조는 서양문물을 먼저 받아 군국주의로 나아간 일본에 의하여 붕괴되었다. 그것은 단지 왕조의 붕괴만이 아니라 그 동안 500년을 지탱해온 사회의 정신적 지주가 무너지는 것이었다.

국권을 빼앗고자 하는 일본 군국주의 침략에 의하여 나라는 국권상실의 위기에 처했고 조선조를 이끌어 왔던 유교 역시 위기를 막아주는 정신적 지주의 역할을 하지 못하였다. 그리고 민중 사이에 자리잡고 있었던 불교, 도교, 한국종교인 천도교 등도 기울어져 가는 조선사회을 다시 세우지 못하였다.

1910년 한일합방은 조선조의 붕괴를 초래하였고 그것은 전통종교의 공백현상을 초래하였다. 이러한 정신적 공백 상황 속에서 서구에서 들어온 기독교는 복음으로써 무너진 조선의 정신을 다시 세우는 데 중요한 정신적 가치체계를 제공했다. 나라에 주인이 없어지고 민중들이 바라볼 사회의 중추가 사라졌으니, 민중들은 서구에서 들어와 사민평등을 외치고 개화와 근대화의 수단을 가져온 기독교에 소망과 구원의 손길을 보내지 않을 수 없었다. 일본 제국주의 침략과 더불어 1894년에 청일전쟁이 일어나고 1904년에 러일전쟁이 일어났다. 전쟁 가운데서 한국 기독교인의 수는 현저하게 증가했다. 민중들이 생명과 재산을 보호받기 위하여 "외국인 소유"라는 인식을 주었던 교회를 택했고 그 결과 교인수가 급증하였다.[7]

이러한 한국 기독교의 사회문화적 모습은 오늘날 일본의 기독교와 사회문화적으로 대조를 이룬다. 일본은 한국보다 1세기 먼저 선교가 시작되었으나 일본의 기독교인은 오늘날 전 인구의 0.6%에 머무르고 있다. 그 중요 이유 가운데 하나가 바로 일본에는 천왕을 중심으로 한 민족종교인 신도교가 민간 종교로 자리잡고 있기 때문이다. 기독교를 서구의 종교로 보는 일본인들이 기독교를 받아들이고 신도교를 버린다는 것을 일본 조국에 대한 배신행위라고 보기 때문이다. 이와는 달리 36년간(1910-1945) 군국주의 일본의 식민지였던 한국에서 기독교를 받아들이는 것은 민족주의에 입문하고 애국운동을 하는 것과 연결되었다.

기독교회는 일제시대에 독립운동의 거점의 역할을 하였다. 해방이후에는 문민정부에 의하여 군목제도를 도입하였고, 한국전쟁시 국가를 위하여 기도하였다. 기독교는 1960년대부터 민족 복음화 성회를 시작하였고 1970년대에는 미국의 빌리 그래함을 초청, 성회를 열었으며 신자수 증가와 연합에 큰 성과를 거두었다. 1970년대 유신정권시절 진보주의 교회는 유신정권에 대항하여 민주주의를 지키는 데 큰 역할을 하였다. 1980년대에는 신군부정권이 막을 내리는 데 진보와 보수교회가 같이 참여하여 1986년 민주화시대를 열었다. 오늘날 한국 개신교는 각종 선교회와 신자들의 모임을 통해서 시민운동에 참여하고 있다. 오늘날 한국사회에 많은 영향을 주고 있는 기독교윤리실천운동이나 경제정의실천시민운동 등은 기독교인들이 주축이 되어 실천하고 있는 사회참여운동이다.

3. 민족주의와의 만남

19세기와 20세기 서구열강의 식민주의 시대 동남아에서는 기독교가 서구의 식민정부와 결탁하여 협력자가 된 데 반해, 한국의 기독교는 민족주의와 만나 근대화의 방편이 된 데 있다.[8] 20세기에 들어 인도와 중국 그리고 일본에서 기독교는 서양종교로서 배척받았으나 한국에서 기독교는 개화와 근대화의 역동적 근거가 되었고 민족운동의 근거지가 되었다. 1900년대 신도국가인 일본이 중국과 러시아의 전쟁에서 이기고 한국을 식민지화하려는 야욕을 드러내었다. 이러한 상황 속에서 1884년에 한국에 상륙한 서구 선교사들은 민족주의자들을 보호해주었고 치외법권을 가진 선교사들의 저택은 이들의 피난처가 되었다. 그리하여 기독교는 자연스레 개화운동을 지원하면서 민족주의와 결합하기에 이른다.

동류의 사회개혁의식을 가진 신지식층, 서재필, 윤치호, 이상재, 남궁억, 이승만 등이 주도한 "독립협회"가 1896년에 창립되고 이어서 전덕기, 윤치호, 이동휘, 이동녕을 중심으로 항일비밀결사단체인 신민회가 1907년에 조직된다. 이들은 예수를 믿는 것과 나라를 구하는 것이 분리되지 않은, 하나로 연결된 민족신앙을 지닌 자들이었다. 이러한 민족신앙은 민족 수난기 속에서 한국교회의 민족운동에 커다란 동력이 되었다. 1910년 조선이 결국 일제의 식민지가 되었을 때 기독교인들은 국가적 위기의식을 느끼고 민족운동에 참여하였다.

1919년 "3·1독립운동"은 기독교인이 중심이 되어 주도적으로 계획하고 준비한 거국적인 민족운동이었다. 운동을 조직하고 전국적으로 확산하는 데 기독교인들은 결정적 역할을 하였다. 이 운동이 전국 각지로 확산되는 데는 한국교회의 전국적 조직과 개교회가 활용되었다. 이러한 탓에 "3·1독립운동" 과정에서 일제의 무력탄압을 가장 많이 받은 것은 교회였다.[9] 일본 경찰은 교회를 반일독립운동의 소굴로서 보았다.[10] 기독교는 정치집단은 아니지만 집회·결사·언론의 자유가 없었던 당시 교회는 집회·결사와 언론활동이 허용되는 유일한 조직공동체였다. 이러한 상황 속에서 기독교 공동체와 민족독립세력은 깊게 맞물려 있을 수밖에 없었다.

3·1독립운동 이후 일제 정책이 무단정책에서 문화정책으로 바뀐다. 민족운동 세력은 비로소 집회·결사·언론의 자유를 가지게 되어 사회정치단체를 조직하고 신문과 잡지를 발행하게 된다. 사회정치운동을 할 수 있는 여건이 만들어지면서 민족운동 세력들은 기독교 울타리 밖으로 나가게 된다. 이리하여 기독교와 민족운동 세력 사이에 엇물림이 나타났다.[11] 기독교 지도자들은 이제는 사회적 지위와 명망을 지닌 사회계층이 되었다. 이들은 기독교가 사회문제에 깊이 관여하기보다는 순수한 종교로서 자리잡기를 바랐다.

해방 이후 1970년대까지 보수교회는 사회참여에 미온적이었고 진보교회는 사회참여에 적극적이었다. 1970년대 유신정권 시절 국회가 해산되고 인권이 짓밟혔을 때 보수교회는 친(親)정부편에 서 있었던 한편, 진보교회는 인권신장과 독재항거에 참여하며 지도자들이 감옥에 갇히는 등 고난을 받았고 한국사회의 민주화와 인권신장에 기여하였다. 보수교회도 1974년에 제네바에서 채택된 로잔언약(Lausanne Covenant)-복음화와 사회참여는 신발의 짝으로서 서로 분리될 수 없다는-의 영향을 받아 1980년 초에 사회참여에 대해 보다 적극적인 입장을 가지기에 이른다.

1986년 보수교회는 신군부정권으로 하여금 대통령의 직접선출을 합의하도록 하는 데 청소년들을 중심으로 참여하기 시작하였다. 오늘날 한국의 "복음주의 협의회", "기독교 북한선교회"나 "한국복음주의 신학회", "한국개혁신학회"는 민주화와 인간화와 사회화, 특히 분배의 정의와 투명한 정치운영을 위한 각종 세미나 및 연구를 하면서 사회화와 통일논의에 참여하고 있다.

4. 개화의 수단으로서의 기독교

초창기 기독교는 민족 개화의 수단으로 수용되었다. 기독교 선교사들은 당시 유교적으로 폐쇄된 사회 속에 들어가기 위하여 직접적인 복음선교보다는 간접적인 교육과 의료선교를 시작하였다. 이 교육기관과 의료기관의 설립은 민족개화의 초석이 되었다.

1884년에 한국에 들어온 미국 선교사들은 공사관 소속 의사 알렌(H. N. Allen), 미북장로교 목사 언더우드(H. G. Underwood), 미감리교 목사 아펜젤러(H. G. Appenzeller)였다. 이들은 교육기관과 의료기관을 통한 선교방식을 택하였다. 학교와 병원의 설립은 당시 개화를 위한 근대문명의 수입을 절실히 갈망하던 한국사회에서 열렬한 환영을 받았다. 선교사들은 교육과 의료기관을 통하여 선교활동을 하기 시작하였고 학교와 병원은 직접적인 복음활동과 교회설립의 모태로 자리 잡았다.

선교사들은 의료선교를 가장 먼저 시작하였다. 1884년 미국 공사관의 알렌(Horace N. Allen)은 갑신정변 때 중상을 입은 민영익을 치료하여 낫게 한 결과 그 의술을 인정을 받아 1885년 한국 최초의 근대식 병원인 광혜원(廣惠院)을 세웠다. 이 병원은 국왕의 인정을 받았다는 점에서 의료기관만이 아니라 선교사업을 위한 센터 역할을 하였다. 광혜원은 미국 실업가 세브란스의 도움으로 남대문 밖에 새 건물을 마련하게 되어 오늘날의 세브란스 병원으로 발전하였다.

교육선교의 일환으로 1886년 서울에서 배재학당이 설립되었고, 1897년에 베어드(William M. Baird) 선교사가 자신의 사랑방에서 숭실학당을 시작했는데, 이 학당은 1906년에 대학부를 설립하고 숭실대학은 한국의 최초의 근대대학이 되었다. 숭실대학은 1886년에 세워진 이화학당과 1915년에 세워진 연희전문과 더불어 오늘날 대표적인 기독교 대학이 되었다.

한편 관서지방을 중심으로 기독교인들이 현저하게 늘어나게 되었다. 그 이유는 이들이 기울어져 가는 민족을 구원하는 길이 예수의 희생봉사의 정신으로 새 사람이 되는 데 있다는 민족의식의 각성에 있었다.[12] 당시 기독교의 가르침은 유교적 신분사회에서 혁명적인 것이었다.[13] 기독교는 모든 인간이 하나님 앞에서 평등하다고 가르쳤다. 교회에서 신자들은 양반과 상민, 남자와 여자, 어른과 아이가 등동하다고 믿고 한 자리에서 종교의식을 거행하였다. 이들은 유교적 신분차별, 제사관행과 축첩과 아편중독 등을 비기독교적인 것으로 단정하고 유교적 가르침의 허례허식을 개혁하고자 하였다.

청교도 선교사들이 가져다준 개신교 윤리는 당시 게으르고 근면하지 못하며 도덕적으로도 정직하지 못했던 조선인들, 그리고 무리한 음주와 도박 등으로 절제되지 못한 생활을 하였던 조선인들에게 금욕적인 생활, 합리적인 노동, 성실한 생활을 강조하는 청교도 윤리였다. 이러한 청교도적 윤리는 계몽기 조선인들의 사고와 생활을 변화시키는 변혁의 힘이 되었다.

교회와 교회가 세운 학교는 신문화운동의 근거지였다. 3·1운동 이후 기독교 민족운동은 합법적인 실력양성을 목표로 하는 농촌운동과 절제운동으로 나타났다. 당시 농민들은 전체 인구의 80%로 일제의 수탈정책에 의하여 처참한 삶에 처해 있었다. 한국교회는 대대적으로 농촌운동을 전개하였다. 그리고 사회적으로 일제의 퇴폐문화가 청소년들에게 오염되는 것을 막기 위한 절제운동을 전개하였다. 이러한 두 가지 운동을 통해 한국교회는 일제의 탄압을 피하면서 민족의 독립을 이루고자 하였다.

초창기 기독교의 개화운동과 민족운동은 2차 세계대전 이후 동남아에서 기독교가 서양종교 내지 식민세력으로 배척받은 데 반하여 한국에서는 기독교를 민족과 나라에 이바지 하는 종교로 인식되도록 하였다. 한국 기독교는 감리교 장로인 이승만이 공화국의 초대 대통령으로 선출됨으로써 성장의 붐을 맞이하였다.

5. 복음주의적 선교와 강력한 복음화 정책

한국에 들어온 선교사들은 복음주의적 정신을 가지고 네비우스 선교방법을 한국교회에 적용하여 한국교회를 자립적인 교회로 육성했다. 자전, 자립, 자치에 근거한 선교방법은 교육·의료선교와 더불어 한국교회를 자립적이며 사회를 복음화 하려는 복음적인 교회로 육성시켰다. 초기 선교사들은 정치사회적으로 민족주의 세력에 동조하면서도 선교정책적으로는 종교와 국가를 분리하고 교회는 오로지 복음을 전파하는 일에만 힘쓰도록 하는 입장을 천명하였다. 이후 부흥사경회가 열렸고 그 구체적인 열매는 1907년 평양 장대현 교회의 영적 각성운동으로 나타났다. 이것은 한국교회의 영적 탄생이었고 여기서 복음주의 선교는 시작되었다. 전국 각지로 복음선교사가 파송되었다.

그리고 1919년 기독교가 주도가 된 3·1운동이 실패로 돌아가자 기독교는 사회운동에서 오로지 복음전파만을 주로 하는 정책으로 돌아섰다.[14] 이리하여 기독교는 교회를 정치사회적으로 이용하고자 하는 세력과의 단절을 기하였고 기독교회는 현실문제에 관여하기 보다는 복음전파에만 전념하게 되었다. 기독교는 정경 분리의 정책을 통하여 일제 통치세력과의 갈등을 피하고 순수한 복음 전파에 그 중점을 두었다. 해방 이후의 기독교는 열심히 국내전도를 하였고 기독교인인 대통령의 통치 아래 교회는 우후죽순처럼 설립되었다. 그리고 1960년대와 1970년대에 민족복음화 전도대회를 통하여 한국교회는 크게 성장하는 기회를 얻는다. 이러한 성장의 배경에는 일제시대에 교회가 보여주었던 민족주의적 정신에 대한 국민들의 긍정적인 태도가 반영되어 있다.

한국에서 선교사로 일생을 바치고 정년으로 귀향한 하비콘(Harvie Conn)은 "전인적 전도"(holistic mission)가 한국교회의 급성장에 크게 공헌하였다고 말한다. 그는 몇 년 전에 한국농촌의 한 교회를 방문했던 일을 기억한다. 이 교회는 지난 5년 동안 두배로 성장하였다. 그는 신학생과 함께 그 이유를 알아보러 교회를 방문하였다. 그는 교회신자들에게 "이러한 교회의 급성장을 어떻게 설명할 수 있습니까?"라고 물었다. 잠시동안 아무 말도 없었다. 그는 '김씨 부부'를 만나서 그 질문의 해답을 발견하게 되었다. 이 부부는 이 마을에 5년 전에 이사를 왔다. 이들은 전인적인 전도방법을 사용하였다. 그 마을의 여자가 병들었을 때는 부인이 그 가정을 위해 음식을 준비해주며 예수에 관해 이야기했으며, 마을의 남자들이 도움이 필요하면 남편이 앞서서 도와주었다. 이 부부는 마을 사람들에게 인간적으로 신뢰를 얻게 되었고 자연스레 전도가 되었다는 것이다.[15] 한국교회의 성장은 복음에 대한 열정을 가진 한국교회 신자들이 그 동네 이웃의 처지를 도와 그들의 신뢰를 얻고, 복음을 전하는 데서 비롯되었다고 볼 수 있다.

6. 전통적인 신 개념, "하나님"

한국문화 속에 있어 왔던 하나님 개념은 기독교의 '신' 개념을 전달하는 데 성공하였다. 초기 선교사들은 한국 고유의 신 개념, 하나님이 기독교 신의 이미지와 부합한다고 믿었다.[16] 1890년도에 최초 한국말로 성경을 번역한 로스(Ross) 선교사는 "하나님 이름이 너무도 특이하고 우주적으로 사용되어지고 있기 때문에 장래의 번역과 복음전파에 어려움이 없을 것이다" (The Hananim is so distinctive and so universally used that there will be no fear in the future translation and preachings)라고 기록하고 있다.[17]

첫째, 하나님은 한국인에게 최고의 신을 의미하였다. "하나"는 "한"이라는 뜻으로 높고 크다란 의미가 있다. 님은 인격을 나타낸다. 하나님 개념은 최고의 신이었다. 한국인이 섬기는 신은 모두 273종이라고 한다. 그중에서도 하나님이 가장 높은 위상을 가지고 있었다.[18] 이 개념이 표상하는 하나님의 능력은 절대적이며 전지전능하다. 이 개념은 신중의 신이신 기독교 하나님의 이미지를 전달해 준다.

헐버트(Hulbert)는 하나님 신앙이 무속적 신 개념과는 다르다는 것을 다음같이 말하고 있다: 하나님 신앙은 "원시적인 자연숭배로부터 멀리 떠나 있다. … 모든 한국인들은 이 존재를 우주의 절대지배자로 여긴다. 그는 모든 자연세계에 나타나는 각 영들과 귀신들의 윤회로부터 완전히 초월해 있다. 한국인들은 하나님의 어떤 유형적인 표현을 시도해 본 적이 없었다. 하나님은 우상적인 의식의 예배대상이 된 적이 결코 없었다. 하나의 법칙으로 일반대중은 하나님을 예배하지 못한다. … 그는 오직 황제의 유일한 탄원의 대상이다."[19]

둘째, 하나님은 유일신을 의미한다. 하나는 여러 개가 아니라 단 하나를 뜻한다. 하늘에는 많은 신령들과 귀신들이 있으나 하나님은 한 분 신을 의미한다. 이 개념은 삼위일체 하나님을 알려주고 있지는 않으나 구약 선지자들이 말하는 유일신의 이미지를 전달해준다. 헐버트는 다음같이 말하고 있다: "한국인들은 엄격한 유일신론자들이며 이 존재의 속성과 권능은 외국 개신교 선교사들이 기독교교리를 가르치는데 대부분이 보편적으로 수용하고 사용하고 있는 여호와의 것들과 일치하고 있다."[20]

셋째, 하나님은 모든 것을 포용하는 연민을 가졌으며 인간의 기도를 열납하고 인간을 처한 고통과 재난에서 해방시켜준다. "하나"는 하늘에서 나왔다. "하늘"은 자연계의 하늘을 넘어서서 "ᄒᆞᄂᆞ님", 즉 인격신을 뜻한다.[21] 하늘님은 한국인의 신이었다. 한국인은 인간의 능력으로 해결할 수 없는 재난과 곤경에 처하였을 때에 이에 벗어날 수 있도록 하나님께 기도했다. 이 신은 하늘과 땅을 지배하고 세상의 모든 일을 관장하며 인간의 운명을 주관하는 자이다. 이 신 개념은 인간에게 다가오시고 우리를 인도하시고 고난에서 구원해 주시는 기독교 하나님의 이미지를 전달해 준다.

그리하여 한국인들은 개신교 전래시 기독교 신을 이해하는 데 별 어려움 없이 기독교의 절대 신이 바로 한국인의 종교문화 속에 있어온 하나님 개념과 등가(等價)어를 가진 것으로 알고 기독교를 받아들였다.[22] 한국인들은 기독교 신자가 된 후 성경적 하나님 개념을 공부함으로써 전통적인 하나님 개념에 담겨 있는 범신론적 요소 내지 무속적 요소들을 제거하려고 하였다. 그리하여 한국인은 토착신앙적 신 개념을 개신교 개념으로 변혁시키고자 하였다.[23]

'하나님'이란 단어는 한국의 전통적인 종교문화의 신(神) 개념을 기독교적 신 개념으로 이해하는 데 해석학적으로 연결시켜주는 다리의 역할을 하였다.[24] 그러나 이 단어가 기독교 하나님의 개념을 다 말해주는 것은 아니다. 무속적이고 범신론적 요소에 대한 비판적 태도를 견지해야 한다. 그렇지 않으면 개신교의 옷을 입은 무속의 신이 영향력을 끼치게 된다. 이 개념에 기독교적 세례를 주어야 한다. 전통종교의 하나님 개념에는 범신론적 표상이 있으며 더군다나 삼위일체의 요소는 없다. 중보자 그리스도도 없다. 그러므로 한국 기독교는 변혁주의적 문화신학의 착상을 수행하여야 한다. 이는 그리스도가 문화종교의 변혁자라는 사상이다.

7. 한(恨) 개념과 민중신학

1970년대 한국정치가 유신정권에 의하여 독재화하고 인권이 유린당하게 되었을 때 민중의 한(恨)을 신학적 성찰의 대상으로 삼고 일어난 운동이 바로 민중신학 운동이다. '한'은 중국 몽고와 일본이라는 대국 사이에 놓여 있는 한국의 지정학적 요인에서 일어났다. 한국은 반만년 동안 900번 이상 북으로는 중국과 몽고로 침략을 받았고, 남쪽으로는 일본의 침략을 받았다. 민중들은 밖으로는 침략자에 의하여, 내적으로는 탐관오리에 의하여 수탈과 고통을 받아온 것이다. 민중들은 이러한 불의와 압제와 불행과 해악의 경험에서 누적되고 축적된 정신적 응축의 깊은 감정인 한(恨)을 품고 살아왔다. 한이란 실천되어지는 정의를 열망하는 분개이다.[25]

민중신학은 이러한 민중의 한을 신학적 성찰의 대상으로 삼으면서 1960년대 남미에서 일어나, 무산자의 해방을 신학적 성찰의 대상으로 하는 해방신학의 한국적 적용이라고 할 수 있다. 민중신학은 1970년대의 군사독재 통치 하에서 정치적 사회적 압제를 받는 자들의 신학이었다. 저임금으로 노동력을 착취당한 노동자 전태일의 항의 분신자살, 1979년 임금쟁의를 한 여공(女工)원 김경숙의 공권력에 의한 피살 등이 민중의 한이 축적된 구체적인 예이다.[26] 이러한 민중신학은 1970년대 군부독재의 인권탄압과 노동계층 수탈에 대하여 신학적으로 저항운동을 하였다. 이러한 신학운동은 1980년대 한국사회가 민주화하고 인권신장을 하는 데 중요한 역할을 하였다.

안병무는 민중개념을 헬라어 라오스(laos)보다는 오클로스(ochlos)를 사용하여 정의하였다.[27] 첫째, 오클로스는 예수가 가는 곳마다 그의 주위에 모여든 무리였는데 이들은 세리와 죄인들이었다. 이들 무리에는 병든 자들, 가난한 자와 굶주린 자들, 과부를 포함하였다. 둘째, 오클로스는 제자들과는 다르다. 예수는 제자들을 그들의 무지 때문에 자주 책망하였으나 오클로스는 비난하지 않으셨고 회개와 같은 조건 없이 그들을 항상 영접하였다. 셋째, 오클로스는 예루살렘의 권력계층과는 대조를 이루는 갈릴리의 민중이었다. 넷째 오클로스는 권력자에 이용당하고 매수 당하는 희생양이었다.

그러나 민중신학은 안병무의 마가복음 해석에서 보는 것처럼 신약성서를 사회 이데올로기적으로 해석한다. 민중신학은 텍스트보다는 컨텍스트에 치중하여 해석함으로써 텍스트의 진정한 의미를 왜곡시키고 있다. 안병무 해석에 있어서 복음서의 주제는 민중의 구세주인 나사렛 예수의 이야기가 아니라 민중의 이야기로 변모하고 있다.

오늘날 정치적 민주화가 이루어지고 후기산업사회를 맞이하는 한국사회에서는 1990년대에 들어와 각종 시민운동(NGO movement)이 활발히 전개되면서 민중개념이 후퇴하고 각종 상품의 소비자로서의 시민 개념이 주제화하고 있다.

시민운동은 첫째, 권력의 투명성과 책임성을 향상시키고, 둘째, 시민들의 참여가 민주적으로 이루어지도록 법적·제도적 장치를 갖도록 하며, 셋째, 시민의식을 고양시키고 사회적 약자를 위한 복지사업을 수행한다. 그리하여 정치적 사회적 억압에 대한 민중의 한을 응축시키고 민중을 저항세력으로 역동화 시키고자 하는 민중신학의 소재는 상당부분 소진되었다. 그리고 지나치게 사회 이데올로기적으로 나아간 1세대 민중신학자들에 대한 비판적 자성의 목소리가 나오고 있다. 다시 성서의 텍스트로 되돌아가자는 것이다.

8. 유교적 윤리가치와 공동체 중시

한국 개신교는 사회적으로 그것의 가족적 가치 태도와 행동에서 유교적 가치와 개신교적 도덕적 규범이 일치한다는 것을 천명함으로써 기독교가 기존 사회윤리체계와 갈등하는 것을 차단하였다. 오늘날 한국인들에게는 지난 500년 조선조를 종교적으로 지배한 유교의 가치관이 영향력을 미치고 있다. 개신교가 제시하는 높은 도덕적 규범은 한국인이 유교적으로 살아온 가치체계와 비슷한 점이 많다. 기독교의 기본윤리는 유교적인 기본가치와 상응하였다. 예컨대 청빈, 안빈낙도, 충효, 정직, 신실, 정절, 순결을 중요 시하는 유교적 가치덕목은 기독교적인 십계명의 기본규범에 상응하였다.

첫째, 가족에 대한 가치관은 기독교 윤리관에 상응하였다. 유교의 효(孝) 사상은 기독교적인 부모공경 가치와 일치하였다. 일년 중 5월인 가정의 달 에는 개신교의 설교주제는 모두 부모공경, 가족 사랑, 부부사랑, 형제 우애 를 강조하는 것들로 넘쳐난다. 예컨대, 구약 룻기에서 시어머니에게 효도 하는 과부 며느리 룻의 이야기는 시부모를 공경하라는 한국의 유교적 가치 덕목에 그대로 들어맞는다. 남편에 대한 복종을 권면하는 사도 바울의 부 부관계의 가치관(엡 5:22-3)는 남편에 대한 아내의 복종을 말하는 유교 가치 에 들어맞는다.

둘째, 조상을 공경하는 유교적 가치는 기독교 가치에 상응한다. 유교제 사는 종교적 형식에 있어서는 조상 혼령에 대한 우상숭배가 되어 기독교적 가치와 갈등을 유발한다. 그러나 그것의 실질적 내용은 조상에 대한 공경 이라는 점에서는 기독교적 부모공경의 가치와 일치한다. 조상숭배 금지는 초창기 기독교에는 기독교 복음전파의 걸림돌이 되었고 기독교 박해의 요인을 제공하였다. 그러나 오늘날 개신교는 기독교적 등가어인 추도예배라는 것을 만들어 유교적 조상숭배에서 신위(神位)를 만들어 절하고 제물을 받치는 것을 제거하였다. 그리하여 오늘날 개신교는 조상을 공경하는 유교적 가치를 기독교적 가치로 수용함으로써 한국문화에 복음을 상황화 하는 데 성공하였다.

그리하여 전통적 형식의 조상숭배는 거부되고 그 대신에 개신교의 추도예배가 제사와 같은 전통으로 자리잡고 있다. 한국교회는 제사에 대하여 관용적인 태도를 가지고 신자들로 하여금 절하지 않고 조상제사에 참여하도록 한다. 또한 불신어른들도 이러한 신자들의 신앙의 태도를 용납해주고 있다. 일부 진보교회에서는 신자들의 조상숭배의식을 종교와는 관계없는 효도적인 차원이라고 허용하고 있다. 그리하여 한국에서는 일본, 중국, 인도와는 달리 조상숭배가 기독교적 의식 안에서 변혁되어 시행되고 있다.

셋째, 남성중심의 가족체계도 신구약 성경이 제시하는 가부장적 제도로서 기독교적 가치체계에 상응하였다. 한국 개신교에 장로교회가 80%를 차지하는 것도 문화적 요인에서 설명된다. 그것은 나이 많은 자 및 원로를 중시하는 유교적 가치체계와 일치하는 교회의 구조 때문이다. 그리하여 한국에서는 장로만이 아니라 본래는 장로직분이 없는 감리교나 성결교나 하나님의 성회, 침례교에서도 장로제를 도입하고 있다.

9. 정체성 유지 속에서 전통종교와의 공존

한국 기독교는 지금 무교와 불교와 유교와 도교 등 전통적 토속종교들 가운데서 친숙된 종교로서 자리매김하였다. 그러나 전통종교가 개화와 근대화에 큰 역할을 하지 못하고 기독교가 그 역할을 하였기 때문에 오늘날 기독교는 젊은 세대 가운데 전통종교인 불교를 능가하는, 이미 한국인의 심성과 종교문화에 뿌리를 내린 역동적 종교로서 자리매김하고 있다. 전통종교가 명상적인데 반해서 기독교는 실천적인 면이 강하기 때문에 오늘날의 첨단과학기술사회가 가져다주는 각종 과학기술의 의미, 생명윤리문제와 생태환경보존 문제 등에 있어서 기독교는 윤리의식의 역동성을 보여주며 사회의 논의를 이끌어가고 있다.

개신교 가운데 근본주의 무리들은 전통종교와의 대화를 금기시하지만 주류 개신교회는 전통종교와 원만한 관계를 유지하고 있다. 공통적인 시민사회적 이슈, 남북통일, 공명선거 캠페인, 수재민 돕기, 노동자들의 권익, 소비자 권익보호 등에서 개신교는 타종교와 같이 협력하고 있다. 그러므로 아직도 한국에서는 필리핀이나 인도네시아에서 보는 것처럼 힌두교와 무슬림 사이의 종교충돌은 없다. 아직도 한국에 이슬람교가 있기는 하나 그 세력은 지극히 미미하다. 전통종교인 불교나 유교나 도교가 평화적이며 기독교도 타종교에 대하여 평화적이기 때문이다. 때문에 한국에서는 종교다원주의 상황이 받아들여지면서 종교의 공존이 유지되고 있다.

진보적인 개신교가 운영하는 크리스천 아카데미에서는 종교대화, 기독교와 불교의 대화가 시도되곤 있다. 불교와의 대화에는 구원론과 우주론에 있어서 기독교와 차이가 많아 어려움이 있다. 그러나 유교는 종교라기 보다는 윤리나 가치체계로서 존재한다. 그래서 기독교 신자 가운데 기독교와 유교 사상 사이의 상응과 일치를 연구하는 학자들이 생겨나고 있다.[28]

10. 지역복음화에 주력하는 역동적인 전도활동

한국교회는 초창기부터 개척한 그 지역사회에 문화변혁적 선교정신으로 역동적으로 파고들어가 그 지역사회의 전통적 샤머니즘을 극복하고 지역사회의 문화센터와 정신적 리더의 역할을 하였다. 그 단면적인 예가 한반도 동남부의 작은 해안가 도시 기장군에 있는 예장고신교단에 속한 기장교회, 예장합동교단에 속한 기장로교회, 예장통합교단에 속한 청강교회, 감리교단에 속한 꿈이 있는 교회이다.

기장지역에 본격적으로 복음이 전파된 것은 호주장로교 선교사들에 의해서이다. 1928년 차재명 목사에 의해 기록된 '조선 예수교 장로회 사기'에 의하면 1905년 왕길지(G. Engel) 선교사의 본격적인 선교활동에 인해 기장군 기장면 동부리 초가집에 동부교회가 처음 세워졌다. 이후 이 교회는 지역교회의 중심역할을 하며 성장했고 현재 기장교회(예장고신측)로 남아 있다.[29]

이 지역은 예로부터 바다와 인접하여 어업을 생계수단으로 삼아왔기에 우상숭배가 일상화 되어 되어 있다. 아예 기장군의 공식축제로서 용왕제를 드려오고 있지만 기장군 기독교총연합회 차원에서도 별다른 대책이 없는 현실이다. 또한 장안사와 백두사, 용궁사 등 유명한 사찰들이 수많은 포교원을 주택가에 설립하여 그 수가 오히려 교회를 넘어서고 있다. 불교나 토착 샤머니즘 외에도 기독교 이단인 천부교의 본산, 신앙촌이 위치하고 있어 더욱더 영적인 어려움을 겪는 지역이다. 특히 부산시가 지정한 기념물 기장 향교가 아직까지 위세를 떨치고 있어 지역사회 전반에 유교적 통념이 강하게 흐르고 있다.

이 지역을 중심으로 강력한 복음운동을 벌이고 있는 교회로는 기장교회(고신측) 외에 기장로교회(장로교 합동), 꿈이 있는 교회(감리교), 청강교회(통합측) 등이 있다. 기장로교회(담임 이춘경 목사)는 1998년 창립되었는데 6개월 만에 100명 성도를 이루었고 4년차에 성전부지를 구입, 5년차에 새 성전에 입당하는 괄목할 만한 성장을 이루었다.[30] 현재는 1,000명 교회를 목표로 기장복음화를 위해 매진하고 있다. 기장교회는 "말씀 중심의 교회, 은혜 가 득한 교회; 성령충만한 교회, 주님 전하는 교회가 되고자 하는 교회상"을 설정하고 "불신자가 좋아하는 교회, 젊은이가 좋아하는 교회, 남성들이 좋 아하는 교회, 24시간 목회, 차별화된 목회, 팀목회, 평신도 사역목회, 노인 들이 좋아하는 교회를 사역방향과 목회철학"으로 삼고 있다.[31]

청강교회(담임 정익주 목사)는 2004년 기장읍 청강리로 이전하여 온 교회 로서 소그룹 목회로 3년 만인 2007년 현재 주일출석 인원 120명이 넘는 교 회로 부흥하였다. 청강교회는 사랑의 쌀나누기 운동과 지역주민들을 위한 글읽기 마당, 청강장학회를 통한 장학금 수여를 통해 지역주민들이 갖고 있는 교회에 대한 부정적 인식을 바꾸고 있다. 부부성장학교와 중보기도학 교, 큐티학교 등으로 성도들의 교육에 열정을 보이고 있다. 청강교회는 비 전1020과 언약의 땅 500을 목표로 세우고 2010년까지 20곳의 선교지를 지 원하고 새 성전이 건축될 언약의 땅과 500명의 회심한 영혼을 달라고 기도 하고 있다.[32]

1951년 일광에서 시작했던 '꿈이 있는 교회'(담임 장진희 목사)는 50년 동 안 자리했던 일광지역을 떠나 기장지역으로 교회를 옮기고 건강한 교회, 중단없이 개혁하는 교회를 추구하고 있다. 교회 역사의 좋은 전통과 새로 운 세대의 필요를 균형있게 조화시킴으로 건강함을 유지하고 있다. 예배를 생명처럼 여기고 모든 성도가 하나님의 임재 앞에서 온전히 하나님을 높이 고 경배함으로, 역동적인 예배가 살아 있는 교회이다. '꿈이 있는 교회'는 평신도를 성숙의 자리로 이끌어 모든 평신도가 하나님께 부름받는 소중한 사역자들임을 인식하도록 돕고 훈련시킨다. 기독교 교육을 통해 인재를 양 성하는 일과 지역사회에 꼭 필요한 교회가 되기 위해 여러 가지로 섬기고 있다.

부산광역시 기장군에 위치한 네 교회의 역동적인 모습은 오늘 한국교회의 모습을 단면적으로 보여주고 있다. 이들 교회를 비롯하여 기장군 안에 있는 지역교회들은 동해안에 위치한 지역사회의 우상숭배와 토착 샤머니즘을 극복하고 지역복음화에 주력하고 있다. 이들 교회는 사랑의 쌀 나누기 등 지역주민들을 위한 다양한 사랑나눔을 실천하면서 지역주민들의 삶 속으로 깊이 들어가고 있다. 기아대책 기장지역회는 기장군 내의 가난한 이웃에게 떡과 복음을 전하는 것을 목적으로 설립되었다. 이 모임은 지역사회의 소외된 노인들에게 필요한 서비스를 효과적으로 지원하고 자립기반의 길을 열어주기 위한 다양한 개발사역을 지원하고 있다.[33] 교회와 지역사회복지단체가 연합하여 이웃사회 전도에 앞장서고 있다. 이들 교회는 문화변혁적 선교를 통해 지역복음화를 향하여 달려나가고 있다.

11. 문화변혁과 개혁신앙

(1) 탈무속

세속적 좌절과 재난의 고통을 기도와 의식을 통해서 해결하고자 했던 무속신앙은 기독교가 증거하는 복의 원천이 되시는 하나님을 아는 종교적 의식을 제공하였다. 그리하여 기독교 복음이 한국인들에게 쉽게 전해지고 한국인의 생활 속으로 스며들도록 하는 중요한 선 이해를 제공하였다. 그러나 무속적으로 이해된 기독교 신앙은 비합리적인 방법에 의해 세속적·물질적으로 번영하려는 사고에 머물 수 있다. 이러한 신앙은 재난과 고통을 극복하는 데 인간의 합리적 반성과 실천적 노력 없이 단지 기복적 방법만을 의지함으로써 어려움의 해결에 합리성과 구체적 실천성을 결여하고 있다.

한국 기독교는 무속적 신앙을 보다 성숙한 포스트모던 신앙으로 승화시켜야 한다. 성숙한 신앙이란 삶의 문제의 해결사로서의 신만이 아니라, 삶의 중심에 임재하시는 하나님과 동행하는 삶을 사는 것이다. 하나님께 찬양과 감사를 드리고 윤리적으로 그의 뜻을 실천하는 삶을 사는 것이다. 포스터모던 시대에는 분배의 불균형 속에서 덜 가진 이웃과 나누는 정신, 베푸는 정신, 이웃을 섬기는 정신, 하나님에게 헌신하는 신앙, 여성을 존중하고, 환경을 중요시하고, 생명을 경외하는 신앙이 요청된다.

(2) 한(恨)의 승화

민중의 한은 보복을 통해서 풀어서는 안 된다. 민중 가운데 남아 있는 한풀이는 풍자적 탈춤이나 세시풍속에 의한 원한(怨恨)의 풀이가 아니라[34] 십자가의 대속의 사랑에 의한 단(斷)으로 나아가야 한다. 이것이 기독교의 복음의 메시지이다. 한을 푼다는 것은 무속적인 것이다. 한을 끊는다는 것은 십자가의 사랑에 의해서만 가능한 것이다. 한이 변하여 용서가 되어야 한다. 그리하여 가해자까지도 심층적으로 변화받고 구원받을 수 있어야 한다. 이러한 한의 승화는 먼저 피해를 입은 자들이 십자가의 사랑에 의하여 내면적 치유를 받음으로 실현된다. 그리고 피해자가 치유를 받을 때, 비로소 가해자를 용서할 수 있는 심적 여유를 가지게 된다.

(3) 하나님 개념의 정화

하나님 개념에 아직도 남아 있는 무속적 잔재를 씻어내고 삼위일체적인 하나님 개념을 신학적으로 정착시켜야 한다. 하나님 개념에는 아직도 번영을 주관하는 자로서 신이 표상되면서, 윤리적이고 도덕적인 삶을 요구하는 자로서의 신 이미지가 약화되고 있다. 하나님 개념에는 신이 일면적으로 현실의 어려움의 해결사, 전능의 구원자로서만 표상되면서 고난과 질병,

실패와 역경 가운데서 우리에게 다가오시는 신의 이미지가 약화되고 있다.

삼위일체 하나님 개념은 한국 문화 속에 토착되어야 한다. 그것은 한 본질의 하나님이 세 분의 위격을 가지고 계신다는 것이다. 단군신화에 있는 환인, 환웅, 단군은 무속적인 삼신으로서 기독교의 삼위일체 하나님을 설명해주고 있지 않다.[35] 무속의 신이 윤리적 차원과는 동떨어지고 현실의 차원과 무관한 것과는 달리 기독교의 신은 사랑과 거룩의 본성을 지니시고 인간을 구속하시며, 윤리적으로 도전하시고 다가오는 하나님의 나라를 향하여 역사를 진행시키시는 초월과 내재의 하나님이시다.

(4) 조상제사의 기독교화

오늘날 기독교적 추모예식에는 유교적 제사가 혼합되어 있다. 한국 신자 가운데는 적지 않은 사람들이 추도예배를 보면서 망자의 사진, 절함, 초를 사용하며 음식을 무덤 앞에 차려놓고 예배를 드린다.[36] 이것은 아직도 유교적 제사의식이 기독교적으로 변혁되지 못한 데서 오는 것이다. 한국 기독교는 한편으로는 조상에 대한 효성의 정신을 살리면서 다른 편으로는 이 효성이 무속적 혼령숭배의 의례형식을 가진 것을 비판하고 그것을 기독교적 형식으로 세례를 주어야 한다. 보다 철저히 무속적 의례요소를 씻어내는 일이 필요하다. 망자의 사진, 초의 사용, 무덤 앞에 음식을 차리는 것, 망자에 대해 절함을 중지하고, 보다 기독교적 의식으로 만들어야 한다.

2007년 현재 샤론상조회는 기독교적 장례식과 기독교식 장례용품을 개발하여 사용하며 추모공원(샤론추모공원)까지 운영하는 국내 유일한 기독교 전문상조회이다.[37] 이 상조회는 전국적인 규모를 가지고 있으며, 유교적인 절차와 용품을 기독교식으로 개량하고 유교적 염사를 기독교적으로 전환 교육시키고, 장례절차를 기독교적으로 엄숙하게 진행한다. 천주교의 경우에는 장례의식과 절차가 제도적으로 잘 정착되어 있다. 우리 개신교는 아직도 소수의 개교회적 차원에 머물 뿐 교단적으로 또는 개신교 전체에 통일적인 예식이 마련되어 있지 못한 실정이다. 개신교 전체의 통일적인 장례의식과 절차를 만들어내고 실천하는 것이 요청된다.

(5) 종교 간 대화의 문제

한국 기독교는 이미 종교다원주의의 상황 속의 있는 한국사회의 현실을 인정하면서 타종교에 대한 배타적이거나 독선적인 태도를 버려야 한다. 개혁신앙은 전통종교가 하나님의 일반계시영역 안에서 공동(共同)선(善)을 유지하는 역할을 인정하는 관용정신을 가져야 한다. 이들의 교리를 비난하거나 헐뜯어서는 안 된다. 이들의 경건과 교리를 존중하고 이들의 좋은 종교성을 배울 수 있어야 한다. 그러나 복음을 양보해서는 안 된다. 복음을 받아들이는 것은 개인적인 양심의 결정이지 강요나 설득에 의하여 되는 것이 아니기 때문이다.

종교 간 대화는 지도자나 전문가 사이에서 공적인 대화가 먼저 수행되는 것이 좋다. 그리고 나서 이에 따른 종교인들 간에 개인적인 대화가 이루어질 수 있다. 그렇게 함으로써 서로 간에 가진 편견과 오해를 씻을 수 있기 때문이다. 신앙은 양심의 영역에 속하기 때문에 모든 종교는 개인의 양심의 결정을 존중해야 한다. 타종교인이 기독교로 개종하는 것을 존중하는 것처럼 기독교인이 타종교로 개종하는 것도 열어 주어야 한다.

타종교인의 무슬림화는 허용해도 무슬림의 타종교로의 개종은 사형 형벌로 금지하는 근본주의 무슬림의 사고는 종교자유의 정신에 위배된다. 모든 종교 내에서 신앙의 자유가 이루어져야 한다. 한국의 근본주의 개신교에서는 타종교를 비판하면서 복음화를 하는 경우가 적지 않다. 이것은 올바른 태도가 아니다. 그리스도의 유일성은 증거되는 것이지 강압되는 것이 아니다. 타종교와의 차이성을 분명히 하면서 서로 간의 공동의 경건성에 있어서 배울 수 있는 것을 용납하는 열린 태도가 요청된다.

*

　오늘날 기독교는 아시아 나라 가운데 한국에서 가장 큰 성공을 거두고 있다. 그러나 2000년대 들어와 한국 기독교도 성장의 정체를 경험하고 있다. 그 이유는 두 가지 요인으로 설명될 수 있다. 먼저 내적으로 한국 기독교는 기독교 신앙과 한국문화와의 갈등에 있어서 명료한 변혁적 사고를 실천하지 못했다. 윤리적 우월성을 만족스럽게 제시하지 못했다. 신앙과 삶 사이의 괴리가 아직도 도덕적 윤리적 삶, 성화의 삶보다는 세속적인 성공과 복이 신자의 삶을 지배하고 있다. 그러므로 타종교보다 현실적 역동성을 가졌음에도 불구하고 한국 기독교는 사회를 향하여 모범을 잘 보여주지 못하고 있다.

　한국 기독교는 외적으로는 경제적 문화적 삶이 나아지고 각종 세속주의가 만연함으로 인해 신앙적으로 안일해졌다. 경제적 발전과 더불어 기독교의 가치관은 물질주의에 의하여 지배받고 있다. 그만큼 영적 활동성도 둔화되고 있다. 그럼에도 불구하고 한국 기독교는 선교와 복음화에 역동성을 지니고 있다. 한국 기독교는 이러한 역동성을 지속적으로 살려나가 아시아를 향하여 공헌해야 할 것이다. 이를 위해서 한국 기독교는 한편으로 복음의 정체성에 충실하면서 다른 편으로는 복음이 선포되는 상황에 대하여 예민한 신학적인 상황화 반성을 수행해야 할 것이다. 이러한 과제는 변혁적 문화신학의 착상[38]에 의해 가능할 수 있다.

chapter 10
교회재산의 공익성

"가이사의 것은 가이사에게, 하나님의 것은 하나님에게!" 당시 서로 상반된 입장에 있던 두 파벌 바리새인들과 헤롯당원들이 예수님을 올무에 빠뜨리기 위하여 예수님에게 로마에 세금을 내어야 하는가 묻는다. 당시 바리새인들은 유대주의자로서 반로마주의를 표방하고 세금내는 것을 반대했다. 그러나 헤롯당원들은 유대왕 헤롯 안디바와 가까이 지낸 사람들로서 친로마주의를 표방하고 세금내는 것을 찬성했다.

예수님이 만일 헤롯당의 입장을 지지한다면 민족주의자의 반발을 사게 될 것이고 바리새인들의 입장에 선다면 로마에 대하여 적대하는 고발을 당하게 될 것이다. 예수님은 함정에 빠질 수 있는 어려운 상황에서 슬기로운 대답으로 올무를 빠져 나간다. "가이사의 것은 가이사에게, 하나님의 것은 하나님에게 바치라"(마 22:21).

오토 파이퍼(Otto Piper)는 "돈"에 대한 글에서 돈의 기원이 신전에 바치는 헌물에 대치된 같은 값의 제물에서 비롯되었다고 말하고 있다. 예수님의 대답의 의미는 다음과 같다. 돈은 단순히 세상나라 주권의 소유가 아니고 창조주에 대해 바쳐야 할 의무를 대표한 경제적 가치로 환산하는 것이다.[1]

가이사의 영역과 하나님의 영역이 따로 있다는 것은 아니다. 가이사의 영역도 하나님의 통치 영역에 들어간다. 단지 가이사는 이 세상의 질서를 세우기 위한 하나님의 도구이다. 그런 뜻에서 가이사가 세운 법은 사회의 질서와 보존을 위하여 필요하다. 가이사의 것(세금과 각종 법질서)은 가이사의 것으로 준수해야 하고 하나님의 것(십일조, 각종 헌금 등 하나님께 드린 성물, 하나님의 계명)은 하나님의 것으로 준수되어야 한다. 그러나 가이사의 법이 하나님의 법에 상충될 때 신자는 하나님의 법을 따라야 한다. 양자는 동등관계가 아니라 종속관계에 있다. 하나님의 법은 가이사 법보다 우위에 있다.

*

1. 교회와 국가의 기본적 관계

(1) 교회는 영적으로 하나님의 나라에 속한다

교회는 하나님이 이 세상에서 불러내신 하나님의 거룩한 백성이요 그의 말씀을 대언하는 하나님의 기관이다. 이것은 교회의 영적 차원이다. 하나님의 기관으로서 교회는 이 세상에 속하지 않는다. 교회는 이 세상의 권력으로부터 자유롭다. 하나님의 백성이요 그의 제사장으로서 교회는 세상의 법질서에 귀속하지 않는다. 교회는 오로지 하나님의 명령과 뜻을 순종해야 한다.

교회는 그리스도의 구속과 선택함을 받은 자의 공동체로서 순결하며 거룩한 종말론적 공동체이다. 이 영적 차원에서 교회는 국가의 테두리를 넘어선다. 교회는 하나님의 절대주권에 귀속한다. 이 하나님의 절대주권에 대하여 국가의 주권이란 상대적이요 종속적이다. 이 영적 차원에서 교회는 하나님 말씀 외에 어떠한 세상적 질서와 권위에 종속되지 않는 절대적 자유를 갖는다.

(2) 교회는 종교적 왕국화에서 벗어나야 한다

그러나 교회는 스스로를 하나님의 왕국과 동일시하는 위험성을 동시에 가지고 있다. 교회의 거룩성과 영광은 자신에게 있는 것이 아니라 교회를 세우시고 유지시키시는 하나님의 말씀에 있다. 교회가 스스로를 절대화하고자 할 때 중세교회처럼 자신을 신격화하기에 이른다. 교회가 종교적 왕국화를 지향할 때 교회는 상대적인 자기기관을 절대화하고 사회를 향한 빛과 소금의 역할에서 멀어지게 된다. 이처럼 왕국화 된 교회는 반사회적인 경향을 가지게 된다.

중세 가톨릭 교회는 면죄부를 팔면서 종교를 상업화했다. 각종 불건전한 부흥회에서도 종교는 상업화되고 있다. 미국의 짐 존스의 인민사원, 데이빗 코레슈의 종말집단, 우리 사회의 각종 기독교 이름 아래 창궐하는 사이비 교회들(영생교, 통일교, 다미선교회, 대성교회, 애천교회, 신천지교회 등)도 자기집단을 왕국화하는 범주에 속한다. 종교개혁자들은 중세교회의 자기절대화에 대항하면서 종교적 왕국화의 붕괴와 자기개혁을 시도하였다. 진정한 개혁교회는 "끊임없이 개혁하는 교회" 이다. 하나님 말씀에 의거하여 자기의 왕국화를 거부하고 스스로 개혁하는 교회가 진정한 교회이다.

(3) 교회는 제도와 기관으로서 이 세상의 시민이다

교회는 하나님의 거룩한 공동체이나 동시에 허물을 가진 죄인의 공동체이다. 죄인의 공동체로서 교회는 사회적인 종교기관이다. 제도와 기관으로서 교회는 오류를 범할 수 있고 시민적 기관으로서 잘못을 저지를 수도 있다. 이러한 제도로서의 교회는 국가 권력의 감시 아래 있다. 기독교의 이름을 쓴 각종 사이비 교회는 이러한 국가권력의 감시를 받아야 하며 실정법을 어겼을 때 법적 제재를 받아야 한다. 특히 자기 교회의 이단성을 폭로하여 사회적 명예가 실추되었다고 국제 종교문제연구소 탁명환 소장을 살해한 것은 교회의 탈을 쓴 악마의 소행이다. 이러한 사이비 종교는 당연히 법적 제재를 받아야 한다. 탁명환 소장을 살해한 자가 무인가 신학교의 신학생이었다 하니 이 사건을 기회로 무인가 신학교에 대한 강력한 법적 제재조치가 있어야 한다.

(4) 교회는 사회의 정의와 사랑의 모범이 되어야 한다

그러나 진정한 교회의 윤리와 도덕은 국가기관의 윤리와 도덕보다 고차원적이다. 교회의 양심은 하나님의 말씀에 의하여 통제를 받으나 국가기관의 양심은 법과 여론에 지배받기 때문이다. 교회는 국가의 권력이 정의를 바로 집행하도록 감시자가 되어야 한다. 사회도덕과 윤리풍토의 조성에 있어서 교회는 모범을 보여 주어야 한다. 교회는 또한 국가의 권력이 정의를 집행함에 있어서 사랑의 동기가 구현되도록 요청하고 이의 모범이 되어야 한다. 정의 없는 사랑은 불의와 부패와 무정부 상태를 초래하고 사랑 없는 정의는 공포와 전율의 상태와 경찰국가를 만들기에 이른다.

2. 재산과 소유에 대한 성경적 가르침

(1) 성경적 견해

신구약 성경은 원리적으로 재산과 소유의 필요성을 가르친다. 이스라엘은 12지파가 약속의 땅 가나안을 공평하게 나누었다(민 26:52-56). 구약은 지계표의 이동을 금지한다(신 19:14). 구약은 면제년(신 15:1-18, 출 21:2 이하)과 희년제도(레 25:8 이하)를 도입하였다. 구약의 랍비는 "나로 하여금 부하게도 마시고 가난하게도 마옵소서"라고 기도하였다. 그들에게 빈곤은 일종의 스캔들이었다.

예수님은 "사람이 떡으로만 사는 것이 아니라 하나님의 입으로 나오는 모든 말씀으로 산다"(마 4:4), "보물을 하늘에 쌓아두라"(마 6:20), "재물이 있는 곳에 너희 마음도 있다"(마 6:21), "재물을 하늘에 쌓으면 거기엔 좀이 먹거나 녹이 슬어 못쓰게 되는 일이 없다"(마 6:20), "불의의 재물로 친구를 사귀라"(눅 16:9)고 말씀하셨다. 예수님은 물질과 빵이 인간 삶에 필요하다는 것을 인정하신 것이다.

그러면서 예수님은 "너희가 하나님과 재물을 겸하여 섬기지 못하느니라"(마 6:24)고 하시면서 사람이 맘몬(돈)과 하나님을 동시에 섬기지 못한다고 말씀하신다. "자기를 위하여 재물을 쌓아 두고 하나님께 대하여 부요하지 못한 자"(눅 12:21)의 비유를 드시면서 소유욕을 경고하신다.

성경은 소유는 인정하나 소유욕을 탐심으로 보면서 경계하고 있다. 소유권이나 사유재산제도를 긍정하고 있으나 그것이 봉사와 사랑의 수단이어야지, 억압과 착취의 수단이 되는 것을 금지하고 있다. 인간은 그것의 본래의 주인이요 소유권자이신 하나님에 대한 청지기로서 소유와 재산을 가지는 것이다.[2]

교회가 재산을 소유하는 것에 대하여는 부정적인 측면이 많다. 신앙이 좋다는 부자청년에 대하여 예수님은 "한 가지 부족한 것이 있으니, 네게 있는 것을 다 팔아 가난한 자들에게 나눠주라 … 그리고 와서 나를 따르라"(눅 18:22)고 말씀하셨다. 이에 재산이 많은 부자청년은 근심하고 주님을 떠나갔다. 아직도 소유욕에 사로 잡혀 있는 사람에 관하여 예수님은 다음같이 말씀하신다: "재물이 있는 자는 하나님의 나라에 들어가기가 어떻게 어려운지 낙타가 바늘귀로 들어가는 것이 부자가 하나님의 나라에 들어가는 것보다 쉬우니라"(눅 18:24-25)

(2) 부와 권력있는 교회의 세속화: 중세교회의 예

초기 기독교는 가난하고 사회적으로 박해를 받았을 때 오히려 영적으로 힘이 있었다. 초기 교인들은 로마로부터 태양신과 자기들의 황제들의 신들을 섬기지 않는다고 무신론자로 몰려 원형극장에 끌려나가 화형을 당하거나 야수들에 의하여 찢겨 순교를 당하였다. 세속적으로 가난하고 권력이 없었을 때 오히려 교회는 영적 힘이 있었다. 교회는 지하무덤인 카타콤에서 2세기를 인내하고 신앙을 지키면서 거대한 제국인 로마를 복음으로 정복하게 된다.

그런데 이 교회가 영적 능력으로 로마 황제 콘스탄틴을 회개시키고 로마의 국교가 되고 난 후부터 에밀 브룬너(Emil Brunner)가 발한 것처럼 교회는 영적 공동체에서 기구적 조직체로 변모하면서 정체성에 변화가 생기기 시작하였다. 많은 부자들과 유지들이 자기들의 재산을 교회와 수도원에 헌납하면서 교회는 부유해졌고, 점점 자기의 영적 능력을 상실하기 시작하였다.

초대교회의 베드로와 요한은 성전미문의 앉은뱅이에게 "은과 금은 내게 없으나 내게 있는 것으로 네게 주노니 곧 나사렛 예수의 이름으로 걸으라"

명하였다. 그 앉은뱅이는 바로 일어나 걸었고 뛰면서 하나님을 찬양하였다. 그런데 부유해진 중세교회는 은과 금이 가득해지고 그리고 세속적 권력을 향유하게 되면서 교회가 지닌 가장 중요한 영적 능력을 상실하기에 이르렀다. 중세교회는 종교적 예식, 미사를 행하였으나 제도적인 의식으로 거행하였고, 평신도들이 바라는 영적 갈증을 채워주지 못하였다.

중세교회가 많은 재산과 권력을 가지게 되었을 때 영적으로 피폐해진 것을 우리는 교회사의 경험을 통하여 알게 된다. 교권이 지배했던 중세의 1,000년을 암흑기라고 일반 문화사가 칭하는 것은 단순히 세속주의자들의 악평이라고만 말할 수 없다. 중세교회가 세상권력과 재산권을 가지고 호화스러운 생활을 하게 되었을 때 성직자들의 타락이 심했고 심지어는 성직이 매매되기도 하였다.

오늘날 한국교회에서도 자기가 개척한 교회에 소속한 기관을 자기의 것으로 생각하고 교인들이나 교회대표와 상의없이 자리를 교환하거나 심지어 교인들의 머리수까지 세어서 팔아넘기는 일이 있다고 한다. 교회는 부와 권력이 있음을 자랑스러워 할 일이 아니다. 현재 한국에서 역사가 오래되고 재산이 많고 권력 있는 교회 중 적지 않은 교회들이 내적인 분규에 사로 잡혀 있어서 주님을 슬프게 하고 있다. 오히려 교회는 그리스도를 모시고 세상적으로 가난하고 권력이 없는 것을 자랑하여야 한다. 그러므로 교회가 재산을 가진다는 것은 매우 조심스러운 것이며, 이것 때문에 시험에 들지 않도록 투명하게 하고 재산(헌금과 교회소유물)이 제도적으로 공정하게 처리되도록 해야 할 것이다.

(3) 헨리 조지의 토지 공(公)개념

미국의 경제학자인 헨리 조지(Henry George, 1839-1897)는 "토지는 하나님의 것이다”라는 레위기 말씀에 따라서 토지에 관한 공개념을 강조한 사상가이다. 그는 1879년 『진보와 빈곤』이라는 역저를 집필한 그는 1889년 4월 28일 스코틀랜드 글라스고 강연에서 다음같이 말하였다: “빈곤이란 자연상태로서의 빈곤이 아니라 하나님의 법을 어기는 범죄에서 비롯되며, 자연의 법칙과 성경의 법칙과 성경의 가르침은 이러한 점에서 서로 합치된다.” “빈곤을 이 땅에서 추방하기 위해서는 무엇보다도 우리 인간 생존의 기반이라고 할 수 있는 토지를 만인이 공평하고 균등하게, 그리고 유용하게 활용하도록 하는 데 있다.” “그러므로 아무도 그것을 독점할 수 없다. 따라서 어떤 방식으로든지 만인에게 토지에 대한 권리를 부여해야만 빈곤을 종식시킬 수 있다.”[3] 헨리 조지는 그 방안으로 단일세로서 일종의 토지가치세를 주장한다. 그는 토지의 가치를 개개인의 노동의 결과로 말미암아 증대되는 것이 아니고 인구의 증가와 사회발전에 따른 결과로서 생기는 것으로 본다.

원시사회에서는 토지에 부과된 가치라는 것이 거의 없었다. 그러나 “문명공동사회에서는 사회적 욕구의 증대와 더불어 토지에 부가된 가치는 곧 증대되는 사회적 욕구를 충족시킬 수 있는 준비금”으로 보아야 한다. “따라서 개인의 재산권을 침해하지 않고 생산자로부터 아무것도 착취하지 않으며 그리고 생산과 성장에 자연적 보상을 줄이지도 않고서도 사회성장에 따른 사회공동비용을 ‘토지가치 증가세’라는 단일세” 만으로 충분하게 토지에서 염출할 수 있다.[4]

조지의 토지사상에 감명을 받은 사람 중 유명한 사람은 19세기 러시아의 톨스토이였다. 그는 대지주로서 자기 땅을 전부 나누어 주고 다른 지주에게도 토지를 무소유의 농민들에게 나누어 주라고 했다. 지주들은 거절하였고 1917년 볼셰비키 혁명이 일어나 이들의 토지는 몰수당했다. 조지의 사상은 톨스토이를 통해서 중국 손문에게 넘어갔다. 손문의 삼민주의(민주, 민권, 민생) 중 민생이라는 사상에는 조지의 토지의 공개념 사상이 들어 있다.

손문은 중국 대륙에서 이것을 실시해보려고 했으나 잘 되지 않았다. 그의 후계자인 기독교 신자 장개석이 대만에서 손문의 사상을 실제에 옮겼다. 오늘날 대만이 토지개혁에 성공한 것은 이러한 독실한 기독교 신자 장개석이 토지정책에 토지 공개념을 적용하였기 때문이다.[5]

오늘날 극소수의 사람들이 필요이상의 토지를 독점하고 있으면서 토지가치의 증식만으로도 엄청난 부당이익을 얻고 있다. 한국교회는 경제적인 소유개념과 재산권 행사에 있어서 성경적인 공(公)개념을 스스로 실천하여 모범을 보이고, 더 나아가 신자들을 잘 교육시켜야 할 것이다.

(4) 마이크로 크레디트(무담보 소액대출) 캠페인

1) 유누스의 운동

재산의 사회적 공익성 운동이 최빈국 방글라데시의 '마이크로 크레디트' 그라민 은행 무하마드 유누스 총재를 중심으로 전개되고 있다. 치타공 대학 경제학 교수였던 무하마드 유누스(Muhammad Yunus)가 혼자서 마이크로 크레디트를 시작한 1976년 방글라데시에서 최악의 기근으로 수십만 명이 쓰러져 갔다. 그는 하루 종일 쉬지 않고 일하는 마을 사람들도 가난할 수밖에 없는 이유를 고민했다. 대나무의자를 만드는 동네 아낙네들은 대나무를 사느라 빌린 고리채 때문에 하루 200원도 못 번다는 사실을 알았다. 동네 아낙 42명이 빌린 돈은 모두 27달러. 그는 자신의 저서 『가난한 사람들을 위한 은행가』에 이렇게 썼다. "내가 단돈 27달러로 42명의 생사여탈권을 행사할 수 있는 부류에 속한다는 생각에 몹시 부끄러웠다. … 정말 필요한 것은 제도권 내에 있는 기관이 가난한 사람들에게 융자를 해주는 체제였다."[6] 그가 고안해 낸 것이 담보도, 보증도 없이 아주 작은 액수의 돈을 가난한 사람에게 빌려 주는 마이크로 크레디트(micro-credit)', 즉 '무담보 소액대출' 캠페인이었다. 1983년 유누스(Yunus)는 그라민(Grameen)은행을 설립하고 전 소득층을 중심으로 이 사업을 전개하였다. 이 운동은 자선사업같이 절대 그냥 주는 것이 아니다. '자선사업'은 마이크로 크레디트 정신에 어긋난다. 아무리 가난해도 대출 받은 돈을 밑천으로 장사를 하든, 농사를 짓든, 가축을 키우든 일을 해서 돈을 갚아야 한다. 걸인에게도 예외는 없다. '일을 할 수 있도록 하는 것! 자활할 수 있게 하는 것!' 그것이 가장 강력한 빈곤 구제 수단이라고 믿기 때문이다. 마이크로 크레디트는 "대출받은 밑천으로 돈을 벌 수 있게 동기부여"하여 "99%가 되갚도록" 하는 운동이다. 고객의 97%는 방글라데시의 소외받는 여성들이며, 빈곤가정 100%가 대출을 통하여 가난을 극복하도록 하는 것이 그의 목표였다. 아무 조건 없이 27달러를 빌려 주며 새로운 '체제'를 모색했던 유누스 박사는 작년 노벨평화상을 받았다. 그는 과연 대출금을 상환받을 수 있었을까. 놀랍게도 상환율은 초기에도 96%가 넘었고, 지금은 99%에 달한다. 대출금을 다 떼였다면 1976년 세계 최초로 마이크로 크레디트 프로그램을 시작한 방글라데시의 '그라민'(마을이란 뜻)은행(정식설립은 1983년)은 이미 없어졌을 것이다. 이 운동은 최빈국 방글라데시에서 가장 강력한 빈곤 구제 수단이 됐고, 전 세계로 퍼져 나갔다. 그라민은행은 지금 누적 대출기금 58억 달러, 방글라데시 전역에 2,400여 개의 지점을 두고 730만 명에게 대출을 해주는 가장 강력한 은행으로 성장했다. 이 마이크로 크레디트 프로그램 덕분에 극빈층 400만 명이 빈곤에서 벗어나 '하루 세 끼 밥을 먹고, 비 새지 않는 집에서 살며, 학교에 다닐 수 있게' 됐다. 유누스는 2007년 9월 방한하여《조선일보》위클리 비즈(Weekly BIZ)와 인터뷰에서 다음같이 피력하였다: "나는 인간이 성자(saint)도 아니지만, 그렇다고 해서 악마도 아니라고 생각해요. 부자가 되고 싶다는 인간의 본성만큼이나 누군가를 돕고 싶다는 본성도 강하죠. 이 두 가지를 다 추구하는 게 가능해요. 누군가를 돕는 행위가 수익성을 낳을 수도 있습니다. '돕는' 방식이 좀 더 과학적으로 변하면 말이죠. 자선 형식으로 누군가를 돕는 돈은 줄 때마다 없어집니다. 하지만, 돈의 선

(善)순환 구조를 만들면, 대출금이 얼마든지 상환될 수 있겠죠. '사업을 기반으로 한 가난에 대한 해결책'(business-based solutions to poverty)이 강력한 수단이 될 수 있다고 보는 이유입니다.[7]

2) 돈의 선(善) 순환구조

유누스는 미국의 자선사업가 빌 게이츠의 자선(Billanthropy)에 관하여 보다 좋은 방식의 빈곤 해결책을 제시하고자 한다. 그것은 '사회적 기업 사업계획 경연대회'(social business design competition) 같은 것이다. 그는 피력한다: "일방적인 기부 행위는 언젠가 투입 자금이 소멸되도록 합니다. 이것보다는 차라리 사람들이 자신들만의 사회적 기업을 디자인하도록 투자하는 게 장기적으로는 더 효율적인 결과를 낳았을 겁니다. 예를 들어 거액의 상금을 건 '사회적 기업 사업계획 경연대회'(social business design competition) 같은 것을 매년 개최한다고 가정해 보죠. 수상작에 상금을 주고 사업모델에 투자하게 한다면 훨씬 좋았을 거라고 봅니다. 투입한 자금이 선순환 구조를 타고 보다 더 많은 사람들에게 혜택을 줄 수도 있었을 텐데 말이죠."

그는 워렌 버핏의 기부에 관하여도 '미국 극빈층을 위한 의료보험 시스템 창안' 이라는 보다 좋은 방안을 제시한다: "세기의 투자가라는 그 사람한테도 단순히 50억 달러라는 돈을 기부하는 것보다, 자신의 보험 사업 운영 노하우를 이용해 의료 혜택을 못 받는 4,700만 명의 미국 극빈층을 위한 의료 보험 시스템을 만들라고 권유했을 겁니다. 성공한 기업인들은 전문적인 경영 지식을 이용해 단순한 기부를 넘어 뭔가 새로운 의미의 이윤을 창출할 수 있도록 해야 합니다."[8]

이 캠페인은 소모로서 없어지는 자선이 아니라 준 돈을 다시 받아내는 돈의 선(善)순환 구조를 만든다. 돈을 빌려줄 때 그 돈이 생산적으로 쓰일 수 있도록, 대출자에게 적절한 동기를 부여한다. 예를 들어 거지에게 자선

형태로만 돈을 주는 게 아니라 '그 돈으로 사탕을 사서 한번 다른 사람들에게 이윤을 남기고 팔아봐라' 하는 식이다. 돈의 생리를 알게 된 사람들은, 결국 돈을 계속 손에 쥐게 된다. 돈이 대출자들의 손에서 고갈되지 않도록 하고, 대출자들이 빌린 돈에 뭔가 새로운 가치를 부가하도록 하는 게 가장 중요한 요소이다. 그래야 결국 대출금을 상환할 수 있다는 것이다.

3) 사회적 자본주의

'무담보 소액대출운동'은 무엇보다도 여성들의 경제적 지위 향상에 큰 공헌을 한 것으로 나타났다. 유누스가 이 운동을 시작할 때만 해도 은행에서 여성 대출자 비율은 1%도 채 안 되었다. 여성이 대출을 받기 위해 지점에 오면 은행원들은 그녀를 위아래로 훑어본 후 '남편과 상의했는지'부터 따지고, 남편을 데려오라고 요구했다.

유누스는 자본주의를 좀 더 완벽하게 만들고자 사회적 기업이란 개념을 제시한다. 기존의 이익 극대화 논리가 지배하고 있는 비즈니스의 세계와 사회적 비즈니스의 세계를 아예 따로 분리해야 한다고 제안한다. 예를 들어 사회적 주식시장(social stock market)엔 물이나 환경에 친화적인 기업들의 주식을 상장, 이들이 추구하고 있는 사회친화적인 사업에 투자할 공간을 만들어 줘야 한다. 미디어도 마찬가지다. 기존 비즈니스 세계를 대변하는 《파이낸셜 타임스》나 《월스트리트 저널》과는 별도로 '사회적(social) 월스트리트 저널'도 나와야 한다. 이 신문은 공해나 여성 문제 등 사회적 기업에 관한 뉴스만 전문적으로 지속 공급해 사람들에게 이게 중요한 비즈니스라는 것을 일깨워야 한다.

그는 사회적 자본주의(social capitalism)를 말한다. 기존의 자유방임 자본주의는 사람들에게 '무언가를 사라'고 끊임없이 주문한다. 나에게 정말 필요한 게 아니더라도. 필요하지 않은 것은 사지 말라고 말하는 목소리는 어디에서도 찾아볼 수 없다. 소비가 얼마나 무서운 결과를 초래할 수도 있는 것인지 인지하게 해주는 것은 없다. 나의 즐거움이 누군가에게 해가 될 수도 있다는 사실을 모르는 건 이 때문이다. 결국 무자비한 소비만을 부추기는 시스템은 우리가 세계를 연결하는 전체적인 고리를 볼 수 없게끔 만든다. 사회적 자본주의란 "한쪽 면만 보도록 설계된 자본주의 시스템에 조금 수정을 가하여 다른 면을 보도록" 하는 것이다.[9]

유누스는 "사람들이 자본주의 체제의 50%만 들여다 본다"고 말했다. "끊임없이 이익만 추구하는 것은 자본주의의 한쪽 면일 뿐이고 다른 한 쪽엔 인간의 본성이 있다"고 말한다. 성선설(性善說)적 인간 이해이다. 그래서 그는 사회적 기업(social business)을 만들어 자본주의의 또 다른 한 면을 열어가고 있다. 자본주의와 사회적 자선을 결합하여 "완성된 자본주의"를 지향하고자 한다.

4) 성공비법: 그룹 구성원에 순차적인 신용대출

마이크로 그레디트 사업이 신용도가 낮은 사람들을 상대로 무담보 대출하여 성공한다는 것은 결코 쉬운 일이 아니다. 그런데 유누스 총재가 400만 명을 극빈층에서 구한 비법은 두 가지이다.[10]

첫째, 대출정책이다. 개인이 아닌 그룹에 돈을 빌려준다. 보통 다섯 명으로 구성된 그룹에 대하여 한 명씩 차례로 대출해준다. 이 구조는 한국의 계와 비슷하다. 평균 대출금액은 미화 약 100달러이고 무담보 이자율은 연 12%정도이다. 그라민 은행의 핵심방침은 한 대출자가 상환하지 못하면 같은 그룹의 모든 구성원이 다시는 대출을 받을 수 없다는 것이다. 따라서 신용이 높은 사람들끼리 그룹을 형성하고, 구성원들 중 한 명이 돈을 갚기 어렵게 되면 그룹 전체가 서로 도와준다. 그래야만 계속 대출을 받을 수 있기 때문이다.

둘째, 그룹 구성원에게 순차적으로 돈을 빌려 준다. 그럼으로써 대출자들이 집단적으로 돈을 상환하지 않는 상황을 막을 수 있었다. 그룹대출의 큰 문제점은 한 구성원이 대출금을 갚을 수 없는 경우, 나머지 구성원들이 대출금을 갚을 이유가 없다는 데 있다. 구성원 한 명이 돈을 못 갚든 다섯 명이 못갚든 구성원 모두 앞으로 돈을 빌릴 수 없게 된다. 그라민 은행은 이 문제를 개선하기 위하여 순차적으로 대출하였다. 그리하여 집단적으로 상환하지 않는 상황을 방지하였다.

그리하여 그라민 은행은 신용이 좋은 대출자를 선별하고 그들의 사업진행을 곁에서 지켜보는 업무를 대출자들이 직접 하도록 유도하였다. 2000년대 들어서 무담보 소액 신용대출 사업이 급속도로 확대되어, 2006년 초 전세계 420개 이상의 금융기관이 64만 명 이상의 극빈곤층에 대출을 해주고 있다.[11] 여기서 극(極)빈곤층이란 하루에 미화(美貨) 1달러 미만을 버는 계층을 말한다. 그라민은행의 마이크로 그레디트 운동은 버림받았던 빈곤층을 기존 제도권 은행의 고객으로 만듦으로써 스스로 자립할 수 있도록 유도한다. 그리하여 이 캠페인은 자선 사업도 단순한 원조가 아닌 경제적 동기를 제공하는 방식으로 이루어지면 "빈곤으로부터의 해방"에 큰 효과를 가져다 줄 수 있다는 좋은 사례가 되고 있다.

이순열은 이화여대 사회복지전문대학원과 SK의 국제인력교류 프로그램을 통해, 2007년 여름 그라민은행의 인턴십 프로그램에 다녀왔다. 연수 기간 4주 동안 7-8차례 센터 미팅에 참가해 대출자들을 만났다. 그곳에서 빈곤문제에 대한 매우 효율적인 해결책과 수많은 인간승리의 사연들을 목격할 수 있었다.[12]

방글라데시에서 만난 대출자들은 그라민 은행의 마이크로 크레디트 사업에 참여함으로써 일어난 가장 큰 변화는 자녀들의 교육과 그들의 집이라고 했다. 그들이 무담보 소액 대출로 토지, 가축, 공업원료, 인력거 같은 생산수단을 직접 소유함으로써 더 많은 수입을 창출할 수 있게 됐고, 증대된 수입으로 자녀들을 교육시킬 수 있게 된 것과 주택대출을 이용해 주거환경을 개선한 것에 가장 큰 만족감을 나타냈다. 여성 권익향상은 이 운동의 큰 효과 중 하나다. 마이크로 크레디트 사업이 시작된 1976년만 해도 여성들은 무슬림 전통 때문에 남편과 시부모의 허락이 없으면 집 밖에도 자유롭게 나가지 못했다. 그러나 마이크로 크레디트에 참가하면서 일주일에 한 번 센터미팅과 5명으로 이루어진 그룹활동으로 자유롭게 다닐 수 있게 됐고, 사업가로 당당히 활동하게 됐다.

김성수 사회연대은행 이사장(성공회대 총장)은 2007년 9월 11일 서울 명동 은행연합회관에서 '마이크로 크레디트(무담보 소액대출) 확대·발전을 위한 인프라 구축 지원 캠페인 선포식'을 열었다.[13] 한국에서도 도시극빈자들을 위한 무담보 소액대출운동이 극빈 탈출의 운동으로 시행되었으면 하는 바람이다.

3. 기독교적 재산윤리에 대한 성찰

(1) 브라이덴슈타인의 사회정책적 성찰

독일의 기독교윤리학자인 게르하르트 브라이덴슈타인(Gerhard Breidenstein)이 제시하는 재산과 그것의 분배에 대한 사회윤리적 성찰[14]은 재산의 분배문제를 접근하는 데 사회정책적 성찰을 제시해주고 있다. 그는 재산윤리의 성립조건을 다섯 가지로 제시하고 있다. 첫째, 개인주의적 축소 극복, 둘째, 재산 상황에 대한 분석으로부터의 출발, 셋째, 재산 종류의 구분, 넷째, 재산 기능과 그것의 변화에 대한 고려, 다섯째, 경제-사회정책적 영역에서의 대안 제시가 그것이다.[15]

1) 개인주의적 축소 극복

브라이덴슈타인은 기독교 재산윤리의 결정적 약점 중 하나는 사회윤리적 재산문제를 개인윤리적으로 다루는 데 있다고 지적한다.[16] "개인윤리적인 사회윤리는 명백하게 불가능하다."[17] 브라이덴슈타인은 개인윤리적 접근법을 "재산문제의 개인주의적 축소"라고 비난한다.[18] 그는 네트와 틸리케의 재산문제 해결 시도를 개인윤리적이라고 비판한다. 그는 개인주의적 축소에 빠져 있는 보수주의자들은 재산을 사물에 대한 개인의 지배관계로 파악하고 있다고 본다.[19] 개인주의적 축소는 결국 개인에 대한 도덕적 호소로 귀착되고, 재산문제의 사회구조적 차원을 도외시하기에 이른다고 본다.[20]

브라이덴슈타인은 하인츠 디트리히 벤틀란트(Heinz-Dietrich Wendland)의 사회윤리적 입장을 수용한다. 벤틀란트는 사회적 질서와 조직이 개인의 행동과 인격구조에 커다란 영향를 미친다고 보고 다음같이 피력한다: "모든 윤리는 최종적으로 사회윤리다. … 개인윤리는 폭파된다. 왜냐하면 개인이 사회적이고 정치적인 존재이고 그래서 이런 인식이 없다면 그는 개인으로서 파악될 수 없기 때문이다."[21]

그리하여 브라이덴슈타인은 개인의 양심을 향해 도덕적으로 호소하는 대신에 제도를 개혁하고 인간화 할 것을 제안한다.[22]

2) 재산 상황에 대한 분석으로부터의 출발

브라이덴슈타인은 재산에 관한 언급된 성서의 구절을 조합하는 기독교 윤리학자들의 입장을 비판한다: 이러한 이해는 모두 재산의 질서가 아닌 재산과 인간의 관계에 대한 관심에 기울어져 있다. 그리고 이러한 재산이해는 사회윤리적인 재산 테마의 개인주의적 축소로 귀결된다.[23] 브라이덴슈타인은 다음같이 주장한다: "재산에 관한 성서적 구절들은 재산질서의 문제, 즉 특별히 사회윤리적 문제 제기에 대해서는 아무런 결과도 산출하지 못한다."[24] 그래서 브라이덴슈타인은 성서적 재산 이해로부터가 아니라 재산상황에 대한 경험적 분석으로부터 출발할 것을 제안한다.[25]

3) 재산 종류의 구분

브라이덴슈타인은 재산의 종류들을 구분하지 않고 재산 상황을 분석하는 것은 불분명하고 불충분한 분석결과에 도달할 수 밖에 없다고 본다. 그는 소비자산과 생산수단을 구분한다. 그는 재산 종류들 가운데 특히 생산수단으로서의 재산을 중요시한다. 브라이덴슈타인에 의하면 생산수단이란 "소유주에 의해 개인적으로 이용되지 않고 새로운 가치를 창출해 내는 데 사용되는 재산"이다.[26] 그는 생산수단의 간과를 기독교 재산윤리의 큰 약점으로 본다.[27] 생산수단이란 재산의 형태는 권력기능(Machtfunktion)을 하기 때문에 재산문제를 윤리적으로 다루는 데 필수적이다. 브라이덴슈타인은 이 권력기능을 세 가지로 설명한다.[28] 첫째, 생산수단의 소유주는 노동자를 고용하고 해고할 수 있는 권한을 갖는다. 둘째, 생산수단의 소유주는 생산 이윤을 마음대로 처리할 수 있는 권한을 갖는다. 셋째, 생산수단의 소유주는 경제정책적 혹은 정치적 권력을 가진다. 브라이덴슈타인은 생산수단과 다른 재산형태들을 구분하지 않는 것은 생산수단의 권력기능을 간과하는 결과를 초래한다고 본다.

4) 재산 기능과 그것의 변화에 대한 고려

재산의 기능으로서 안전화 기능과 권력 기능이 있다. 재산 있는 사람은 위기 상황에 처하여 보호를 받을 수 있다. 독일같은 사회에서는 각종 사회보험(의료, 산재, 연금, 실업 보험, 생활보장)으로 사회안전망이 많이 개선되었다. 브라이덴슈타인은 사회보험이 지니는 장점을 열거한다. 첫째, 사회보험은 개인 재산을 통한 생활보장에 비해 위험분산을 분산시킨다. 둘째, 법적 연금보험은 사적 연금과는 달리 현재 생업에 종사하는 사람들의 보험료에 의해 지불된다. 이러한 지불방식은 연금수준을 GNP의 증가율과 인플레이션에 따른 화폐가치의 하락률에 연동시키는 것을 가능하게 해준다. 셋째, 사회보험은 함께 가입된 가족 구성원에 대한 추가적 보험료를 요구하지 않음으로 가족과 관련된 부담을 분산시킨다. 그래서 브라이덴슈타인은 사회보험의 체계가 재산보다 훨씬 더 효과적인 생활안정화 수단이라고 본다.[29] 생산수단으로서 재산은 권력기능을 지니고 있다. 그러나 브라이덴슈타인은 중소규모의 생산수단의 경우 권력은 소유주에 놓여 있으나 거대기업의 경우 재산권력기능은 경영자에게로 넘어간다고 본다.[30] 거대기업의 경우 경영자만이 생산수단에 관여할 수 있고, 소유자는 기업과 관련된 주식만을 자유로이 처분할 수 있을 뿐이다. 그래서 브라이덴슈타인은 경제적 권력의 문제를 해결하기 위해서 생산수단의 분산 대신에 다른 제도와 정책 방안이 제시되어야 한다고 주장한다.[31]

5) 경제-사회정책적 영역에서의 대안 제시

브라이덴슈타인은 재산문제에 있어서 개인윤리나 책임감에서가 아니라 경제경책적 혹은 사회정책적 영역에서 해결책을 찾아야 한다고 주장한다. 그런데 그는 기독교 윤리학자들이 이러한 방향으로 재산 문제를 다루지 않았다고 비판한다. 브라이덴슈타인은 현실에 대한 다양한 분석결과들을 수집하여 검토하고, 경쟁적인 대안적 질서들을 비교하면서 평가하며, 특정한 조건 아래서 적절한 정책의 방향을 선택하여야 한다고 강조한다.[32]

(2) 네트와 틸리케의 개인윤리적 사회윤리 성찰

브라이덴슈타인의 사회정책적 시도는 사회주의적 환원이라고 말할 수 있다. 그는 기독교 재산윤리의 형성에 있어서 성경텍스트의 역할을 인정하지 않고, 재산이 지닌 안정화의 기능을 과소평가하고 있다.[33] 재산문제 해결에 있어서 사회정책적 차원이 고려되어야 한다. 브라이덴슈타인의 주장은 재산형성에 있어서 개인의 창의성과 책임성이 들어설 자리가 없다. 재산문제 해결에 있어서 자유주의 국가에서 개인의 윤리적 양심과 책임성을 충분히 고려해야만 한다.

발트 네트(Walter Kunneth)는 달란트 비유(마 25:14-30)에서 그의 재산관을 제시한다. 그의 해석에 따르면 자본이란 결코 정지해 있는 것이 아니라 끊임없이 움직이기 때문에 자본의 소유자는 자기 자본을 증가시킬 권리와 의무가 있다는 것이다.[34] 네트는 재산을 개개인의 인격에 의해 책임적으로 형성되어야 할 대상으로 본다. 그러므로 그는 재산문제를 다룸에 있어서 개인의 내적 태도가 결정적으로 중요하다고 말한다.[35] 네트는 재산문제에 있어서 "구속력 있는 사회적 에토스를 형성"하는 것이 중요하며, 이를 위한 "개인의 도덕적 감수성을 일깨우는 것"이 중요하다고 본다. 재산문제를 다루는 사회적 에토스 형성에 있어서 "개인의 의지와 양심"이 중요하다는 것이다.[36]

헬무트 틸리케(Helmut Thielicke)는 네트가 도외시한 재산의 사회제도적 차원을 강조한다. 그는 재산의 질서가 재산과 개인의 관계에 영향을 미칠 수 있음을 인정한다. 그리고 틸리케는 성경에 기초하여 그의 재산관을 제시하고 있다.[37] 틸리케가 말하는 바 같이 재산윤리에 있어서 일차적으로 중요한 것은 재산에 관한 개인의 태도이며, 재산의 질서 그 자체는 단지 2차적인 유용성을 지닐 뿐이다.[38]

그는 다음같이 피력한다: "기독교적으로 이해된 재산문제에 관한 결정인 것은 사실적인 것으로서의 재산이 아니라 인격적인 것과 사실적인 것으로서의 재산이다."[39] 틸리케는 재산 일반의 개념으로부터 사회윤리적인 요구들을 도출하고자 한다. 틸리케는 재산정책적 대안을 제시한다. 그는 재

산종류를 구분하지 않은 채 재산의 광범위한 분산, 즉 분배를 재산문제의 해결책으로 제시한다.[40)]

4. 교회재산의 관리

(1) 교회재산의 실정법 보호

교회의 재산은 종교적인 목적을 가진 비영리재산이므로 신앙과 선교의 자유를 위하여 실정법의 보호받아야 한다. 교회의 재산은 기업활동을 위한 재산이 아니다. 그것은 종교적인 예배와 선교와 사회봉사를 위한 순수 비영리적 목적을 위해 사용되고 있다. 이러한 교회의 재산이 사회부동산 투기억제 등의 취지로 도입한 "토지초과이득세", "택지초과소유부담금" 등에 의거 무차별 과세될 수 없다. 현재 많은 종교적 목적의 부동산을 소유하고 있는 교단과 교회건축 부지를 매입하고 건축비를 예금하고 있는 개교회들이 막대한 재정적 손실을 입고 있다. 교회가 종교활동 고유목적 사업에 필요해 취득·보유하고 있는 부동산에 대해선 원칙적으로 비과세 내지 과세유예조치를 해주어야 한다. 그리고 교회의 금융자산의 보호와 적절한 관리를 위하여 고유납세번호를 부과해 세제의 혜택을 주어야 한다.

불교의 재산은 이미 전통사찰보존법, 문화재관리법 등 이중으로 실정법의 보호를 받고 있는 실정이다. 불교는 일제치하에서부터 사찰령, 포교규칙, 사원규칙 등 법규에 따라 재산에 대한 보호를 받아왔다. 5·16혁명 이후 구법이 폐지되고 1962년 불교재산관리법이 제정되었다. 불교재산관리법은 불교단체와 사찰에 대한 등록을 요구하여 종교활동의 자유를 침해하고 있다는 불교계의 주장에 따라 1986년 10월 이 법안의 폐지가 제안되고 1987년 10월 불교단체의 재산관리에 대한 불필요한 간섭을 배제하는 전통

사찰 보존법이 제정되었다. 이와 함께 문화재관리법에 따라 대부분의 사찰과 경내가 보호지역으로 지정되고 관람료까지 징수할 수 있도록 했다.[41]

미국, 독일, 일본 등은 종교단체들의 조세우대조치가 확고하게 제정되어 종교단체를 비영리 공익법인으로 규정하고 그 자산에 대하여 비과세하고 있다. 미국은 1964년 제정한 내국세 입법안에 따라 종교단체를 자선적 기타공익적 목적단체와 더불어 비영리 단체로 규정하고 법인세, 소득세의 과세대상이 되지 않음을 명시하고 있다. 그리고 종교단체의 고유목적 사업인 종교사업을 위해 출연된 재산은 과세유산액(課稅遺産額)에 삽입하지 않고 있다. 독일은 1974년에 재산세 법을 제정하고 종교단체의 시설로 교육과 훈육제도 신체적 훈련 간호 보건복지 및 청소년 선도 등 종교목적에 직접 사용하는 것에 대해선 비과세하고 있다. 일본의 경우 종교단체를 공익법인의 일종으로 간주하고 수익사업으로부터 생긴 소득에 관해서만 법인세를 과세하도록 하고 있으며 종교사업에 출연된 재산에 대해서는 비과세하도록 하고 있다.[42]

교회는 중세교회가 특권을 누린 것처럼 자신의 부의 축적을 위하여 기독교재산 관리법을 제정해서는 안 된다. 교회는 스스로 가난하기를 힘써야 하고 사회적으로 빈민과 결핍자를 위하여 부요한 자가 되어야 한다. 교회의 재산은 가난한 자들을 위하여 나누고 저들을 풍요하도록 하기 위해 있어야 한다. 그렇지 않으면 기독교 안에서도 불교처럼 소유권 분쟁이 일어날 것이다. 그러나 이것은 결단코 '천국은 심령이 가난한 자의 것'이라고 한 주님의 말씀의 실천이 아니다.

(2) 교회재산의 사회적 용도

교회의 재산은 오로지 신앙활동의 보장과 선교활동과 사회구제활동을 위하여 쓰여져야 한다. 순수한 종교 활동과 사회의 봉사, 사회사업과 사회복지를 위하여 쓰여져야 한다. 한국교회는 엄청난 부에도 불구하고 사회적 구제활동은 미약하다. 근래에 대기업들이 영리용으로 막대한 시설과 첨단 장비를 갖춘 병원을 짓고 있다. 그러한 가운데 병원들이 상업화되고 있다. 인명을 다루는 인술이 돈을 버는 기업으로 변모하는 있는 것이다. 교회는 진정한 사회복지를 위해 인명을 존귀하게 다루는 병원을 건립해야 한다. 현재 있는 여러 개의 기독교 병원은 세속화되어 일반 세속기관에서 운영하는 병원과 아무런 차이가 없다.

종교법인이 세운 병원도 환자의 생명을 귀하게 여기고 생명을 먼저 구하겠다는 자세보다는 입원비와 수술비의 보장을 먼저 요구하고 있는 실정이다. 정상적인 입원비를 받을 경우에도 일반 병원보다 환자를 하나님의 형상으로 극진히 대하며 박애정신에 입각해 운영해야 한다.

한편 고아원, 지체부자유자를 위한 공익시설, 양로원, 죽음의 집 등 사회적으로 기업이 손을 쓸 수 없는 영역에 교회가 초교파적으로 참여하여 사회복지시설을 만들 것을 제안한다. 교회재산은 기독교재산 관리법에 의거해서 세제혜택을 받음으로 교회재단에 부를 축척하는 것이 아니라 사회의 그늘진 곳을 밝게 하는 데 아낌없이 쓰여져야 한다. 광림교회가 사할린 동포가 거주할 수 있는 복지원을 건립해 운영하는 것, 충현교회가 장애자를 위한 복지원을, 소망교회·순복음교회가 근로청소년 훈련관을, 명성교회가 지방에 병원을 세워서 운영하는 것은 참으로 바람직한 사례라고 할 수 있다.

(3) 구제와 나눔을 실천하는 디아코니아 정신 함양과 실천

교회는 가이사의 것까지도 가이사에게 돌리지 않으려는 비사회적 태도를 가져서는 안 된다. 가이사의 것은 가이사 것으로 인정하는 사회적 태도를 함양해야 한다. 예수님의 가르침에 따라 행해야 한다. 가이사의 것은 하나님과 분리되는 기관이 아니라 하나님이 세우신 기관이다. 교회도 사회의 기관으로서 빌딩 임대료, 대지 대여료, 시설 대여료, 각종 도서출판 수입 등 수익사업에 대하여는 세금을 내는 것이 바람직하다. 법률이 정하는 바에 따라서 납세의 의무를 해야 한다. 교회도 하나의 사회기관이요 공익기관으로서 법의 질서아래 있기 때문이다. 교회가 수익사업에 대하여 스스로 납세의무를 다한다는 것은 교회가 국가의 공권력이 바로 집행되고 있는가 감시하고 이에 대하여 시정을 요구할 수 있는 시민의 권리를 가지는 것을 말한다.

교회가 경영하는 양로원, 고아원, 유치원, 불우청소년 훈련원, 공익병원, 선교원, 입양원, 상담원 등 공익사업에 대하여는 세제혜택을 받을 수 있다. 교회가 이미 자기의 재산을 사회의 복지를 위하여 환원하고 있기 때문이다. 교회는 하나님의 기관으로서 하나님의 것, 십일조와 각종 헌금을 거두고 그것을 세금이 아니라 선교와 구제를 위하여 집행해야 할 책임과 권리를 가지고 있다.

한국교회는 교회예산을 보다 더 사회봉사와 구제에 사용해야 한다. 2007년 기준으로 실제 한국교회의 구제비 사용 평균 비율은 3-11% 정도로 추정된다. 교회개혁실천연대가 2007년 초 교회재정 네트워크를 통해 조사한 자료에 따르면 평균 3.11%의 예산을 구제비로 집행하는 것으로 나타났다. 2006년 발간된 한국기독교사회복지총람은 약간 다른 통계를 보인다. 구제 및 사회봉사로 10.6%의 예산이 사용된 것이다. 교회예산의 구제 및 사회봉사비 사용의 비율이 교역자 생활비나 교회유지비에 비하여 너무 낮다. 교역자 생활비 29.4%, 교회유지비 20.5% 등에 절반 이상의 예산이 투자되고 있다. 서울과 광역시 등 대도시 교회의 구제와 봉사비 비율은 0.4-3.7%이며, 리(理) 단위 지역의 교회의 비율은 9.2%로 나타났다. 리 단위의 교회가 도시교회보다 구제와 봉사비를 높게 책정한다는 것이다.[43] 재정적으로 여유롭지 못한 리 단위 교회가 구제 및 사회봉사비를 더 많이 지출한다는 것은, 사회봉사비와 구제비 책정은 재정적 여유가 아니라 목회자와 성도들의 구제와 사회봉사의식에서 비롯된다는 것을 알 수 있다.

한국 전체로 보았을 때 한국교회는 사회복지의 70% 이상을 감당하고 있다. 특히 2000년대 들어 국가의 사회복지정책이 강화되면서 국가복지 정책의 파트너로 민간복지단체의 활동이 활발해졌고 민간단체의 뿌리는 대부분 교회에 있다. 그럼에도 불구하고 세상은 교회를 향하여 무엇을 하느냐고 질문한다. 한국교회가 교회 부흥과 개인 구원에만 힘쓰고 세상의 어두운 부분은 외면하고 있다고 질책을 받고 있는 것이다. 이것은 한국사회의 교회에 대한 기대가 그만큼 크다는 것을 보여주기도 한다. 개신교는 개교회주의로 개인 단위의 봉사, 개교회단위의 봉사는 많이 한다. 장애인과 노숙자, 빈민들 구제는 개교회 단위로 많이 하고 있다. 하지만 이것을 네트워킹하는 교단 및 한국 개신교차원의 봉사가 잘 이뤄지지 못하기 때문에 통계적으로 나타나는 부분이 취약하다. 이제는 이것을 개신교 선제의 차원에서 결집(結集)시켜 보다 효과적으로 운영해야 한다.

복음전도와 사회봉사(구제와 나눔)는 상호대등한 관계를 유지하며 동역적인 관계 속에서 수행되어야 한다. 양자는 수레의 바퀴와도 같다. 복음전도 후에 남은 예산과 인력으로 사회봉사하는 시대는 지났다. 이제 교회는 "이웃을 돕기 위하여 무엇을 해야 하는가?"라는 질문에서 복음전도를 해야 한다. 이것은 주님에게 사랑과 용서의 빚진 자로서 이웃사랑의 마음으로 가능하다. 이것은 선택의 문제가 아니라 의무이다. 한국교회가 교제와 협력을 의미하는 코이노니아(koinonia)에서 그칠 것이 아니라 사회적 책임을 다하고, 나눔과 섬김을 실천하는 디아코니아(diakonia)를 다할 때 이 세상의 빛과 소금이 되는 것이다.

(4) 교회 재정운영의 투명성

교회의 재산은 공개를 원칙으로 해야 한다. 교회의 재산이 어떻게 사용되는가가 투명하게 보여져야 한다. 일부 대형교회에서 교회의 헌금이나 재정이 공개되고 있지 않다. 이렇게 될 때 비록 이러한 재정을 신앙 양심에 따라서 바르게 사용하더라도 교회재정 운영에 대한 사회적 의혹이 제기된다. 교회의 재정이 컴퓨터화 되어 수입과 지출이 투명하게 보여져야 한다. 교회의 주보에는 전 주의 헌금통계가 보도되고 연말에는 각 항목의 지출이 공개적으로 보고되며 감사를 받아야 한다. 그리고 교회가 행하는 각종 선교사업, 건축사업, 사회사업에 대한 재정지출이 투명하게 보고되어야 한다. 그래야 교회의 재정이 공신력을 얻게 된다. 그럴 때 교회는 사회에서 신뢰받는 정의로운 기관이 되며 다른 사회 기관에 대하여 정의로운 질서와 운영이 무엇인가를 모범적으로 보여줄 수 있다.

(5) 교회 재산은 노회나 총회에 귀속되도록 해야

오늘날 한국의 대형교회를 보면 적지 않은 교회가 재산권 논쟁에 휘말리고 있는 것을 보게 된다. 교회재산은 일 개인에 속하지 않는다. 그런데 교회의 재산권을 당회장 이름으로 하여 나중에는 이것이 후임자와의 관계설정에 있어서 분쟁의 소지로 나타나는 경우가 적지 않다. 미국 뉴저지 장로교회(PC USA)의 경우에는 개교회가 자기 교회당을 교인들의 헌금으로 구입할 수 있다. 그러나 법원 등기는 개교회의 당회장이나 장로의 이름으로 하지 않고 노회의 이름으로 한다. 그래서 개교회가 교회당 건물 그리고 각종 부대시설(교육관이나 선교관 등)을 구입하거나 새로 신축한 각 교회는 그것을 임대하고 경영할 권리는 있으나 소유권은 노회나 총회에 있다. 이것은 오랜 역사를 통해서 개교회에서 나타나는 소유권 분쟁을 방지하는 제도적 장치이다. 교회의 모든 소유는 궁극적으로 하나님의 것이므로 개교회가 그 소유권을 갖는 것이 아니라 노회가 갖는 것이다.

구약의 레위기 25장 23절에 보면 "토지를 영구히 팔지 말 것은 토지는 다 내 것임이니라"라 하였다. 토지는 다 하나님의 것이라고 했다. 땅의 주인은 하나님이시고 우리는 그 땅에 잠시 우거하는 자이며 잠시 점유하고 사용할 뿐이다. 구약의 희년제도는 빈부의 격차를 막아주는 제도였다.[44] 개교회도 마찬가지다. 구약에서 희년이 돌아오면 땅을 그 땅의 원소유주에게 되돌려 주는 것처럼 교회는 그 소유를 소유주인 하나님께 되돌리고 그런 의미에서 노회나 총회가 그 땅의 소유권을 갖는 것은 구약의 정신을 반영하는 것이라고 생각된다.

(6) 목회자 과세: 순수종교활동, 시민활동, 영리활동의 구분

그러나 목회자의 순수종교활동에 대한 사례금에 대해서는 여태까지대로 면세로 하는 것이 바람직하다. 첫째, 목회자의 종교활동은 영리활동이 아니기 때문이다. 목회자는 경제활동가가 아니라 헌신과 희생을 전제로 하는 공익활동가이다. 목회자의 소득은 개인의 이익을 위하여 일하는 근로자의 소득과는 다르게 보아야 한다. 둘째, 교회의 종교 활동을 법으로 보호하는 취지에서 면세해야 한다. 그리고 성직(聖職)을 신성하게 여기는 사회의 통념적 태도를 위해서도 필요하다. 면세조치는 교회의 신앙활동의 자유를 보장하기 위해서도 요청된다. 십일조나 헌금에 대한 세금부과는 세무사찰을 낳게 한다. 교회의 세무내용을 사찰하게 될 때 개인의 십일조를 공개적으로 따지게 되고 나아가 개인의 소득을 추정하고 또 세금을 추징하는 사태도 벌어질 것이다. 그러면 교회는 정치적 압제에 종속하게 될 것이다. 따라서 교회의 순수종교활동에 대한 면세조치는 필요하다.

이에 상응하여 교회는 종교적 면세특권을 주장할 것만이 아니라 각종 종교 및 사회교육, 사회복지와 가난하고 소외된 자를 구제하는 데 교회의 헌금을 사용하는 모범을 보여주어야 한다. 교회가 사회복지를 위하여 풍족히 기여할 때 교회 성직자에 대한 과세논란은 없어질 것이다. 교회가 세금부과금 이상으로 공익을 위해 재정을 사용할 때, 그만큼 사회적으로 존경받는 위상을 회복할 수 있다.

영리활동을 하는 기독교 기관은 의당히 세금을 내야 한다. 한국 찬송가공회의 경우 연간 10억 가까운 인세 수입을 올리고 있지만 1981년 설립당시부터 2007년 지금까지 20년간 넘게 세금을 한푼도 내지 않은 것으로 드러났다.[45] 한국 찬송가공회는 일반 출판사들과 거래를 하면서도 세금계산서나 간이계산서 등 과세자료가 될 만한 계산서를 발급하지 않았다고 한다. 이처럼 세금계산서 발급이 어려운 이유는 지금까지 공회가 사업자 등록을 하지 않고 임의 단체로 활동해 왔기 때문이다. 비영리법인 등록도 하지 않고 종교 고유번호도 확보하지 않은 채 임의 단체로 활동해온 한국 찬송가공회는 세금탈루 의혹을 받고 있는 상황이다.[46] 한국교회 신자들이 사용하는 찬송가를 발행하는 찬송가공회는 이제 법인으로서 등록을 하고 세금도 내며, 공적 기관으로서 자리매김해야 한다. 그리고 성실한 세금 납부를 포함한 투명한 재무관리에 힘써야 한다.

(7) 경제적 풍요의 비결은 인센티브

재산의 공익성이란 사회주의적 공동소유를 말함으로 각자가 지닌 창조성이나 노력을 무시하는 것은 결코 아니다. 사회주의의 단점이란 인센티브를 무시하기 때문에 재산의 창조적 증식이나 일의 성과에 대한 보람을 제대로 평가하지 못한 데 있다. 그 구체적인 역사적 실례를 종교적 박해를 피해 신세계(新世界)로 건너온 한 무리의 영국 분리주의자들, 즉 필그림(the Pilgrims)의 이야기에서 찾아볼 수 있다.

1621-1656년 사이의 기간 동안 30년을 미국 플리머스 식민지(Plymouth Bay Colony) 총독으로 재직한 윌리엄 브래드포드(William Bradford)의 저서, 1856년에 첫 출간 된 브래드포드의 연대기 『플리머스 농장에 관해』(Of Plymouth Plantation)는 초기 필그림의 공동경작과 인센티브 경작을 설명하면서 인센티브가 청교도 번영의 비결이었다는 점을 소개해주고 있다. 그의 저서에서 초기의 필그림이 신세계에서 어떻게 장애물을 극복하고 번영할 수 있었는가 하는 이유를 설명해주고 있다.[47]

1620년 플리머스 락(Plymouth Rock)에 도착해 식민지를 건설한 필그림이 맞이한 첫 번째 겨울은 혹독했다. 날씨와 작황은 매우 나빴다. 첫해에만 필그림의 절반이 죽거나 영국으로 되돌아갔다. 남은 사람들은 굶주렸다. 깊은 종교적 신념에도 불구하고, 필그림은 서로 음식을 훔치게 됐다. 브래드포드의 연대기는 1623년 봄 식민지 총독 브래드포드(Bradford)와 사람들이 "절망 안에서 시들지 않도록 가능한 한 많은 농작물을 길러, 지금보다 더 많은 곡식을 얻을 수 있는 방법에 대해 고민하게 됐다"고 적고 있다. 필그림이 영국에서 가져온 전통 중에는 '공동경작'이라 알려진 풍습도 있었다. 그들이 수확한 모든 것들은 공동의 장소에 모았다. 그리고 필요에 따라 배분했다. 브래드포드의 서술에 따르면 필그림은 "사유물을 공동체로 가져온 뒤 공동 재산으로 만들면 모두가 행복하고 번성할 수 있다"고 적었다. 그렇지만 그들의 생각은 틀린 것으로 나타났다. 브래드포드도 "적어도 지금까지 이 공동체는 많은 혼란과 불만족을 길러냈고, 자신들의 이익이자 안락이 될 수 있는 자손을 낳는 일도 방해한 것으로 드러났다"고 썼다. 젊고 건장한 남자들은 보상 없이 남들을 위해 일한 것을 후회했다. 그들은 제 역할을 하지 않는 사람들이 똑같은 양의 식량과 옷을 분배 받는 것에 대해 "정의롭지 못하다"고 생각했다. 그들에게 결여돼 있던 건 적절한 인센티브였다. 세 번의 겨울 동안 필그림이 거의 굶어 죽을 위기를 견디고 나서, 브래드포드는 실험을 하기로 결심했다. 1623년 봄, 작물을 심을 때였다. 그는 각 가정마다 약간의 땅을 나눠주고 "모든 사람이 각자 알아서 곡식을 길러야 한다"고 선언했다. 결과는 기적이나 다름없었다. 브래드포드는 다음과 같이 썼다. "매우 커다란 성공을 거뒀다. 모든 사람들이 근면하게 일했고, 총독이나 다른 어느 누가 수단을 써서 얻을 수 있는 것보다 훨씬 많은 농작물이 심어졌다. 사람들을 커다란 고난에서 구했고, 훨씬 더 큰 만족을 안겨 주었다." 여자들은 아이를 등에 업고 기꺼이 들판에 나갔다. 이전까지 너무 늙었거나 아프다고 주장하던 사람들도 사유재산의 아이디어를 흔쾌히 받아들였고, 자신들의 노동의 열매를 즐겼다. 생산량이 충분했기 때문에 곡식을 가죽이나 다른 상품과 교환할 수도 있게 되었다. 적절한 인센티브를 받은 덕분에 필그림은 1623년 가을에는 풍성한 추수를 누릴 수 있게 됐고, '추수 감사' 절을 지정해 그들의 행운에 대해 신에게 감사를 드리게 되었다. "이날 이후로 어떤 궁핍과 기근도 그들 가운데 머무르지 못했다." 브래드포드는 그의 연대기가 다룬 마지막 해인 1647년 서문에서 이렇게 썼다.[48] 우리는 이제 필그림의 커다란 횡재가 '운' 과는 아무 관계가 없다는 걸 안다. 1623년에 필그림이 반응했던 인센티브는 거의 4세기가 지난 오늘날 자유롭고, 생산적이며, 풍요로운 사회를 위한 필수 조건으로 받아들여지고 있다.

재산의 공익성과 더불어 재산 증식에 대한 창조성과 개인적 인센티브를 놓쳐서는 안 된다. 합리적 노동과 성과에 대한 인센티브 사고는 사회의 진

취적 발전에 동력이 된다. 남한과 북한이 서로 다른 경제체제 속에서 근 60
년이 지났다. 그러나 양체제는 엄청한 경제적 격차를 보이고 있다.

남북 분단 60년이 흐른 지금 2007년 기준으로 남한의 국민총소득(GNI)은
8,873억 달러, 북한은 256억 달러로 남한이 북한의 34.7배다. 1인당 국민소
득은 남한이 1만 8,372달러, 북한은 1,108달러로, 남한이 북한의 16.6배다.
무역은 남한이 6,348.5억 달러, 북한은 30억 달러다. 남한이 211.9배다. 발
전용량은 남한 6,551만kW, 북한은 782만kW, 원유도입량은 남한 8억
8,843만 배럴, 북한은 384만 배럴이다. 경제성장률은 남한 5.0%, 북한은 -
1.1%로 남북한의 경제 격차는 더욱 커지고 있다. 경제자유도 순위도 남한
은 36위인 데 비해 북한은 157위로 세계의 바닥 수준이다. [49]

(8) 제3세계를 향한 구제와 나눔 실천

한국은 60년 전 한국전쟁 후 폐허화된 황무지에서 미국과 서구선진국으
로부터 구호물자의 지원을 받으면서 허기를 채우고 이들의 도움으로 경제
를 일으켜 오늘날 세계경제 10위라는 경제대국이 되었다.

1995년부터 한국교회는 공식적으로 해외원조를 끊었다. 그리하여 한국
교회는 도움을 받던 자리에서 도움을 주는 자리로 바뀌었다. 받는 교회에
서 주는 교회가 된 것이다. 세계에 유래가 없는 일이 아닐 수 없다. 그리하
여 한국교회는 선교사를 전 세계로 보냄으로써 미국 다음으로 선교사 1만
6,000명을 파송하는 선교대국이 되었다. 새벽마다 드리는 성도들의 기도에
대한 응답이라 아니할 수 없다. 이제 한국교회는 전 세계를 바라보아야 한
다. 특히 가난과 빈곤에 시달리는 제3세계를 바라보고 이들에게 먹을 것과
입을 것, 의약품과 복음과 교육을 제공해야 한다. 이러한 세계와의 나눔과
정에서 지난 2007년 7월 아프가니스탄 선교 봉사단의 납치사건이 일어난
것이다.

한국교회는 우리가 진 빚을 갚는 데 인색하지 말고 세계를 향하여 특히 동남아, 중동, 아프리카, 남미를 향하여 구제와 나눔을 실천해야 한다. 이를 위하여 디아코니아 신학이 발전되어야 하고, 산발적인 개교회적인 지원이 아니라, 한국교회 해외봉사단이라는 개신교 전체의 네크워크 속에서 지속적인 지원과 정책연구로 개발되어야 한다.

또한 상호주의 원칙과 디아코니아 신학과 정책적 비전에 의하여 사업을 지원하고 해당국가의 현지사정에 밝아야 한다. 2007년 7월 아프가니스탄에서 일어난 한국선교단 납치사건도 현지사정에 대한 깊은 연구없이 이루어졌기 때문에 일어난 결과이다. 한국교회의 해외봉사와 나눔선교도 철저한 현지화전략을 통해서 현지에 대한 구체적인 인맥과 정보를 바탕으로 수행되어야 한다.

*

한국교회는 그동안 크게 성장하여 세계교회 중에서도 부유한 처지에 있으며 세계선교사 파송 2위에 해당할 정도로 신장하였다. 그래서 교회의 재산도 많아졌다. 교회는 중세의 교회처럼 교회가 가진 재산을 자기의 소유물로 착각하고 사회를 향하여 구제와 봉사하는 일에 인색하지 말아야 한다.

그리고 교회의 사회적 봉사와 구제와 공익활동의 정신과 의무를 강조하고 교회재산의 사회적 면세특권이 균형있게 다루어지도록 해야 한다. 교회는 재산의 사회윤리적 성격을 인식하고 교회재산이 어느 개인의 소유가 아니라 교회법인에 귀속돼 있음을 인지하고, 교회가 속한 지역공동체의 공공의 유익을 위하여 그 재산이 유용하게 사용될 수 있도록 해야 한다.

교회의 재산은 특히 어느 개인이나 법인의 소유물처럼 임의로 쓰여져서는 안 되며 헌금과 재산을 드린 자들의 정신에 맞추어, 가난하고 소외된 자들을 위하여 일차적으로 쓰여져야 한다. 기독교 무료병원 내지 노약자 및 장애자를 위한 병원, 노약자 및 장애자를 위한 복지시설 등 교회는 사회의 공익을 위하여 교회의 재산을 사용해야 할 것이다.

기독교 재산 관리에 있어서 창의성과 인센티브를 도외시해서는 안 된다. 건전한 재산의 증식은 합리적 경영과 관리를 통해서 이루어져야 하며 여기에 창의성과 인센티브가 주어져야 한다. 이것은 기독교 정신에 배치되는 것이 아니다. 개신교의 근검절약의 윤리는 자본주의의 정신이 되었다. 이것은 오늘날 탐욕에 기초한 세속적 자본주의와는 다르다. 청교도가 실천한 인센티브가 오늘날 미국의 풍요를 이룬 것 같이, 오늘날 기독교적 재산 관리도 청빈성과 더불어 창의성과 인센티브가 있어야 한다.

chapter 11

한국 기독교문화운동: 20세기 후반의 성찰과 21세기 전망

한국 기독교는 21세기에 더욱 성숙하며, 선교의 꽃인 그리스도가 우리 삶의 모든 영역에서 다스리시는 기독교 문화를 창출해야 한다. 복음은 문화라는 형식을 통하여 사회 속에 뿌리를 내리기 때문이다. 복음이 문화에 정착하지 않았다면 진정한 선교를 이루었다고 할 수 없다. 복음은 문화에 정착함으로써 비로소 그 문화 속에 토착화한다. 그리고 토착화된 복음은 그 문화권에서 삶의 형식과 세계관의 기반을 제공한다.

이 장에서 필자는 지난 1960년대와 1970년대 기독교 문화운동을 잠깐 일별하고 1980년대와 1990년대 전개된 기독교 문화운동을 서술하고 평가한 후, 21세기 한국 기독교 문화운동의 방향을 전망하고자 한다.

*

1. 1960-70년대 기독교 문화운동 개략

1960년대는 《기독교사상》이라는 교회연합기관에서 발행하는 신학지를 통해서 기독교문화운동이 전개되었다. 그 대표적인 운동이 바로 60년대 초기 토착화 논쟁과 60년대 후기 세속화 논쟁이었다.

(1) 1960년대 토착화 논쟁

1) 방법론적 논쟁

1960년대 기독교 문화운동이란 신학계에서 하나의 토착화운동으로 나타났다. 그것은 복음을 한국의 토양 속에서 어떻게 접목할 것인가 하는 것이었다.

윤성범은 1961년 《감신대학보》에 실린 "한국신학방법서설"에서 소위 "감, 솜씨, 멋"의 직관적 변증법을 주장하였다. 감은 내용과 형식으로 되어 있는 사유의 소재이다. 그러한 감은 갈라져 있는 두 요소이다. 한국적 문화 아포리오리인 솜씨는 이 두 요소의 "원초적인 폭을 무한히 가늘게 좁히는 기교"이다. 이 솜씨의 결과는 자유를 상징하는 아름다운 곡선을 창출한다. 이 곡선의 아름다움이 한국적인 미(美) 혹은 조화의 미라고 보았다. 윤성범은 《사상계》(1963년 5월호)에 발표된 "환인, 환웅, 환검은 곧 '하나님'이다"라는 논문에서 단군신화의 '환인, 환웅, 환검'이라는 삼신(三神)사상이 동방교회의 삼위일체론의 영향으로 형성되었기 때문에 이 사상은 무격의 신관으로서 기독교의 삼위일체론과 유사함을 지적하였다.[1]

박봉랑은 《사상계》(1963년 7월호)에 실린 "기독교 토착화와 단군신화"라는 논문에서 바르트의 삼위일체의 흔적(vestigia trinitatis)의 논박을 근거로 하여 윤성범의 단군신화 해석은 자연신학으로 나아간다고 논박하였다.[2] 그는 "단군신화는 삼위일체 하나님을 인식하는 흔적, 연결점, 수용형식이 될 수 없다"고 반박하였다. 또한 "기독교의 본질을 하나의 순수한 본질로 보고, 그 형식은 따로 있어서 어디든지 그 형식을 가져다 놓으면 토착화라고 생각하는 것은 기독교적 사고가 아니다"고 논박하였다. 박봉랑은 토착화를 위해서 한국의 종교와 문화가 연구되는 것을 인정하나 토착화의 주체는 한국의 문화가 아니라 복음이어야 한다고 주장하였다. "기독교의 관심은 문화와의 결합에 있지 않고 그 문화자체가 구원의 대상이 되고 문화의 성취에 있어야 한다"고 역설하였다.[3]

유동식은 "복음의 토착화와 선교적 과제"(《감신학보》, 1962년 10월)에서 "팔레스타인 기독교가 헬레니즘의 세계로 이식되면서 새로운 토양에서 새로운 표현양식을 통해서 복음의 열매를 맺은 것"처럼 토착화란 "단순한 혼합주의가 아니라 신학적 번역작업"이라고 하였다. 그는 저서 『한국종교와 기독교』(1965)에서 한국인의 멋을 찾아서 한국종교를 깊이 연구하고 한국의 재래종교인 유불선(儒佛仙) 3교(教)가 한국인의 심성에 끼친 영향과 기독교 토착화의 방향을 제시하였다. 전경연은 「그리스도교 문화는 토착화 할 수 있는가?」라는 논문(《신세계》, 1963)에서 유동식의 토착화론에 반대하여 복음이 토착화 되는 것이 아니라 기독교 문화가 토착화 되는 것이라고 주장하였다.[4] 전경연은 "문화와 신앙고백"을 구별하고 서구교회의 전통과 신앙고백을 수용하면서 "전통 문화의 자기부정을 통해서야 기독교 문화가 성립된다"고 하였다.

2) 평가

감리교 바르트 신학자 윤성범의 토착화 사상은 한국의 단군 신화와 기독교의 삼위일체 사상이 서로 상관성이 있다고 주장하는 것으로 토착화 사상의 불모지에 토착화 논쟁의 불을 붙였다. 장로교 바르트 신학자 박봉랑은 이에 대하여 양자의 상관성을 주장하는 것은 한국토착화 기독교 사상을 자연신학으로 만드는 것이라고 반대의 입장을 표명하였다. 이러한 양자의 논쟁은 같은 바르트 사상가의 토착화 착상으로서 감리교 신학자와 장로교 신학자 사이에 토착화에 대한 입장의 차이를 표명한 것이다. 감리교는 종교적이고 문화적 신학의 입장이 강하며 신학적으로는 자유스러운 입장을 취했으며, 장로교는 비록 기독교 장로교라 할지라도 신정통주의의 영향을 받았기 때문에 교리적이고 신학적인 입장이 강했다. 윤성범이 좌파 바르트 학자라고 한다면 박봉랑은 우파 바르트 학자라고 말할 수 있을 것이다.

마찬가지로 동일한 논쟁의 유형을 유동식과 전경연의 토착화 논쟁에서도 찾아볼 수 있다. 감리교 신학자 유동식이 토착화란 기독교를 전통 문화로 번역하는 것으로 보는 데 반해서 장로교 신학자 전경연은 오히려 전통 문화의 부정을 통해서만 기독교 문화가 성립된다고 주장하고 있다. 감리교 신학자인 유동식이 토착화 착상에 있어서 종교적이고 문화적인 요소를 강조했다면, 장로교 신학자인 전경연은 교리적이고 신앙고백적인 차원을 강조하고 있다.

이처럼 1960년대 초반의 토착화 논쟁은 감리교 신학자측과 진보적 장로교 신학자측 사이의 논쟁이었으며 어떤 결론 없이 수그러들었다. 감리교 신학자의 입장에서 보면 장로교 신학자들은 한국의 고유한 문화적 측면을 도외시하는 바 토착화과정을 외면하는 것이었고, 장로교 신학자의 입장에서 감리교 신학자들은 기독교 신앙의 독특한 계시적 측면을 도외시하는 혼합주의에 빠지는 것이었다. 이러한 양 입장의 대립은 앞으로 한국토착화 사상 정립에 있어서 두 가지 상반적인 방향을 예시하는 것이었다.

(2) 1960년대 후반: 세속화 논쟁과 평가

1960년대 후반에는 미국에서 세속화신학이 소개되면서 세속화론이 제기되었다. 서구 기술문명의 도입과 더불어 산업화 붐이 일어나면서 급속도로 변화하는 사회 속에서 교회의 사회참여가 논의되었다. 이때에도《기독교사상》은 세속화 논쟁의 광장 역할을 하였다. 진보적 교회는 세속화를 찬성하였으나 보수적 교회는 기독교의 세속화에 대하여 반대 입장을 천명하였다. 그리고 개인변화에 기초한 사회참여를 주장하였다. 세속화 논쟁은 장로교 안에서 진보적 신학자와 보수적 신학자 사이에 찬반으로 이어졌다. 그것은 주로 예장과 기장의 논쟁이었다. 기장에 속한 신학자들은 교회의 사회참여를 적극 주장하였고 예장에 속한 신학자들은 사회참여 보다는 개인의 변화에 더 강조점을 두었다.

(3) 1970년대 토착화 논쟁: 틀의 논쟁

1970년대 기독교 문화운동은 자기정체성을 찾기 위한 전통문화의 반성과 70년대의 유신체제 출현 속에서 유린된 민주화, 사회정의와 인권확립운동으로 전개되었다. 전자는 종교문화신학으로, 후자는 민중신학으로 나타났다. 종교문화신학은 감리교 신학자들을 중심으로, 민중신학은 장로교 진보주의 신학자들을 통하여 전개되었다.

1) 종교문화신학
① 윤성범과 김의환의 논쟁

1970년대 인도신학자들을 중심으로 하여 WCC는 종교 간의 대화를 새로운 선교의 과제로 삼았다. 이에 영향을 받아 윤성범은 그의 저서 『한국적 신학-誠의 해석학』(1972)에서 "誠의 해석학"이란 이름으로 토착화 착상을 구체화하였다.[5] 그는 성(誠)은 삼위일체도 되고 계시도 되고 그리스도도 된다고 혼합주의적 착상을 제시하였다. 그는 토착화란 "상대화, 다원화, 절충화"라고 결론을 내렸다.[6]

복음주의자 김의환은 「誠신학에 할 말 있다」(1973)라는 논문에서 헨리 프랑크포르트(Henry Frankfort)가 메소포타미아와 이집트 문화의 비교연구를 통해서 얻은 결론-종교, 사상, 정치, 경제, 사회전체는 통일된 하나의 불가분의 유기체-을 인용하면서 "역사란 문화의 중립성을 거부한다"고 역설하였다. 단군신화는 이미 "샤머니즘이라는 문화적 때가 묻어 있기" 때문에 "한국적 문화를 기독교 진리의 심판 아래 두어서 진리가 한국문화의 기저선까지 뚫고 들어가 마침내 기독교화 된 새로운 문화수립을 꾀함이 지당할 것"이라고 역설하였다.[7]

②유동식, 변선환 등과 조종남, 박봉배 등의 논쟁

유동식은 『韓國巫敎의 구조와 역사』(1975)라는 저서에서 한국 무교는 한국문화와 종교의 기초라는 사실을 밝혔다.[8] 유동식은 기독교나 불교나 유교를 믿거나 막론하고 한국인의 심성에는 무교적 종교성이 자리잡고 있다고 보고 있다. 기층문화로서의 무교는 유불선 3교뿐만 아니라 기독교에도 큰 영향을 주고 있다고 주장하였다.

변선환은 불교와의 만남을 통한 토착화론을 주장하였다. 그는 "석가가 법신의 응신인 것처럼 예수는 로고스의 구현체요 성육신체였다", "이타행(利他行)인 보살도(菩薩道)에서도 그리스도와 하나님을 만날 수 있다"고 주장하였다. 그는 《월간목회》(1977년 7월호)에 "교회 밖에도 구원이 있다"라는 주제로 가톨릭 신학자 한스 큉의 글을 인용하면서 교회 밖의 구원을 주장하였다.[9]

김광식은 그의 저서 『선교와 토착화』(1975년)에서 이들의 토착화의 착상을 그대로 수용하면서 동양사상의 조화전개적 사유가 바로 단군신화와 호국불교의 전통 속에 있으며 기독교 토착화는 이러한 유불선의 3교의 토대 속에서 이루어져야 한다고 주장하고 있다. 이러한 혼합주의적 종교문화신학은 김경재, 이정배, 박종천 등을 통하여 전개되고 있다.

이에 대해 성결교 복음주의 신학자 조종남은 한국신학교수 세미나의 주제강연 "한국적 신학의 형성"(1971)에서 토착화란 "오늘의 한국교회가 가진 전통, 샤머니즘, 유교, 불교 사상들의 전통적인 문화적 유산에서 소산된 정신적 혼란을 분석, 기독교적 입장에서 새로운 신학을 수립하는 것"이라고 혼합주의를 배격했다.[10]

감리교 복음주의 신학자 박봉배도 복음주의적 입장에서 혼합주의를 배격하는 토착화론을 제시하였다. 그는 "한국 기독교의 토착화-변혁주의 입장에서"(《기독교사상》, 1971)라는 논문에서 토착화의 비유를 윤성범이나 유동식이 제시하는 "종자와 토양" 모델이 아니라, "누룩의 모델"로써 설명하고 토착화의 신학적 틀로서 리처드 니버(Richard Niebuhr)의 노선을 따라 변혁주의를 주장하였다.[11] 변혁주의는 혼합주의가 저지르기 쉬운 타협을 막으며 상실되기 쉬운 기독교의 고유성을 보존하며 또한 배타주의가 묵살하기 쉬운 전통적 문화나 종교적 가치를 유지할 수 있기 때문이라고 보았다.[12]

③ 평가

필자의 견해에 의하면 윤성범은 그의 토착화 착상에 있어서 성(誠)과 말씀을 등가적으로 이해하면서 양자의 차이를 간과하고 혼동하고 있다. 윤성범은 성(誠)과 계시를 통일하게 봄으로써 성경적 계시관을 혼합주의적 자연신학으로 변질하고 있다. 그가 제안한 한국토착화신학 시도로서의 "기독교적 유교"(christian confucianism)[13]는 "학문적 엄밀성을 결여한 개념적 전치(轉置)를 통해서 이루어진 것이었다."[14] 유교사상과 기독교사상은 그 유사성을 상호 비교연구할 수는 있으나 김의환이 지적하는 바 같이 유교사상이 바로 기독교사상일 수는 없는 것이다. 윤성범은 이 점을 간과하였다.

마찬가지로 유동식은 기독교를 한국 무교(巫敎)의 입장에서 해석하고 있으며 변선환도 기독교를 불교의 입장에서 해석하고 있다. 조종남이 지적하는 바 같이 오히려 우리의 전통적 종교를 기독교 복음의 관점에서 비판적으로 조명하고, 박봉배가 지적하는 바 같이 우리의 전통종교 안에 있는 비기독교적 요소를 비판적으로 제거함으로써 토착화 과정에서 자칫 잘못 빠질 수 있는 혼합주의를 방지할 수 있다. 토착화의 바른 길은 박봉배가 지적하는 바 같이 전통종교를 복음으로 변혁시키는 변혁주의 모델이라 보여진다.

2) 민중신학

민중신학은 1970년대 한국의 정치사회적 억압상황에서 형성되었다. 1972년 유신헌법이 통과된 사회적으로 억압적인 상황 속에서 서남동이 주동이 되어 "1973년 한국 그리스도인 선언"이 선포되었다. 이 선언은 유신체제 하에서 한국교회의 신앙고백이었고 민중신학 형성의 틀을 만들었다.[15] 이 선언이 신학논문 형태로 윤곽을 드러낸 것은 1975년 이후였다. 민중신학은 민중의 체험, 특히 한(恨)의 체험을 신학적 성찰의 출발점으로 삼았다. 민중신학은 사회구조를 바라보는 관점을, 가진 자와 덜 가진 자라는 이분법적 사회관에 기초하였다. 민중신학이 사용하는 민중개념은 두 가지 측면을 지니고 있다. 첫째는 한 맺힌 피억압자요, 둘째는 역사의 주체이다.

① 서남동의 착상

서남동은 「예수, 교회사, 한국교회」(1975)라는 논문에서 사회경제사적 해석의 방법을 성경의 하나님 이해에 적용한다. "예수의 하느님은 부자도 가난한 자도 같이 믿고, 누르는 자도 눌린 자도 함께 예배하는 그런 하느님은 아니었다. 하느님은 항상 가난한 자, 눌린 자의 하느님이다. 곧 하느님은 가난한 자, 눌린 자를 해방하시는 분이시다."[16] "부자와 권력자는 주기도문을 드릴 자격이 없게 되어 있는 것이 기독교이다. … 가난한 자, 눌린 자를 찾아온 하느님은 따로 있다. 그가 예수다."[17]

서남동은 논문 「두 이야기의 합류」(1979)에서 "민중신학의 주제는 예수라기 보다는 민중이라는 것"이라고 피력하면서 교회사와 한국의 민중들을 연계시키려 하였다.[18] 그는 출애굽과 십자가 사건을 사회경제사의 차원에서 일어난 정치적 사건으로 해석한다. 그는 출애굽의 사건을 "억압적인 지배체제에 대해 폭력으로 대항하고 반란탈출한 노예해방의 사회경제사적 사건"으로 해석하며[19] 예수 십자가 사건도 민중을 수탈하는 예루살렘 지배체제에 결연히 정면으로 도전한 정치적 사건으로 해석한다.[20] 그리하여 서남동은 출애굽 사건과 예수의 십자가 사건이 갖는 기독교진리의 핵심인 계시적이고 구속사적 의미를 제거하고 사회경제사적 의미로 왜곡하고 있다.

②안병무의 착상

안병무는 논문 「예수와 오클로스」(1979)에서 성경의 오클로스와 20세기 한국민중을 연계시키는 작업을 하였다.[21] 그는 오클로스가 종교적 계층이 아니라 사회경제사적 계층이라는 것을 정치적 해석을 통해서 주장한다. "저들은 예수를 적으로 삼고 공격비판하는 '예루살렘'의 지도층과 대조시킴으로써 반(反)예루살렘적인 입장에 선 계층이며 그러한 관련에서 예수의 편에 섰음을 뚜렷이 한다. 이 시각에서는 갈릴리 민중이란 사실이 중요하다. 저들은 지배층과 긴장관계에 있으며 집권자들의 공포의 대상이다."[22] 이러한 사회경제사적 해석은 죄인을 종교적인 의미가 아니라 사회경제적인 의미로 해석한다. 죄인이란 "천한 직업, 가난한 자 그리고 병자 등 그 사회에서 소외되는 결과"에서 나온 것으로 본다. "종교적인 죄와 사회적으로 소외되는 것은 같은 경우의 양면이지 결코 다른 것이 아니다."[23]

여러 학자들의 신학적 단편들이 모아져 형성된 민중신학은 국내외적으로 큰 관심을 불러일으켰다. 이러한 민중신학은 현영학, 서광선, 주재용, 김용복 등에 의하여 지지되고 전개되었다.

③ 평가

서남동과 안병무는 성경과 기독교를 구속사적 관점이 아니라 사회경제사적 관점에서 해석하였다. 이러한 1970년대 남미의 해방신학에서 착상을 빌린 사회경제사적 의식이 1970년대 유신체제의 출범과 더불어 정치사회적으로 정치적 권리와 인권이 유린된 민중의 억눌린 의식을 각성시키는 데 큰 공헌을 한 것은 사실이다. 당시 보수신학은 표면에서는 교회나 복음의 정치화에 반대하면서도, 이면에서는 독재정권을 은밀히 지지함으로써 기독교의 사회적 위상을 실추시켰다. 한국 보수교회와 신학이 올바른 정치의식과 사회의식을 정립하지 못한 시기, 민중신학은 기독교신앙과 교회가 가진 사회적 책임성과 짓눌린 자와의 연대성을 강조한 것은 사회정의의 확립이라는 차원에서 또한 한국신학사에 있어서 하나의 큰 공헌을 한 것이다.

그럼에도 불구하고 민중신학은 신학의 주제를 민중해방에 둠으로써 성경적 복음의 내용을 정치사회의 이데올로기적으로 변형시키는 방향으로 나아갔다. 서남동은 그의 착상에서 하나님을 가난한 자와 눌린 자와 함께 하시는 편파적인 하나님으로 묘사하고 있으며 기독교를 가난한 자와 눌린 자의 종교로 왜곡하고 있다. 부자와 가난한 자, 권력자와 민중을 이분법적으로 대립시키고 있다. 안병무도 그의 착상에서 죄인은 지배계층에 의하여 수탈당하고 소외당한 자로서 의로운 자라는 역설을 주장한다. 그리하여 기독교신학의 핵심적인 죄개념이 사회경제사적인 소외개념으로 왜곡되고 있다.

그래서 보수교회는 민중신학을 비판적인 시각에서 보았으나 교회 안의 젊은층들은 이에 영향을 받고 보수교회 안에 있는 역사의식 부재와 보수반동 세력에 대한 비판적인 의식을 키워나갔다. 이것이 1980년대 후반 보수교회 젊은층의 역사참여로 나타난다.

2. 1980년대 기독교문화운동

종교다원주의 운동이 강하게 소개되었다. 니터(Paul Knitter)의 저서 『오직 예수 이름으로만』(*No Other Name?*)이 변선환에 의하여 번역되었다. 그리고 존 힉(John Hick)과 니터가 공동 편집한 『기독교 유일성의 신화』(*The Myth of Christian Uniqueness*, 1987)라는 저서가 나왔다. 그러나 복음주의자들은 기독교의 유일성을 견지하면서 토착화 문제에 대하여 보다 구체적인 안을 제시하였다.

(1) 복음주의적 문화운동

1) 박봉배 등의 변혁주의적 문화신학

박봉배는 「기독교 예배와 민속문화」(1988)라는 논문에서 변혁주의적 토착화의 구체적인 실례를 제안하였다.[24] 그는 토착화를 다음같이 명료히 신학적으로 정의하였다: "토착화란 복음의 빛이 토착화에 미치어 새로운 방향을 밝혀주고 복음의 누룩이 발효하여 토착문화의 발전적 자기변화를 의미하는 것이다." 이러한 입장에서 그는 구체적인 과제로서 교회력, 찬송가, 조상제사를 기독교적으로 토착화하는 변혁주의적 실례를 제안하고 있다.

첫째, 교회력의 토착화이다. 한국교회의 교회력이 서구의 것을 따라 가야할 필요가 없다. 성탄절, 사순절, 부활절 등은 기독교신앙의 핵심적인 절기로서 보편적인 교회를 지향하는 점에서도 서구의 교회력을 받아들일 수 있다. 그러나 만성절(萬聖節) 같은 절기는 서구민속문화와 직결된 것으로 한국교회가 반드시 따라야 할 필요는 없다. 교회력의 토착화란 우리 민속문화 중에서 기독교신앙과 연결되는 것을 교회력에 반영시키는 것이다. 박봉배는 신정(新正), 민속(民俗)의 날, 3·1절, 단오(端午), 6·25전쟁, 8·15

해방절, 추석 등을 교회력에 넣어 기독교적으로 지키는 것을 제안한다.

신정은 새해의 시작하면서 가족이 모여서 인사를 나누고 친교를 하는 뜻 깊은 날이다. 민속의 날은 조상을 기억하고 가족의 친교와 단합을 재확인하며 온 가족이 모여 애찬을 나누는 날이다. 추석은 햇곡식의 수확을 감사하며 조상의 은덕을 기리는 날이다. 단오는 젊은이들의 앞날을 축원해주는 날이다. 또한 미국사람들이 개척문화에 관련하여 제정한 11월 셋째 목요일인 추수감사절을 우리 교회가 그대로 지킬 필요는 없다. 그것은 우리의 추석(秋夕)에 해당된다. 그는 추석을 우리의 추수감사절로 지킬 것을 제안한다. 그리고 5월 첫 주일 어린이날을 단오날로 옮기는 것이 우리에게 적절하다고 제안한다. 3·1절, 8·15 광복절은 우리 민족에게는 중요한 명절이기 때문에 우리의 교회력에 반영하는 것은 토착화를 위하여 중요하다. 그래서 민족적 사건을 후손들에게 전달할 수 있는 요소를 예배에 도입하도록 해야 한다. 방법으로는 3·1절 예배시에는 모두 태극기를 지참하고 예배시에 만세삼창을 하고, 6·25예배 후에는 전쟁의 쓰라린 경험을 거울삼아 신자들이 모두가 보리밥과 쓴나물을 먹으면서 친교를 나누는 것을 제안하고 있다.

둘째, 찬송가의 토착화이다. 그는 "찬송가의 한국화"를 시급히 요청한다. 현행 찬송가에 한국인 작사 작곡은 17개밖에 안 된다. 교회음악가 가운데는 너무 친서구적이어서 한국의 전통음악을 배격하는 경향이 시정되고 교인들이 좋아하는 곡을 우리 찬송가에 삽입하는 방향으로 개선해야 할 것을 제안한다. 박봉배는 "지금까지 지내온 것"(460장, 박재훈 곡), "부름받아 나선 이 몸"(355장, 이호운 작사, 이유선 곡)이 교인들 사이에 애창하는 것은 한국찬송가의 방향으로 본다. 한국적 찬송이란 한국인의 정서와 표현방식을 통해 한국적 상황 속에서 불리는 것이기 때문에 판소리를 통한 찬송도 제안하고 있다.

셋째, 조상제사의 기독교 토착화이다. 그것은 유교제사가 가진 두 가지 요소, 부모에 대한 효성과 무교적 기복사상을 분리하여, 조상에게 제사를 드리는 것이 아니라 기념과 추모식을 하자는 것이다. 그리하여 조상제사를 "비신화화하여 동양의 미풍양속인 표의 개념에 근거하여 기독교적인 재해석을 하는 것이다." 박봉배는 결혼식, 장례식과 추도식을 복음의 정신에 위배되지 않는 범위 안에서 민속문화적 요소를 도입하는 것을 제안하고 있다.

류순하는 저서 『기독교와 유교제사』에서, 박근원은 편서 『기독교와 관혼상제』에서[25] 이 문제를 다루었다. 그리고 1985년 3월 31일 강남지역 연합 신앙강좌에서 다룬 "한국교회와 제사문제"에서 김명혁은 조상숭배는 성경의 교훈에 어긋나며 죽은 조상에게 음식을 차리는 제사는 우상숭배라는 점을 명확히 하고 기독교적인 추모예식으로 바뀌어야 함을 제안하였다.[26]

2) 평가

박봉배 등 복음주의 신학자들이 제안한 교회력, 찬송가, 제사에 관련한 변혁주의적 모델은 기독교의 정체성을 살리면서 한국교회가 지녀온 민속적이고 문화적인 전통을 기독교적인 문화적 등가(等價)어로 번역하는 바른 토착화 대안이었다. 그래서 이러한 변혁주의적 대안은 감리교 안에서도 복음주의적 교회와 장로교 안에서 복음주의적 교회 내에서 긍정적 반응을 받았다. 그러나 그 실행은 그렇게 쉽지 않았다. 아직도 보수 한국교회 대부분이 추수감사절을 추석과 연계하지 않고 미국의 풍습을 따라서 11월 셋째 주일에 지키고 있다.

찬송가에 있어서도 총 558곡 중 순 우리가 만든 곡과 가사는 17곡밖에 되지 않는다. 그리고 개역성경의 개정판이 근 반세기 만에 완성되어 1998년에야 비로소 보급되기 시작했다. 제사의 대안으로서 추모예식은 보수교회에서는 그런대로 시행되고 있으나, 진보교회에서는 유교식의 제사가 조상에 대한 효성을 나타내는 것이지 종교성을 나타내는 것은 아니라고 해석하면서 제사를 그대로 실행하고 있다. 이러한 변혁모델의 토착화는 하루아침에 이루어지는 것이 아니라 점차 조금씩 이루어지는 것이다. 꾸준한 노력이 필요하다고 생각된다.

(2) "한국문화신학" 운동

1) 혼합주의적 토착화운동

김광식은 그의 저서 『토착화와 해석학』(1987)에서 스위스의 자유주의 신학자 하인리히 오트(Heinrich Ott)의 대화의 신학을 수용함으로서 토착화신학을 종교다원주의 신학으로 전개하고자 한다. 다원적인 세계 속에서 "기독교와 타종교는 서로 밝혀주고 서로 존중하는 대화를 통해서" "보다 남의 주장에 개방" 해야 한다고 주장하고 있다.

유동식은 1980년대에 이르러 그의 토착화론을 "풍류신학" 으로 발전시켰다. 최치원의 풍류도가 한국사상의 원조이며 이것이 토착화의 근거가 될 수 있다는 것이다. 유동식은 한국무교의 원형을 풍류에서 찾고 풍류의 역사적 전개를 한국종교사에서 발견하며, 다시 기독교의 복음을 풍류의 빛 속에서 해석한다. 그는 기독교 구원의 이념을 "한 멋진 삶" 즉 "풍류"(風流)라고 보며 예수 그리스도는 "풍류객" 이라고 해석한다. 풍류도는 기독교 이전의 복음이고 기독교는 풍류도의 바탕에서 토착화 된다고 주장한다. 이러한 유동식의 풍류신학은 모든 종교의 화합, 즉 조화와 일치를 목표로 하고 있다. 그리고 죄와 구속론적 동기에는 아무런 관심이 없다. 조화와 멋을 추구하려는 동기는 성경적 본문에서 떠나서 하나님과 인간, 영과 육, 정신과 자연의 갈등구조를 서구사고로 보며 동양의 음양(陰陽), 이기(理氣), 유무(有無), 천인(天人)관계의 조화전개(調和展開)를 추구하는 범신론적 사상으로 나아간다. 변선환은 불교를 기독교 토착화의 모델로 하는 문화종교적 토착화신학을 전개했다.[27]

김경재는 저서 『한국문화신학』(1983)에서 한국의 전통적 종교문화(샤머니즘 문화, 유교문화, 불교문화의 종합)를 모델로 하는 문화신학적 토착화신학을 전개하였다.[28] 그는 한국의 존재론적 자연신학과 인격주의적 서구신학과의 "융합"을 통한 새로운 "제3신학"을 한국신학의 과제로 제안한다. 그는이 융합을 위해서는 "전통적인 유신론과 지기일원론(至氣一元論)적 자연주의의 신론과 진화신론을 지양하는 좀 더 포괄적인 살아 계신 하나님론"을주장한다.[29] 그는 영성훈련의 필요성을 강조하면서 영성훈련이란 범종교주의적 문화신학에 기초한 인간화 내지 사회화로 정의했다. 영성신학은 서구기독교사의 한계에 머물지 말고 동서문화 종교사상의 풍부한 전통적인자료를 동시에 연구개발하는 것을 강조한다. 그것은 구체적으로 선, 요가,관상 등을 통한 영성훈련방법을 연구개발하는 일이며 전국의 사찰, 성당을순례하며 가톨릭의 피정, 불교의 하안거를 모방하는 일이라고 했다.[30]

2) 평가

"한국문화신학운동"은 김광식의 대화의 신학, 유동식의 풍류의 신학, 김경재의 동양적 영성신학 방향으로 그 내용에 있어서는 1970년대보다도 한층 다듬어지고 있다. 그러나 이러한 체계적이고 개념적 세련성이 이러한문화신학운동의 기독교적 정체성을 보장하는 것은 아니다. "한국문화신학운동"은 종교다원주의적 종교문화적 상황에 응답하기 위하여 탈성경적이고 탈교의적이고 탈기독교적인 방향으로 나아가고 있다. 신론도 기독교적인 유신론이나 자연신학의 신론이나 진화론의 신개념을 모두 포괄하는 "한민족의 하느님 개념"으로 나아가고 있다.[31] 이것은 기독교를 동양의 종교나 민속으로 변형시키는 하나의 혼합주의적 시도가 아닐 수 없다.

(3) 민중신학 운동

1) 사회경제사적인 이데올로기론

1980년대의 민중신학은 사회 "변혁을 추동(推動)하는 운동의 신학"이 되고자 했다. 그러나 민중신학은 한국교회 민중이 가진 신앙을 대변하기에는 너무나도 민중과는 거리가 먼, 소수의 신학자들 중심으로 사회경제사적인 이데올로기론으로 발전해 나갔다.

서남동은 1980년 3월 "민중신학을 말한다"라는 대담에서 역사의 과정을 "사회경제사적으로 전개되는 하나님의 인간해방 과정"으로 보면서 신은 민중 속에 내재하므로 민중의 소리가 곧 하나님의 음성이라는 "범신론적 입장"을 제시했다: "넓게는 우주에 대해 범신론적 경향을 취합니다. 하느님은 역사를 통해 일하는 것이고, 이것을 극단적으로 확대하면 역사의 진행자체가 하느님이라고까지 말할 수 있겠습니다. … 결국 내 나름대로의 이해에 따르면, 자연을 신이라고 해도, 역사를 신이라고 해도 좋습니다."[32]

서남동은 그의 저서 『민중신학의 탐구』(1983)에서 김지하의 민중개념을 수용한 일반민중과 성경적 신학적 민중개념인 구원의 담지자로서의 민중을 말하고 있다. 민중의 고난은 하나님의 역사경영을 알아보는 색인(索引)이라고 보며 이를 "고난받는 민중의 메시야성"이라고 부른다.[33] 그는 1980년대초의 정치적 억압상황과 관련하여 천년왕국을 오늘날 상황 속에서 민중혁명을 통해서 이루어지는 자유, 평등, 통일, 참여, 친교의 공동체로 해석하고 있다. 그는 여호야킴 플로리스의 천년왕국사상을 수용하면서 오늘날 "성령의 제3시대"가 왔고 역설하면서 그것은 한정된 폭력을 통해서 민중의 한을 풀어주는 "민중의 교회"라고 역설한다.[34]

안병무는 그의 저서 『민중신학 이야기』(1987)에서 전통신학을 모두 지배체제와 결탁된 허위의식의 신학이라고 규정한다.[35] 그러면서 전통신학의 중심테마들을 민중적 시각에서 재편하는 작업으로 나아갔다. 그리하여 민중신학은 전통신학과 화해할 수 없는 방향으로 나아갔다. 그는 이원론적 사회관을 주입한다. 현존하는 사회구조는 민중을 억압하고 착취하거나 이를 동조하거나 방임하는 지배계층과 수탈당하는 민중계층으로 이분화되어 있다. 그리하여 갈릴리교회와 예루살렘교회, 민중교회와 제도교회로 양분한다.[36] 안병무는 복음을 비인격화한다.

그는 예수인격이 중요하지 않고 정치적 해방사건이 중요하다고 본다. 성령도 인격이 아니라 사건이라고 본다.[37] 그는 이원론적 도식에 근거한 현존체제에 대한 급진적인 혁명의 요청을 "오클로스-토마스 뮨쩌-요오야킴 프롤리스-동학-전태일 분신"(焚身)이라 하는 동서(東西)의 저항역사를 범례화하면서 정당화한다. 그 이유는 이 범례들이 예수 사건의 핵심인 인간억압으로부터의 해방과 인간화의 동기를 가지고 있기 때문으로 본다. 여기서 민중은 역사주체적 변혁자들이며 역사는 민중의 세계를 향한다고 말한다. 민중의 세계란 "물(物)이 공유된 세계"이며, "인간이 인간을 지배하지 않는 새로운 천지, 새로운 세계"이며,[38] "그때에 비로소 유기적 운명공동체가 이루어진다"고 본다.[39] 민중의 나라가 곧 천년왕국이다. 여기서 메시아정치(messianic politics)의 비전이 실현된다고 본다.

2) 평가

우리는 신학이 억압당하는 민중들의 인권을 옹호하고 저들의 권익을 대변해야 한다는 민중신학의 근본적 동기에는 반대할 이유가 없다. 여태까지 보수신학이 간과해온 취약점을 민중신학이 주제화한 점은 공헌이라고 할 수 있다. 그러나 민중신학이 제시하는 이원적 도식으로 형성된 "억압받는 집단적 민중개념"과 신학화 된 해방의 주체로서의 "얼굴없는 민중개념"은 사회학적으로나 신학적으로도 인정받지 못하고 있다.[40] 서남동은 사회주의를 선호했고, 안병무는 "물이 공유된 사회"를 지향하는 바 사회주의적 이상향, 즉 "천년왕국적 메시아니즘"을 추종하였다. 이처럼 민중신학은 하나님의 초월성과 인격성을 무시하고 사회경제사적 민중해방의 역사적 사건 안에 내재하며 민중세력과 역사전개의 세력으로 간주하였다.

복음주의 신학자 김명혁은 그의 논문 「민중신학의 신관과 그 사회경제사적 특성」에서 민중신학에 대하여 비판하기를 "신학이라고 하기보다는 하나의 경제사적 이데올로기"라고 규정했다.[41] 민중신학자들은 1980년대 광주민주화 사건과 더불어 일어난 신군부 정권 하에 짓밟힌 인권을 옹호하기 위한 이론을 제시한 점에 있어서 공헌을 했다. 그러나 민중신학자들은 기독교신학을 탈서구화하고 탈(脫)전통화하고자 하고 사회경제사적 이데올로기를 성경해석에 도입함으로써 복음의 구원사건을 하나의 정치적 사건으로 변모시켜 버리는 이데올로기적 축소주의에 빠져버렸다.

(4) 기독교대중문화운동

1980년대에는 문화에 대한 신학적 논쟁과는 별도로 한국사회가 경제적으로 풍요해지는 것을 힘입어, 한국교회의 일각에서 실천적인 기독교 대중문화운동이 자생적으로 일어나기 시작했다. 그 구체적인 사업은 젊은 기독인들을 위해서 기독교 문화공간을 마련해 보자는 시도였다. 신자들, 특히 젊은 기독인들을 위한 기독교 문화공간이 확산되었다. 차를 마시고 음악을 들으면서 복음을 느낄 수 있고, 믿지 않는 이웃들에게도 기독교문화를 전할 수 있는 공간들이 생겨났다. 그러나 개인사업을 하는 뜻있는 기독교인들에 의하여 운영된 기독교문화공간들이 재정난에 부딪쳐 문을 닫는 경우가 많았다. 그러나 그 가운데도 1981년에 문을 연 신길동의 '가스펠하우스', 건불수가 직접 운영하는 남산로의 '글로리아' 등은 오늘날까지 명맥을 유지하면서 공간을 통한 기독교 문화 확산을 시도하였다.[42] 젊은이들을 위한 문화 쉼터는 주로 문화선교에 관심이 많은 감리교를 중심으로 마련되었다. 매주 목요일 신촌 창천 감리교회에서 아름다운 이들의 만남을 위한 '문화 쉼터'를 마련한 것 또한 기독교 문화를 꽃피우기 위한 좋은 본보기이다. 상업주의 문화에 지친 젊은이들을 대상으로 진정한 쉼과 영혼의 즐거움을 제공하고 있다.

1980년대 나타난 기독교 대중문화운동은 1960년대와 70년대, 80년대에 전개되어 온 기독교 토착화 내지 기독교의 사회정의 실현에 대한 이념적 논쟁의 차원을 벗어나, 젊은 세대를 중심으로 기독교신앙의 의미를 질문하고 실천하는 구체적인 삶의 표현방식으로 나타난 것이다.

(5) 기독교윤리실천운동

1980년대 후반에 들어 보수교회 청년들도 정치의식을 가지기 시작했다. 기독교대중문화운동과 맥을 같이 하며 복음주의 신앙을 지닌 기독교청소년을 중심으로 하여 기독교윤리실천 운동이 조직화 되었다. 이들은 다음 두 가지 운동을 전개하였다.

첫째, 올바른 선거 문화를 만드는 운동이다. 1986년도에 있었던 민주화 쟁취 국민투쟁에 보수교회 청년들도 대거 참여했다. 올바른 선거문화가 형성되도록 기독교 청년들이 계몽하고 감시 활동을 하는 것이었다. 이러한 공명선거감시운동은 한국 기독교 내에서 보수와 진보 청년들이 함께 전개하는 운동이 되었다. 둘째, 올바른 문화소비자운동이었다. 건전한 윤리와 가치가 사회 속에 뿌리를 내리도록 문화소비자 운동을 전개하였다. 이 운동은 공영방송이 시청율에 집착한 나머지 비윤리적인 드라마를 방영하는 것에 대하여 해당방송 불시청운동을 벌임으로써 대중문화에 대한 소비자들의 윤리의식을 각성시켰다.

(6) 기독교학문연구운동

학문도 신앙 안에서 이루어져야 한다는 신념 아래 기독교 학문연구가 이루어졌다. 1984년에 결성된 '기독교 학문연구회', 그리고 '숭실대 한국 기독교문화연구소' 등 각 기독교 대학 기독교문화연구소들이 맡은 일을 열심히 수행하고 있다. 또한 세계관 세미나, 일반학문연구, 한국 기독교문화연구, 대중문화연구 등도 있다. 세계관 세미나는 성경적 세계관에 대립되는 현대의 세계관의 흐름을 이해하기 위하여 "기독교철학입문", "기독교적 역사이해", "자연과학과 기술이해", "성경적 경제관과 기업경영" 등이 연구된다. 일반학문연구는 "기독교세계관과 학문", "제 학문에 대한 기독교적 접근", "민족통일과 기독교" 등을 다루고 있다.

기독교학문연구회는 복음주의 신앙을 지닌 젊은층의 대학교수들과 연구원들을 중심으로 기독교적 세계관의 관점에서 활발히 학문활동을 전개하였다.

숭실대 한국 기독교문화연구소는 『한국근대화와 기독교』(1983), 『기독교의 존재이유』(1984), 『한국사회와 기독교』(1985), 『기독교와 예술』(1987), 『기독교와 문화』(1987), 『기독교와 마르크시즘』(1988), 『한국 기독교와 신앙』(1988), 『이천년대를 바라보는 기독교』(1989), 『Reformed Theology Today』(1989) 등을 출판하였다.

3. 1990년대 기독교문화운동

1990년대에 들어와 한국 기독교문화운동은 보다 구체적이고 세련된 형태에서 전개되었다. 기독교문화신학은 이제 보수주의 진영의 학자들 사이에서도 세련된 형태로 제안되었다. 그리고 자유주의 입장을 지닌 토착화신학의 착상은 1990년대 이후 각성되기 시작한 생태계 및 환경 문제와 관련, 생태신학의 방향으로 전환하였다. 민중신학도 한국의 민주화와 1989년 동구의 민주화혁명, 소련연방의 해체, 독일의 통일 등의 여건에 힘입어 신학적 그리고 사회적 입지가 좁아지고 한계에 부딪치면서 방향전환을 모색하였다.

그리고 복음주의 교회 내에서 젊은 세대를 중심으로 전개된 기독교대중문화운동은 밝은 문화운동, 현대기독교 음악운동으로 구체화되었다. 기독교윤리실천운동과 기독교학문운동도 보다 구체적인 프로그램으로 전개되었고 청소년들을 중심으로 찬양과 경배운동이 확산되었다.

(1) "기독교문화신학" 운동

1) 복음주의적 토착화운동

이종성은 1990년 유성에서 모인 한국 기독교학회에서 복음과 문화와 관련하여 「통전적 신학의 입장에서 본 하나의 해석」이라는 논문을 발표하였다. 그는 이 논문에서 "토착화 할 수 없는 것과 토착화 할 수 있는 것을 구별하는" 복음주의적 토착화착상을 제시하였다. "토착화 할 수 없는 기독교의 실체인 보편적 진리는 그대로 받아들이면서, 토착화의 틀에 해당되는 복음수용의 표현양식과 방법은 한국인의 심성에 적합하도록 토착화해야 한다." [43] 그는 혼합주의적 토착화신학이 이 한계성을 무너뜨리고 "기독교가 가진 모든 것을 토착화하면 기독교의 전통교리를 부인하고 한국문화와 융합하게 되므로 혼합종교화하는 과오를 범한다"고 예리하게 지적하고 있다. 세계만민에게 보편적으로 적용되는 복음의 진리를 한국인의 문화로 융합하거나 토착화할 수 없다. 이종성은 토착화의 방법으로 세 가지 단계를 제안하고 있다. 그것은 토착화-비토착화-재토착화(Indigenization-De-indigenization-Re-indigenization)의 방법이다. 1단계는 자동적으로 복음이 토착화되는 상태에서 수용(중국교회가 하나님을 상제(上帝)로, 한국교회가 로고스를 도(道)로 번역)되어 미흡하게 수행되는 토착화 단계이다. 2단계는 토착화 된 것에 대한 비판적으로 반성(예컨대, 1930년대 선교사들이 중심이 되어 번역한 성경을 다시 손질하여 개역성경을 만든 작업)하는 재검토의 단계이다. 3단계는 비토착화 된 복음을 성경의 본래의 뜻을 잃지 아니하면서 한국인의 심성에 잘

접합(개역성경의 수정본 등) 되도록 하는 과정이다. 이러한 이종성의 착상은 변혁주의적 토착화를 방법론적으로 제시해주고 있다.

이광순은 「선교와 문화적 수용」(1991)이라는 논문에서 복음주의적 관점으로 한국교회 안에 이미 복음이 토착화 된 현상들을 열거하고 있다.[44] 초기선교사들은 한국문화에 맞추어 "전도부인", "여자 서리집사" 제도를 설립했다. 선교사들은 남자가 여자에게 전도할 수 없다는 유교 문화윤리에 적응하여 여자 선교사들과 선교사 부인들이 한국의 전도부인들을 앞세워서 순회전도를 했다. '남녀칠세 부동석'이라는 유교윤리에 따라 여자들에게는 여자들이 헌금을 거두기 위하여 여자 서리집사를 세웠다. 이것이 오늘날 한국교회 안에 정착이 되었다. 그리고 한국교회는 이미 토착화의 중요방식이었던 삼자(三自)정신을 1890년에 네비우스(Nevius) 선교정책으로부터 답습해서 '자치(自治), 자립(自立), 자전(自傳)'을 선교전략으로 채택했다. 그리고 조상숭배와 제사를 부모공경과 예배로 바꾸었다. 본래 신을 섬기며 빌고, 공을 들이기를 좋아하는 무속적 종교성을 기도하고 예배를 열심히 드리는 기독교적 종교성(새벽기도, 저녁기도, 심야기도, 철야 기도, 연속기도, 금식기도, 산기도 등)으로 바꾸었다. 산신령이나 귀신에게 제물을 받치던 제사를 하나님께 헌금(여러 종류의 헌금)과 예물(성미제도)을 드리는 헌신과 예배로 바꾸었다. 집집마다 다니면서 악한 귀신을 쫓아내고 복을 빌어주는 무당제도를 구역심방을 하고 기도하고 예수의 이름으로 축원하는 권사제도로 바꾸었다.

박봉배는 《기독교사상》에 발표한 논문 「한국교회 예배의 토착화」(1991)에서 변혁주의적 토착화신학에 입장에서 교회력, 예배형식, 찬송과 교회음악, 예복과 교회건축에 관한 보다 구체적인 제안을 하고 있다. 교회력에 관해서는 신년예배, 3·1절예배, 4·19예배, 6·25기념예배, 8·15기념예배, 추석감사예배, 송구영신예배 등을 교회력에 정식 삽입하여 그 예배절차를 규정할 것을 제안한다. 또한 그는 「한국찬송가의 토착화」라는 논문을 발표했으며 '한국찬송학' 수립을 제안하고 있다.

김영한도 저서 『한국 기독교문화신학』(1992)에서 변혁주의적 관점에서 문화신학을 구체적으로 제시하였다. 문화신학은 혼합주의적 토착화신학이 아니라 복음의 내용을 상실하지 않고 한국문화적 형식 속에 이식하는 것이다. 그는 이것을 위해서 한국의 재래적 문화형식 가운데서 기독교적 내용에 상응하는 문화적인 동의어(同義語)(추석, 부모공경, 공동체정신, 종교적 경건성, 내세사상, 하느님 사상 등)를 찾아내는 작업이 필요하다고[45] 주장한다.

이동주는 저서 『아시아종교와 기독교』(1998)에서 조상숭배문화 전통을 가진 한국의 3대 제일(祭日)인 기일(忌日)과 추석과 정월초하루의 절기를 접촉점으로 하여 복음을 전할 것을 제안하고 있다. 기일에 귀신에게 지내던 제사를 하나님께 드리는 예배로 변혁시킨 추도회를 드린다. 추석에는 추수감사절로 온가족이 교회에 나와 하나님께 감사를 드린다. 또한 정월 초하루 명절행사를 부흥사경회로 모일 것을 제안하고 있다.[46]

2) 평가

1990년대 들어와서 복음주의적 토착화 사상은 보다 풍성하게 발전하였다. 그것은 단지 자유주의적 토착화 사상을 혼합주의라고 비판하는 데 그치지 않고 올바른 토착화의 대안을 신학적으로 제시해 주었기 때문이다.

이종성이 제시한 토착화의 세 가지 단계, 토착화-비토착화-재토착화의 방법(개역성경의 수정본작업), 김영한이 제시하는 한국의 재래적 문화형식 가운데서 기독교적 내용에 상응하는 문화적인 등가어(추석, 부모공경, 공동체정신, 종교적 경건성, 내세사상, 하느님 사상 등)를 찾아내는 작업, 이동주가 제안하는 한국의 3대 제일(祭日)인 기일(忌日)과 추석과 정월 초하루의 절기를 접촉점으로 하여 복음을 전할 것 등은 보다 구체적인 토착화의 제안이라고 할 수 있다.

(2) "한국문화신학" 운동

1) 혼합주의적 토착화운동

1990년대 들어와 혼합주의적 토착화신학은 젊은 세대 신학자들에 의하여 전개되고 있다. 이들은 감리교에서는 이정배, 박종천, 장로교에서는 김경재이다. 90년대 한국 토착화신학은 범신론적 생태학적 신학으로 발전하고 있다. 90년대 이르러 이정배는 그의 논문 「다원주의 기독교론과 토착화신학」(1990)에서 토착화신학으로서 기(氣)일원론적 한국적 범재신론을 주창하고 있다.[47] 그는 한국의 동학(東學)에서 시천주(侍天主)라는 한국적 범재신론의 전거(典據)를 찾는다. 동학의 지기(至氣)개념은 "만물과 인간 속에 내재할 뿐만 아니라 밖으로 충만하게 기화(氣化)해가는 생성자체"로서 "모든 사물 및 생명 속에서 공경되어야 할 한울님이 된다"고 주장한다. 시천주는 "우주적인 큰 생명과 인간자신의 자각적 연대감"을 목적한다. 시천(侍天)이란 내유신령(內有神靈)과 외유기화(外有氣化)이다. 전자가 인간자아를 자연 속으로 통합시키려는 태도라면, 후자는 무궁히 진화하는 우주, 곧 기와 합일하는 정신을 말한다. 생명이란 욕망를 채우려는 유위(有爲)의 체계로서 파악하는 것이 아니라, 무위이화(無爲而化)의 구조로서 파악하는 것이다. 생명이란 생명의 원리에 따라 연대적인 성장발전을 해나간다는 유기적 생명체에 대한 각성을 말한다. 이정배는 '기(氣)의 자각에 근거된 생명이론'을 제시하면서 생태학적 공동체(ecological community)를 제창한다.

박종천과 홍정수는 1990년대 들어와 한국 토착화신학의 두 가지 흐름인

종교문화신학과 민중신학의 한계를 지적하면서 양극적 긴장을 상생(相生)의 관점에서 비판적으로 수용하는 상생의 신학을 제안하고 있다.[48] 박종천은 『상생의 신학』(1990)에서 강증산의 증산도 사상인 해원상생(解冤相生), 즉 사물과 정신, 물질, 인간, 신 사이의 대립갈등을 지양하는 상보(相補), 상자, 상의(相依), 상생하는 통전, 융합, 상호공속, 변증법적 지양의 논리를 수용하는 상생의 원리로서 토착화신학, 종교신학, 민중신학 등을 통합하려고 시도하고 있다.[49]

박종천은 「토착화신학의 모형변화」(1990년)에서 지금까지 논의된 토착화신학의 성경적 전거를 종자와 토양모형(윤성범), 누룩과 반죽모형(박봉배), 성령의 역사모형(김광식)으로 정리하면서 새로운 모형으로서 "접목의 모형"(롬 11장)을 제시한다.[50] 그는 토착화의 세 단계 접목수행과정을 다음같이 제시한다. 첫째 단계는 한(恨)의 나무로 표상되는 한국종교문화사이다. 둘째 단계는 그리스도의 생명의 복음을 소유했으나 열매맺지 못한 나무로 표상되는 서구신학사에 대한 이데올로기적인 단(斷) 수행이다. 셋째 단계는 한(恨)의 현상학으로 보존된 민족 민중의 해방과 종말론적 열망과 고난의 기억을 이데올기적 단(斷)을 통해 복원된 본문과 전통의 메시지와 해석학적으로의 접합이다. 이러한 세 단계 접목 수행과정을 통해서 얻어진 한국토착화신학은 상생의 신학이라고 주장한다.[51]

그는 연구논문 「하나님과 함께 기어라, 성령 안에서 춤추라(V)」(1997년)에서 한국적 성령신학을 "제3의 신학"으로 제안하고 있다. 그는 1930년대에 한국교회에 의하여 이단으로 정죄된 이용도의 성령신학을 한국적 성령신학의 준거로 잡고 있다. 그는 이용도의 예수운동을 "성령중심적 신인참여"라는 범재신론적 입장에서 해석하고 있다.[52] 그는 이용도가 제시한 걸인, 창녀와 친구가 되었던 예수 운동의 해석을 오순절운동의 교리주의적 해석과 민중신학의 실천적 해석의 딜레마를 극복하는 성령신학의 제3의 대안으로 본다.

김경재는 저서 『해석학과 종교신학』(1994)에서 한국개신교문화신학을 네 가지 모델(파종, 발효, 접목, 합류모델)로 분류하면서 그의 입장인 접목모델을 제시하고 있다.[53] 파종모델은 박형룡으로 대표되는 보수주의의 모델이며, 발효모델은 김재준으로 대표되는 진보주의의 모델이며, 접목모델은 유동식으로 대표되는 자유주의의 모델이며, 합류모델은 서남동으로 대표되는 민중신학의 모델로 본다. 파종(播種)모델은 씨앗인 복음의 생명력, 발아력, 성장력, 결실력만을 인정하고 뿌려지는 대지, 흙의 공헌과 유기적 관계성을 부정하기 때문에 정복모델이다. 그리하여 한국의 오랜 문화적·종교적 유산과 단절되어 갈등과 충돌만을 지속하여 기독교가 외래종교로서 한국 문화 속에 뿌리내리지 못하게 하는 것으로 본다. 발효(醱酵)모델은 복음을 밀가루 반죽에 퍼져 들어간 효모, 밀가루 반죽은 문화사회적 현실로 본다.

이 모델의 특징은 효모가 밀가루 반죽에 작용하는 강력한 변화의 현상에 있다. 이 모델은 복음과 전통문화와 종교의 관계를 정복이 아니라 포용적 성취의 관계로서 본다. 접목(接木)모델은 식물체의 일부를 잘라내 다른 식물체에 접착시켜 새로운 개체를 만들어 내고자 한다. 이때 접을 하는 가지를 접순(接筍, scion)이라고 하고 뿌리가 있거나 접순의 밑부분이 되는 나무를 대목(大木, stock)이라고 한다. 접순은 복음이고 대목은 전통문화이다. 이 모델은 살아 있는 두 생명체 간의 유기체적 결합을 통해서 새로운 생명체를 산출하고자 한다. 이 모델은 전통문화유산을, 접순인 복음을 수용하고 꽃피우는 대목, 능동적인 생명활동을 하는 주체로 보므로 제3세계의 종교문화신학의 토대가 된다고 본다. 합류(合流)모델은 흐르고 있는 두 가지 강물 줄기가 어느 지점에서 합해져서 더 풍성한 물세를 가지고 흐르는 형태를 말한다. 이 모델은 성경적 구원전통과 타민족의 구원체험의 전통 사이에 질적 차이를 폐기하고 하나님의 인류구원사를 강물들의 합류과정으로 파악한다. 이 모델은 복음이 지니는 우월성과 규범성을 부정하고 세계 모든 민중 해방과 구원전통의 사건은 모두가 대등한 하나님의 선교 역사라고 본다. 이 모델은 세계를 해석하려 하지 않고 변혁하고자 하는 의지를 지니고 있다. 이 모델은 성경의 민중전통와 한국 역사의 민중전통이 합류할 때 일어나는 사건을 인간해방의 사건이요 정의와 자유와 샬롬의 사건으로 본다.

2) 평가

이정배가 제시한 기(氣)일원론적 한국적 범재신론 그리고 박종천이 제시한 상생신학은 이미 그 준거를 성경적 맥락에서 벗어나 동학(이정배)과 증산도(박종천)의 사상구도에서 찾으므로써 범신론적 생태신학으로 변형되고 있다. 이들의 토착화 사상에 이르러 하나님과 만물, 인간 사이의 질적 차이와 구분은 없어지고 상호 융합되어 버린다. 김경재도 문화모델에 있어서 틸리히의 혼합주의적 "상관관계성" 이론과 가다머의 지평융합이론에 기초한 접목모델을 바람직한 모델로 제시하면서 기독교와 전통문화의 "상호 해석학적 순환과 개방"을 주장한다. 그럼으로써 그의 접목모델은 복음의 유일성과 독특성을 전통문화의 미신성과 섞어버리는 혼합주의에 빠지고 있다.

이러한 혼합주의적 토착화신학은 창조 속에서 영으로서 주권적으로 사역하시는 하나님에 대한 인격주의적 사고를 거부하고 기(氣)의 맥락에서 모든 생명을 이해하려는 혼합주의적 범재신론으로 귀결하고 있다. 이러한 배경에서 제7회 캔버러에서 열린 WCC총회에서 한국여성 신학자 정현경이 초혼제로 시작하면서 한국적 종교혼합주의와 무속종교를 주제로 강연하여 한국교회의 이미지를 해외에 왜곡시키기에 이른 것이다.

그래서 복음주의 신학자 김지철은 「'한국문화신학'은 십자가의 거침돌을 제거했는가?」(1991)라는 논문에서 한국의 혼합주의적 토착화신학이 십자가의 거침돌을 제거했다고 비판하였다:[54] 바울의 "십자가신학은 종교철학적인 비인격적 사색의 신학이나, 탈역사적 영지적 이원론 신학의 자리로 왜곡되는 것을 비판한다.""한국문화신학은 복음의 본질을 규명하려는 노력을 등한시한 채 맥락성 자체(토착화와 민중)를 해석학적 주체로 삼는 위(僞)를 범하고 있다"고 그는 지적한다. "세상성(인간문화일반)에 대한 비판 없는 문화신학이란 문화종교론일 뿐이며, 인간과 하나님의 구분 없는 합일이란 문화신학의 형상적 신비주의일 뿐이다." 이러한 김지철의 비판은 종교개혁적 십자가신학을 바로 이해한 종교개혁적 전통에 정위된 성경해석학적 사고이다. 그가 말하는 것처럼, 현장신학에서 요청되는 것은 "십자가만이 우리의 신학"(crux sola est nostra theologia)이라는 루터의 명제이다.

복음주의 신학자 김중은도 「성서신학에서 본 토착화신학」(1991)이라는 논문에서 "상생신학의 본문은 여성해방신학 피오렌자나 민중신학자 서남동의 탈성서적 입장을 수용하고 또한 아시아신학의 본문이 갖는 다원성을 주장하는 파니카(Pannikar)의 명제를 상호보완적으로 받아들임으로써 결국 혼합주의적 절충본문으로 그 병적 성격이 드러나고 있다"고 비판하였다.[55] 이러한 토착화신학은 전혀 복음적인 성경적인 토착화신학이 아니라 "오히려 혼합주의에 의한 성경본문의 왜곡해석과 이데올로기적으로 굴절된 축소주의적 적용"이라고 피력하는 그의 비판은 종교개혁신학에 입각한 정당한 비판이다.

(3) 민중신학의 새로운 방향 모색

1) 김용복의 민중신학적 토착화론

김용복은 그의 논문 「민중신학과 토착화신학」(1991)에서 토착화신학이 민중의 종교문화적 차원만을 성찰한 데 반해서, 민중신학은 이것뿐 아니라 민중의 정치, 사회, 경제적 삶의 차원을 성찰한다고 피력한다.[56] 그는 한국문화신학이 후자를 도외시하고 전자만을 주제화한 것을 토착화의 축소이해라고 본다. 민중신학은 복음의 토착화를 위한 접촉점을 "한국 민중의 삶속에 있는 메시야불(佛)인 미륵불"에서 찾는다. 그리고 특히 "東學은 유불선 내지 무속종교, 심지어는 기독교적 요소를 내포하고 있는 민중종교"로서 토착화를 위한 종교문화적 그리고 사회적 전기(傳記)를 제공한다고 본다. 김용복은 민중신학적 토착화론이란 "기독교복음이 모든 종교의 차원을 포괄통합하여 민중해방의 신앙적 연대를 형성하는 것"이라고 본다.

2) 젊은 세대 민중신학자들의 방향 전환

1990년대에 들어와 민중신학은 방향을 선회하지 않을 수 없게 된다. 그것은 민중신학이 발생하여 공헌했던 정치사회적 상황이 달라졌기 때문이다. 민중신학이 방법론적으로 의존하였던 마르크스적 사회분석이 1980년대 말 동구권의 붕괴와 1990년대 초 소련연방의 해체로 그 설득력을 상실했기 때문이다. 그리고 국내의 정치적 상황으로는 시민계층의 괄목할 만한 정치사회참여가 권위주의적 통치를 종식시키고 문민정치의 시대를 열었다. 1980년대 말부터 중민(中民)으로 불리우는 양심적인 중간계급의 시민운동이 민중운동을 대체하기에 이르렀다.[57] 그리하여 중민들이 경제정의 실천시민연합운동이나 남북나눔운동이나 그리고 여타의 환경, 교육, 여성, 인권, 문화와 관련된 시민운동을 이끌어 왔다. 그리하여 현존하는 체제를 민중을 수탈하는 불의한 체제로 보고 이를 전복시키고자 하는 흑백논리를 지닌 민중운동은 설 자리를 잃으며 그 주도권을 시민운동에 내어주게 되었다.

민중신학의 방향 전환은 1995년 소장 민중신학자들의 글이 모아져서 나온 『민중신학 입문』(1995)에서 나타났다.[58] 이 책은 민중신학을 주도적으로 끌고 가는 주역세대들이 교체되고 있는 시기에 1994년 5-6월 민중신학연구소가 10회에 걸쳐 개최한 "민중신학 교실" 강의 내용을 정리하여 출판한 것이다. 지난 20년간 한국교회에 영향을 주었던 민중신학의 시행착오에 대한 반성과 미래과제를 성찰하는 저서이었다. 서진한은 그의 글 '민중신학의 태동과 전개'에서 "민중신학이 초기의 민중증언의 신학에서 1980년대 정치적 상황 속에서 운동의 신학으로 변했다"고 본다. 그래서 시대적 요청에 적응하기 위하여 현실에 대한 과학적 분석에 치중함으로서 신학과 정치경제학의 결합의 과정에서 신학자체가 지닌 초월의 지평과 성령 안에서의 자유를 잃어버렸다. "그 결과 자기 정체성의 상실 위기와 함께 청중을 상실했다." 민중신학이 한국적 토착화 신학으로 나아가야 할 길은 신학적 "전통에 대한 무분별한 해체를 반성하고 신학이 본래 지니고 있는 현실을 뛰어넘는 신학적 상상력의 회복, 곧 신앙의 초월적 지평에 대한 회복과 복귀가 요청된다"고 지적하고 있다.[59]

노창식도 그의 글 '민중교회의 역사와 방향'에서 민중신학이 "노동자의 권리쟁취와 그것을 위한 교육 못지 않게 신앙과 초월지평에 대한 영성훈련을 통해 영적인 힘을 불어넣어 줘야" 한다고 말한다. 노창식은 "공동체적 영성, 해방적 영성 그리고 수도원적 영성을 균형있게 통전적으로 추구해야 한다"고 강조한다.[60] 박재순도 그의 글 "민중신학의 조직신학적 점검과 새로운 모색"에서 안병무와 서남동의 민중신학에서 예수의 부활 해석은 민중의 일어섬의 사건, 갈릴리 민중 속으로의 부활로 이해되었을 뿐 하나님이 예수 안에서 민중을 하나님의 사건으로서 십자가에서 죽임당한 예수를 일으키신 사건의 측면을 간과했다고 비판한다. 박재순은 "하나님의 사건으로서 부활은 단순한 정치적 사건이 아니다", "예수의 부활은 민중적 일어섬의 동력이고 근거이다"[61]라고 말하면서 "예수의 부활"이 "민중의 일어섬의 초월적 동력이며 존재론적 근거"라고 역설하고 있다. 임태수는 그의 글 '민중신학의 구약성서적 해석'에서 민중신학자들 일부에서 선호하는 "사회학적-유물론적 해석방법"의 한계와 문제점을 직시하면서 더욱 건전한 민중신학적 성경해석의 방법을 제안하고 있다.

3) 평가

이러한 소장 민중신학자들의 자기성찰(自己省察)하는 비판적 분석은 정확한 분석이며 민중신학이 2000년대를 향하여 나가야 할 길을 긍정적으로 시사하고 있다. 1세대 민중신학자(서남동, 안병무, 서광선 등)들이 1960-1970년대 정치사회적으로 억압된 상황 속에서 독재정권의 비민주적인 지배 체제에 대항하여 민중의 인권과 사회정의를 역설한 것은 신학적인 공헌이라고 말할 수 있다. 그러나 젊은 세대들이 지적하는 바 같이 1세대의 민중신학은 신학과 정치경제학의 결합의 과정에서 신학자체가 지닌 초월의 지평과 성령 안에서의 자유를 상실하였다. 그리하여 신학을 이데올로기화 시켜버렸다. 이 약점을 극복하기 위하여 민중신학은 신앙과 초월지평에 대한 영성의 차원을 각성해야 한다. "예수의 부활은 단순한 정치적 사건이 아니라 민중 구속의 사건"이다. 신학적 사건으로서 "예수의 부활"은 "민중의 일어섬의 초월적 동력이며 존재론적 근거"이다. 민중신학이 이처럼 젊은 세대의 민중신학자들이 제시한 바 같이 신학적이고 영적인 차원을 보완한다면 민중신학은 복음주의적 정치신학으로서 한국적 토착화사상을 형성하는데 기여할 수 있을 것이다.

(4) 기독교환경 및 생태신학운동

과도한 개발로 인한 생태계의 파괴에 자극을 받아 기독교적 환경운동이 일어났다. 한국 기독교는 1990년 "정의, 평화, 창조질서의 보전"이라는 주제 아래 JPIC세계대회를 서울에서 개최하고 생태 및 환경에 대한 기독교적 관심을 표명하였다. 그리고 KNCC는 1992년 6월 1일 "1992년 한국 기독교회환경선언"을 채택하고 오염된 물과 공기와 땅을 회복시키는 환경보전운동을 전개했다. 1992년 6월 브라질 수도에서 개최된 리우축제는 "환경적으로 건전하며 생태적으로 유지가능한 발전"(Environmentally sound und sustainable development)을 슬로건으로 내걸었다. 한국 기독교의 생태신학은 자유주의 신학적 방향과 변혁주의 신학적 방향으로 전개되었다.

1) 자유주의 신학적 방향

이정배는 그의 논문 「토착화신학과 생명신학」(1991)에서 생태학적 시각에서 이미 발표한 그의 토착화신학의 착상을 되풀이하고 생명신학을 제안한다.[62] 그는 토착화론의 새로운 주제로서 "우주적 생명"을 제안한다. 우주적 생명이란 무한히 진화하는 하나의 유기체적 생명으로서 인간주체가 여기에 참여해야 하는 고차원적인 우주주체라고 본다. 그는 가이아이론을 수용하면서 우주적 생명과 인간은 하나라는 노자(老子)의 무위구조(無爲構造)를 말한다. 그는 우주적 생명이론에 "유대-기독교적 인격화된 유일신론에 설 자리가 없다"고 선언하고 "한국적 토착화 생명신학으로서 신이 이 세계 속에서 인간에게 의존적인 방식으로 존재하게 된다"는 "기일원론적인 범재신론"을 제창하고 있다. 그는 민중신학이 공동인간성만 알았지 공동피조물성을 고려하지 못한 "인간중심의 유물론적 성경해석"을 비판한다. 그는 인간의 생명현상과 자연의 생명현상 등 모든 존재의 원초적 근원을 기(氣)로 보고 존재이자 작용인 일기(一氣)의 응집 및 확산의 결과로 만물의 생성소멸을 해석하는 "기일원론적 세계관"을 제창한다. 자각적인 인간정신만이 전 우주를 창조적으로 진화하게 하는 생태학적 생명공동체(至化至氣 至於至聖)를 이루도록 한다. 그는 태초의 지기(至氣)가 인간의 자각적 실천을 통해서 인간사회와 우주만물의 성화를 이루어가는 기화신령(氣化神靈)의 단계, 곧 후천개벽론을 주창하고 있다.

민중신학이 사회적 인간의 존엄성을 강조한 나머지 간과했던 생태의 환경을 주제로 삼는 이정배의 생명신학의 시도는 주목할 만하다. 그러나 이미 앞서 언급한 바 같이, 생명신학이 "생태학적 생명공동체"를 정립하는 준거는 성경이나 기독교적 사상이 아니라 동학의 기일원론적 세계관이다. 여기서 생명의 신학은 더 이상 기독교적 신학이 아니라 하나의 혼합주의적 범신론 철학이 되어버린다. 따라서 생명의 신학은 그 준거(準據)를 성경이나 기독교 사상에서 찾아, 그 사고의 틀 안에서 한국적 사상과 대화를 시도해야 할 것이다.

2) 변혁주의 신학적 방향

1992년 10월 숭실대 한국 기독교문화연구소는 한국 기독교환경학자들(정용, 최열, 유근배, 유재현, 도갑수, 김병홍, 김정욱, 윤무부, 김용준, 이형기, 이종성, 안봉호, 박봉배, 김중기)을 초청하여 한국환경오염과 생태보존를 중심으로 하는 세미나를 개최했다.[63] 기조강연에서 소장 김영한은 "생태계의 위기와 환경운동"에서 한국교회가 과학기술사상의 지배 속에서 은폐되고 있는 기독교신앙의 근본인 창조신앙을 다시 한번 각성해야 할 것을 역설하였다. 그는 생태계의 위기는 인간중심적 세계관에서 연유된 것을 밝히고 이의 극복을 위해서는 성경적 생태사상을 증언하고, 생태학적 자연신학을 정립하고, 생태계 정의사상을 구현하고, 생태보전에 적합한 삶의 모델을 제시해야 할 것을 역설하였다. 정용은 「한국의 환경오염과 그 대책」이라는 논문을 통해 국내환경의 수질오염과 대기오염의 심각성을 지적하고 산업개발을 하기 전에는 반드시 환경영향평가, 즉 위해(危害)성 평가를 해야 함을 역설하였다. 또한 환경기준 설정과 유해 환경오염 물질의 관리를 과학화하자고 제안하였다. 이종성도 "창조신앙과 생태신학"에서 생태계를 위기에 처하게 한 원인은 창세기 1장 28절을 개발과 착취로 해석하여 창조세계에 대한 무분별한 착취와 파괴를 일삼도록 한 기독교신학의 착각, 하나님이 주신 이성과 지혜를 악용하는 자본주의의 범행이었다고 지적한다. 그는 우리의 과제로서 자연과의 공생관계 정립, 자연의 중요성을 회복하는 창조신학, 마음과 정신의 오염을 정화하는 운동을 역설하였다.[64] 박봉배는 "생태계의 보존과 기독교윤리"에서 생태계보존의 윤리로서 "생태학적 금욕주의"(ecological asceticism)를 역설하였다.[65]

1993년 10월 숭실대 한국 기독교문화연구소는 해외 석학들(독일의 에서(Helmut Esser), 영국의 데이비스(Eyrl. Davies), 홍콩의 피트 웅(Peter Ng), 미국의 이상현, 연세대의 박준서)을 초청하여 변혁주의적 생태신학과 윤리에 대한 국제 학술심포지엄를 개최하였다. 이 심포지엄에서는 다가오는 21세기를 맞이하는 변혁적인 생태신학과 윤리가 보다 구체적으로 제시되고 논의되었다.[66] 여기서 제시된 변혁주의적 신학은 한편으로는 하나님과 창조와 인간을 명료히 구분함으로써 동양사상이 가지는 범신론적 생태론를 극복하고, 다른편으로는 만물의 영장이요 청지기인 인간과 창조를 유기적으로 파악함으로써 세속주의적 생태론을 극복하고자 한다. 그러므로 이는 가장 성경적이고 기독교적 생태론이라 할 수 있다.[67]

(5) 기독교대중문화운동

기독교대중문화운동은 밝은 문화운동, 현대기독교 음악운동으로 구체화되었다.

1) 밝은 문화운동

밝은 문화 운동은 문화쉼터 마련과 밝은 문화세미나로 나타났다. 첫째, 문화쉼터 마련이다. 1980년대에 시작해 젊은이들 사이에 인기를 얻은 기독교문화공간 운동은 독지가를 통해서가 아니라 교회가 직접 나서야 한다는 견해가 설득력을 가진 것이다. 그리하여 이 운동이 개교회를 통해서 확장되었다. 교회를 개방해 기독인은 물론 일반인들에게도 하나님의 문화를 전하려는 움직임이 본격화되었다. 단순한 상업적 차원이 아닌 가스펠 콘서트를 비롯, 성경공부, 세미나, 문화강좌 등 기독교인들의 휴식 및 재창조의 공간으로 자리잡고 있는 기독교 문화공간은 전국적으로 20여 개가 있으며 한해 평균 4-5개 정도 문을 열고 있다.

1995년 4월 서울 신촌 대학가에 자리잡은 창천교회의 박춘하 목사는 교회설립 100주년을 맞아 전교인 제자화, 문화쉼터를 통한 차세대 선교, 세계선교 등 3대 목회방향을 정하고 전담 기획팀을 구성해 문화쉼터 첫 공연을 열었다. 그후 매주 목요일 저녁에 개최되는 "문화쉼터"에서는 교회 예배당이 대중가수들의 공연장과 영화관으로 변모한다. 파이프오르간이 있는 제단 앞엔 스크린이 설치되고 록가수, 뮤지컬 배우들이 무대에 올라 목청껏 노래 부르고 춤추며, 국내외 영화도 상영된다. 저명인사 초청강연, 장애인들의 공연도 마련된다. 여기에는 고교생, 대학생 등 청소년들이 관객으로 환호한다. 2005년 문화쉼터를 운영하고 있는 박춘하 목사는 "신앙은 보수적으로, 목회는 개방적으로"라는 철학을 가지고 록 콘서트와 영화상영을 과감하게 시도하였다. 창천교회는 젊은이들 껴안기에 나섰고 상당한 성과를 거두었다.[68]

또한 중앙교회의 '제이시하우스', 사랑의 교회의 '아름다운 땅', 그동안 누적된 문화선교역량을 더욱 확신시키고자 새로 단장한 경동교회 '여해기념관', '문화쉼터', '화요쉼터' 등이 대표적이다.[69]

'제이시하우스'는 종로2가 하나로 빌딩 지하1층(중앙교회 교육관)에서 문을 열었다. '제이시'란 문화 속의 그리스도(Jesus in Culture)의 약어(JIC)이다. 제이시하우스는 젊은 샐러리맨과 청소년들이 부담없이 찾아올 수 있도록 하기 위해 마련된 열린 공간이다. 은은한 가스펠 송을 틀어주고 커피와 간단한 음료를 제공한다. 120석 규모의 공연장을 갖추고 있어 매주 화요일 저녁 찬양사역자들이 콘서트를 갖기도 하며, 찬양사역 지망생을 위한 실험 무대가 되기도 한다. 시인 목사가 젊은이들의 고민을 들어주고 즉석에서 위로의 시를 써서 액자에 담아주는 "거리의 위로자" 프로그램도 특징적이다.

'아름다운 땅'은 소외되고 억눌린 불신 이웃들에게 복음을 전하고자 만들어졌다. 사랑의 교회 소속 우물가 선교회가 주관이 되어 불신자들을 위한 드라마, 레크리에이션, 전도 가요, 워십 댄스 등 "열린집회"를 위한 공간으로 사용된다.

경동교회 3층에 있는 '여해기념관'은 교회문을 낮추어 노천극장에서 지난 15년 동안 마당극, 환경극, 뮤지컬, 가스펠 공연, 음악회 공연을 주로 해왔다. 날씨에 따라 변동이 많은 불편함을 고려하여 지붕을 유리로 막아 공간을 새롭게 하였다. 이들 교회는 단순히 문화공간만을 제공하는 것이 아닌 선교전략의 하나로 문화를 선택한 것이다. 청소년과 청년을 대상으로 하는 여러 행사를 기획하고 음향 및 영상시설, 다양한 멀티미디어 시스템을 갖추어 첨단문화 혜택을 누릴 수 있도록 노력하고 있다.

둘째, 밝은 문화 세미나이다. 교회에서는 사경회나 부흥회 외에 봄이나 가을에는 청년들을 위하여 '문화 세미나'를 열고 있다. 두레마을에서 하고 있는 '말씀과 노동학교', 그리고 '공동체 생활 훈련 프로그램'이 있다. 두레마을은 성경적 삶을 실현하려는 공동체 마을이다. "성서, 노동, 봉사, 학문"을 생활 신조로 삼아, 성경의 깨달음을 깊게 하고 땀 흘려 일하며, 한 알의 밀알이 되어 봉사하는 삶을 살고 백성과 교회를 섬기는 데 필요한 학문을 발전시키는 데 애쓰고 있다. '공동체 생활 훈련'은 3개월 동안 예수 공동체 두레마을에서 함께 살며, 성경 연구, 공동체 관계 훈련, 유기 농업 체험, 자연과 함께하는 노동, 태백산 두레마을 탐방, 등산, 독서 등으로 공동체적 삶을 체험하는 프로그램이다. 이 훈련은 말씀과 노동과 사귐과 봉사를 통하여 건전한 신앙관 확립, 성경적 세계관의 수립 및 인격 성숙을 목표로 한다.

각 기독교 대학에서도 부설 기독교문화연구소를 중심으로 문화에 관한 세미나가 정기적으로 개최되고 있다. 숭실대 한국 기독교문화연구소에서는 벌써 한국 기독교문화연구 세미나와 연구논총이 16차례나 나오고 있다. 1998년도는 기독교문화운동에 있어서 대중문화가 가장 중점적으로 논의되는 해였다. 미국 칼빈대학교에서 가르치는 노마노브스키 교수가 한국문화운동단체의 초청을 받아 숭실대 한경직 기념관에서 대중문화의 영향력에 관하여 강연하였다. 그만큼 문화사역자들 가운데 대중문화의 중요성이 부각되었다. 그는 대학생을 비롯한 문화사역자들에게 기독교 문화가 현대의 대중매체 속에서 가야 할 방향을 제시했다. 그리고 ‘낮은 울타리’가 “문화패러다임”이란 시리즈를 발간하면서 기독교문화에 관한 보다 실제적인 소개가 이루어졌다. 라브리 한국 총무인 성인경이 『아담과 문화를 논할 때』란 제목으로 출판한 그의 저서는 젊은이들을 향하여 21세기를 위한 성경문화의 방향을 이야기체로 제시하였다. 숭실대 한국 기독교문화연구소가 1998년 5월 ‘사이버문화와 기독교문화전략’이란 제목으로 개최한 세미나도 사이버문화의 도전 속에서 기독교문화전략을 논의하는 좋은 계기가 되었다. 여기서는 정보사회에서 대중매체의 중심이 되고 있는 사이버공간을 어떻게 기독교문화가 복음전도의 도구로 사용할 것인가에 대한 논의하였다. 그리고 기독교윤리 실천운동 문화전략위원회가 편집한 『대중문화, 더 이상 침묵할 수 없다』라는 책은 대중문화에 대한 기독교인들의 문화적 도전을 선언하였다.[70] 이러한 밝은 문화운동은 위에서 언급한 토착화론 논쟁과는 달리 젊은 세대들 가운데 산업사회 속에서 살아야 하는 젊은 세대들의 삶의 방식으로 자리잡음으로써 하나의 자생적인 현대기독교문화 모습으로 정착해 가고 있다.

2) 현대기독교음악운동

현대기독교음악(CCM)이 젊은이들 가운데 확산되었다. 그것은 1989년부터 CBS AM을 통해 국내에 알려지기 시작하여 이제는 새로운 대중음악의 한 장르로 자리잡아 교회음악을 포함하여 포크에서 헤비메탈에 이르기까지 다양한 음악형식을 포괄하고 있다. CCM은 상업주의적 메커니즘에서 상대적으로 자유스럽기 때문에 사회문제를 과감히 다룰 수 있고 아름다운 선율이 많아서 특히 폭력, 섹스, 마약 등의 내용을 많이 담은 일반 팝음악 문화에 대한 대안문화를 제공하고 있다. 숭실대도 2000년부터 채플에 CCM을 도입하여 학생들의 호응을 얻고 있다. 국내 CCM 가운데에도 가요계의 히트앨범 수준의 판매량을 기록한 앨범이 있고 전국규모의 CCM 경연대회가 5개 이상이 되는 등 크게 성장하였다. 그 대표적인 예가 "하덕규의 CCM 캠프" 프로그램이다. 이 프로그램은 가치중심의 음악을 수용하기 때문에 다른 방송이나 다른 프로그램에서 수용하지 않는 음악들, 예를 들면 가치지향적인 가요라든가, 노동가요, 국악가요, 국악찬양 등까지 폭넓게 방송을 하고 있다. '시인과 촌장'이란 이름으로 노래를 부르기도 했던 그는 주옥같은 노래를 작곡한 것으로도 많이 알려졌다. 그의 대표적인 곡은 양희은이 불러서 많은 이들에게 알려진 "한계령"이다. 그리고 그가 직접 부르며 발표한 곡으로는 "가시나무", "숲", "비둘기에게" 등이 있다.[71]

그리고 찬양사역으로 12년을 일관해 온 최인혁의 청술기획 등이 있다. 그는 12년간 콘서트와 찬양집회를 열어 청년과 청소년들이 예수 안에서 올바른 비전을 갖도록 힘써 왔다. 그는 미국의 대중가수 마이클 잭슨의 내한 공연에 대한 기독교적 대안으로 1997년 1월에 PETRA라는 현대기독교찬양 그룹을 초청, 88체육관에서 이틀 동안 공연하도록 했다.[72]

이러한 CCM운동은 쾌락지향적으로 흐르는 현대 세속문화 속에서 하나님이 주신 문화를 회복하고자 하는 사명감을 가지고 있다. 서민들의 정서

속에 깊이 뿌리를 내려 있는 '한'(실향민의 한(恨), 이산가족의 한, 부모의 죽음, 정신대 여인의 한, 전쟁의 한)을 기독교적인 신앙으로 정화시켜 노래하는 것은 건전한 기독교문화를 뿌리내리는 데 공헌하는 것이다.

(6) 기독교윤리실천운동

기독교윤리 실천 운동은 다음 몇 가지로 구체화되었다.

첫째, 공명정대한 선거 문화 형성 운동이다. 1980년대 전반까지 진보주의 교회 청년들이 주축이 되었던 공명선거 운동에 1980년 후반에 들어와서는 보수교회 청년들도 정치의식을 가지기 시작했다. 1986년도에 있었던 민주화 쟁취 국민투쟁에 보수교회 청년들도 대거 참여했다. 그리하여 올바른 선거문화가 형성되도록 복음주의계열에 속한 기독교 청년들이 시민을 계몽하고 철저히 선거과정의 감시 활동을 하였다. 오늘날 한국의 선거는 어느정도 공정한 풍토가 만들어져 5년마다 평화로운 정권교체(전두환, 노태우, 김영삼, 김대중, 노무현, 이명박 정권)가 이루지고 있다. 그리하여 보수에서 진보로 지난 10년간 정권이 옮겨갔고 2008년 2월 다시 10년 만에 중도 우파성향의 보수정권이 들어서게 되었다.

둘째, 시민들의 올바른 문화소비자 운동이다. 올바른 문화가 사회 속에 뿌리 내리도록 시민들 가운데 올바른 문화소비자 운동을 전개하고 있다.[73] 이 운동은 문화를 소비하는 대중들의 자각과 의식을 일깨우고 진정한 즐김과 만족을 얻기 위하여 문화소비를 하도록 하는 운동이다. 기독교적 시각에서 문화에 대하여 가치평가를 내리는 것이다. 이 운동은 문화의 옳고 그름, 좋은 것과 나쁨, 바람직한 것과 바람직하지 못한 것이라는 평가를 문화의 생산, 유통, 소비의 전과정에서 내린다.

이러한 평가작업은 인터넷, 텔레비전 프로그램과 광고, 영화와 음악 등을 그 구체적인 평가대상으로 하고 있다.

① 문화소비자 운동의 핵심 과제는 성윤리 회복운동이다. 이 운동은 홍수처럼 쏟아지는 문화상품 주변의 성개방 이데올로기를 비판한다. 이러한 대중문화 속에는 "성의 개방화"와 "성의 상품화"와 "성의 오락화"가 시도되고 있다는 것이다. 결혼이라는 사랑의 테두리 안에서 성의 올바른 사용을 역설한다.

② 문화소비자 운동의 목표는 문화의 생산과 소비에 윤리적 책임을 부여하는 운동이다. 텔레비전 프로그램, 신문 연재소설, 광고, 영화, 음악 등 문화상품 전반에 있어서 불량품을 감시하고 고발하는 운동을 전개하고 있다. 구약성경 민수기 25장에서 보면 비느하스가 간음하러 들어가는 이스라엘 남자와 이방여자를 창으로 꿰어 이스라엘에 경고를 주어 하나님의 진노를 풀어준 것처럼 기독교윤리실천운동은 오늘날의 비느하스가 되어 성윤리의 타락을 막고자 한다.

③ 불건전한 문화상품에 대한 브레이크 운동을 한다. 스포츠 신문들이 음란하고 폭력적인 애용으로 경쟁하고 있을 때 이들 신문사에 대하여 제동을 건다. 그리고 비도덕적 해악을 지적하고 광고주에게 편지를 보내어 광고를 주지 않도록 호소한다. 그리하여 동서식품 등 몇몇 회사들이 광고를 주지 않기로 결의하였다. 스포츠 신문들도 만화 지면을 줄이는 등 전면적인 내용개선을 이루었다. 미국의 성인잡지 《펜트하우스》의 상륙시 이를 저지했다. 《중앙일보》의 음란소설, 신문의 선정적인 광고에 대하여 제동을 걸었다. 그 결과 《중앙일보》는 소설의 게재 중단과 내용개편을 하였고 일부 선정적인 광고주들이 신문지면을 통해서 사과 광고를 게재하였다.

④ 문화상품을 바르게 생산하고 소비하도록 청소년과 주부층 등 시민들에게 교육을 실시한다. 5개의 모니터 팀을 훈련시켜 텔레비전과 광고와 인쇄 매체의 모니터 비평활동을 하고, 이것을 일반 소비자들에게 문화소비에

대한 교육 자료로 사용하고 있다. 이를 실행하기 위한 구체적인 사업은 '착한 노래만들기 운동', '또 하나의 밝은 문화전', '박영미술전' 등이 있다.

셋째, 잡지 발간 등 저널을 통한 문화 사상의 형성이다. 중산층 청년 평신도들에게 열려 있는 《빛과 소금》, 사회적 관심을 가지고 있는 청소년들을 위하여 로잔언약(Lausanne Covenant)을 신앙고백으로 창간된 《복음과 상황》 등은 복음주의적 입장에서 기독교문화와 윤리의 실천을 위하여 노력하고 있는 월간지들이다. 그리고 청소년층을 많은 독자로 가지며 기독교문화를 전문적으로 다루는 월간 《낮은 울타리》 등이 있다. 그리고 신앙간증과 기독교문화와 교회를 연결하는 월간지 《신앙세계》와 순복음교회가 운영하는 월간지 《신앙계》, 일간신문 《국민일보》, 그리고 2000년대 들어와 창간된 기독교적 지성으로 현실을 비판하고 해석하는 《미래한국》이 이러한 역할을 하고 있다.

넷째, 생명존엄 사상 보급이다. 1996년 7월 5일 스코틀랜드 에딘버러 로즐린 연구소가 복제양 돌리를 성공적으로 생산함에 자극받아 국내에서 "핵전이술(核轉移術)을 이용한 생식용 인간복제"(Human Reproductive Cloning by Nuclear Transfer)가 경희의료원에서 시도되었다. 이에 대하여 기독교윤리실천운동은 그 부당성을 지적하는 캠페인을 벌였다.[74] 무성(無性)생식에 의한 인간생산은 하나님의 섭리에 대한 반기를 드는 행위이다. 기독교생명운동은 생명공학분야에서 일하는 과학기술자들의 생명존엄에 대한 윤리성을 고양시키는 일을 하고 있다.

이처럼 기독교윤리운동은 젊은 세대들 가운데 기독교적 가치관을, 생활 속에 그리고 사회 속에 뿌리 내리도록 하자는 목적을 가지고 있으며 기독교 가치관을 정립시키는 운동으로 자리잡아가고 있다.

(7) 경배와 찬양 운동

'경배와 찬양' 모임은 1980년대 후반 제도교회의 경직성과 의식화된 예배 문화의 침체를 뚫고 일어난 젊은이들 중심의 신앙부흥운동이다. 이 모임은 신자들 사이의 영적 성장에 많은 기여를 하고 있다. 기존의 예배 형식을 탈피하여 찬양을 통한 하나님과의 사귐을 강조하고 신앙적 만남의 체험을 강조하는 점에서 젊은이들에게 유익한 예배 회복과 영성운동이다.

이러한 모임은 인습적인 예배의 틀 안에서 관계와 영적 치유가 결여된 예배문화에 젖어왔던 젊은이들이 하나님과의 인격적인 관계를 체험하고 그의 영적 구속과 치유를 정서적으로 마음껏 표현하는 기회를 제공한다. 경배와 찬양 운동을 통하여 많은 청소년들이 하나님의 임재를 체험하고 하나님 앞으로 돌아오는 것은 크나큰 영적 결실이다.

그러나 젊은이들을 복음에 접근시키는 접목점이 있음에도 불구하고, 예배에 있어서 하나님이 중심이 되지 않고 사람들이 중심이 될 위험성이 있으며, 예배의 대상과 주관자가 되시는 그리스도가 찬양과 경배의 감성의 열광 속에서 가려질 위험성도 있다. 캐나다 리젠트신학교 영성 신학자 마르바 던 교수가 지적하는 바같이 "미국교회가 다양한 문화를 잘 수용하지만, 문화의 흐름에 저항하는 점에 있어서는 매우 약하"며 "때로는 예배에서 예수 그리스도가 사라지는 경우가 있다."[75]

(8) 기독교학문연구운동

학문도 신앙 안에서 이루어져야 한다는 신념 아래 지속적으로 기독교 학문 연구운동이 이루어지고 있다. '기독교 학문연구회'와 '숭실대 한국기독교문화연구소' 등 각 기독교 대학 기독교문화연구소들이 지속적으로 이 일을 열심히 수행하였다. 숭실대 한국 기독교문화연구소는 "Christianity facing the 21st Centruy"(1990), "한국 기독교와 윤리"(1992), "한국 기독교와 생태계의 보존"(1993), "2000년대를 바라보는 한국 기독교"(1991), "한국 교회 성장둔화 요인분석"(1998) "21세기와 창조의 미래"(1993), "The 21st Century and The Future of Creation"(1995), "한국 기독교와 사이비이단 운동"(1995), "The 21st Century, Postmodernism and Christianity"(1996), "21세기와 포스트모더니즘과 기독교"(1996), "21세기와 기독교와 타종교"(1999), "21세기의 아시아와 기독교대학"(1998), "21세기와 기독교대학에서의 학문과 신앙"(1999), "Christianity and Other Religions in the 21st Century"(1999) (숭실대 출판부 발간) 등 각 주제에 대한 심포지엄을 한 후에 편집하여 출판하였다. 대중문화 관련해서는 성경적 원리에 입각한 공직문화와 시민문화 형성, 기독교와 대중문화 등을 연구하였다. 한국개혁신학회는 1997년 "무속, 환생, 뉴에이지문화와 개혁신앙" 이란 주제로[76], 1998년 봄에는 "첨단 기술사회와 개혁신앙" 이란 주제로[77] 1998년 가을에는 "현대 신학의 현대적 조명" 이란 주제로 학술심포지엄을 개최하고 논문집을 출판하였다.

기독교학문연구소는 1988년 기독교백주년기념관에서 "기독교 신앙과 학문" 에 대한 월례발표회 및 세계관 세미나에서 시작되었고, 1996년 학술지《신앙과 학문》제1호가 나왔다. 2000년 기독교학술연구소는 21세기의 세속적 문화에 대한 기독교적 학문적 대안을 제시하기 위해 설립되었다: "복제 인간의 출현 가능성, 동성애를 비롯한 변화하는 성 윤리, 청소년에게 미치는 대중 문화의 막대한 영향력, 정보화 사회가 제기하는 문제 등" 을 "기독교 관점에서 올바로 조명하고 대처" 하고자 한다. "피상적인 관찰과 일방적인 선언으로 대응해서는 이 세상의 조류를 이길 수 없다", "성경적인 원리를 알아야 하고 이에 바탕하여 해당 문제에 대한 면밀한 연구를 수행" 해야 한다. "더욱이 이들 문제에는 많은 학문 분야들이 밀접하게 상호 연관되어 있으므로 인문 · 사회 · 이공 · 예술 등 여러 분야의 기독교 학자들이 학제간(學際間)의 대화를 나누며 공동체적으로 기독교적인 시각을 형성"해 나가고자 한다.[78] 기독교학문연구소는 다음같은 신앙고백을 하며 복음주의적 입장에 서 있다: "우리는 성경이 정확무오한 하나님의 말씀임을 믿으며(딤후 3:16) 사도신경대로 신앙을 고백한다. 성경은 삶의 전영역에서 하나님의 말씀의 규범을 따라야 할 것을 가르치고 있으므로(골 1:16-20) 우리는 학문 활동도 성경의 원리에 의해 수행되어야 한다고 믿는다."[79] 이 연구회에서는 "기독시민이 바라는 정책과 정치 자세"(특집: 1997년 가을호), "경제 위기"(특집: 1997년 겨울호), "한국의 반성과 갱신"(특집: 1998년 봄호), "한국교회의 자성"(특집: 1998년 여름호), "기독교적 관점에서 본 동양사상"(특집: 1998년 가을호), "기독교와 다원주의"(특집: 1998년 봄호, 1999년 봄 합병호), "생명복제기술의 현황과 윤리, 신학적 함의"(특집: 1999년 가을호) 등의 주제를 다루어왔다.

이러한 기독교학문연구운동은 기독교적 세계관을 통해서 각 학문 영역이 지니는 기독교신앙과의 연계성과 그 함축성을 드러낸다는 데 있어서, 학문의 영역에 전개되고 있는 차원높은 지성적 기독교문화운동이라고 할 수 있다.

4. 21세기 기독교문화운동의 방향

숭실대 한국 기독교문화연구소는 1993년부터 매해 2월, 목회자를 대상으로 하는 "전국목회자신학세미나"를 개최해왔다. 그 구체적인 내용은 다음과 같다.

제1회-창조적 목회와 성경해석(1993년), 제2회-기독교 영성과 예배(1994년), 제3회-강해설교와 신학(1995년), 제4회-하나님 중심의 목회와 한국 교회의 갱신(1996년), 제5회-21세기 목회의 새 모델(1997년), 제6회-21세기 예배의 새 모델(1998년). 제7회-21세기 목회상담의 새 모델(1999년), 제8회-새천년 목회상담과 심리치료의 실제(2000년), 제9회-21세기 목회와 목회자의 인성(2001년), 제10회-21세기 목회와 전인건강(2002년), 제11회-21세기 목회와 디아코니아(2003년), 제12회-21세기 목회와 가정사역(2004년), 제13회-교회사역과 목회자의 리더십(2005년), 제14회-목회와 치유(2006년), 제15회-목회와 문화선교(2007년), 제16회-미래목회와 교회의 내실적 성장(2008년)이다. 이 모임은 교회목회자의 목회개발과 새로운 착상을 위하여 초교파적으로 목회자들이 모여 21세기의 새로운 목회현실을 분석하고, 목회의 새로운 방향을 제시하고 있다.

숭실대 한국 기독교문화연구소는 1998년부터 인터넷 시대와 더불어 열린 대중문화에 대한 기독교적 비판과 방향을 제시하기 위하여 "숭실기독문화포럼"을 매해 개최하였다. 그 구체적인 내용은 다음과 같다: 제1회-사이버문화와 기독교문화전략(1998년), 제2회-21세기 생명문화와 기독교(1999년), 제3회-문명전환과 기독교(2000년), 제4회-문화적 치유와 기독교(2001년), 제5회-문화상품과 기독교문화읽기(2002년), 제6회-영상으로 본 문화(2003년) 등이다.

또한 21세기를 문화신학적으로 준비하기 위하여 1987년부터 매 2년마다 기독교문화 및 신학 국제학술심포지움을 열었다. 제1회-오늘날의 개혁신학(Reformed Theology Today, 1987), 제2회-21세기를 바라보는 기독교(Christianity facing the 21st Century, 1989), 제3회-21세기와 창조의 미래(The 21st Century and The Future of Creation, 1993), 제4회-21세기, 포스트모더니즘과 기독교(The 21st Century, Postmodernism and Christian Faith, 1995), 제5회-21세기 기독교와 타종교(Christianity and Other Religions in the 21st Century, 1997), 제6회-21세기 문화와 개혁신앙(The Culture of the 21st Century and Reformed

Faith, 1999), 제7회-21세기 시대정신과 개혁신앙(The Time Spirit of the 21st Century and Reformed Faith, 2000), 제8회-21세기 문화와 복음주의 신앙(The Culture of the 21st Century and Evangelical Faith, 2001)이다.[80]

1960년대, 70년대, 80년대, 90년대의 기독교문화운동에 대한 서술과 평가, 그리고 2000년대 준비의 성과를 기반으로 하여 필자는 21세기의 기독교문화운동의 방향을 전망해 보고자 한다.

(1) 대중문화운동에 대한 기독교적 방향 제시

세속적인 쾌락위주의 대중문화가 현대인, 특히 그중에서도 청소년과 젊은이들을 매혹시키고 있다. 스타를 중심으로 하는 대중음악의 영향력은 21세기 그 어느 때보다 커졌다. 기독교적인 대안으로 한국교회가 CCM 운동을 육성시키는 일이다. CCM(Contemporary Christian Music)은 기독교세계관을 바탕으로 한 대중음악이다. 록음악을 사단의 음악이라고 거부하면 오늘날 젊은이를 현대의 세속문화에서 이끌어 낼 길은 없다. 록(Rock)은 음악의 장르이지 그것 자체가 악마적이라고 말할 수 없다. 록음악이라고 무조건 거부하는 사람들의 생각이 잘못된 것이다.

또한 한국교회는 대중문화 속에 나타나는 뉴에이지운동에 대하여 대안을 제시해야 한다. 뉴에이지운동은 기독교 시대가 종말을 고하고 인간이 신으로 진화하는 영적 진화의 시대로의 전환을 주장하고 있다. 뉴에이지운동은 앵크 십자가를 제작하여 여성의 장신구(귀걸이, 목걸이, 각종 티셔츠, 모자)에 장식하고 있다. 이것은 이집트의 신비주의에서 나온 위(上)가 동그란 십자가의 형태를 하고 있다. 이 상징물의 의미는 사람에게 영생을 주는 존재가 하나님이 아니라 사단임을 나타내는 것이다. 대중음악 그룹으로 앵크 십자가를 찬양하는 그룹 중 하나로 "에이스 오브 베이스"(Ace of Base)가 있다. 이들의 앨범은 국내에서 90만 장 이상 팔릴 정도로 많은 인기를 모았다.

이들이 부른 곡 가운데 "더 사인"(The sign)이라는 노래가 바로 앵크 십자가를 찬양한다.[81] 뉴에이지 운동은 윤회와 환생 사상을 대중음악을 통하여 전파하고 있다. 국내에 들어와 있는 뉴에이지 단체는 인도에서 들어와 명상음악을 통해 요가를 보급하는 아난다 마가(Ananda Marga), 오쇼 라즈니쉬 명상센터, 신지학(Theosophy)협회, 초감각적 감지력(Extra Sensory Perception) 등이다.

한편 청소년들 사이에 볼펜을 손에 잡고 돌리면서 주문을 외워 귀신을 불러낸 뒤 점을 치는 볼펜점이 성행하고 있으며 전생신드롬이 나타나면서 전생을 볼 수 있다는 수정구슬, 전생에 대한 TV 드라마, 책, 토크쇼 등이 유행하고 있다.

이에 대한 대책으로 한국교회는 종교문화적으로 건전해야 하며, 성경적이고 윤리적이고 복음적 신앙사상을 가지고 있어야 한다. 이를 위해 기독교 대중문화운동의 확산이 요청된다. 그 구체적 내용으로 생동감 있는 예배, 경배와 찬양운동, 대중문화 선교전략에 투자, 대중문화 사역자 양성, 기독교적 세계관에서 본 대중문화 소개 등을 들 수 있다.

다가오는 21세기에도 여전히 대중문화에 대한 기독교 문화전략이 기독교 문화운동의 중요 이슈가 될 것으로 전망된다. 21세기 기독교 문화운동의 바른 방향은 기독교 복음정신이 대중문화 속에 바르게 반영될 수 있도록 하는 것이다. 더욱이 일본 대중문화가 우리 사회에 수입되는 대중문화적 상황 속에서 기독교문화는 젊은 세대들을 얻기 위하여 구체적인 문화전략을 고안해야 할 것이다. 대중문화를 바르게 이해하고 기독교정신을 대중문화 속에 이입하여, 세속사람들이 대중문화를 향유하면서 그리스도(정신)를 발견할 수 있도록 해야 한다. 그뿐 아니라 대중문화가 세속적인 향락문화로 타락하지 않고 영성과 건전한 대중성을 형성하도록 하는 것이다.

더욱이 오늘날 대중문화는 단지 사이버문화라는 멀티미디어만이 아니라 그 속에 환생, 뉴에이지 사상, 각종 무속사상, 인본주의적 공상 내지 비현실적인 타계 인간 이야기 그리고 불륜 등 퇴폐한 성윤리와 폭력 등을 담고 있다. 기독교 신자들은 대중문화의 소비자로서 대중문화에 대한 감시자 기능을 강화해야 한다. 불건전한 매체를 고발하고 불매운동을 하는 등 대중문화 매체들을 정화할 수 있다. 특히 문화사역자들은 각계 예술이나 문화분야에서 활동하고 있는 기독교 신자들로 하여금 대중문화 속에 기독교 정신을 불어넣도록 할 수 있다.

21세기가 펼쳐진 후에도 종말론의 열정은 식을 줄 모른다. 기독교계에서는 과천 장막성전을 중심으로 신천지 교회가 종말론을 들고 일어나 교인들을 미혹하고 있다. 교주 이만희는 신천지 교인 14만 4,000명이 모이면 하늘에서 새 예루살렘이 과천 신천지 제단에 내려와서 영생을 얻게 된다고 세인(世人)들을 미혹하고 있다.[82] 점성술 내지 무속사상, 환생, 타계 생물체의 출현, 그리고 시한부 종말론과 관련된 각종 서적들도 쏟아져 나오고 있다. 기독교 문화사역자들은 성경과 기독교 세계관에 안에서 이러한 대중문화에 파고들 수 있는 잘못된 윤리 및 종말사상을 비판적으로 감시하고, 하나님 중심의 올바른 세계관이 확산되도록 세미나, 공개 강연, 문화사역자 훈련 모임, 전문가들의 문화에 관한 저작활동 등을 펼쳐나가야 할 것이다.

(2) 첨단과학기술에 대한 의미와 가치 제시

기독교신앙은 오늘날 인간본위적인 과학기술이 인간 생명과 생태계를 파괴하는 기능주의적 사고의 경향을 막아야 한다. 기능주의적 사고(functionalistic thinking)란 과학기술을 단지 자연을 개발하는 효용성으로만 보고, 기술이 지니는 의미와 가치에 대하여 생각하지 않는 사고를 말한다.

기독교신앙은 창조하신 세계에 대해서 청지기가 되라는 하나님의 창조 명령에 비추어 과학과 기술을 평가하고, 그 의미를 제시해주어야 한다. 바른 신앙은 과학적 탐구에 동기를 부여하고 탐구의 정신을 촉진한다. 따라서 첨단 기술의 21세기를 향하여 과학기술의 신학을 정립해야 할 것이다.[83] 기독교신앙은 과학적 탐구의 방법과 과정에 대해 권위적으로 군림하거나 그 탐구정신을 저해해서는 안 된다.

2000년대 들어와 미국에서는 145년 이상 지배해온 진화론에 대하여 '지적 설계론'(intelligent design)이라는 이론이 설득을 얻고 있다. 지적 설계론은 '자연의 신비로 어떤 설계자의 존재를 증명하는 이론'으로서 신앙을 강조하는 기독교적 창조론을 보다 지성적으로 설명하여 접근하는 이론으로 볼 수 있다.[84] 개혁신앙은 새로운 과학적 발견에 신앙적 동기를 부여하고, 탐구에 대한 역동성을 부여한다. 그러므로 성경을 하나님의 말씀으로 믿는 중생한 신자는 그 인격 속에서 진지한 과학적 탐구와 발견을 수행하는 훌륭한 과학자가 될 수 있다. 신앙에 지도된 과학기술은 소극적으로는 스스로 목적이 되고 인간을 다스리고 신격화되는 것을 막는다. 그것은 적극적으로는 인류와 생태계에 유익한 것이 된다. 그리고 궁극적으로는 인간에게 자연과 그것을 개발할 수 있는 도구적 재능을 주신 창조주 하나님의 지혜에 영광을 돌린다.

(3) 사이버 시대 속에서의 교회와 예배관 제시

멀티미디어는 사이버 교회와 사이버 예배를 출현시키고 있다. 방송예배가 듣는 예배라고 한다면, 사이버 예배는 영상매체를 통해 보고 듣는 예배이다. 이러한 사이버 교회와 사이버 예배는 예배드리는 공간과 모임자체가 필요없는 교회와 예배가 되어버린다. 이러한 사이버 교회나 예배는 교회공동체와 신자공동체로 드리는 예배경험을 도외시하고 성만찬의 중요성을 약화시키는 위험에 봉착하게 된다. 더욱이 사이버 공간은 실재로 존재하지 않는 허구의 세계이다. 이 공간에서 시청자들은 실재의 세계와 차단되고 유리되어 진정한 인격적 접촉을 상실한다. 또한 진정한 가치를 생각하고 정립하고 실천하는 일에 무관심하게 된다. 여기에는 그리스도를 만나고 헌신하는 인간 몸의 현존이 부재되어 있다. 한편 사이버 교회는 병상의 환자, 직무상 움직일 수 없는 신자, 부득이한 사정으로 예배당에 갈 수 없는 신자들을 위하여 선용할 수 있다.

그러나 사이버 예배의 한계를 지적하여, 지역 교회에 모여서 드리는 공동체의 예배가 진정한 예배라는 사실을 신자들이 잘 알고 있어야 한다. 지역교회는 실재 교회에서 모여서 드리는 주일예배가 하나님 앞에 드리는 신자들의 진정한 감사예식임을 인지해야 한다.

(4) 성경적 세계관과 생명에 대한 성경적 윤리사상 제시

개혁신앙은 현대의 과학기술이 지닌 가이아(Gaia)이론 같은 범신론적 세계관과 세속주의적 인본주의적 세계관을 성경적으로 조명하면서 그 방향을 제시해야 한다. 1970년 초엽 제임스 러브록(James Lovelock)이 제시한 가이아이론은 지구의 모든 생물과 무생물이 궁극적으로는 하나의 실체로서 한데 어울려 진화해 왔다고 본다. 가이아란 그리스 신화에서 나오는 대지의 여신을 의미한다. 가이아 이론은 태고적부터 지구의 산소농도(21%), 지구의 온도, 바닷물의 염분농도가 어떻게 큰 변화없이 일정하게 유지될 수 있었는지, 진화의 지속이 가능할 수 있었는지에 대해 현대과학이 답변해주지 못하는 의문을 풀 수 있는 실마리를 제공해준다고 주장한다. 지구는 살아 있는 유기체로서 지구의 모든 생물과 그것을 에워싸고 있는 환경이 마치 달팽이와 그 등에 얹힌 고동처럼 일체화된 하나의 실체로서 존재한다고 주장한다.

러브록은 이러한 지구를 성모 마리아처럼 경배한다고 말한다. "성모 마리아가 가이아의 다른 이름이라고 하면 어떨까? 그렇다면 동정녀 마리아가 아이를 낳았다는 것은 아무런 기적도 아니며 처녀생식의 변이도 아니다. 그것은 생명이 탄생한 이래로 가이아가 갖는 자연스러운 역할이다. … 이 지구에서 그녀는 영속하는 모든 생물의 근원이며 지금도 여전히 살아 있는 존재이다. 그녀는 인류를 탄생시켰으며, 우리들은 그녀의 한 부분이다."[85]

위에서 읽는 바 같이 가이아는 지구를 산출하고 스스로 환경조절 메카니즘을 가지고 환경을 조절하는 자기규제 시스템을 가진 범신론적 존재이다. 그러므로 러브록은 신학이 증거하는 하나님 존재보다는 '가이아가 살아 있다' 는 범신론적 안목에서 하나님과 우주와 인간과의 상호관계를 해명하고자 한다. 그러나 이러한 범신론적 과학기술 이론에서 인간의 윤리와 책임은 없다. 모든 것은 살아 있는 가이아의 자기규제 시스템에서 나오는 자연스런 행위라는 러브록의 주장은 생태위기를 초래한 인간의 착취와 수탈 행위에 대해 면죄부를 주고 있다.

이와는 대조적으로 세속적 인본주의적 세계관은 신적 존재를 인정하지 않고 있으며 과학기술이 초래한 위기는 보다 발전된 기술에 의하여 극복될 것으로 낙관하고 있다. 첨단과학기술의 인본주의적 세계관은 인간복제, 유전자조작 등 인간기술에 의한 이상향을 꿈꾸고 있다.

2005년 한국사회는 배아복제 줄기세포 배양 성공으로 인한 황우석 신드롬에 들떠 있다가 [86] 조작이라는 것이 밝혀져 사회적인 물의와 국제적인 망신을 당했다. 배아줄기세포의 배양 성공은 불구자들에게는 희소식임에는 틀림없다. 그러나 배아 줄기세포를 얻는 과정에서 난자제공의 문제와 줄기세포를 제공하는 배아의 폐기는, 성인의 생명을 살리기 위하여 다른 어린 생명을 희생시켜야 하는가 하는 생명윤리의 심각한 도전에 직면한다.[87]

한편 2007년 11월 미국 위스콘신대 제임스 톰슨(Thomson) 교수, 준잉 유 (Yu) 박사 연구팀과 일본 교토대 야마나카 신야(Shinya) 교수 연구팀이 성인의 피부세포로 배아줄기세포를 만드는 데 잇따라 성공했다.[88] 이러한 과학기술적 업적은 생명윤리를 위하여 공헌하는 것이다. 배아를 파괴하거나 복제를 하지 않고도 환자에게 면역거부반응 없는 맞춤형 배아줄기세포를 공급할 수 있는 길이 열렸기 때문이다. 오늘날 생명공학자들은 생명의 존엄성을 보전하는 생명윤리의 준칙을 지키면서 생명기술을 발전시켜야 할 과제를 안고 있다.

그런데 오늘날의 공리주의적 생명공학기술에는 인간의 존엄성과 기술의 가치를 제시할 수 있는 윤리와 가치의 기준이 없다. 단지 많은 사람들을 살리고 행복하게 하면 좋은 것이라는 공리주의적 사고가 지배할 뿐이다. 여기서 현대인은 고도의 과학기술 속에서 삶의 가치와 존재의 허무성 속에 빠지고 마는 것이다. 그러므로 개혁신앙은 첨단 과학기술과 연관하여 제기되는 두 가지 세계관에 대하여 생명에 대한 성경적 윤리사상을 제시해야 할 것이다.

(5) 변혁주의적 토착화 신학

민속문화와의 관계에 있어서는 문화에 대한 변혁주의적 착상을 확고히 하여 실행하는 것이 요청된다. 변혁주의는 배타주의와 혼합주의의 단점을 보충하고 복음 안에서 새로운 복음의 주체성을 확보함으로써 전통적 민속문화에 대한 창조적인 변혁을 수행하고자 한다. 변혁주의는 배타주의처럼 민속문화를 쓸모없는 것으로 보지 않는다. 민속문화 속에 있는 선(善)을 향한 가능성을 인정한다. 그리고 이 선을 방향전환 시키고 기독교적으로 세례를 주며, 질적으로 새롭게 하여 창조적 문화가 되도록 한다.

토착화란 재래문화의 긍정적인 요소가 복음의 빛 아래서 말씀의 누룩과 상호작용하여 새로운 주체성으로 발전되어 가는 자기 확립의 과정이다. 추석을 추수감사절을 지키고, 광복절을 유월절로 지키며, 제사를 조상에 대한 추모의식으로 지키는 것이 그 구체적인 예이다. 복음주의 신학자 니콜스(Bruce J. Nicholls)에 의하면 본래 협의의 토착화 개념은 불변하는 복음이 비기독교 민족들의 문화 속에 이식될 때 주로 예배형식, 사회관습, 교회당 건축, 전도방법 등을 그 문화상황에 맞게 적용한다는 뜻이었다.[89]

유진 나이다(Eugene Nida)는 복음전달에 있어서 세 가지 언어모형(a three language model)을 제시한다. 그것은 성경말씀, 선교사의 메시지, 그리고 토착민의 언어이다. 이 언어들은 각각 그 시대와 문화의 배경들이 다르기 때문에 문화의 옷을 입고 있다. 성경말씀은 성경의 문화, 선교사는 선교사의 문화, 청취자는 토착문화를 가지고 있다. 선교사의 역할은 먼저 성경의 역사적 문화를 자신의 타고난 문화(native culture)에서 분명히 하는 것이다. 그 다음, 청취자의 습득된 문화(adopted culture)를 이해하고 소화하고 복음을 전달하는 것이다. 전달자와 듣는 자 사이에는 여과장치가 있어서 메시지는 여과기에 걸려져 왜곡되어 전달된다. 진정한 선교는 선교지의 언어를 습득함으로써 가능해진다. 언어를 습득함으로써 그 문화에 침투해 들어가는 것이다. 이것을 헤셀그레브(David J. Hesselgrave)는 문화적 침잠(cultural submersion)[90]이라고 부른다. 그는 언어습득이란 "하나님의 말씀을 문화라는 안경을 통해 해석하려는 경향" 이라고 보았다. 이것에 대한 나이다의 예를 빌리면 다음과 같다. 빅토리아 호수가의 자나키(Zanaki)인들에게 계시록 3장 20절을 "볼지어다 내가 문밖에서 서서 두드리노니"라고 말해서는 안 된다. 자나키 땅에서는 도둑들이 오면 일반적으로 오두막 집을 두드리며, 선량한 자가 방문왔을 때는 집주인의 이름을 부르는 것이 상례이기 때문이다. 그러므로 "자니키어로 번역하기 위해서는 '볼지어다 내가 문 밖에 서서 부르노니' 라고 번역해야 한다."[91]

복음은 초문화(superculture)이며 타고난 토착문화(native culture)와 구분된다. 복음의 현장화란 전달자로부터 해석된 복음이 청취자의 현지문화 속에 적용되는 것이다. 여기서 습득된 문화가 형성된다. 이 과정이 토착화이다. 이러한 세 가지 문화를 통해서 타문화권에 복음을 전파하기 위해서는 탈상황화(de-contextulalization)와 상황화(contextualization)가 요구된다. 탈상황화란 전달자의 문화적 문화를 제거하는 것이다. 복음은 이미 전달자의 문화 속에 맥락화 되어 있음으로 복음의 진정한 모습을 추출하기 위한 과정이다.

토착화(indigenization)란 선교 현지인의 입장에서 복음을 자신들의 재래 문화에 수용해서 접합시키는 것을 뜻한다. 맥락화가 외부인에 의한 청취자의 문화에 접합시키고 적응시키는 운동이라면 토착화는 현지인에 의한 수용운동이다. 여기서 토착화와 혼합주의를 구분해야 한다. 토착화란 토착문화를 기독교적 형식으로 표현하는 것이고 혼합주의는 기독교 내용을 변형시켜 토착문화화 시키는 것이다. 미국의 풀러신학교의 선교학자 찰스 크래프트(Charles Kraft)의 견해를 빌리면 토착 형식(indigenous form)과 기독교 의미(christian meaning)가 합하여 토착화를 이루며, 기독교 형식(christian from)과 토착 의미(indigenous meaning)가 합하여 혼합주의가 된다. 토착화와 혼합주의(syncretism)를 구분해야 하며 혼합해서는 안 된다. 혼합주의는 복음의 정체성 위기를 초래한다. 용어에 대한 선교신학적 정리작업이 요청된다.[92]

송천성(宋泉盛)의 아시아신학(an Asian theology)[93]이라는 것도 혼합주의 사고에 갇혀 있다. 그는 기독교신학을 아시아의 문화에 전위하고자 하는 전위신학(theology of transposition)이라고 하나 전형적인 혼합주의 사고에 빠져 있다. 그는 주역(周易)이 가르치는 태극(太極)의 기본 운동형식인 양과 음의 전위(轉位)를 기독교의 창조와 구속으로 해석하고 있다. 여기서 "창조와 구속은 실제에 있어서 동전의 양면이다" 라는 그의 혼합주의적 문화신학의 공리가 나온다. 그가 전개한 아시아신학이란 기독교신학이 아니라 아시아문화 종교론에 불과한 것이다. 여기서 역사적 성육신과 성육신의 인격이신 예수 그리스도, 그리고 성부 하나님은 하나의 인격이 아니라 하나의 주역의 원리로서 이해되고 있다. 그의 전위신학은 창조론이 없는 주역의 원형적 세계관과 범신론을 기독교의 세계관과 유사하다고 하는 혼합주의적 오류를 범하고 있다.

오늘날 한국의 문화신학이나 민중신학, 종교신학이나 생태신학은 기독교 형식에 토착 의미를 부가함으로써 복음의 변질을 초래하는 바 혼합주의(김경재의 문화신학, 이정배의 생명신학, 박종천의 상생신학)로 나아가서는 안 된다. 변혁주의적 착상이 제안하는 바 같이 토착형식에 기독교적 의미(내용)을 부여하는 변혁적인 토착화를 수행해야 한다. 토착화 과정은 단순히 두 가지 서로 다른 문화의 융합이나 혼합이 아니라 복음선포의 과정이다. 독일 신학자 보렌(R. Bohren)이 말하는 바 같이 한국 같은 조상숭배 문화권에서는 관혼상제 의식집행은 복음 선포, 교제와 봉사와 선교적 기회가 되며 기독교가 세상의 동반자적 기회를 제공받는 것이다.[94] 유교제례는 기독교 선교의 접촉점이다. 효성과 우상숭배의 혼합문화권에서는 기독교가 유교의 효행(孝行)을 능가하는 행위를 보여주어야 하며, 종교적 감정을 충족시킬 수 있는 바른 예배대상을 분명하게 제시해 주어야 하고, 사랑의 감정을 충족시킬 수 있는 혈연공동체를 형성할 기회를 마련해야 한다.

이러한 조상제사의 문화변혁적 이해에 있어서 유교적 종교 의식(儀式)은 변혁되어야 하고, 동아시아 문화, 특히 한국 유교문화가 지니는 조상에 대한 효(孝, filial piety) 사상[95]은 그대로 보존해야 할 것이다. 조상제사를 추모예식으로 변혁하는 데 있어서 다음 절차가 신학적으로 보완되어야 한다.

첫째, 추모예배에 대한 보다 깊은 예배신학적 성찰이 요구된다. 조상제사에서의 조상 혼(魂)이 온다거나 조상 신(神)이 복과 화를 내린다고 하는 무속적 신앙을 제거하고, 조상의 신앙과 덕을 흠모하는 예배가 되어야 한다. 그리하여 조상제사에 대한 미련을 지니고 있는 불신자들에게도 추모예배가 충분히 예식적으로 제사를 대체할 수 있다는 것을 보여주어야 한다.

둘째, 배례(拜禮)에 대해 보다 깊은 신학적 성찰이 요구된다. 불신자들에게 "제사시 드리는 신위(神位) 앞에서의 절"을 변혁적으로 잘 표현하는 등가 행위를 제시하는 것이 요청된다. 동아시아 문화의 민속양식에서는 상제례 때 고인의 영정이나 묘소 앞에서 절함으로써 고인에 대한 조의, 추도, 추모의 정을 나타낸다. 이것을 우상 앞에서 절하는 우상숭배로 규정하는 것은 너무 지나친 근본주의적 성경해석이다. 성경에서 우상숭배란 유한한 피조물을 하나님처럼 높이는 행위로서 인간을 비인간화 시키고 노예로 만들어 버린다. 이에 반해서 상례시 절하는 행위는 고인에 대한 조의, 추도, 추모의 뜻을 전인적 몸짓에 담아 표현하는 전통적 예법이라고 할 수 있다.[96] 예컨대, 해외에 유학갔다 오랜 세월 후에 돌아온 자식이 부모나 조부모 또는 스승이나 윗사람에게 큰절을 하는 행위나 다름이 없다. 제사의 배례를 변혁적으로 수용하는 신학적 대안이 필요하다. 배례는 비종교화 되어야 하고, 문화화 되어야 한다.

헤셀그레브가 지적하는 것처럼 조상제사에는 조상 존경(honor)과 기념(rememberance) 이상의 종교적 차원이 있기 때문이다.[97] 비종교화 된다는 것은 더 이상 죽은 조상의 신(혼백)에게 절하는 것이 아니라 그냥 돌아가신 조상에 대한 후손의 존경을 표현하는 것으로 이해되고 고인에 대한 자식의 존경으로 이해되는 것이다.

셋째, 조상제사시 사용되는 신주(神主)와 지방(紙榜), 축문(祝文), 제수(祭需)의 진설(陳設) 등도 기독교적으로 변혁되어야 한다.[98] 떠도는 조상의 혼백(魂魄)을 의빙(依憑)처를 제공하는 신주나 지방은 고인의 영정(影幀)으로 대치하고, 축문 대신에 설교와 기도문, 죽어서 구천(九泉)을 떠도는 혼백에게 먹을거리를 봉양한다는 제수의 진설은 가족과 친지를 위한 진설로 바꾸는 것에 대해 보다 깊이 있는 예배신학적 성찰과 연구가 있어야 할 것이다.

*

1960년대와 1970년대의 토착화신학운동은 주로 혼합주의자들이 주축이 되어 토착화운동을 전개하였고 복음주의자들은 이에 반대하거나 소극적인 입장을 취하였다. 그러나 1980년대와 1990년대에 들어오면서 복음주의자들은, 한국문화가 기독교복음 안에서 세례를 받고 새로워져야 한다는 변혁적 토착화 착상을 개발하면서 보다 적극적인 기독교문화운동을 전개하였다. 그것은 비단 복음주의적 문화신학의 운동만이 아니라 기독교 대중문화운동, 기독교 윤리실천운동, 기독교 환경 및 생태보존운동, 생명의 윤리운동으로 나타났다. 이러한 기독교문화운동의 바람직한 방향은 한국재래문화가 지니고 있는 긍정적 형식을 발견해 거기에 기독교적 의미를 부가하고, 부정적인 요소는 복음의 메시지로써 변혁을 수행하는 것이다. 이것이 바로 변혁적 문화신학의 착상이다.

21세기 한국교회와 신자는 한국사회 속에 기독교문화를 창조해야 한다. 그것은 비단 한국적인 것만이 아니라 아시아와 세계에 공헌하고 가치를 부여할 수 있는 보편성을 가져야 한다. 기독교 복음의 정체성을 상실하지 않으면서 한국적 고유한 형식을 창출, 그것에 기독교적 의미를 담을 수 있도록 구체적인 연구와 실천이 필요하다. 고유한 한국적인 형식이란 국수주의적이거나 배타적인 것이 아니라 오히려 아시아와 세계를 향하여 공헌할 수 있는 보편성을 가지는 열린 고유형식이라고 말할 수 있다. 그것은 개혁신학적 복음주의 사상(reformed evangelicalism)[99]이라고 말할 수 있다.

chapter 12
민중신학의 위기와 한국신학의 새 방향:
변혁적 문화신학의 착상

21세기의 변화된 시대의 환경 속에서 민중신학은 문화신학으로 전개되는 것이 요청된다. 문화신학은 한국의 역사적 문화의 현실을 진지하게 받아들이는 점에 있어서 특수하나, 동시에 서구신학의 보편적 가치를 이해하고 수용하고자 하는 점에서 보편적이라고 말할 수 있다. 문화신학이 추구하는 보편성이란 인간과 역사와 자연의 삶을 문화적 관점에서 본다는 것이며, 하나님 자신이 인간에게 이 문화적 위임을 주신 것으로 보는 것이다. 그리고 21세기가 바로 이러한 창세기의 문화적 명령(cultural mandate)이 극대적으로 실현된 시대라는 것이다. 21세기라는 첨단 과학기술과 다양한 이데올로기가 창출되는 시대에 신학은 이 시대의 문제를 하나님 말씀으로 해석하고 이 시대를 향한 영적 방향제시를 해야 한다. 이러한 신학의 사명은 문화신학으로 나타난다.

*

1. 민중신학의 현주소

(1) 민중신학의 공헌

민중신학이 주장하는 신학의 특성이란 신학의 현실연계성과 실천성이
다. 한국의 전통적인 보수신학은 교회와 사회가 당면하고 있는 역사적인
정치사회적 현실에 대한 방향제시를 제대로 해주지 못했다. 이런 상황 속
에서 민중신학은 신학의 현실연계성과 실천성을 주제화하였다. 민중신학
은 하나의 신학적 체계이기 보다는 하나의 정치신학적 운동이었다. 민중신
학은 1970년대 당시의 권위주의적 독재정권시절에 당시 정치사회적 현실
에 대하여 침묵하고 있는 보수신학의 현실연계성 부재를 비판하면서 신학
의 실천성과 현실변혁을 강조하였다. 민중신학은 1970년대의 민주화 운동
과 인권운동에 큰 영향력을 발휘하였다. 1970년대와 1980년대에 전개된
민중신학의 공헌은 다음 세 가지를 들 수 있다.[1]

첫째, 민중신학은 한국역사 속에서 외세의 억압과 정권의 억압으로 축적
되어온 민중(民衆)의 한(恨)을 주제화하고 이것을 해방을 위한 민중운동의
원동력으로 역동화 시켰다. 민중신학의 공헌은 당시 굴종을 강요받아 왔던
민중에 대한 지지와 긍정이었다. 그리고 1987년 6월 민주화 승리를 이끌어
내는 데 결정적으로 공헌하였다. 독일의 정치신학자 몰트만은 민중신학을
"문화적으로 토착화된 신학이 아니라", "한국에서 고난받는 백성의 상황화
신학"이라고 규정한다. 그는 민중신학이 "전 세계에서 예수가 축복한 하나
님 나라의 백성에 대하여 열려 있다"[2]고 본다. 몰트만은 민중신학을 "아시
아에서 최초의 정치신학"이라고 특징지운다.[3]

둘째, 민중신학은 신학적으로는 한국의 보수신학이 "사회적으로 무관심
하고 영혼구원 일변도의 입장을 반성하고 기독교 원래의 모습을 회복하는

데 중요한 자극제의 역할"을 하였다.[4] 민중신학은 기독교 신앙이 갖는 중요한 측면의 하나인 사회적 구원을 드러내는 데 공헌하였다. 보수신학이 지배하는 한국교회에서 민중신학은 1930년대 이래로 점차 등한시하게 된[5] 기독교 신앙의 사회적 책임과 사회 윤리, 인권과 정의를 강조함으로써 보수신학으로 하여금 사회적 구원을 등한시한 데 대한 자기반성을 하도록 각성하였다. 민중신학은 한국의 보수신학이 현실부재와 실천부재성에 있어서 서구신학처럼 강단신학 경향을 지닌다고 비판한다. 민중신학은 한국 보수신학이 "서구 제국주의적 성격이 배어 있으며", "교리적이고 율법적이었으며 실천이 없는 신학"이며, "사회 문제에 무관심하면서도 실제로는 독재 권력에 시녀 역할을 했던 신학"이라고 비판한다.[6] 민중신학은 가난하고 소외된 자의 "잠재적 교회"(latente Kirche)[7]를 드러내는 데 공헌하였다. "지극히 작은 자는 교회가 어디에 속하는가를 말한다. 숨어계시는 그리스도는 백성의 가난한 자와 아들 속에서 자기에 속한 자를 기대한다."[8]

셋째, 민중신학은 정치신학자 몰트만 등에 의하여 독일어와 영문으로 번역됨으로써[9] 한국신학의 하나의 흐름을 해외에 알리는 데 공헌하였다. 민중신학은 남미의 해방신학과 더불어 아시아, 아프리카에서 일어나는 제3세계의 신학으로서 국제적으로 자리매김하였다. 1970년대 한국의 억압적인 정치사회적 상황과 억눌린 민중들의 현실을 국제적으로 알려주는 역할을 하였다.

몰트만은 다음같이 말한다: "민중신학은 제일세계와 서구의 기준에 따른 한국의 현대화에 대한 비판적 질문과 더불어 아시아의 해방신학으로서 다가온다."[10] 그럼에도 불구하고 민중신학은 이미 1930년대부터 형성되는 한국신학의 거대한 흐름의 지류일 뿐이다. 한국신학의 흐름으로는 예장 교단 중심의 정통적 보수신학, 기장 교단 중심의 진보적 신정통주의 신학, 감리교단의 자유주의 신학이 거대한 주류를 이루었다. 한국신학에서는 이러한 신학적 거대한 흐름들이 서로 만나고 합류하면서 복음주의 신학, 문화신학, 민중신학, 오순절신학, 상담신학 등이 복합적으로 연결되면서 형성되고 있다.[11]

(2) 민중신학의 위기

민중신학의 위기는 80년대 후반 민주화 달성과 더불어 시작되었다. 위기는 청중의 상실과 더불어 민중교회의 이반(離叛)이었다. 1980년대의 민중교회는 민중신학의 신학적 급진주의에 대하여 "지금 논의되고 있는 민중신학이 민중교회의 현실과는 아무 연관이 없고 아무 쓸모도 없다"고 문제를 제기하였다.[12] 민중교회는 이러한 신학적 급진주의에 의하여 "기존의 모든 기독교 전통과 이념과 신학은 혐의를 입었고, 파기되었으며, 아이덴티티상의 결별이 선언되었으며, 제도적인 모든 교회가 부정되었다"[13]고 비판하였다.

이러한 1990년 이래 야기된 민중신학의 위기의 원인은 다음 세 가지로 기술된다.

첫째, 신학적 토대의 부재이다. 민중신학은 정치사회적으로 박해와 시련의 현실 속에서 흑백논리의 필요성에 부응했던 신학이었다. 민중신학은 방법으로 사회경제사적 접근을 시도한다.[14] 이것은 마르크스적 사회비판의 방법으로서 기독교 신학에 적합한 방법은 아니다. 해방신학은 사회정치적으로는 급진적이었지만 신학적으로는 비교적 온건한 입장에 서 있었다. 그러나 민중신학은 "서구신학의 전통적 틀에서, 교회의 교리의 틀에서, 더 나아가서 주어진 텍스트로서의 성서적 틀에서 과감히 탈출했다. 민중신학은 오늘의 민중상황에 집중한다."[15]

민중신학이 주제화하는 민중 개념에 기초한 인간론은 신학적으로 정립되지 않았다. 민중신학의 인간론이란 단지 민중론으로서 억압된 민중이 낭만화 되고 영웅시 되고 있다. 신학적 토대의 결여는 예수와 민중을 동일시하고 신학을 사회학과 동일시 하기에 이르렀다.[16]

몰트만도 민중과 예수의 역설적인 변증법을 다음같이 질문한다: 예수가 민중의 숙명과 일치된다면 민중이 예수와 그의 부르심과 일치되어 민중이 메시아적 성격을 갖는 것인가? 이에 대해 그는 다음같이 답한다: "메시아가 민중이 된다면, 민중은 메시아가 된다."[17] "민중의 필연적인 해방은 이 백성을 자기 고유한 역사의 주인으로 만든다. 이러한 역사적인 해방에서 백성은 하나님의 나라 속에서의 자기의 미래를 알게 된다."[18] 몰트만도 "예수"가 "민중을 위한 상징"이라는 민중신학의 견해는 "적합하지 않는 주석학적 환원"[19]이라고 본다. 그리고 몰트만이 지적하는 바 같이 "민중의 극복되어야 할 고통(das zu ueberwindene Leiden)과 하나님만이 하시는 속죄의 고통(das suehnende Leiden)은 구분"되어야 한다.[20]

그러므로 민중신학이 말하는 신론은 범신론이며, 기독론은 민중론이며, 성령론은 민중정신론이며, 교회론은 민중공동체론이며, 종말론은 민중해방론이다. 그리하여 민중신학은 서구의 정통신학의 테두리 안에서 신학적 체계를 형성하는 데 그 한계를 지니고 있다. 몰트만 자신도 이사야의 고난받는 종이 집단적인 이스라엘 백성이 아니라 모세처럼 개별적인 개인이라고 안병무와 서남동의 입장을 비판하고 있다.[21]

둘째, 민중신학은 자신의 성찰을 할 수 있는 능력을 충분히 갖추지 못하였다. 그리하여 민중을 절대화 하였다. 예수를 죽인 장본인이 민중이었음에도 불구하고 민중의 죄를 비판하지 않았다. 그리하여 자기 우상화에 빠졌다. 이 결함은 커다란 장애물이 되어 "독선과 경직성"으로 나타난다. 많은 동조자들을 실망시키고 지지를 철회하게 함으로써 고립을 자초하게 된다. 그리하여 민중운동의 대중성 상실, 고립화 경향, 분열과 침체운동으로 나타났다. 그리하여 민중신학은 "대중성 상실로 나아갔고" "기존 교회와는 아무런 상관이 없는 운동이 되어 버렸다."[22]

기독교의 사회적 책임 대표 서경석은 다음같이 비판한다: "자기 눈 속의 들보를 발견할 수 있는 힘, 모든 인간이 만든 이념의 절대화는 다 우상숭배에 불과하고 따라서 하나님의 심판 아래 있는 것이라는 분명한 선언을 불행히도 민중신학에서는 찾기 힘들었다."[23] 그러므로 제2세대 민중신학자, 박재순은 민중신학의 자기 성찰을 다음같이 말한다: "교회를 제쳐 놓고 하는 신학은 힘없는 신학, 사변적 신학이며 청중없는 신학이다. 그동안 민중신학은 교회 밖에서 민중 사건과 교회를 함께 보는 신학이 되어야 한다." "민중신학은 성서의 신앙고백과 오늘의 민중신앙을 견고히 결합시키는 신학이 되어야 한다."[24]

셋째, 시대의 변천이다. 시대의 변천은 국내외 상황의 변화이다. 민주화 과정은 사회운동에 큰 변화를 가져다주었다. 민주화의 과정에 들어서게 되면서 소수의 급진적 운동보다는 다수의 온건한 운동, 이념지향적 운동보다는 국민적 합의에 기초한 운동이 요청된다. 흑백논리의 시대가 지나가고, 옳고 그름을 하나 하나 따지는 시시비비의 시대가 도래했다. 제도 개혁만으로는 만사가 해결되지 않는다. 시민의 의식개혁도 따라야 한다. 사회운동도 과거의 민중운동과 중산층운동의 구도에서, 현재의 민중운동과 시민운동으로 바뀌었다. 이러한 시민운동은 세계화의 추세 속에서 국제적으로 연결된 시민운동의 흐름에서 유래하였다. 과거에는 민중운동이 억압받는 농민과 노동자의 권익을 대변하고, 중산층 운동은 기존체제에 안주했으나, 민주화 과정 이후에는 시민운동이 사회적 공공선을 추구하는 균형잡힌 운동으로 발전하였다. 그리하여 사회적으로 억압받는 소수의 이익만을 대변하는 민중운동은 영향력을 상실하게 되었다.

1990년대 동구권의 사회주의정권의 몰락과 더불어 이념의 시대가 지나가고 실사구시의 시대가 도래했다. 계급투쟁의 혁명이라는 구조의 변화를 통해서 모든 것을 해결한다는 낭만적인 사고는 환상에 불과하다고 깨닫게 되었다. 가진 자의 양보, 양심의 촉구, 교육과 종교의 힘, 선한 의지의 조직화 등의 개량주의 사고가 수용되었다. 이와 더불어 인류의 종말위기를 초래한다는 환경문제는 구조악으로부터의 인간의 해방이라는 도식만으로 해결할 수 없게 되었다. 이러한 시대적 변화는 동구의 사회주의적 모델이 붕괴하고 서구의 사회민주주의 모델이 대안으로 자리잡고 있다.

민주화 되고 경제적으로 국민소득이 일인당 1만 달러가 된 사회(1995년) 속에서 민중개념은 보다 넓어진다. 민중은 단지 빈민자, 농민, 도시빈민자만이 아니라, 중간층, 노인, 장애인, 여성, 중소기업인, 군인 등으로 확대되어 사용된다. 그리하여 민중은 보통사람을 지칭하는 시민과 별반 차이가 없어진다. 더욱이 한국이 1997년 IMF 외환위기를 겪으면서 경제적 투명성을 요구받고 기업의 구조조정을 하면서 사회적 투명성은 많이 향상되었다. 그러면서 경제정의 실천운동 등 중산층의 시민운동이 일어나게 되었다. 민중운동은 사회정의 실천운동 등 시민운동에 그 자리를 내어주게 되었다.

2. 21세기 새로운 현실의 도전

(1) 보다 외연이 넓어진 민중인 중산층의 시민사회적 요구

민주화된 상황 속에서 민중은 이제 권위주의적 정권에 대한 혁명의 잠재세력으로서가 아니라 광범위한 70%에 해당하는 중간층에 자리를 내어주어야 한다. 민중신학은 중간층을 단지 기회주의적 세력으로 정죄하는 독선에서 나와야 한다. 민중운동은 사회적 소외문제에 대한 각성운동에 그쳐야 하며 민중혁명의 운동이 되어서는 안 된다. 민중신학자 고재식은 1987년 민주화 이후 그리고 1990년대의 새로운 시대를 맞이하여 "민중신학은 이제부터라도 계급이론에 근거한 민중의 힘을 추동해 내는 작업을 본격적으로 해야 할 것을 제안"[25]한다. 이러한 마르크스적인 이분법적 사회분석은 국민소득 1만 달러가 된 변화된 한국사회에 더 이상 적절하지 않다.

1990년대부터 중산층의 민주화 요구는 이들의 욕구를 대변하는 시민운동으로 나타났다. 시민운동은 민중의 해방이라는 이분법적 사회분석에 의존하는 민중신학의 저항과 비판일변도의 사회운동에 대한 대안으로 정책과 여론형성이라는 대중문화 운동으로 형성되었다. 오늘날 한국 개신교는 각종 선교회와 신자들의 모임을 통해서 시민운동에 참여하고 있다. 오늘날 한국사회에 많은 영향을 주고 있는 기독교윤리 실천운동이나 경제정의 실천시민운동은 기독교인들이 주축이 되어 실천하고 있는 사회참여운동이다.

(2) 환경의 도전에 대한 신학적 응답

1990년대부터 본격적으로 제기되기 시작한 환경오염의 구체적인 이슈는 단순히 억압된 자의 해방이라는 운동으로는 해결될 수 없는 문제접근의 새로운 방식을 요구하였다. 환경의 오염은 단지 가진 자만이 아니라 덜 가진 자에게도 책임이 있기 때문이다. 오늘날 환경의 문제는 사회적인 분석에 앞서 먼저 문제시되는 인간 삶의 근거에 대한 이슈이다. 인간 삶의 환경이 오염되고 파괴되는 곳에서 사회적인 인간 삶은 영위될 수 없기 때문이다.

환경문제에 대한 바른 접근은 오늘날 성장위주의 경제정책과 이윤추구의 기업경영이 초래한 환경오염과 파괴의 심각성을 객관적으로 조사하고 그것을 알리고 성장방식과 소비방식의 절제를 호소하는 일이다. 여기에는 흑백투쟁이 아니라 문제제시와 심각성에 대한 알림과 해결의 대안이 제시되어야 한다. 환경문제는 단지 집권층만의 잘못이 아니라 환경의식이 부재한 민중도 일조를 하고 있다. 그러므로 환경문제는 전 시민운동으로 투쟁적이 아니라 계몽과 주변환경의 의식화작업을 통하여 전개되어야 한다.

(3) 새 시대 문화의 도전에 대한 신학적 응답

정보사회의 도래와 더불어 시작된 인터넷 문화와 각종 첨단문화를 통해서 다가온 문화상품은 다양한 정보의 범람과 더불어 다니엘 벨(Daniel Bell)이 말한 바 같이 이데올로기 시대의 종언을 가져왔다. 앨빈 토플러(Alvin Toffler)가 말한 바 같이 정보가 하나의 권력이 되었다. 정보사회가 가져다준 지식의 홍수와 다양한 가치의 설정은 민중신학이 제기하는 흑백논리만으로는 해결할 수 없으며 문제 해결을 위해 시민적인 담화를 요구하기에 이르렀다.

그리고 유전공학의 발전과 더불어 다가온 새로운 삶의 다양한 가능성 앞에서 정치사회적 이데올로기적 접근은 그 한계에 직면하였다. 첨단의료기술의 발전은 안락사문제, 장기이식문제, 인공적인 수명연장, 염색체 조작의 윤리문제, 배아 복제 및 개체복제 이슈는 민중신학이 제기하는 이분법적 사회분석으로써만은 문제를 해결할 수 없기에 이르렀다.

그리하여 오늘날 민중신학의 제2세대의 신학자들도 민중신학의 방향모색을 주장한다. 임태수를 비롯한 제2세대의 민중신학자들은 민중신학이 새 시대의 요구에 맞는 신학, 1980년대 이래 형성된 민중교회의 현장 경험에 맞는 신학으로 갱신되어야 할 것을 주장하고 있다.[26]

3. 한국신학의 새로운 방향: 문화신학의 착상

(1) 통전적 신학

한국신학은 편파적 신학이 아니라 통전적 신학이어야 한다. 그것은 민중만이 아니라 가진 자, 세속만이 아니라 거룩한 것, 세상만이 아니라 교회, 인간만이 아니라 우주를 위한 신학이어야 한다. 새로운 한국신학은 거룩한 것, 교회, 우주를 포괄해야 한다. 새로운 한국신학은 특수한 한국적 상황에서 시작한다. 이것은 한국적 기독교 신자의 구체적인 삶과 신앙현실이다. 이 현실이란 박해받는 민중만이 아니라 유럽인이나 미국인보다는 작은 거주에 사나 좋은 교육을 받고 좋은 교양을 받으며 이전보다 더 많은 자유를 가진 중산층(Mittelstand)도 포함한다.

이것은 현 사회에 대한 통전적 시각을 말한다. 통전적 사고는 한국 민족에게 고유하게 있어온 "한 사상"에서 나온다. 통전적 사고는 한 없이 넓고 높은 우주인 "한"으로부터 나오는 사고이다. 여기서 상제(上帝)나 이(理)가 나왔다.[27] 통전적 사고는 부분으로 나누어 보는 서양의 분석적이고 논리적 사고와 다르다. 통전적 사고는 부분보다는 전체를 보는 전일(全一)적인 사고로서 동양적 아시아적 사고에 가깝다. 통전적 사고는 전체를 보면서도 부분을 무시하지 않으며, 부분과 전체를 대립적으로 보지 않는다. 양자를 통일적으로 보며 상호보완적으로 본다. 통전적 사고는 전체를 유기적으로 보는 사고로서 구약적 창세기적 사고에 가깝다.

그러나 통전적 사고는 자연을 바로 신과 동일시한다. 그러므로 통전적 사고는 혼합주의 문화신학이 시도하는 것처럼 곧 바로 기독교 신학으로 수용될 수는 없다. 이러한 사고유형은 유럽의 낭만주의에서도 나타난다. 통전적 사고는 한국 기독교인에게서는 기독교적 바른 신(神)사상을 얻기 위한 선이해의 역할을 한다. 이것은 범신론적 성격을 지니고 있으며 창조의 사건을 알지 못한다. 때문에 통전적 사고는 만유에 충만하시고 동시에 만유에 초월하시는 인격적인 하나님의 빛 속에서 기독교적으로 "세례" 받아야한다. 통전적 사고는 약속하시고, 축복하시고 구속하시는 주(主) 되시는 삼위일체 하나님의 관점에서 새롭게 해석되어야 한다.

(2) 한의 신학

통전적 신학은 한의 신학이다. "통전"(統全)이란 말은 "한"이란 개념에서 나온다. "한"이란 개념은 전체가 하나라는 의미를 지니는 것으로서 다양한 것을 포괄하면서 아우르는 조화와 통일을 추구한다. "한"이란 발생과 소멸도 하지 않는, 처음과 끝도 없다. 분열이나 변화에 의해 가감이나 손실되지 않는다. 여기에 한의 비시원성, 독립성, 항존성, 보편성, 불멸성이 있다.[28]

한 사상은 창조와 타락을 모르기 때문에 바로 기독교적 사상의 진수로 될 수 없다. 한 사상은 한국적 아시아 문화의 사람들에게 결과적으로 이들을 성경적 하나님사상으로 인도하기 위하여 선이해의 역할을 할 수 있다. 그러나 한편으로는 무속적인 전체사고와 다르다는 것을 보여주기 위하여 기독교적으로 세례받아야 한다. 세속적인 자연주의적 세계 이해 속에서 하나님의 창조와 섭리가 주장하는 세상을 보여주기 위해 성경적으로 세례를 받아야 한다. "한"이란 영원자존 하시고 불멸하시고 시작이 없으신 삼위일체 하나님의 빛 속에서 새롭게 조명을 받아야 한다.

(3) 한국적 상황에서 출발

한국신학은 독특한 한국의 상황에서 출발한다. 그것은 한국 기독교인들이 살아온 역사적 현실이다. 그것은 민중만이 아니라 중산층을 포함한 한국 신자들의 구체적인 신앙의 현실이다. 한국 재래 사상이 사용해온 하나님 개념은 기독교 하나님을 이해하기 쉽게 한다. 하나님은 인격적 주(主)의 함축성을 가지고 크고 높고 밝은 우두머리의 뜻을 포괄한다. 그러므로 하나님 개념은 기독교의 유일신 사상을 쉽게 이해시켜주는 선(先)이해의 역할을 한다.

그럼에도 불구하고 이러한 하나님의 개념이 지니고 있는 범신론적 성격을 무시해서는 안 된다. 하나님 개념은 신을 하늘이나 자연 등 만물과 동일시해 버리기 때문이다. 그러므로 하나님 개념은 기독교의 삼위일체 하나님 개념에 의해서 세례를 받음으로써 풍부한 신학적 내용을 가지게 된다.

(4) 민중만이 아닌 중산층을 포함

한국신학은 민중의 현실만을 신학의 준거로 삼는 것이 아니라 예수 그리스도 안에서 모든 사람들에게 구속의 현실을 증거하는 하나님의 말씀에서 출발해야 한다. "예수가 민중이고, 민중이 예수다"라는 민중신학의 발언은 편파적이다. 문화신학은 이 발언을 다음같이 확장시킨다: "예수는 민중의 해방자요 구세주일 뿐 아니라 중산층과 이 세상의 구세주이다." 1995년 일인당 국민소득 1만 달러, 2007년 2만 달러에 도달한 한국인들은 더 이상 무지하고 짓눌리고 소외된 계층이 아니라 교육을 받았고, 자기의 삶에 대한 계획을 지니고 있으며, 자기의 권리를 주장하며, 지도자를 뽑고 사회를 민주적으로 형성하는 중산층이다. 민중의 지위는 교육의 향상과 경제의 향상과 시민사회의 발전과 더불어 시민의 지위로 격상되었다.

4. 문화신학의 구체적인 관심

(1) 문화에 대한 포괄적 이해: 세 가지 근본명제

민중신학을 보완하는 문화개념이란 단순히 유행이나 시대적 경향을 표현하는 것을 넘어서서 인간 삶의 총체성을 나타낸다. 여기에는 민중과 중산층도 포함되며, 환경까지도 포함된다. 문화는 민중의 문화만이 아니라 중산층의 문화이다. 그리고 사회를 구성하는 모든 구성원의 문화이다. 문화는 인간 삶의 총체성의 차원이다. 단지 유행이나 영화나 예술의 차원을 넘어서서, 문화는 인간 삶의 모든 영역을 포괄한다.

문화신학은 문화이해에 대한 세 가지 근본착상을 제시한다.[29]

첫째, 문화적 명령(das kulturelle Mandat)은 하나님의 일반적 은총(gratia generalis)이다. 종교개혁자 칼빈은 인간이 피조물로서 문화적 존재[30]요, 하나님은 인간에게 문화적 명령을 주신 분이라는 것이라고 천명하였다.[31] 문화적 존재인 인간이 "제작자"(homo faber)라는 것은 인간이 하나님의 형상으로 창조된 것에 근거한다. 이러한 의미에서 문화란 긍정적으로 파악된다. 문화란 세상에서 책임있는 지배를 위한 하나님의 도구로서 이해되어진다.

하나님의 통치는 칼빈이 말하는 바 같이 그의 교회만이 아니라 그가 창조하신 세상에 미친다.[32] 하나님의 통치는 그의 교회만이 아니라 전 우주에 미친다. 화란의 개혁신학자 아브라함 카이퍼(Abraham Kuyper)는 칼빈이 천명한 일반은총의 착상을 수용하면서 하나님의 일반은총론을 그의 신칼빈주의적 문화신학(neo-calvinistische Kulturtheologie) 안에서 낙관주의적으로 전개하였다.[33] 그는 칼빈주의를 삶의 체계(life system)로서 이해하였다. 문화는 우리 삶의 모든 면을 포괄한다. 이 삶의 모든 영역에서 하나님의 주권과 영광이 나타나야 한다. 문화신학은 하나님 주권 사상을 교리와 신학의 한계를 넘어서 생활의 전 영역으로 확대 적용함으로써 계몽주의의 반기독교운동에 대응할 수 있는 유일한 기독교 체계로서 유럽의 세속화와 교회의 몰락을 막을 수 있는 이상적 대안으로 제시되고자 하는 신칼빈주의(Neo-Calvinism) 사상을 긍정적으로 수용한다. 문화신학은 카이퍼주의(Kuyperianism)가 말하는 바 하나님 주권의 영역은 종교에 그치지 않고 세계와 정신의 모든 영역이라는 점을 강조하는 점에서 철저히 세속, 이 세상을 하나님의 주권의 광장으로 강조한다. 카이퍼는 "우리 인간 실존의 모든 영역에 있어서 만유의 주재이신 그리스도께서 '나의 것이다!' 라고 외치지 않는 영역은 한 치도 없다"고 말했다. 이 말은 1933년 독일 고백교회의 바르멘 신학적 선언(Barmen Theologische Erklaerung)에서 '우리는 예수 그리스도에게 속하지 않고 다른 주인에게 속하여 그분을 통한 칭의와 성화가 필요하지 않은 영역이 우리의 삶에 존재한다는 그릇된 교리를 거부한다' 고 응답되었다.

둘째, 인간 문화는 중립적이지 않다. 문화적 명령이 주어진 인간은 타락으로 인해 죄에 전적으로 종속되어 있기 때문이다. 문화는 하나님에게 속하든지 아니면 하나님에 대항하든지이다. 문화적 영역에는 중립적 지역이 없다. 문화역사는 한편으로 지식과 기술과 연관하여 대체로 긍정적인 발전의 역사, 다른편으로는 도덕과 윤리와 관련해서 대체로 부정적인 발전의 역사이다. 신학적으로 볼 때 문화의 역사는 그 전개에 있어서 인간 종교성의 배도(背道)적 역사로서 해석된다. 문화적 영역에서는 항상 하나님과 그의 대적자 사이에 지배권의 투쟁이 일어난다. 문화현상, 무엇보다도 학문과 기술을 내면적으로 본다면 하나님과 사단 사이에 지속적인 영적 투쟁이 일어난다. 그러므로 우리는 이러한 영역에서 중립적으로 머물지 않고 의도적으로 그리스도를 향하여 결단해야 한다.

이것이 어떻게 일반은총(gratia generalis)과 연관되는가. 일반은총과 더불어 책임의 차원이 주목된다. 문화적 명령(das kulturelle Mandat)은 창조의 영역을 하나님의 뜻에 맞도록 관리하도록 인간에게 위탁되었다. 인간은 하나님의 형상으로 지음을 받은 인격이기 때문에 행위에 대한 자유가 주어졌다. 그러므로 인간은 그의 모든 행동에 있어서 하나님을 향하여 결단해야 한다. 그래서 일반은총에서 책임차원(die Verantwortungsdimension)이 진지하게 된다. 죄가 모든 것을 혼미하게 함으로써 책임차원은 하나님에 대항하고 자율적이게 되었다. 책임차원은 하나님의 은총에 의하여 비춤을 받아야 한다. 그럼으로써 책임차원은 비로소 바르게 실현된다.

셋째, 인간문화는 치료(Heilung), 말하자면, 갱신과 변혁(Erneuerung und Transformation)을 필요로 한다. 문화는 그것의 역사에 있어서 항상 다시 하나님으로부터 멀어지고 있다. 그리하여 문화는 하나님의 선하신 창조의 뜻으로부터 멀어지고, 그릇된 자율의지에 있어서 하나님과 동등하게, 자기신격화로 설정되었다. 그래서 문화는 언약신학의 관점(Perspektive der Bundestheologie)에서 취급되어야 한다. 언약신학은 예수 그리스도가 개인의 구원자만이 아니라 하나님에 대항하는 패역한 문화의 구속자요 변혁자라고 파악한다. 예수 그리스도는 인간의 영혼만이 아니라 부패한 사회도 치료하신다. 그래서 리처드 니버(Richard Niebuhr)는 그리스도는 문화의 변혁자(the transformator of culture)라고 피력하였다.

문화신학은 따라서 칼빈, 카이퍼 그리고 니버 등 신학자들이 본 문화신학적 착상을 수용한다. 이들 개혁신학의 문화신학자들에게는 그들이 사는 동시대의 문화에 동화하는 것이 아니라 복음의 능력을 통해서 기독교적으로 동시대의 문화를 변혁시키는 것이 중요했다. 그러므로 문화신학은 사랑과 정의가 일치하며, 인권이 존중되며, 자연이 생명친화적인 환경으로 이해되며, 되찾아지는 창조의 선물로서 바르게 보존되도록, 사회를 형성하는 윤리적 태도(die ethische Einstellung)를 내용으로 한다. 문화신학은 칼빈주의자 아브라함 카이퍼가 천명한 삶의 체계(system of life)로서의 칼빈주의 사상을 역사적 신학적 유산으로 긍정적으로 수용한다. 문화영역이란 우리 삶의 모든 영역이며 이 영역은 하나님의 주권과 영광이 나타나는 영역이다.

(2) 문화에 대한 신학적 이해: 창조의 과제 그리고 구속에서의 완성

문화신학은 창조론에서 출발한다. 문화는 창조시 창조자가 만물의 영장인 인간에게 주신 축복과 연결된 창조자의 명령에 기인한다, 스위스의 개혁신학자 에밀 브룬너(Emil Brunner)는 말한다: "진정으로 인간적인 문화의 전제란 인간자체의 진정으로 인간됨(das wahrhaft menschliche Sein des Menschen selbst)이다."[34] 문화의 척도는 "공동체 속의 인격"(die Person in Gemeinschaft)[35]이다. 공동체 속의 인격은 사랑과 정의를 통해서 특징지어진다. 그러나 인간은 선한 창조로부터 타락되었다. 그래서 우리의 선한 자연은 반대로 숨겨져 있다. 우리의 문화활동이란 본질에 있어서 소외되었다. 인간문화는 하나님의 영광이 나타남에도 불구하고 브룬너가 지적하는 바 같이 인간의 근본악성 때문에 자아신격화로 나타났다. 브룬너는 말한다: "문화는 인간이 신격화되는 곳에서 필연적으로 타락한다."[36] 그것의 대표적인 사건이 선악과를 따먹은 사건이며, 바벨탑을 지어서 하나님의 지위에까지 오르려는 시도요, 인간의 이름을 내려는 반역이다.

그러므로 우리의 문화활동은 신학적으로 선한 일과 나쁜 일의 변증법적인 긴장 속에 평가되어진다: 한편으로 문화활동은 하나님의 일반적인 계명을 따라야 하며, 다른편으로 인간의 고집과 자기중심적 관심을 수행하고자 한다. 그래서 문화를 실현하는 인간성은 신을 대항하는 일로부터 구속(救贖)되어야 한다. 그리스도는 개별적 삶만이 아니라 하나님에 대항하는 세상 속에서 기독교 공동체의 삶도 구속하신다. 하나님의 구속사역은 전 세

계의 문화 삶에 미친다. 요한계시록에서 요한은 다시 오시는 그리스도의
사역을 증언한다: "내가 만물을 새롭게 하노라"(계 21:5). 그러므로 문화신
학은 구속론에서 완성된다. 완성에서는 갱신(Rekapitulation)보다 더 많은 것
이 일어난다. 완성에는 은총의 넘침(eine Ueberfuelle der Gnade)이 주어진다.
완성에서 문화는 새롭게 되고, 따라서 신적 은총에 의하여 충족되며, 신적
은총에 의하여 침투된다. 따라서 문화신학은 이레네우스의 의미에서 총체
적 갱신(Repristination)을 확인한다: "갱신에서의 상과 비유에 따른 존재의
되돌림은 자연상태의 재생(die Wiederherstellung)이 아니라 예수 그리스도에
의하여 인정된, 하나님 사역에 참여하도록 인간에 대한 하나님의 결정이
다."[37]

문화에 대한 개혁신학적 이해는 반문화적 태도나 일치태도나 종합이나
역설적 태도가 아니라 변혁적 태도이다. 문화신학은 터툴리안처럼 문화를
적대시하지도, 영지주의자들처럼 복음과 문화를 동일시 하지도 않으며, 중
세 스콜라신학처럼 문화와 복음을 종합하지도 않고, 실존주의자처럼 문화
와 복음을 역설적으로 보지도 않는다. 문화신학은 리처드 니버가 제시한
바 같이 어거스틴, 칼빈의 전통을 이어 받으면서 그리스도를 문화의 심판
자요 변혁자로 이해한다.[38]

5. 서구신학에 대한 비판적 성찰로서의 분화신학

(1) 한국신학의 자기 성찰로서의 문화신학: 무비판적 수용의 태도에 대한 비판적 자기 성찰

서구신학의 수용에 있어서 한국신학은 보수신학이든 민중신학이든 모
두 무비판적인 수용의 태도에 머물렀다. 보수적 개혁신학은 서구의 정통신

학을 무비판적으로 수용했으며, 민중신학은 서구의 정통신학을 거부하나 해방신학이나 마르크스의 이분법적 사회이론을 그대로 수용하였다. 이에 대하여 개혁주의적 문화신학은 비판적 수용의 태도를 견지하고자 한다. 한국신학의 방향이란 서구의 역사적 개혁신학이 가져다 준 교회 신앙고백의 영성과 바른 교리를 수용하면서, 서구의 해방신학이 가져다준 신학의 실천성과 현실연계성을 수용하는 것으로 본다.

서구신학의 무비판적인 수용의 두 가지 예를 다음 보수신학과 민중신학에서 들고자 한다.

보수신학은 구(舊)프린스턴신학을 통해서 서구 정통신학을 수용하였다. 그러는 가운데 프린스턴신학이 주장한 은사중단론(cessation doctrine)[39]까지 그대로 수용하여 성령의 초자연적 사역이 오늘날에는 중단된 것으로 성령론을 전개하였다. 이것은 한국교회 안에서 일어나는 성령의 초대교회적 역사를 사이비 은사로 간주함으로써 보수교회의 성령이해에 지성주의화를 초래하였다. 그리하여 보수신학은 교회 안에서 일어나는 성령의 은사적 사역을 사이비-은사(ein Pseudo-Charisma)로 간주하였다.

민중신학은 기독교 신앙을 아편(das Opium)으로 간주하는 마르크스적인 이데올로기 비판(die Ideologie-Kritik des Marxismus)을 기독교 신앙이해에 도입하였다. 그 결과 민중신학은 신학의 도식을 사회학적 도식에 환원함으로써 전통적인 기독교 신앙의 틀을 떠나는 급진적인 모습을 보였다. 해방신학은 전통 신학의 틀을 그대로 인정하면서 예수를 소외계층의 해방자로 보지만, 민중신학은 예수를 민중과 동일시 하기에 이르고 있다.

(2) 서구신학에 대한 비판: 지성주의화와 영성(초월 연계성) 상실

민중신학은 서구신학이 지배자 중심의 신학이라고 보고 신학함에 있어서, 탈서구화(Entwestlichung)의 자세를 촉구하였다.[40] 민중신학이 여태까지 한국보수신학이 서구신학을 맹목적으로 추종해온 것에 대하여 비판하면서 한국신학의 주체성을 강조하는 것은[41] 옳다. 그러나 민중신학이 선언하는 서구신학에 대한 전면적인 거부란 배타주의와 독선을 의미한다. 한국신학은 우리의 고유한 입장을 지키면서 서구신학이 제기하는 오늘날의 문제설정에 대하여 우리의 의견을 개진해야 한다.

서구 개혁신학은 강단신학에 머물렀고 너무 지성적인 차원에 머물렀다. 지성주의적 경향은 특히 성령론에서 나타나고 있다. 서구신학에서의 성령론은 헤겔의 보편정신론에 입각하여 성령을 초월적인 신적인 존재이기 보다는 일반 시대적인 정신 내지 공동체 정신으로 일면적으로 이해하고 있다. 이것은 윙엘의 사변적 십자가 신학에서 그대로 나타나고 있다.[42] 지성주의화 된 서구의 신학에서는 루돌프 오토(Rudolf Otto)가 그의 『거룩한 것』(*Über das Heilige*)에서 제기한 원초적인 종교에서 일어나는 누미노제(das Numinose)[43]라는 초월적 힘이 간과되고 있다. 또한 성령은 단지 초월적인 그것(das transcendental It)이 아니다. 성령은 인격이다. 성령의 초월적이며 인격적인 역사는 그리스도의 구속의 객관적인 현실을 신자들에게 주관적으로 체험하도록 하는 신약적인 카리스마 분위기를 형성했고 이것이 초대교회를 형성하는 데 결정적 역할을 하였다.

한국신학은 한편으로는 자기의 고유한 입장을 갖고, 다른 편으로는 오늘날의 문제에 대하여 분명한 입장을 취하는 것이 요구된다. 이러한 문제들이 오늘날 지구촌적으로 연관되기 때문에 서구신학과의 대화는 깨뜨려질 수 없다. 개혁주의적으로 착안된 문화신학은 한국적 고유한 입장을 취하면서도 서구신학의 전통을 소중하게 받아들인다.

(3) 두 왕국론과의 결합

문화신학은 민중신학에 대하여 두 왕국, 영적 왕국(regum spirituale)과 정치적 왕국(regnum politicum)에 대한 종교개혁적 구분을 받아들인다.[44] 문화신학은 루터보다는 칼빈에 더 가깝다. 왜냐하면 루터가 하나님의 영역과 문화의 영역을 구분하고 역사적 변혁보다는 창조질서를 통한 사회의 보존에 정위된 데 반해서 칼빈은 역사 속에서 사회적 변혁을 시도했고, 문화영역과 창조영역을 하나님의 무대로서 보았기 때문이다.

문화신학은 기구의 종교개혁적 교리를 받아들인다: 루터는 교회(ecclesia), 가정(oeconomia), 정부(politia)를 인간적 세계형성의 기구적 영역으로 보았다. 세 가지 상태(ordines)는 "혼돈권력에 대한 하나님 자신의 투쟁질서들"[45](Kampfordnungen des Deus semper actuosus gegen die Chaosgewalten)로 파악되었다. 이러한 기구들을 통해서 창조자와 창조물 사이의 협력(cooperatio)이 일어나며 그것을 통해서 세계는 하나님의 창조로서 책임지게 된다. 루터가 세계의 보존에 강조를 두었다면[46], 칼빈은 이 세상에서의 하나님의 영광을 강조하였다. 칼빈은 하나님의 섭리(Vorsehung Gottes)에 직면해서 신자의 소명(vocatio)을 드러내었다. 루터는 창조 질서의 보존에 강조를 두었다. 칼빈은 기독자의 소명을 창조와 더불어 설립되고 시작된 질서(ordines) 위에 놓았다.[47] 칼빈은 "하나님의 영광의 어느 기능도 최소한 보여질 수 없는 어떤 부분"[48]도 발견하지 못했다. 창조주 하나님의 영광이 미치지 않는 영역은 어느 곳에도 없다. 창조세계의 모든 영역은 하나님의 주권과 존엄과 영광이 드러나는 곳이다. 칼빈은 하나님의 영광이 육신이 되신 로고스를 통해서 역사적 현실의 구속을 통해서 세상적 기구 속에서 항상 실현되어지기를 원했다.[49] 문화신학은 칼빈의 착상을 긍정적으로 수용한다.

6. 민중신학의 보완으로서의 문화신학

(1) 문화적 삶의 중산층: 민중 개념의 상대화

민중신학은 민중을 미화하고 절대화 함으로써 민중을 "해방의 대상으로 보지 않고, 해방의 주체"로 본다. 그리하여 민중을 "'구원사'에로 피동적으로 몰입될 대상이 아니라 '역사 안에서의 구원'의 주체자"로 본다.[50] 한국의 민중은 인도의 달릿(Dalit)과 다르다. 인도의 달릿은 사회제도적으로 카스트에도 들지 못하는 아웃카스트(outcaste)들로서 사회계급적으로 이 신분에서 벗어날 수 없는 종교사회적 계층이다.[51] 이에 반해서 한국의 민중은 스스로의 노력에 의하여 노동자의 신분에서 기업인으로, 서민의 신분에서 법률가로 심지어는 대통령으로 상승할 수 있다. 그 뿐만 아니라 기업가가 사업에 실패하면 얼마든지 노동자나 농민으로 전락할 수도 있다.

이에 반해서 문화신학이 주제화하는 '시민'은 중산층을 말한다. 민주사회는 중산층에 의하여 여론이 형성되며 이들이 지도자를 선출하고 이들에 의하여 정부가 형성되는 시민사회이다.

한국사회도 1990년에 들어와 시민운동이 시작되고, 2000년대에 들어와 점차 자리잡아 왔다. 이러한 운동은 우리 사회 여론의 기층운동으로 자리잡았으며, 1970년대와 80년대 반독재 투쟁에 공헌하였던 젊은 층들은 실은 민중이 아니라 시민늘이었다. 이들은 힘없고 가난하고 자기의 주견을 펴지 못하는 서민(庶民)들의 의식을 활성화한 사회변혁의 주체들이었다. 이들은 민중이라기 보다는 시민들이었다.

그동안 한국사회는 근대화 작업을 통하여 1960년대부터 시작하여 1980년대 산업화를 통하여 경제입국하고, 1987년 이래 정치 민주화에 성공하여 2008년에 이르기까지 5차례나 평화로운 정권교체를 이룩하였다. 이 과정에는 사회 중산층으로서 시민들의 민주적 의식화와 비판적 의식이 결정적 역할을 하였다. 1997년 IMF 외환위기 이후로 우리 사회의 양극화가 심화되었다고 하나 이 중간계층에 자리잡고 있는 자들이 바로 시민들이다. 이들은 이제 다가온 21세기 한국사회를 이끌고 나갈 사회적 중간세력이다. 민중의 과제를 이제는 시민들이 위임받게 되었다는 것이다.

(2) 개인윤리와 사회윤리의 통일

민중신학은 개인의 잘못을 구조의 탓으로 돌림으로써 개인윤리를 각성하지 못했다. 민중신학은 죄를 하나님과의 관계를 깨뜨림으로 보지 않고 사회적 불의한 제도로 본다. 그리하여 개인의 잘못까지도 불의한 사회의 제도로 환원시키고 있다. 민중신학은 한(恨)을 개인적인 고통이 아니라 "더 나은 세상을 위한 희생자의 집단적인 고통"[52]으로 본다. 그리하여 개개 민중이 가진 울분과 억울함은 집단적인 고통 안에 갇혀 있다.

이에 반해서 문화신학은 개인 윤리와 중생을 중요시하나, 이것에 머물지 않고 사회윤리를 중요시한다. 개인윤리와 사회윤리는 서로 다른 분리되는 영역이 아니라 불가분적으로 연결되는 영역이다. 개인은 사회 속에서 살고 있으며, 사회는 개인들의 모임에 의하여 형성되기 때문이다. 중생한 개인은 하나님과의 수직적인 관계만이 아니라 이웃과의 올바른 관계를 형성하기에 힘써야 한다. 한국교회는 우리 사회에 소외된 빈곤 계층만이 아니라 2007년 100만 명으로 추정되는[53] 외국인 이주 노동자들의 권익을 보살피는 사회적 윤리의식을 함양해야 한다. 구약의 희년 제도는 힘없는 소수자의 권익을 보호하기 위한 제도이다. 가난한 소수자의 권익을 보호하는 것은 예수님의 산상수훈의 중요한 메시지이다. 문화신학은 이러한 성경적 교훈을 진지하게 수용한다.

(3) 당파성과 보편성의 통일

민중신학은 "하나님은 가난하고 소외된 사람의 편"이라는 당파성을 주장한다."[54] 이에 반해서 문화신학은 "하나님은 모든 인류를 사랑하신다"라는 보편성을 주장한다. 하나님은 가난하고 소외된 자를 사랑하시고 정의와 사랑을 추구하는 세상의 권력자와 부요(富饒)로운 자들을 편견없이 사랑하신다. 문화신학은 통전적 신학으로서 파당성의 주장과 이익을 무시하지 않는다. 동시에 문화신학은 그것을 전체의 연관 안에서 수용한다.

하나님은 이스라엘 민족이 약하고 수가 적고 목이 굳은 백성이기 때문에 선택하셨다. 이것은 선택하시는 하나님의 당파(黨派)성(particularity)이다. 그러나 하나님은 이스라엘 민족만이 아니라 적국인 바벨론의 니느웨, 이집트, 앗시리아 백성들도 그의 지은 백성으로 사랑하신다. 그래서 하나님은 요나를 니느에로 보내어 회개하도록 하셨고 니느웨 백성이 회개했을 때 그 성에 내리려고 하셨던 재앙을 거두셨다. 그리고 때가 이르면 이집트와 앗시리아도 하나님의 말씀을 받아 들이도록 허락하신다: "그 날에 이스라엘이 애굽 및 앗수르와 더불어 셋이 세계 중에 복이 되리니, 이는 만군의 여호와께서 복 주시며 이르시되 내 백성 애굽이여, 내 손으로 지은 앗수르여, 나의 기업 이스라엘이여, 복이 있을지어다 하실 것임이라."(사 19:24-25). "너를 축복하는 자에게는 내가 복을 내리고 너를 저주하는 자에게는 내가 저주하리니 땅의 모든 족속이 너로 말미암아 복을 얻을 것이라 하신지라"(창 12:3). 구약성경 자체가 한편으로는 이스라엘 민족의 구속사이긴 하지만 다른 한편으로는 세계 구속의 성격을 띤 보편주의적 성격도 지니고 있다.[55]

7. 문화신학의 성격 규정

(1) 영성신학으로서의 문화신학: 성령운동과 사회운동을 통일시키는 작업

오늘날 영성 개념이 인플레되어 본래적인 고전적 의미를 상실하고 있다. 영성은 민중신학에 의하면 단지 사회적 실천과 연대성으로 이해되고 있다. 민중신학은 성령의 역사를 민중정신의 역동화로 세속화 시켜 버렸다. 그러나 문화신학은 성령은 민중의 연대적인 정신이 아니라 초월적인 하나님의 영이시라는 사실을 중요시한다. 하나님의 은총과 성령의 역사는 사회참여와 분리될 수 없다. 성령이 충만하고 은혜가 충만하면 할수록 사회에 대한 관심이 멀어지는 것이 아니라 더욱더 민감해져야 한다. 우리는 이것을 아모스와 미가의 예언의 메시지에서 찾아 볼 수 있다: "정의를 물 같이, 공의를 마르지 않는 강 같이 흐르게 할지어다." 성령은 사랑의 영이며, 동시에 평화의 영이며, 정의와 공평의 영이시다.

문화신학의 영성이해는 가톨릭신학의 영성이해와 구분된다. 가톨릭은 영성과 은혜를 인간 속에 선천적으로 착안된 능력으로 본다. 이에 반해서 문화신학은 종교개혁의 전통을 따라서 영성을 하나님의 은혜를 통해서 주어진 것으로 보기 때문이다. 문화신학은 성령의 기초를 인간 속에 선천적으로 착안된 가능성으로 보지 않는다. 가톨릭신학이 영성이란 인간 속에 자연적으로 착안된 능력의 연마라고 이해하고, 이것은 계시를 통해서 더욱 확증되고 강화된다고 본다. 문화신학은 이러한 가톨릭 신학의 견해를 부정한다. 가톨릭 신학은 성화가 인간의 협력으로 수행될 수 있다고 보는 데 반해서 문화신학은 성화(聖化)란 오로지 의인(義認)의 근거 위에서만 실현된다고 본다.

진정한 영성은 종교개혁자들이 강조한 "하나님 면전"(coram deo) 사상을 귀중한 전통으로 수용한다. 이것은 단지 루터의 의인(義認) 사상에서 끝나지 않는다. 성화를 강조한다. 그것은 하나님과의 초월적 관계요, 이 초월적 관계는 이 세상을 떠나는 것이 아니라 이 세상 안에서 이 세상을 너머서는 내재적 초월(immanent transcendence)이다. 이 영성에서 개인적인 삶과 사회적인 행동을 위한 내재적 초월의 역동성이 나온다. 오늘날 서구의 신학은 이 영성의 삶을 상실하고 있다.

문화신학은 한국교회 안에서 이 영성의 역사적 근거를 1907년 평양 장대현교회에서 일어난 부흥과 회개운동에서 발견한다. 이것은 진정한 개인의 회심운동이었으며 한국교회의 오순절이었고 한국적 영성이 형성된 역사적 사건이었다.[56] 이것은 두 가지 근본명제를 통해서 한국교회에 영향을 미쳤다. 첫째, 회심은 신앙공동체에서 연대적으로 일어났다. 둘째, 내적 회심사건은 열매로 나타나는 도덕적인 행위로서 외부에 표현되었다. 그래서 회개한 자는 그들의 지난날 나쁜 행동을 이제 그것을 상응하는 좋은 행동으로써 보상하였다. 그래서 회개운동은 윤리적 각성이 되었다. 이 운동에 영향을 받아 많은 기독자들이 이웃과 화해하고 회심을 죄로부터의 돌이킴으로 경험하였다. 당시에 한국장로교회는 첫 선교사를 남쪽 섬인 제주도에 파송하였다. 회심운동은 한국적 영성을 가장 깊은 것 속에서 같이 형성한 역사적인 것이 되었다.[57]

오늘날 한국교회의 부흥과 성장은 이러한 영성의 근원에서 비롯되고 있다.[58] 문화의 원천은 기술의 발전이 아니다. 문화의 원천은 영성이다. 틸리히가 언급한 바 같이 종교적 영성은 문화의 실체이다. 문화는 종교적 영성이 드러나는 형식이라고 할 수 있다. 오늘날의 문화는 기술문화로서 상품화와 실용성을 중심으로 하는 표피문화이다. 이것은 인간의 영성을 만족시켜줄 수 없으며, 영적 방향과 삶의 의미를 충족시켜 줄 수 없다.

(2) 순례자의 신학으로서의 문화신학

문화신학은 하나님 말씀의 입각해 주어진 역사적 현실에 대하여 반성하고자 한다. 이 현실의 반성은 역사 속에서 완결되는 것이 아니라 무한한 반성의 과정이다. 문화신학은 자기 체계에 안주하지 않고 하나님의 말씀의 생동성을 향하여 끊임없는 순례자의 길을 시도한다.

그러므로 문화신학은 지상에서 천상을 향하여 끊임없는 순례의 길을 걷는 순례자의 신학(theologia viatorum)이다. 이 지상에서 영원한 나라를 향하여 가는 순례자로서 문화신학적 반성을 하는 기독자는 나그네와 소외된 자들에 대한 유대의식을 느낀다.

그러므로 문화신학은 우리 이웃의 소외되고 가난하고 나그네 된 자에 대한 특별한 관심과 연대를 가진다. 나그네에 대한 관심과 연대는 다음 세 가지 성경적 근거를 갖는다. 첫째, 이스라엘 역사에서 겪은 고난의 경험에서 나온다. 둘째, 나그네의 후견인은 여호와 하나님이시다. 셋째, 우리가 그들의 부르짖는 소리를 듣지 않으면 하나님이 직접 이들의 호소를 들으신다. 예수님은 "내 형제 중에 지극히 작은 자 하나에게 한 것이 곧 내게 한 것이라"는 마태복음 25장 40절에서 나그네를 대접하는 것이 하나님을 대접하는 것이며, 나그네를 대접하지 않는 것은 하나님을 대접하지 않는 것이라고 말씀하셨다.

(3) 해석학적 신학으로서의 문화신학

문화신학은 오늘날의 삶을 하나님의 말씀을 가지고 해석하고 조명한다. 그리고 이 시대의 문화를 진단하고 비판하고 치유하고, 그것을 하나님 말씀을 향하도록 방향을 돌린다. 독일의 신학자 헬무트 틸리케나 디트리히 본회퍼는 이러한 의미에 있어서 그들의 시대를 하나님 말씀을 가지고 해석하고자 한 문화신학자들이었다. 헬무트 틸리케의 역사해석이나 본회퍼의 기독교의 비종교화 착상은 해석학적 착상으로서 문화신학이다. 그리고 에벨링의 신학 역시 본회퍼의 비종교화 착상을 철저히 수행한 해석학적 신학(die hermeneutische Theologie)으로서 문화신학의 좋은 범례이다. 틸리케는 해석학적 착상을 루터교적이고 종교개혁적 관점에서 옛 에온과 새 에온 사이의 긴장(Spannung zwischen altem und neuem Aeon) 속에서 이해했다.[59] 틸리케는 역사적 상황과 인간 실존을 변증법적으로 해석하면서 그의 신학을 전개하였다. 에벨링도 루터교적-종교개혁적 관점을 그의 말씀 사건(Wortgeschehen)의 착상 속에서 수용하였다. 에벨링은 현재적 상황과 개인적 실존을 해석하면서 말씀의 신학을 해석학적으로 전개하였다.

(4) 두 가지 전통의 비판적 계승

한국 기독교신자들은 한편으로는 유교적 전통과 다른 한편으로는 서구-개혁주의적 전통 아래 있다. 이 두 가지 전통은 한국기독교 신자들의 사고적인 실존 속에서 역동적으로 매개된다. 문화신학은 한국 유교의 도덕적 전통으로부터 문화적 에토스(cultural ethos)를 문화적 삶의 선이해와 자료로서 가져오며, 어거스틴과 칼빈과 카이퍼와 니버와 틸리케의 문화신학적 착상을 기독교적 에토스와 연결(connection)시키고자 한다. 유교가 말하는 도덕적 인간으로서의 자기수신과 사회에의 참여 정신 그리고 서구의 신학이 말하는 복음으로써 사회를 변혁시키고 우리 삶을 하나님의 영광의 광장으로 삼는 사상은 서로 연결될 수 있다. 이러한 매개(Vermittlung)는 오늘날의 맥락에서 새롭게 해석학적으로 조명되어야 한다.

유교의 사서 삼경은 인간의 윤리적 본성과 통치자의 윤리와 덕치에 관하여 논술하고 있다. 이것은 비록 다신론적이고 범신론적인 세계관에 있다고 하더라도 인간의 착한 본성을 논하고 국가를 경영함에 있어서 법치가 아닌 통치자의 덕치(德治)를 논하고 있으므로[60] 기독교 윤리에 근접하는 면이 있다. 유교가 말하는 천명(天命)은 상제(上帝)의 명령으로서 보고 듣고 명하고 벌하는 인격 신(神)의 명령이다. 그래서 천명은 "인간 자아의 본래적 존재 근거"[61]로서 기독교적 십계명이나 복음의 윤리를 이해하는 선이해가 될 수 있다. 천명은 이스라엘의 십계명과 복음의 지시에 대한 선이해의 모습으로서 이해될 수 있다.

공자의 신개념에는 상제(上帝)로서 보고 듣고 명하고 벌하는 인격신[62]이 있으며, 맹자도 신은 "성스러워서 알 수 없는 것"[63]이며 천(天)은 임금 마음대로가 아니라, 천 스스로가 임금의 후계자를 결정해준다고 말했다. 그래서 요(堯) 임금의 후계자가 그 아들이 아니라 순(舜) 임금이 된 것에 관하여, 맹자는 요 임금이 순을 천거한 것을 천(天)이 받아들인 것이라고 설명하였다.[64] 그리고 이러한 인격 신(神) 개념에서 유교에 영향받은 중국이나 한국의 역대 황제들은 신에게 감사제와 기우제를 드리기도 하였다. 이러한 인격 신(神) 개념은 기독교적 신개념을 이해하는 데 선이해가 된다.

신유교가 근거하고 있는 태극(太極)의 세계관은 도(道)의 사상에 근거하는 우주론으로서 기독교의 로고스적 세계관을 이해하는 데 선이해가 된다. 도는 만물이 그에게서 나오고 돌아가야 하는 파악할 수 없는 무명(無名)자요 근원자이다.[65] 도의 세계관은 범신론적 요소를 지니고 있음으로 이러한 도의 개념은 기독교적으로 세례를 받아야 한다. 신유교의 인간론은 인심(人心)이 도심(道心)과 일치해야 함을 말하고 있다. 인심이 기(氣)에 의하여 기울어지지 않는 것이 도심이다. 이것은 기독교적 인간 모습을 우리에게 전달해준다. 그러나 이러한 신유교의 인간론은 인간성과 우주의 본체와 같다는 범신론적 세계관을 가지고 있다.[66] 우리는 유교적 세계관과 인간이해를 기독교적 세계관과 인간론을 이해하는 선이해로 말할 수 있다.

그러나 한국적 문화신학은 이러한 유교적 개념들이 지니고 있는 범신론적 성격을 비판하고 이것을 변혁시켜야 한다. 유교의 윤리는 개인윤리와 사회윤리의 점진적인 완성을 말하고 이를 위하여서는 인간이 자기 본성, 즉 천명을 따라 행함으로써 성인(聖人)이 되어야 함을 역설한다.[67] 이러한 유교적인 대동(大同)사회를 실현하고자 하는 윤리사상은 지상에서 하나님 나라를 부분적으로 실현하고자 하는 신자들의 노력에 윤리적인 이상으로서 산상수훈의 이상에 근접하는 선이해를 제공해 준다. 그럼에도 불구하고 이러한 천명과 유교적 상제 개념은 기독교적으로 세례를 받아야 한다. 왜냐하면 이 두 가지 개념은 한편으로는 범신론적 성격을 지니고 있으며 다른 한편으로는 권위주의의 성격에 빠져 있기 때문이다. 기독교적 율법은 양심 속에서 인간의 자기 중심성을 심판하며, 기독교적 신은 도덕적 인간을 죄인으로 심판하면서 인간에게 그리스도 안에서 인격적으로 다가오는 구원의 하나님이시기 때문이다.

(5) 문화신학의 종말론적 성격

유교와 도교가 근원관계를 강조하는 것과 대조적으로, 문화신학은 종말론적으로 정위된다: 문화신학에 의하면 역사과정은 문화적 명령이 실현되어야 하는 광장이다. 그러나 역사 속에서는 공동체의 평화 속에서 수행되는 창조성, 사랑과 정의는 결단코 완전하게 될 수 없다. 때문에 문화의 이념도 온전히 실현될 수 없다. 문화적 존재로서 인간 존재는 현재적 문화적 실현과 종말, 옛 에온과 새 에온 사이에서 살고 있다. 그리고 인간 존재는 모든 문화 실현을 잠정적이도록 하는 종말 속에서 새로움과 완성의 희망을 가지고 살고 있다.

문화신학은 인간의 문화활동이 도덕성의 선(善) 자체에의 근접모습 (Gestalten der Annaeherung der Sittlichkeit an das Gute schlechthin, 쉴라이에르마

허) 속에서 또는 도덕적-종교적 공동체의 모습(Gestalt einer sittlich-religioesen Gemeinschaft, 리츨) 속에서 실현된다고 보지 않는다. 리츨의 도덕성이나 헤르만의 종교성은 인간 문화활동의 지고한 완성을 보증하지 못한다. 또한 역사과정에서 그 목적에 도달하지 못하며 쉽사리 자기독단성(Eigenmaechtigkeit)이나 자기 절대화에 빠져 버린다. 리츨의 도덕성이나 헤르만의 종교성은 따라서 제국주의나 전체주의 속에서 간접적으로 보여지는 하나님의 심판에 직면한다. 진정한 문화활동은 종말 속에서 다시 오시는 예수 그리스도 안에서 하나님의 심판을 향하여 열려 있다. 따라서 문화신학은 종말론과 연결되어 있다. 그래서 한국의 새로운 문화신학은 19세기 개신교 자유주의가 주장한 것 같은 도덕적 진보낙관주의(moralischer Fortschrittsoptimismus)를 거부한다.

문화적 기구로서의 기독교에 관련하여, 문화신학은 트뢸치의 "상대적 절대성"(relativen Absolutheit), 즉 유럽주의(Europaeismus)이해를 수용한다. 서구 기독교도 복음의 보편성을 지니고는 있으나 문화적으로는 서구의 역사적 문화적 제약에서 벗어날 수 없다. 이런 의미에서 유럽주의를 수용한다. 문화신학은 트뢸치에 비판적으로 복음의 보편성이 유럽문화를 넘어선다는 것을 강조한다. 복음은 바르트가 19세기 신학에 대하여 명료히 선언한 것 같이 계시된 하나님의 말씀이기 때문이다.

1) 바르트의 종말론 비판

바르트의 종말론은 무엇보다도 그의 초기에 있어서 하나님의 영원과 피안으로 정위된다. 바르트에 의하면 십자가와 부활에서 수행된 심판은 미래적 계기의 인간만이 아니라 무엇보다도 지금 여기의 인간에게 해당한다. 그래서 모든 신학은 바르트에 있어서는 종말론이다.[68] 문화신학은 이 진술을 전적으로 수용하지는 않는다. 왜냐하면 문화신학은 신학이 종말론적으로 정위된 것을 인정하나, 종말론은 단지 교의학의 단지 하나의 장이며, 그래서 주도적이기는 하나 전적인 측면(ausschliessliche Perspektive)을 형성하지는 않는다고 보기 때문이다.

바르트의 종말론에서는 단지 그리스도로부터 인간의 시간이 해석됨으로써[69], 먼저 인간에 대해 시간을 부정하고, 하나님에 대하여 시간을 포괄하고, 시간을 제거하는 영원성을 부여하는 경향[70]이 있다. 인간은 "과거로부터 현재를 거쳐 미래로 나아간다."[71] 그러나 바르트에 의하면 그리스도가 비로소 시간 속에서 인간에게 현실적인 존재를 보장하고 부여하기 때문에 인간은 이 시간을 장악하지 않는다. 바르트가 여기서 생각하는 것은 "각각 일어나는 시간 일반(Zeit uberhaupt) 속의 우리 존재이지, 과정으로서의 시간(Zeit as Verlauf)은 아니다."[72] 객관적 과정으로서 시간은 바르트에 있어서 관찰대상이 아니다. 따라서 바르트가 말하는 영원한 미래로서의 종말은 실재적 미래이기를 중지하고, 시간에서 벗어나 각 현재적인 영원 속으로 흡입되어가는 위험 속에 있다.[73] 예기론(Protologie)은 영원한 미래 속으로 들어가고, 일반 은총(die gratia generalis)은 그리스도 안에서 특별은총(die gratia specialis) 안으로 종속된다.

따라서 인간의 책임있는 행위는 예수 그리스도 안에서 수행된 하나님의 화해사건 속에 포함되고 영원 속의 성취로 지시된다. 바르트의 체계에 있어서 은총 객관주의가 선언되는 한, 문화 속에서 구체적인 인간의 책임차원은 중요시 되지 않는다. 하이델베르그 대의 루터학자 알브레히트 페터스(Albrecht Peters)는 바르트의 은총 객관주의에 대하여 다음같이 비난한다: "여기서 구체적인 인간은 사라진다. 눈길은 그리스도를 향한 긍정적이고 부정적인 증언진술에 집중된다."[74] "인간에 관해 바르트의 추상화하는 진술은 고유한 의미설정과 삶의 수행의 책임차원이 하나님의 자기선택과 자기 정립에 대한 유비에 대해 증가하면서 거대한 연관을 지닌다는 사실로 나아간다. 여기서 피히테는 유별나게 저항하고 있다."[75]

2) 몰트만의 종말론의 비판적 수용

공식화된 종말론 이해에 직면하여 문화신학은 몰트만의 출애굽 공동체 (Exodusgemeinde) 개념을 수용한다. 몰트만은 그리스도의 부활에서 역사와 부활의 새 개념을 얻고, 변혁으로의 계기에 신앙의 참여를 더 인간적인 사회의 의미에서 이해하기 때문이다. 그러나 궁극적인 완성은 인간을 통해서가 아니라 하나님을 통해 일어난다. 문화신학은 이 새로움(das novum)을 모든 세계내적 이상향에 대한 비판으로서 이해한다.[76] 문화신학은 다가오는 그리스도 왕국의 메시아적 차원을 다가오는 하나님 왕국의 목표에 대한 매개로서 이해한다. 그리고 독일의 개혁신학자 클라퍼르트(B. Klappert)가 해석하는 바 같이 세계종말과 세계심판을 진지하게 받아들이는 묵시록적인 차원을 내포하는 한, 문화신학은 몰트만의 세계역사적 종말론에 동의한다.[77] 그러나 문화신학은 몰트만의 범재신론의 사고도식과는 구분된다. 몰트만의 사고도식은 창조주 신과 창조물 사이의 구분을 혼미하게 하고 종말론에서 보편적 화해를 지시하기 때문이다. 문화신학은 창조주 신과 창조물에 대한 종교개혁적 구분을 명료히 하고 종말에 있어서 이중분리에 대한 종교개혁적 파악을 수용한다.

문화신학은 역사 속에서 기독자 실존을 "심판과 은혜의 변증법적인 긴장 속에서" 파악한다. 그것은 틸리케가 말하는 것과 같다: "역사는 심판에서 은혜로의 도피이다. 은혜 아래서 심판 속의 삶이다(Die Geschichte ist die Zuflucht aus dem Gericht zu der Gnade, das Leben im Gericht unter der Gnade)"[78] 역사 속에서 문화활동은 종말론적으로, 유한성에 정위된다. 문화활동은 역사의 과정에서 완성되지 않는다. 문화활동은 하나님의 심판과 은혜 앞에 서 있다. 인간은 하나님 면전에서의 각 윤리적 행위 속에서 "타자에 대한 존경에 대한 상관관계와 관련하여 인격성과 인간적인 존엄 속에서"[79] 결단해야 한다. 그래서 문화활동은 각자의 윤리적 계기 속에서 책임차원을 진지하게 받아들인다. 문화신학은 윤리적 행위에 있어서 하나님의 영원한 계명에 지시되는 데 그치지 않고 역사 속에서 구체적인 책임차원을 진지하게 받아들인다. 문화신학은 다시 오시는 예수 그리스도를 통한 전 세상의 갱신을 통해서 그것의 목표를 완성한다.

(6) 자유주의적 혼합주의적 문화신학과는 다름

문화신학은 한국에서는 두 가지 흐름으로 전개되고 있다. 하나는 변혁주의적 유형이며 다른 하나는 혼합주의적 유형이다. 변혁적 문화신학은 감리교 교단에서 흐름을 형성하는 자유주의적 혼합주의적 문화신학과 다르다. 유동식의 문화신학은 무속신앙의 문화를 기독교 신앙의 전형으로 보고 있으며, 김경재는 불교의 정신을 기독교 신앙의 전향으로 봄으로써 성령과 무속의 영을 혼동하고 있다.

미국계 한국인 학자 이정용은 역(易, I-Ging)의 해석을 통해서 서구의 양자택일(either-or)의 배타적 사고를 극복하는 동양적인 양자포괄(both-and)의 사고를 주장한다.[80] 그의 음양사상에 입각한 문화신학은 변화를 순환적이며, 새로운 창조기 아니라 이미 있는 것의 갱신으로 보는 영원한 순환사상을 제시한다. 신은 수레바퀴의 축(die Achse eines Rades)이라고 본다. 그리고 그리스도를 "자아의 우주적 원형", "자아의 궁극적 근거"로 보고 구원을 "원상태로의 운동"[81] 그리하여 영원한 창조운동의 부분으로 봄으로써 역사적인 구속운동을 우주론적 자기귀환운동으로서 파악하고 있다.

이에 반해서 개혁주의적 문화신학은 박봉배나 김의환의 변혁주의 유형을 수용한다. 그것은 무속적·불교적·유교적 신앙을 그대로 기독교 신앙으로 수용하지 않고, 변혁적으로 수용한다. 무속신앙의 정성(精誠), 불교신앙의 자비(慈悲), 유교신앙의 충효(忠孝) 및 경(敬) 사상을 긍정적으로 수용하면서, 이것을 그리스도에 대한 신앙의 틀 안에서 세례를 주고 기독교적으로 변혁시킨다. 개혁주의적 문화신학은 주역의 변화 사상을 우주론적 자기귀환의 운동이 아니라 인격적 창조신의 역사섭리 안에서 이해함으로써 범신론적 사고의 틀에서 벗어난다. 문화신학은 태극을 이루는 음양의 원리란 그 자체적인 우주의 원리가 아니라 창조주의 우주 섭리의 이원성을 설명하는 하나의 도식에 불과하다고 본다.

(7) 생명의 신학으로서의 문화신학

문화 신학은 생태학적으로는 생명의 신학으로 전개된다. 오늘의 가장 통전적 이해가 필요한 영역이 바로 생명이다. 한국의 철학적 사상으로 "온 생명"(global life) 개념이 있다. 이것은 개체생명을 포괄하는 전지구적으로 하나인 생명을 상정하는 개념이다.[82] "온 생명" 사상은 생명을 타생명체와의 그물망적 관련에서 이해하려고 한다. 이것은 온 생명 사상이 제시하는 중요한 공헌이다. 그러나 이것은 생명현상을 서술해주는 것이지 진정한 생명이 무엇인지를 제시해주지 못한다. "온 생명" 개념은 하나님과의 관계에서 이해되어야 한다. 여기에 생명신학의 과제가 있다. 세 가지 근본착상이 제시된다.

첫째, 유기체적 생명사상의 발견이다. 인간중심적 및 기계기술적 생명사상의 비판과 극복이다. 생명신학은 현대 사회의 물질중심주의 기술문명 중심주의와 인간중심주의, 그리고 남성중심주의의 폐단성을 폭로하고 시정한다. 생명이란 기계기술주의가 말하는 바 전체에서 단절된 부분이 아니다. 요나스(Hans Jonas)가 말하는 바 같이 생명이란 "살아있는 생명체"가 지닌 "전체성, 연속성, 초월성"의 특성을 지닌다.[83] 이것은 자아중심의 사고를 타자와의 관계 속에서 새롭게 성숙한 자아로 발견하고 데카르트적 사고를 존재론적 사고로 전환시킨다. 생명신학적 사고는 데카르트적 사고가 지닌 인식론적, 보편적, 추상적 지식의 한계를 지적하고 이것을 특수하고, 구체적이고 부분적이고 감성적 지식으로 보완하고자 한다.[84]

둘째, 범신론적 생명사상과의 결별이다. 자연중심적, 신비주의생명사상과의 결별이다. 오늘날 슈바이처, 요나스 등의 생명사상은 생명의 외경과 책임사상을 말함에도 불구하고 성경적이고 기독교적 맥락에서 떠나 신비철학적 내지 범신론적 생명사상에 빠져 있다. 모든 생명은 귀중하고 살아 있는 모든 생명에 대한 무한한 책임을 지닌다는 슈바이처의 생명외경 사상이 귀중한 생명윤리학의 기초임에는 이의가 없다. 요나스가 말하는 모성애적 책임윤리를 생명에 대하여 적용할 수 있다. 동양사상이 말하는 모든 인류와 생명 있는 존재 사이에 교감하는 정감적 통일성(sympathetic unity)사상[85]을 비판적으로 수용할 수 있다. 그럼에도 불구하고 이러한 존재중심의 철학적 사고는 신비주의 내지 범신론과 연결되면서 인간을 만물과 동일시하거나 인간과 신 사이의 구분을 해소시키고 있다.

셋째, 생명윤리의 각성이다. 기계기술적, 남성주의적 사고를 지배한 규칙, 보편성, 공평성을 보완하는 관계성, 특수성, 부분성의 사고를 수용한다.[86] 여성의 감수성과 어머니의 지혜, 모성적 실천을 중요시한다. 여기에는 지배와 통제의 윤리 보다는 돌봄의 윤리, 양육의 윤리, 및 관계의 윤리, 책임의 윤리가 주제화되어야 한다.[87] 그럼에도 불구하고 여성주의적 사고가 바로 생명윤리 사고의 핵심이 될 수는 없다. 여성주의적 사고는 남성주의적 사고의 보완점으로서만 그 의미를 지닌다. 남성과 여성이 결합하고 서로 창조적으로 교통할 때 생명이 산출되기 때문에 여성주의적 사고나 윤리가 생명윤리 사고를 독점할 수 없다.

*

1987년 한국 민주화 운동에 있어서 크나큰 성취를 얻은 이래 민중신학은

1990년대 이후 침체의 길에 접어들고 있다. 사회운동으로 시작한 민중신학은 자기 목표를 달성하였고 이것으로 사명을 다한 것이라 할 수 있다. 그러므로 민중해방으로서의 민중신학의 과제는 더 이상 목표가 없다. 한국 사회의 민주화는 민중의 사회참여보다는 의회정치의 발전과 더불어 국회에서 논의되고, 법과 제도를 통해 발전할 것이기 때문이다. 변화된 사회 속에서 정치적 사회적 저항운동으로서의 민중신학은 이제 보다 더 큰 한국사회의 문화를 변혁시키는 문화신학의 맥락 안에서 전개되어야 할 것이다.

문화신학은 통전적 신학으로서 변혁적 신학이다. 문화신학은 시민이라는 중산층을 대변하면서도 민중이나 지배계층의 건전한 사고와 요구를 무시하지 않는 통전적 신학이다. 문화신학은 한국적 구체적인 문화적 상황에서 출발하면서도 현대 사회의 보편적인 문화적 가치에 관하여 신학적으로 그 방향을 제시한다. 문화신학은 종말론적으로 정위되면서도 역사적 현실에 대한 책임과 변혁의 과제를 놓치지 않는 현실변혁의 신학이다. 변혁을 위해 현실에 대한 비판적 해석하고자 하기 때문에 해석학적 신학이다.

주

chapter 1   21세기 한국사회와 문화변혁: 변혁적 문화신학의
프로그램

1) "지구생태계 40%밖에 안 남아", 조선닷컴, 밀레니엄종 '지난 50년의 환경' 보고서,
"참치·상어 90% 줄어… 신종질병 발생 우려", 이자연 기자 achim@chosun.
com, 입력: 2005.03.31 19:28 53' / 수정: 2005.04.01 04:57 25'

2) 김동춘, "구원과 복지", 《백석저널》 2004년 가을, "교회적 코이노니아와 국가적 사
회복지", 《성경과 신학》 33권(2003), pp. 305-330

3) 정희수, "신약성서의 사회복지사상", 한국사회복지선교연구원 편, 『선교와 사회복
지』, 서울: 신흥메드싸이언스, 2004, p. 63

4) "한국인은 이렇다", 獨(독), 對韓(대한) 비즈니스 안내서, 《조선일보》, 1994년 9월
24일 11면

5) 임영식, 대중 스타에 대한 청소년의 우상화 현상과 심리사회적 적응(청소년학 연구,
2002), pp. 58-59, 손승영 외, 청소년의 일상과 가족(미래인력연구센터, 2001),
pp. 257-258

6) 《국민일보》, 《조선일보》, 《동아일보》 2000년 3월 18일자 1면 사진

7) "대통령 빼고 다 도청했다", 《조선일보》 2005년 7월 27일 1면

8) " '이명박 특검법' 국회 통과, [D-1] 한나라 불참, 4黨 찬성… 새 대통령 취임전 수사
결론 선거 끝난 후에도 '사생결단식 충돌' 로 '대선 2라운드' ", 배성규 기자
vegaa@chosun.com 입력: 2007.12.18 01:04 / 수정 : 2007.12.18 03:41

9) "점점 더워지는 지구, 2100년까지 섭씨 4도 상승", 《뉴스위크》 한국판, 2000년 1월
12일, p. 54

10) 레스터 브라운, "태양·수소 이용한 그린 에너지 시대로", 《조선일보》 신년특집,

2000년 2월 3일, 17면

11) " '북극 얼음 금세기 말 사라질 수도' 유엔 기후변화委, 온난화 강력경고, '온실가스 억제해도 수세기간 진행' " 파리=강경희 특파원 khkang@chosun.com 입력: 2007.02.03 00:02

12) 상동

13) "탄산가스 배출회사, 日, 환경세 부과 검토", 《국민일보》, 2000년 3월 1일, 9면

14) "선진국은 2009년까지 온실가스 감축목표 내놔야, 유엔 기후변화협약 '발리 로드맵' 채택, 한국이 '선진국그룹' 에 속할지는 미지수, 배출량 세계 9위… 국내산업 영향 불가피, "신기술 개발로 위기를 기회로 삼아야", 이위재 기자(발리(인도네시아)) wjlee@chosun.com, 《조선일보》, 2007년 12월 17일, A16면

15) "필리핀 '기적의 쌀' 개발", 글쓴이: 필전J 2007.05.08 11:16 http://cafe.daum.net/vostlansrn/Yc1/416

16) 상동

17) "인간 게놈 프로젝트", 미리보는 새천년, 《동아일보》, 2000년 1월 21일, A 21면

18) "국내 첫 은행 피싱사이트 해커는 인터넷 광(狂) 고교생", 《한국일보》, 2005년 7월 14일, 19면

19) "美 사이버 섹스 강박증 환자 20만 명", 《국민일보》, 2000년 3월 2일, 9면

20) 불 사회학자 알랭 투렌, "한국은 유럽의 복지모델 눈 돌릴 때", 《조선일보》, 1996년 1월 25일. 33면

21) "장애인과 함께 사는 사회〈1〉, 가파른 계단… 리프트는 없고… 나들이 무서워", 《조선일보》, 2000년 3월 4일, 37면

22) 박두식, "신종 패거리주의", 《조선일보》, 2005년 6월 29일, A34면

23) "재벌 개혁, 소유와 지배구조 개선부터", 현대 경영권 분쟁 전문가 시각, 《국민일보》, 2000년 3월 29일, 10면

24) 2005년 9월 1일 오전 서울 그랜드 워커힐 호텔에서 이틀 일정으로 개막한 '아·태 경제협력체(APEC) 반부패투명성 심포지엄' 에서 한국사회의 부패 정도는 국민소득 수준에 비해 극히 불량한 수준이며, 이를 해결하기 위해 올해 3월 체결된 '반부패협약' 역시 노동계와 교육계, 종교계와 법조계가 참여하지 않는 한 실패로 돌아갈 가능성이 크다는 주장이 제기됐다. 서울산업대 행정학 교수 남궁근은 제출한 논문 「거버넌스 관점에서의 부패통제」에서 "국제투명성기구(TI)의 2004년도 반부패지수를 분석한 결과 1인당 국민소득 3만 달러를 넘는 선진국이 되기 위해서는 부패문제 해결이 필수적" 이라고 진단했다. 남궁근은 "한국은 국민소득에 비해 부패정도가 심각해 선진국 진입에 걸림돌이 되고 있다"고 분석했다. 그의 논문에 따르면 TI 반부패지수 7점(10점 만점) 이상을 획득한 상위 22개국의 1인당 국민소득은 평균 3만 1,000달러에 달했다. 반면 4.5점(47위)을 차지한 한국과 비슷한 등급의 국가들은 1인당 평균 국민소득이 5,560달러에 머문 것으로 분석됐다. 이는 한

국이 1인당 국민소득은 1만 달러를 넘었지만 부패 정도는 5,000달러 소득수준 국가와 비슷하다는 의미다. 남궁근은 이같은 현상이 벌어지는 주요 원인으로 법을 제정하는 국회의원이나 고위관료들이 오히려 '부패의 고리' 역할을 하고 있다는 점을 꼽았으며, 이를 해결하기 위해서는 '거버넌스'(국정운영에 정부뿐 아니라 시민단체, 기업 등이 참여하는 것)의 활성화가 필요하다고 제언했다. (http://blog.paran.com/manduso/5550647 "한국 부패수준 극히 불량", APEC 심포지엄, "부패지수가 국민소득 5,000달러 수준, 양성욱 기자 feelgood@munhwa.com)

25) 강철규, "부패 공화국에서 벗어나는 길",《국민일보》, 2000년 2월 11일

26) 곽수일, "실패를 수용하는 풍토를 만들자", 21세기 한국인의 활로〈4〉,《조선일보》, 2000년 1월 19일, 20면

27) "'500만 여성의 힘'이 가사에 발목잡혀", 21C 한국의 활로,《조선일보》신년특집, 2000년 2월 23일, 18면

28) "대통령서 CEO까지 핵심파워로 떠올라",《조선일보》, 2000년 2월 23일, 19면

29) "새로 뽑는 항공관제사 61명 중 여성이 30명",《조선일보》, 2000년 2월 26일, 35면

30) "빈곤층 IMF후 2배 늘어… 공동체 안정에 적신호, 고용 통한 탈빈곤 정책 시급",《조선일보》특별기획, 2004년 1월 1일 신년특집, A6면

31) "한국 어디로 가나, 제1부: 빈부격차 사(私) 교육비, 집값에 찌든 중산층… 상대적 빈곤감 더 커져, 2003년 9월 15일, B11면

32) "도시 10가구 중 1가구는 절대빈곤층",《조선일보》, 2003년 10월 13일, A10면

33) "우리이웃의 삶을 들여다 보셨습니까, 빈곤층 500만 명… OECD국가 중 멕시코 이어 최다",《조선일보》, 2004년 1월 1일 신년호, A1면

34) "서울 중계본동 104번지 달동네 사람들, 철거민, 영세민 등 5,100여 명, 가족마다 방한칸서 새우잠",《조선일보》, 2004년 1월 1일, 신년특집, A5면(특별기획)

35) "빈곤층 500만 돌파, 소득 상위 10% 월수 776만 원",《조선일보》2005년 5월 26일, 1면

36) "'정보=돈' -디지털이 부른 '소익부 노익빈'",《국민일보》, 2000년 3월 1일, 26면

37) "한국 어디로 가나 전문가 분석과 처방", "빈부격차 어떻게 해결하나… 사회보험 넓혀 재기(再起) 돕고… 자사주(自社住) 더 많이 줘야",《조선일보》, 2003년 9월 10일, A5면

38) 상동

39) "제프리 삭스 교수의 '빈부 격차 처방- 대학보조금 등 교육에 투자해야'",《조선일보》, 2003년 9월 10일, A5면

40) "미국의 빈부 격차 해소법",《조선일보》, 2007년 6월 14일, A38면, 김기훈 뉴욕특파원 khkim@chosun.com 입력 : 2007.06.13 22:35

41) 상동

42) 상동

43) 이창열, "한국 젊지 않다… 4년 전 이미 노인국 진입", in: 고령화 대책, 내일이 늦
다. BI:Befrienders International, Vol. 167, October 2005, p. 24

44) 임춘식, "고령화 대책, 내일이 늦다," in: 고령화 대책, 내일이 늦다. BI:
Befrienders International, Vol. 167, October 2005, p. 26

45) "2004 한국, 그래도 길은 있다, 통계로 본 희망: 국민평균 IQ 2위, 인터넷 이용자수
3위, 미국 유학생수 3위, 기업가 행동지수 4위",《조선일보》신년특집, 2004년 1월
1일, A9면

46) "신기술 전쟁(중), 외국 '3세대 휴대폰' 본격화, 한국은 '초스피드' 로 승부수",《조
선일보》, 2005년 4월 9일, A15면

47) "테레사 수녀의 마음에 대기업 CEO의 머리로",《조선일보》, 2007년 6월 12일,
B1-B2면; 제3의 자본주의 〈上〉… 비즈니스로 자선 베푸는 '사회적 기업' 확산, 신
지은 기자 ifyouare@chosun.com 입력 : 2007.06.11 22:16

48) 정선희,『사회적 기업』, 다우출판사, 2004, p. 132

49)《한국경제》, 2007년 9월 22일, "사회적 기업이 경쟁력이다" 비즈니스·자선 결합
'창조적 자본주의' 뜬다, 윤기설 노동전문기자 upyks@hankyung.com 입력:
2007.08.26 18:45 / 수정: 2007-08-27 10:43

50) 상동

51) "테레사 수녀의 마음에 대기업 CEO의 머리로",《조선일보》, 2007년 6월 12일, B1-
B2면; 제3의 자본주의 〈上〉… 비즈니스로 자선 베푸는 '사회적 기업' 확산, 신지
은 기자 ifyouare@chosun.com 입력: 2007.06.11 22:16

52) "게이츠의 하버드 연설", 이선민 논설위원 smlee@chosun.com, 입력: 2007.
06.10 22:55

Chapter 2   21세기 한국교회와 복음주의 신학

1) "지난해 비해 소폭 '성장' ",《기독교연합신문》, 2000년 10월 8일, 1면

2) 이광순, "교회 성장론적 접근", 한국교회 성장둔화 분석과 대책, 숭실대 한국기독교
문화연구소 편, 1998, pp. 61-94

3) 양승헌, "교회교육의 갱신없이는 21세기는 없다",《목회와 신학》, 2000년 1월호,
p. 101

4) "교세 감소 통계를 보는 교계가 드러낸 허상", 2006.10.31 오후 9:13:11, 윤영호 기
자 yyho@igoodnews.net

5) 곽선희, "선교신학적 접근",『한국교회 성장둔화 분석과 대책』, 숭실대 한국기독교
문화연구소 편, 1998, pp. 97-137

6) 김영한, "성장둔화에 대한 요인분석과 그 대안에 관한 논구", 『한국교회 성장둔화 분석과 대책』, 숭실대 한국기독교문화연구소 편, 1998, pp. 1-58

7) "값싼 축복과 면죄부를 팔아 얻은 성장, 한계에 이르다", 입력: 2007.02.15 오후 4:25:18, 이현주 기자 hjlee@igoodnews.net

8) 상동

9) 예장 합동정통은 1999년 12월 말 기준으로 교회수 2,024개, 목자수 2,049명, 교인수 70만 1,907명이며, 기장 교단(교회 1,491개, 목사 2,038명, 교인 32만 5,983명)이나 고신(교회 1,465개, 목사 1,170명, 교인 46만 145명) 크게 발전하고 있다. 대신 측은 교회수 1,312명, 목사수가 1,643명, 전체 교인수가 21만 7,576명으로 기장이나 고신과 거의 대등한 교세를 보이고 있다("지난해 비해 소폭 성장", 《기독교연합신문》, 2000년 10월 8일, 1면).

10) "기구 연합 · 정치참여 · 보수결집", 이동희 기자, dong423@googood.com(구굿닷컴) 뉴스미션, 2006.12.25 22:39

11) H. R. Niebuhr, *Social Sources of Denominational*, Camden, CT, Shoe String, 1954, 박종화, "교파주의를 벗고 처음신앙으로 부활하자", 《기독교사상》 472호, 1998년 4월, 대한기독교서회, p. 18

12) "후보자 금품제공에 타락풍토 비판 고조", 《기독교신문》, 2000년 10월 8일, 1면, 3면

13) "교계 선거 운동 이젠 달라져야 한다", 《한국기독공보》, 2000년 10월 17일, 5면

14) "물량과 타협한 영적지도자 타락이 교회의 추락 초래했다", 입력: 2007.02.08 오후 2:24:33, 이현주 기자 hjlee@igoodnews.net

15) 박정신, "문화변혁의 세력으로서의 한국 초대교회-그 맞섬과 초월의 모습 복원을 위하여", 2007년 숭실대 전국목회자신학세미나 자료집

16) "미래목회-나눔선교, 섬김목회, 복지선교-새로운 지평, '2005 사회복지엑스포 폐막'", 《기독교연합신문》, 2005년 9월 4일, 2면

17) 홍성현, "문화전쟁", 《목회자신문》, 2000년 9월 23일, 3면

18) (주) 큐검리눅스는 참된 기독교문화를 꿈꾸면서 이 업체가 만든 기독교 포털사이트 'www.chrit21.com'를 기존 사이트와 차별화시켜 깨끗하고 바른 문화공동체를 이끌 것을 약속했다. 《기독교연합신문》, 2000년 10월 6일, 16면

19) Jeremy Rifkin, *The Biotech Century*, 1998, 전영택 · 전병기 역, 민음사(1999), 이 저서에서 리프킨은 생명공학 기술이 인류의 희망과 재앙이 되는 양면을 제시하고 있다. 이미 생명의 조작은 시작되었다. 유전자 이식변종, 동물 키메라, 인간 복제, 시험관아기, 대리모, 장기제작, 유전자수술, 인간도 동물도 아닌 제3의 생물체 탄생, 열등 유전자의 차별 등을 기술하고 있다.

20) 이웅상, "배아줄기세포연구, 무엇이 문제인가", 《국민일보》, 2005년 6월 22일, 34면

21) 박충구, "과학주의 제어할 법 제도 개선이 필요하다", 《신앙세계》 통권 444호, 2005년 7월호, p. 40

22) "생명공학 분야는 무법 지대", 《국민일보》, 2000년 8월 23일, 22면

23) 양명수, "기독교의 눈으로 본 환경문제와 인간 복제의 문제", 《신앙세계》, 2000년 7월, p. 76

24) 김용삼, "지구촌을 바꿔놓고 있는 한국 선교사 8,200명의(세계 제4위)의 대역사", 《월간조선》, 2000년 9월호, pp. 222-248

25) 상게서, p. 226

26) "Muslims attack Christian Village on Ambon", *Korea Herald*, October 11, 2000, 1

27) 김용삼, 상게서, p. 237

28) 전호진, "거듭나야 할 한국교회와 한국교회의 선교", 《기독교사상》, 472호, 1998년 4월호, pp. 9-16

29) "2000 세계선교대회 대표회장 박종순 목사 초대석", 《신앙세계》, 2000년 10월호, p. 39; 남정우, '다시 생각하는 한국교회 선교", 상게서, pp. 44-49

30) 오아름, "진정한 선교한국", 《기독교신문》, 2005년 9월 4일, 2면

31) "단군상 철거될 때까지 반대집회 개최", 《기독교문화신문》, 2000년 10월 10일, 11면

32) "단군상 철거운동 지속전개 결의", 《국민일보》, 2000년 10월 11일, 29면

33) 김영한, "생태계의 위기와 생태신학, 생태윤리", 『21세기와 창조의 미래』, 숭실대 한국기독교문화연구소, 1995, pp. 52-55

34) "피사의 사탑이 무너진다", 입력: 2004.10.4 15:42:00, 남민정 기자, eRunNews.com

35) "생태계의 보존과 한국기독교", 1993, 숭실대 한국기독교문화연구소

36) "청계천 복원 D-30, 서울 숨통이 트인다", 《국민일보》, 2005년 9월 1일, 10면

37) 한승주, 『남과 북 그리고 세계』, 나남출판, 2000; "북한의 협조적 태도 얼마나 오래 갈까?", 《조선일보》, 2000년 10월 7일, 39면

38) 김영한, "이념적으로 혼란된 광복 60주년, 자유한국을 지키자!" 《미래한국》, 2005년 8월 27일, 4면; 정종욱, "미(美)는 한국이 동맹서 빠진다고 생각할 것", 《조선일보》, 2005년 4월 13일, A4면

39) "남한 좌경지식인 북(北) 오판 부를 정도로 위험", 《조선일보》, 2005년 9월 3일, A23면

40) 김의환, "개혁주의는 성경적 균형과 방정성을 갖는 가장 건전한 신앙표현이다", 《크리스챤 뉴스위크》, 2005년 7월 2일, 7면

41) 김의환, "한국교회의 성장둔화와 번영신학", 제2회 동북아 국제학술대회 자료, 2000년 9월 29일-10월 2일, "번영신학 비판에서 교회 성장 재출발", 《기독교연합

신문》, 2000년 10월 8일, 7면; 박찬희, "미국의 복음주의, 미래에의 전망", 《신앙세계》, 2003년 3월 pp. 72-76

42) 성장하는 교회의 여덟가지 원리는 ① 사역자를 세우는 지도력(Empowering Leadership), ② 은사중심적 사역(Gift-oriented Ministry), ③ 열정적 사역(Passinate Spirituality), ④ 기능적 사역(Functional Structure), ⑤ 영감있는 예배(Inspiring Worship), ⑥ 전인적 소그룹(Holistic Small Groups), ⑦ 필요중심적 전도(Need-oriented Evangelism), ⑧ 사랑의 관계(Loving Relationship)이다. 오태균, "21세기 교회성장에 대한 새로운 패러다임", 《목회와 신학》, 2000년 1월호, p. 96

43) "남가주내 16개 한인신학생 2,500여 명 재학", 《기독교문화신문》, 2000년 10월 10일, 8면

44) "남가주 사랑의 교회에서 11년째 시행하고 있는 제자훈련의 모범", 《기독교문화신문》, 2000년 10월 10일, 12면

45) 양승헌, "교회교육의 갱신없이는 21세기는 없다", 《목회와 신학》, 2000년 1월호, pp. 100-105

46) The 25 Most Influential Evangelicals in America, *The Time*, February 2005 . 타임지는 이 특집에서 미국의 가장 영향력 있는 25명의 복음주의자를 선정하고 이 멀징교회의 창시자인 맥라렌을 표지인물로 실었다.

47) "미국에서 떠오른 신흥교회 '이멀징교회'(Emerging Church), 성장침체 타개 위해 만들어진 '인위적 교회'", 《기독교연합신문》, 2005년 9월 4일. 7면

48) 상동

49) "번영신학과 고통의 신학에 대한 성명서", 한국복음주의신학회, 1994년 10월 1일, 《성경과 신학》, 제17권, 노서출판 횃불, 1995, p. 156

50) "'한국성결교회 연합회' 구성 결의", 《기독교신문》, 2000년 10월 8일, 1면

51) "'영성훈련' 등 공동 추진키로, 신학대학교육협서 신학대 연성훈련 공동인증제 합의", 《기독교신문》, 2005년 9월 4일, 1면; "신학대학들 공동으로 영성훈련 실시", 《기독교연합신문》, 2005년 9월 4일, 4면

52) 이원규, "한국교회와 맘모니즘", 《기독교사상》, 466호, 1997년 10월, p. 37

53) 선한용, "성직매매에 대하여", 《신학과 세계》, 1996년 봄호, p. 57

54) 김의환, "개혁신학의 재조명, 안주하지 않는 생동감 있는 신학으로 거듭나야", 《크리스챤 뉴스위크》, 2005년 7월 2일, 7면

55) "내년부터 제비뽑기로 임원선출", 《기독교신문》, 2000년 10월 8일, 1면

56) "목회자의 아들이 후임목회자가 되는 문제에 대한 입장", 한국기독교총연합회(CCK), 2000년 9월 18일, 《목회자신문》, 2000년 10월 7일, 11면

57) 어윤배, 숭실대학교 개교 103주년 기념사, 2000년 10월 10일, 숭실대학교, 4면; "'시간이 남아도는' 디지털 시대 도래한다', BI: Befriedners International, Vol.

164, July 2005, p. 21

58) 김문상, "유비쿼터스 로봇" 중앙 Sunday, 2008년 2월 10일, 35면

59) "디지털 세상 복음화… 온누리 인터넷 방송국 개국",《국민일보》, 2000년 10월 6일 34면

60) 김영한, "가상공간에 대한 신학적 진단",《목회와 신학》, 1998년 2월호, pp. 43-49

61) 서정우, "정보화 사회와 인간 소외",《신앙세계》, 2000년 7월, pp. 80-85

62) 이원규, "사회문제 속의 기독교문화와 영성",《신앙세계》, 2000년 7월호, p. 95

63) "생명조작은 엄청난 죄악, 어린이 상품화 가장 우려",《국민일보》, 2000년 10월 7일, 26면

64) 상동

65) 이웅상, "배아줄기세포연구, 무엇이 문제인가",《국민일보》, 2005년 6월 22일, 34면

66) Peter MeEnhill, "Technological Impact and christian Faith", The Soongsil 7th International Symposium on Christian Culture and Theology, October 4-6, 2000. 미국 신학과 자연과학 연구소, 테프 피터스 소장 내한 강연,《국민일보》, 2000년 10월 7일, 26면

67) 낸시 호넬, "인간복제, 휴먼 게놈 프로젝트를 어떻게 볼 것인가", 강남대 우원연구소 주최, '신학과 과학의 대화' 학술세미나 자료, 2000년 9월 25-26일,《기독교연합신문》, 2000년 10월 8일, 9면

68) " '게놈 프로젝트' 인류의 희망인가?',《한국기독공보》, 2000년 9월 2일, 5면

69) "유럽교회협의회, '특정 소유권 움직임 반대' ",《목회자 신문》, 2000년 9월 23일, 2면

70) 길원평, '배아 복제, 인간실험조작 허용의 출발점",《기독교연합신문》, 2005년 6월 12일, 5면

71) 박상은, "금기를 넘는 인간복제, 인류의 재앙이다",《신앙세계》, 2003년 2월호, 40면

72) 전호진, "한국교회 선교의 현황과 방향",《성경과 신학》, 제16권, 1994년 9월, p. 80

73) 노봉린, "세계선교현황과 한국교회의 선교적 사명",『한국교회선교의 비전과 협력』, 55쪽; 전호진, 상게서, 98쪽

74) "러시아 선교의 오늘1",《목회자 신문》, 2000년 10월 7일, 10면

75) "시각장애인으로서 필리핀 시각장애인들 위해 공동체 운영하며 자활 도와", 2000년 10월 10일,《기독교문화신문》, 1면

76) 전호진,『종교다원주의와 타종교선교전략』(서울:개혁주의 신행협회, 1992)

77) "교권 지키는 제2의 새마을운동 전개하고파" 바른문화운동국민연합 이기영 사무총장, 입력: 2007.12.01 13:06, 김대원 기자 dwkim@chtoday.co.kr

78) "Emperor Hirohito", The Most Influential Asians of the 20th Century, *Time*, August 23-30, 1999, p. 61

79) 김의환, "개혁신학의 재조명, 안주하지 않는 생동감 있는 신학으로 거듭나야", 《크리스챤 뉴스위크》, 2005년 7월 2일, 7면

80) 김영한, "생태계의 위기와 생태신학, 생태윤리", 21세기와 창조의 미래, 숭실대 한국기독교문화연구소, 1995, pp.52-82, Helmut Esser, "Die Reformierte Theologie und das Verstandnis der Schopfung", The 21st Century and The Future of Creation, Soongsil University Press, 1995, pp. 83-121

81) "미래목회-나눔선교, 섬김목회, 복지선교-새로운 지평", 《기독교연합신문》, 2005년 9월 4일, 2면.

82) 주도홍, "통일 후 독일교회의 문제와 과제", 김영한, "한국교회는 통일 후 독일교회로부터 무엇을 배울 것인가?", 2005년 4월 1일, 기독교북한선교회 세미나 자료집

83) 김영한, 『평화통일과 한국기독교』, 풍만, 1990, pp. 279-304, 김영한, "독일통일과 교회의 역할", 『민족통일과 한국기독교』, IVP, 1994, pp. 118-122, 김영한, "자유, 평등, 평화의 통일한국", 『평화통일과 북한복음화』, 쿰란출판사, 1997, pp. 42-73

84) 송광택, "거룩한 몸부림", 《신앙세계》, 2005년 7월호, pp. 114-117

85) Eugene Peterson, "Spirituality for All the Wrong Reasons", in: *Christianity Today*, March 2005, p. 43

86) 상동

87) 상게서, p. 44

88) Henri J. M. Nouwen, *The Wounded Healer*, Doubleday, 1972, 최원준, 『상처입은 치유자』, 누란노, 1999

89) 개신교 영성가들 가운데 대표적인 인물이 리처드 포스터(Richartd Foster), 달라스 윌리드(Dallas Willard), 피터 쿤(Peter Coon), 유진 피터슨(Eugene Peteron), 브루스 데마리스트(Bruce Demarest), 게리 토마스(Gary Thomas), 알리스터 맥그레스(Alister McGrath) 등이 있다.

90) Jordan Aumann, *Spiritual Theology*(London: Sheed & Ward, 1984), p. 22

91) Saimon Chan, *Spiritual Theology*, 김병오 역, 영성신학, IVP, 1998, pp. 20-22.

92) 송광택, "거룩한 몸부림", 《신앙세계》, 2005. 7월호, p. 117

Chapter 3　　새 한국창조와 문화변혁

1) 스위스 제네바에 본부를 둔 국제민간기구로 1979년 이후 매년 각국의 국가경쟁력을 비교 분석한 「국가경쟁력 보고서」를 발표하고 있다. 국가경쟁력 순위는 기본 요인,

효율성 증진, 기업혁신 및 성숙도 등 3대 부문 113개 항목에 대한 통계 및 설문조사
를 거쳐 매겨진다.

2) 정혜전 기자, "한국 경쟁력, 23위→11위로 급상승, 세계경제포럼 발표 한미FTA 체
결 등 영향", 정혜전 기자 cooljjun@chosun.com, 입력: 2007.11.01 01:15, 《조선일
보》, 2001년 11월 1일, 1면

3) 김영삼, 2000, 『신한국』, 동광출판사, 1992, p. 161

4) 이진우, 아침논단, "극단을 막는 중도(中道)", 《조선일보》, 2003년 3월 3일, A31면;
사설, "대통령의 역사해석은 신중해야", 《조선일보》, 2003년 3월 3일, A31면

5) 포퓰리즘(populism)이란 남미 아르헨티나 페론(Peron)과 그의 추종자들이 보여주
는 정치형태를 뜻한다. 기회주의적 이데올로기 또는 대중인기영합주의라고도 말하
는 이 포퓰리즘은 그저 대중의 인기에만 집착함으로 인해 개혁이라는 허울 좋은 명
분을 가지고, 대중의 선호도에만 집착하는 형태를 보인다. 결국 진리는 없고 인기만
유지하려는 추악한 욕심을 드러내는 사고방식이다. 페론 정부시절 개혁이라는 명분
으로 물량공세가 시작되었다. 가난하고 힘없는 사람을 돕겠다는데 누가 탓할 것인
가. 저소득 계층의 임금을 올려주고 복지를 늘리는 각종 정책이 봇물처럼 쏟아져 나
왔다. 중산층은 중산층대로 혜택을 보고자 했다. 아무도 손해보지 않는, 누이도 좋
고 매부도 좋게 하는 것, 이것이 포퓰리즘의 지향점이었다. 20세기 초 아르헨티나는
세계 7대 부국(富國) 중 하나였다. 넓고 비옥한 평원인 '팜파스'에서 밀, 옥수수, 귀
리 등 농산물과 소, 양, 돼지 등 육류를 생산해 대서양 건너 유럽 각국에 식료품을 공
급했다. 돈이 모여들었고, 사람들은 이 나라를 '남미의 진주'라고 불렀다. 100년이
흐른 지금, 아르헨티나는 만성적인 위기 발생국으로 전락했다. 아르헨티나의 경우
82년과 95년에 이어 2000년 세 번째 국가부도의 위기(실업율 14.7%, 멕시코 2.2%,
브라질 7.1%, 한국 4.1%)에 빠져 있다. 네덜란드, 아일랜드, 핀란드 등 유럽의 부자
나라들도 80년대 초 오일쇼크로 비슷한 어려움을 겪었지만 위기를 극복하는 방식은
달랐다. 이 나라들은 '작은 정부'와 과감한 규제완화를 통해 기업하기 좋은 환경을
만들어 대표기업을 키우거나 외국자본을 끌어들였다.(포퓰리즘, 《동아일보》 2001
년 7월 19일, http://myhome.hanafos.com/~dyyoon/main/populism.htm)

6) 이강원, 시론 "이걸 어쩌나!", 《조선일보》, 2003년 3월 3일, A31면

7) 정종욱, "미(美)는 한국이 동맹서 빠진다고 생각할 것", 《조선일보》, 2005년 4월 13
일, A4면

8) 유근일, "'동북아 균형자'론은 과대망상이다", 《조선일보》, 2005년 4월 5일, A26면

9) "한(韓)-미(美)-일(日) 공조 유지해야… 선택 아닌 운명" 《조선일보》, 2005년 4월 9
일, A2면

10) 문정인, "100년 전엔 역사의 낙오자였지만 이젠 중(中)-일(日) 충돌 막을 정도로 힘
있다", 《조선일보》, 2005년 4월 12일, A4면

11) 상게서, p. 102 이하

12) "공학 육성없는 21세기는 '식민지'", 《조선일보》, 1992년 3월 20일자, 7면

13) "한국, GNP 싱가포르의 절반", 《조선일보》, 1993년 3월 11일자, 10면

14) "기술시대 원년 선언⟨2⟩", 《조선일보》, 1993년 1월 4일, 1면

15) "아황산가스 오염 갈수록 심각", 《조선일보》, 1992년 5월 13일, 22면

16) "20년 사이 100분의 1 된 제비", 《조선일보》, 2005년 9월 6일, A35면

17) "청계천 복원 D-30, 서울 숨통이 트인다", 《국민일보》, 2005년 9월 1일, 10면

18) 리쩌우는 20세기 중국에서 근대화를 상징하는 계몽(啓蒙)이 봉건주의, 제국주의
에 맞서는 구망(救亡)에 항상 밀려왔다고 보고, 전통적인 중국 근대화론이었던 중
체서용(中體西用)을 완전히 뒤집은 서체중용(西體中用)을 주장했다. 몸을 아예
서양식으로 바꾸고, 중국 전통은 수단, 방법 정도로 생각하자는 획기적인 발상이
다. 1996년 홍콩에서 출간된 '고별혁명'은 전(前)중국 사회과학원 문학연구원소
소장 류짜이푸(劉再復)와의 대담집이다. 혁명으로 점철되었던 지난 세기는 부정
적인 결과를 가져왔으며, 투쟁의 눈이 아닌, 이성의 문을 통해 훨씬 힘든 개량의
길로 나가야 한다는 내용이다. 이 대담집은 이데올로기보다는 경제를, 계급투쟁
보다는 계급공존을 중시하는 시각으로 인해 중국 본토에서 여전히 출간되지 않고
있다. ("리쩌허우 누구인가", 《조선일보》, 2003년 3월 3일, A23면)

19) 리쩌허우 인터뷰 "역사는 혁명 아닌 진화 통해 발전해야", 《조선일보》, 2003년 3월
4일, A23면

20) Daniel Bell, *The Third Technological Revolution*, 제3의 기술혁명, 한국통신출
판부 1992, 189f.

21) "기술시대 원년 선언⟨1⟩", 《조선일보》, 1993년 1월 1일, 1면

22) "한국의 미래는 IT-BT 결합에 달렸다", 서울대 황우석교수-미래학자 앨빈 토플러
박사 (원격대담), 《조선일보》, 2005년 9월 5일, A5면

23) 상동

24) 상동

25) Warwick Fox, *Toward a Transpersonal Ecology: Developing New
Foundation for Environmentalism* (Boston: Shambala, 1990), p. 10

26) "⟨국제사회인⟩으로 가자" (연두사), 《조선일보》, 1993년 1월 1일, 3면

27) 김윤환, "아시아로 눈을 돌려라", 《조선일보》, 2005년 9월 10일, A30면

28) [시론] '투자하고 싶은 한국' 만들려면… 김완순 고려대 명예교수 세계경제연구원
상임 고문, 입력: 2007.10.31 22:46, chosun.com; 《조선일보》, 2007년 11월 1일,
A37면

29) 황태연, "망가지는 반도강국'의 꿈", 《조선일보》, 2005년 4월 14일 A3면

30) 상동

31) "한국이 선도 한(韓)-중(中)-일(日) 협의체 만들자", 《조선일보》, 2005년 3월 4일,
A1, A7면

32) 바튼은 캐나다 출신으로 2000-2003년 맥킨지컨설팅 서울 사무소 대표를 지낸 뒤 2004년 아태총괄 대표로 승진해 상하이 옮긴 한국전문가이다. 그는 "한국에게 향후 3-5년간은 15-20년 뒤의 발전을 결정짓는 중요한 시기"이며, "현재의 추세라면 한국은 1970년대 필리핀처럼 주변부로 밀려나 겉돌 수도 있다"고 경고하고 있다 ("한국 국가비전 없어 주변부 밀려날 수도", 《조선일보》, 2005년 4월 14일, B2면).

33) 코트라(KOTRA)가 도이치은행 보고서를 인용한 발표(2005년 4월 13일)에 의하면 2006년부터 2020년까지 연평균 경제성장률이 높은 나라는 인도(5.5%), 말레이시아(5.4%), 중국(5.25%), 태국(4.5%), 터키(4.3%), 한국 (3.3%) 순으로 조사되었고, 인도는 2020년에는 일본을 제치고 1위인 미국, 2위인 중국 다음으로 세계 3위 경제대국이 될 것으로 전망되었다. 특히 한국은 인구 감소(인구증가율 0.5%)가 성장률의 발목을 잡아 전체 GDP는 2002년 13위에서 2020년에는 14위로 오히려 한 단계 하락할 것으로 분석되었다. 한국의 경제 성장률 상향을 위해서는 "획기적인 출산 장려책을 시행하고 중국과 인도 등 브릭스 국가와의 경제협력 강화 및 시장 진출 확대를 도모해야 한다"("인도, 2020년엔 세계경제 3위 경제대국", 《조선일보》, 2005년 4월 14일, B5면).

34) "경제성장률, 미국 3.5%, 일본 5.3%, 한국 1.6%", 《조선일보》, 사설, 2005년 5월 28일, A27면

35) "한국 국가비전 없어 주변부 밀려날 수도", 《조선일보》, 2005년 4월 14일, B2면

36) "WEF의 한국 국가경쟁력 수직상승 내용과 의미", 연합뉴스/chosun.com, 입력: 2007.10.31 13:09

37) 상동

38) Paul G. Hiebert, *Anthropological Reflections on Missiological Issues*, 1994, Baker Books, 김영동 · 안영권 역, 『인류학적 접근을 통한 선교현장의 문화이해』, 죠이선교회출판부, 1997, pp. 113-118

39) James I. Packer, *Among God's Giants. Aspects of Puritan Christianity*, 박영호 역, 『청교도 사상』, 기독교문서선교회, 1992, pp. 40-60

40) A. Th. van Leeuwen, *Christianity in World History*, London: Edinburgh House Press 1965, p. 403

41) 김영한, "세속도시 속의 현대인과 종교에 대한 질문", 『기독교신앙개설』, 형설출판사, 1982, p.24

42) Lynn White, "The Historic Roots of Our Ecological Crisis", *Science*, March 10, 1967. 린 화이트는 위 논문을 1966년 American Association for the Advancement of Science에서 발표하여, 큰 반향을 일으켰다.

43) Loren Wilkinson, "'환경' 운동을 통한 창조의 재발견", in: *God and Nature*, pp. 464-465

44) Abraham Kuyper, *Lectures on Calvinism. Six Lectures Delivered at Princeton*

University in 1898, p.90

45) 루이스는 "위대한 어머니 자연"(Great Mother Nature) 관념은 "오늘날까지 내려오는 가장 유력한 관념"이라고 피력하면서 이 관념을 다음같이 자세히 묘사하고 있다: "'그녀' 야말로 비약적인 변화를 하지 않으며, 공백상태를 매우 싫어하고, 좋은 어머니(die gute Mutter)이며, 치아와 발톱이 붉고, '그녀를 사랑하는 사람을 결코 배신하지 않으며', 부적절한 것을 제거하고, 생명체들 중에서 가장 높은 것 위에 있으면서, 운명을 정하고, 목적을 가지며, 경고하고, 경계하며, 위로한다. … 모든 만신(萬神) 가운데서 위대한 어머니 자연(Great Mother Nature)은 좌우간에 가장 제거하기 어려웠다."(C. S. Lewis, Studies in Words (Cambridge: Cambridge University Press, 1960), pp. 41-42)

46) Arne Naess, "Self-Realization: An Ecological Approach to Being in the World", in: Fox, ed. *Toward A Transpersonal Ecology* (Boston: Shambala, 1990), p. 217에서 재인용

47) Loren Wilkinson, "'환경' 운동을 통한 창조의 재발견", in: God and Nature, p. 470

48) C. S. Lewis, "Evolutionary Hymm", in Poems ed. *Walther Hooper*(New York: Harcourt. Brace and World, 1964), p. 55

49) J. Moltmann, *Gott in Schopfung, God in Creation* (London: SCM, 1985), p. 266

50) Hans Kueng, *Projekt Weltethos*, Muenchen Zuerich, 1990, p. 56

51) Michael Welkers Reaktion auf "Projekt Weltethos", *Evangelische Kommentare*, 9/1993, 528f. Wolfgang Huber, *Der taegliche Gewalt. Gegen den Ausvcrkauf der Menschenwuerde*, Herder: Freiburg 1993, 171ff

52) 본래 1993년 2월에 있었던 문민정부 국가조찬기도회 세미나 발표원고를 2008년 현시류에 맞게 대폭 수정 보완

Chapter 4   전통문화와 기독교문화: 변혁적 해석학 착상

1) Paul G. Hiebert, *Anthropological Reflections on Missiological Isssues*, Grand Rapids, Mich.: Baker Book House, 1994, p. 77; 김영동 · 안영권 역, 『인류학적 접근을 통한 선교현장의 문화이해』, 죠이선교회 출판부, 2001, p. 98

2) 강승삼, "문화와 문화적용", 『선교를 위한 문화인류학』, 한국 복음주의 선교신학회, 이레서원, 2001, p. 15

3) Paul Hiebert, *Anthropological Insights for Missionaries*, Baker, 1985, 김동화 외 역, 『선교와 문화인류학』, 죠이선교회 출판부, 1996, p. 51

4) Donald R. Jacobs, "선교에서의 상황화", in: James M. Philips & Robert T. Coote(editors), *Toward The 21st Century In Christian Mission*, 한국복음주의 신학회 선교분과회 편역, 『선교신학의 21세기 동향』, 이레서원, 2000, p. 355

5) Bruce Nicholls, *Contextualization: A Theology of Gospel and Culture* (Downers Grove: InterVarsity Press; Exeter: The Paternoster Press, 1979), 한화룡 역, 『복음과 문화의 신학』, 엠마오, p. 30

6) Shoki Coe, "Contextualizing Theology", in: Anderson & Stransky(editors), *Mission Trends No. 3.* New York & Grand Rapids, 1976, pp. 20-21

7) Bruce Nicholls, op. cit., pp. 80-104

8) Charles Kraft, *Anthropology for Christian Witness*, vol. 1, & 2, Pasadena: Fuller Theological Seminary, 1994, idem, *Christianity in Culture*, Maryknoll: Orbis, 1984

9) Lesslie Newbigin, *Gospel in a Pluralist Society*, Grand Rapids: Erdmans Publishing Co. 1989, 허성식 역, 『다원사회 속에서의 복음』, IVP, 1998, p. 233

10) 상게서, p. 234

11) 상게서, p. 240

12) Ray Anderson, "Socio-Cultural Implications of A Christian Perception of Humanity", *Asian Journal of Theology 2* (October), p. 502

13) Lesslie Newbigin, *The Gospel in a Pluralist Society*, Eerdmans 1989, 허성식 역, 다원주의 사회에서의 복음, IVP 1998, p. 236

14) 상게서, p. 241

15) 정흥호, "문화와 상황화", 『선교를 향한 문화인류학』, 이레서원, 2001, p. 286

16) Lesslie Newbigin, *The Gospel in a Pluralist Society*, Eerdmans 1989, 허성식 역, 『다원주의 사회에서의 복음』, p. 299

17) 상게서, p. 250

18) 유달상, 정심교, "한국교회의 허와 실-오늘을 진단한다: 기득권 세력으로 변질된 교회(1), 소외된 사람들을 외면, 마이너스 성장 부채질하는 결과 초래", 《기독교신문》, 2007년 12월 2일, 9면

19) Paul Hiebert, *Anthropological Insights for Missionaries* (Grand Rapids: Baker, 1985), pp. 186-192

20) Charles H. Kraft, *Christianity in Culture: A Study in Dynamic Biblical Theologizing in Cross-Cultural Perspective* (Maryknoll: Orbis Books, 1979), p. 264

21) Eugene A. Nida, *Toward a Science of Translation* (Leiden: E. J. Brill, 1964), p. 159

22) Charles Kraft, *Christianity in Culture*, p. 269

23) Eugene Nida and William Reyburn, *Meaning across Cultures: A Study on Bible Translating* (Maryknoll, N. Y.: Orbis, 1981) 그리고 Paul Hiebert, *Anthropological Reflections on Missiological Issues*, Baker Books, 1994, 김영동·안영권 역, 『인류학적 접근을 통한 선교현장의 문화이해』, 죠이선교회 출판부, 1997, p. 83

24) Paul Hiebert, *Anthropological Reflections on Missiological Issues*, Baker Books, 1994, 김영동·안영권 역, 『인류학적 접근을 통한 선교현장의 문화이해』, pp. 83-84

25) Paul G. Hiebert, *Anthropological Reflection on Missiological Issues* (Grand Rapids: Baker, 1994), pp. 84-86

26) Anthony C. Thieselton, "Semantic and New Testament Interpretation", in: New Testament Interpretation, *I. Howard Marshall, ed.* (Grand Rapids: Eerdmans, 1987), p. 95

27) David Hesselgrave, *Communicating Christ Cross-Culturally*, 강승삼 역, 『선교 커뮤니케이션론』, 서울: 생명의 말씀사, 1999, p. 105

28) William Kornfield, *Cross-Cultural Christianity*, Nigeria: NEMI, 1989, pp. 29-31

29) Paul Hiebert, *Anthropological Insights for Missionaries*, 김동화·이종도·이현모·정흥호 역, 『선교와 문화인류학』, 죠이선교회 출판부, p. 289

30) Paul Hiebert, *Anthropological Insights for Missionaries*, pp. 289-290

31) Horman C. Kraus, *The Authentic Witness*, Grand Rapids: Eerdmans, 1979, p. 71

32) W. A. Visser't Hooft, "Accommodaton-True and False", *South East Asia Journal of Theology*, 8 / 1967, p. 6

33) Paul Hiebert, op. cit., p. 313

34) Lesslie Newbigin, 상게서, p. 299

35) Charles Kraft, "Can Anthropological Insight Assist Evangelical Theology", in: *Christian Scholar's Review*, Vol. 7, 1977, pp. 170-172

36) 박상천, "도쿄의 시타마치를 걸었다", 《조선일보》, 2007년 2007년 12월 1일, A35면

37) D. Bonhoeffer, *Ethik, hrsg. von E. Bethge*, Munchen 1975, p. 348; 김영한, 『현대신학과 개혁신학』, 서울; 성광문화사, 1996, 개혁신학, p. 661

38) 박상천, "도쿄의 시타마치를 걸었다", 《조선일보》, 2007년 2007년 12월 1일, A35면

39) 상동

40) Lesslie Newbigin, 상게서, p. 257

41) Bruce Nicholls, *Contextualization: A Theology of Gospel and Culture*, 한화룡

역, 『복음과 문화의 신학』, p. 95

42) 모르고 먹은 '쇠고기 라면' 자발적 3,000배 기도로 참회. 스님들의 출가·求道의 삶이 한 눈에… 『나의 행자시절』, 『공부하다 죽어라』 출간, chosun.com, 김한수 기자, 입력: 2008.01.31 01:12

43) 상동

44) 주돈이, 『태극도설』 국역퇴계집 1, 고전 국역총서 20(만족문화추진회, 1977) 부록 p. 510

45) 박일봉 역저, 장자(내편), 육문사, 1991, p. 287

46) 이동주, 『아시아 종교와 기독교』, 기독교문서선교회, 1998, p. 202

47) 『역경』 계사, 상 1장, 그리고 이동주, 상게서, p. 200

48) 김영한, 『현대신학과 개혁신학』, pp. 668-669

49) 장민환, "인간이란 지구란 '점' 한 구석에 사는 티끌" 『21세기와 고전』 6. 우리 시대의 과학, (6) 칼 세이건, '창백한 푸른 점', 《조선일보》, 2007, 12월 1-2일 토일 섹션, D7면

Chapter 5　한국교회의 비판문화

1) Rudolf Otto, Das Heilige. *Uber das Irrationale in der Idee des Gottlichen und sein Verhaltnis zum Rationalen*, Verlag C. H. Beck, Munchen, 1963, pp. 13-37; 김영한, 『기독교신앙개설』, 형설출판사, 완전개정판, 1996, pp. 81-84

2) "미 복음주의자들, 정치에 영향력 행사 급증", 《크리스천 투데이》, 2005. 6. 27. 24면

3) 상동

4) E. Brunner, *Das Miβverstandnis der Kirche*, 1951, p. 35, 김영한, 『바르트에서 몰트만까지』, 대한기독교서회, 2003, pp. 141-144

5) "미국에서 부는 '테리 시아보' 후폭풍" 《크리스찬 투데이》, 2005년 6월 27일, 25면

6) 이길성 기자, "박 캠프, '포본 불법발급' 으로 코너에 몰려", "이 캠프, '박 비방회견' 배후로 지목돼 타격", 《조선일보》, 2007년 8월 6일, A5면

7) 박세일, "독재자보다 선동가가 더 위험하다", 《조선일보》 아침논단, 2007년 8월 6일, A34면

8) 배성규 기자, "통합도 신당도 아닌 '대선용 급조 신당'", 《조선일보》, 2007년 8월 6일, A8면

9) 정수복, 『한국인의 문화적 문법』, 생각의 나무, 2007

10) 이한우 기자, "문화중심 사회운동이 한국사회 바꿀 것", 《조선일보》, 2007년 8월 2일, A25면

11) 상동

12) 상동

13) "기독교 소멸주의자와의 대화, 과연 가능한가 반기련 대표, "기독교는 미신… 사라 져야 할 존재", 입력: 2007.12.22 09:07, 김근영 기자 gykim@chtoday.co.kr

14) 상동

15) 오성춘, 『목회상담과 상담목회』, 쿰란출판사, 2003, 서문

16) Christopher Dawson, *The Historic Reality of Christian Culture*, New York: Harper & Row, 1960, 홍치모 역, 『기독교와 현대문명』, 성광문화사, p. 134; 김영한, 『기독교신앙개설』, 완전전정판, 형설출판사, 1996, pp. 19-20

17) "찰스 크래프트 박사, '회복하시는 하나님', 《크리스찬 투데이》, 2005년 6월 27일, 12면

18) 상동

19) E. Brunner, *Das Miβverstandnis der Kirche*, 1951, p. 100; 김영한, 『바르트에 서 몰트만까지』, 수정증보판, 대한기독교서회, 2003, p. 141

20) E. Brunner, 상게서, p. 123

21) Pannenberg, *Theology and the Kingdom of God*, Edited by Richard Jhon Neuhaus, Philadelphia: Westminster, 1976, 이병섭 역, 『신학과 하나님의 나라』, 대한기독교출판사, p. 106

22) 유달상, 정심교, "한국교회의 허와 실- '오늘' 을 진단한다(53)-기득권 세력으로 변 질된 교회(2), 나눔과 섬김 통한 사랑의 선교 실천, 교회의 정체성 회복해야, 《기 독교신문》, 2007년 12월 23일, 제 1909호, 12면

23) 김명혁 엮음, 『제가 잘못했습니다』, 서울: 이레닷컴, 2007

24) "100년 전 피워올린 희망의 불빛… 참회로써 다시 밝혀야 합니다", 《조선일보》, 2007년 11월 29일, A25면

25) 상동

26) 상동

27) 김명혁, "부흥 백주년, 교회가 무기력에 빠졌다. 신앙 선배들의 '순교신앙' 회복 강조", 입력: 2007.12.17 11:27, 김대원 기자 dwkim@chtoday.co.kr

28) 상동

Chapter 6   한국사회의 반기독교 정서(情緒)와 그 대처방안

1) 서광선, "한국기독교의 반지성과 탈 정치화", 『한국기독교의 새 인식』, 대한기독교 출판사, 1985, pp. 74-79

2) Robert Speer의 보고, 백낙준, 한국선교사, p. 256

3) 한완상, "한국교회의 양적 성장과 교인들의 가치관", 『한국의 근대화와 기독교』, 1982, p. 123

4) Yung Han Kim, "Christianity and Korean Culture: The Reasons for the Success of Christianity in Korea", *Exchange: Journal of Missiological and Ecumenical Research*, vol. 33, No. 2, Netherlands, 2004, pp. 132-152

5) "한국인의 종교생활, 어떻게 달라졌나", 《기독신문》, 2005년 6월 8일, 7면; "개신교, 성장둔화와 성도이탈 심각", 《크리스천 투데이》, 2005년 6월 6일, 21면

6) "한국인의 종교생활, 어떻게 달라졌나", 《기독신문》, 2005년 6월 8일, 7면

7) "개신교, 성장둔화와 성도이탈 심각", 《크리스천 투데이》, 2005년 6월 6일, 21면

8) "개신교, 신앙열정 높지만, 비종교인 호감 얻지 못해", 《기독신문》, 2005년 6월 8일, 1면

9) 상동

10) "한국인의 종교생활, 어떻게 달라졌나", 《기독신문》, 2005년 6월 8일, 7면

11) 상동

12) http://cafe.daum.net/Elohist/5vd6/47 이 카페에 의하면 엘로히스트란 "하늘어머니의 사랑을 전하는 자"라고 되어 있다. 그리고 다음같이 안상홍을 하나님으로, 하나님을 어머니로 묘사하고 있다: "하나님의 교회 안상홍증인회는 안상홍님과 하늘어머니하나님을 믿습니다. 하나님의 교회는 안상홍님과… 하나님의 교회 안상홍증인회 안증회는 안상홍님과 하늘어머니하나님을 구원자로 믿습니다." 전혀 비성경적인 내용들이다. (《현대종교》 편집부, 『신천지와 하나님의 교회의 정체』, 현대종교 이단사이비 자료집 2007, 현대종교사, 2007)

13) http://cafe.daum.net/scjschool 2008년 2월 CBS 노컷뉴스는 "신.천.지. '이단이 진화하고 있다!'"라는 기사에서 신천지 탈퇴자들 TV 공개출연, 추수꾼 등 이단전략을 들추어내는 프로그램을 방송하였다: "신천지는 재림예수로 추앙받는 교주와 육체구원설 같은 이단교리를 갖고 있음은 물론 지역교회 분열과 가출, 이혼, 구타, 가정파탄 조장 등 심각한 사회적 물의를 빚고 있다. 특히 신분을 위장한 채 기성 교회에 은밀히 침투하는 이른바 '추수꾼' 전략 등으로 기존 이단과는 전혀 다른 차원의 포교전략을 구사해 경계의 대상이 되고 있다." (CBS 크리스천 노컷뉴스 (www.christiannocut.co.kr 최초작성시간: 2008-02-05 오후 3:57:07 / 종편집승인시간: 2008-02-05 오후 4:01:53); 《현대종교》 편집부, 신천지와 하나님의 교회의 정체(《현대종교》 이단사이비 자료집 2007), 현대종교사, 2007년 11월; 정윤석, 『신천지 포교 전략과 이만희 신격화 교리』, 한국교회문화사, 2007년 8월

14) Yung Han Kim, "Christianity and Korean Culture: The Reasons for the Success of Christianity in Korea", *Exchange: Journal of Missiological and Ecumenical Research*, vol. 33, No. 2, Netherlands, 2004, pp. 132-152

15) 박정신, "기독교와 한국역사", 『한국의 기독교』, 서울, 도서출판 겹보기, 2001,

pp. 58-61

16) [기자의눈] 무자비한 탈레반에 너무 관대한 대한민국, 납치 · 살인하고 "기독교인
은 오지 말라" 경고… 국내 비판은 전무, 입력: 2007.08.31 17:13,《크리스천 투데
이》

17) 조성돈, "안티 기독교와의 대화가 남긴 것",《기독신문》, 2007년 11월 28일, 26면

18) http://kr.netizen.news.yahoo.com/nuriwl/discuss

19) 안희한 목사(예수비전교회), 야후까지 진출한 안티기독교, christiantoday.co.kr
입력: 2008.01.29 11:58

20) 상동

21) "한국교회, 안티와 대화시간… 반기련 대표와 토론, 교회언론회, '교회 밖의 대화'
주제로 이달 중 개최", 입력: 2007.11.08 16:58, 김대원 기자 dwkim@chtoday.
co.kr

22) "국내의 안티기독교, 유사종교화 됐다. 교리화, 집단화 양상… "비판하는 부분 오
히려 닮아가" 입력: 2007.11.24 10:06, 김대원 기자 dwkim@chtoday.co.kr

23) 상동

24) 공종은, "고조되고 있는 '안티 기독교' 어떻게 할 것인가, 교회에 대한 공격, 교회
의 배타성 닮았다",《기독교연합신문》, 2007년 12월 9일, 3면

25) 허호익, "안티 기독교와 기독교의 자정능력",《목회자신문》, 2007년 12월 1일, 6면

26) 김영한, "포스트모더니즘이란 무엇인가?", 『21세기와 개혁신학 2권』, 1998, p.
103

27) 이종윤, "우리가 설 자리-한국장로교회의 자리매김", 『장로교회와 신학 2권』, 한국
장로교 신학회, 2005년 9월

28) Dietrich Bonhoeffer, *Nachfolge*, 허혁 여, 『나를 따르라』, 대한기독교서회, 1979,
pp. 24-38

29) Chung-Shin Park, *Protestantism and Politics in Korea*, Seattle and London,
University of Washington Press, 2003, pp. 66-69

30) 정종훈, "윤리강령을 부과하는 교회", 안식년 보고, 미국교회방문기,《목회자신
문》, 2007년 12월 1일, 6면

Chapter 7   한국 기독인의 사회적 영향력

1) "신사참배 거부 운동과 숭실"이란 숭실대학교 인문과학원, 인문과학연구소, 기독교
학과 학술발표회(2007년 11월)에서 김영한, 박정신, 김회권, 이철 등이 이 문제를
집중적으로 다루었다. 이것은 숭실대학교 기독교학대학원, 기독교학과가 펴낸 기
독교학저널 제4권 (2007년 12월)에 출판되었다.

2) 이광린, "개화기 관서지방과 개신교", 『한국의 근대화와 기독교』, 1983년

3) 박정신, "기독교와 한국역사", 한국의 기독교, 겹보기, 기독교역사문화연구소편,
    2001, 상게서, p. 43

4) 박정신, 『한국 기독교사 인식』, 혜안, 2004, p. 137

5) 박정신, "기독교와 한국역사", pp. 58-61

6) 박정신, 『한국 기독교사 인식』, 혜안, 2004, p. 169

7) 송창근, "오늘 조선교회의 사명", 1933, 신학지남, 주태익 엮음, 만우 송창근, 서울:
    만우 송창근 선생 기념사업회, 1978, p. 153

8) 박정신, 『한국기독교사 인식』, 혜안, 2004, p. 175

9) 상게서, p. 209

10) 김승태, 『한말 일제 강점기 선교사 연구』, 한국기독교 역사연구소, 2006, p. 184

11) 최덕성, 『한국교회의 친일파 저통, 본문과 현장사이』, 2000, pp. 278-284

12) 상게서, pp. 284-290

13) 유근일, " '동북아 균형자' 론은 과대망상이다", 《조선일보》, 2005년 4월 5일, A26
    면

14) 이혁배, "시민신학의 기본구도", in: 『개혁과 통합의 사회윤리』, 대한기독교서회,
    2004, p. 31

15) Yung Han Kim, "Die Krise der Minjung-Theologie und eine Umorientierung
    der theologisch-ethische Umorientierung der Koreanischen Theologie",
    Vortrag an der Theologischen Fakultat der Ruhr-Univeristat Bochum, Juli
    2004

16) 정종권, "시민운동의 비판적 평가", 유광무 · 김정훈 편, 시민사회와 시민운동 2,
    서울: 도서출판 한울, 2001, p. 273

17) 정종권, 상게서, 273, 이혁배, 상게서, p. 32

18) 권장희, "문화소비자 운동, 그 전략과 방향"《두레사상》 1995년 겨울호, pp. 212-
    224

19) "인간복제에 대한 기독교적 입장", 기독교윤리실천운동, 1999년 1월

20) 조덕제, "인간 배아에 관한 현행법률, 문제점과 대안", 《신앙세계》, 2005년 4월호,
    p. 28

21) 유달상, 정심교, "한국교회의 허와 실-오늘을 진단한다-기득권 세력으로 변질된 교
    회(1), 소외된 사람들을 위면, 마이너스 성장 부채질하는 결과 초래", 《기독교신
    문》, 2007년 12월 2일, 9면

22) "교회가 섬김의 기회 뺏지 않나" 박종삼 회장, 한목협 세미나서 지적, 입력:
    2008.01.26 08:38, 김근영 기자 gykim@chtoday.co.kr

23) 유종환, "한국교회의 현주소-선교활동의 현장과 오늘〈40〉, 전라북도 순창군(상)
    지역노인들 삶의 질 개선에 앞장, 교회화합으로 연합 사업 박차", 《기독교신문》,

2007년 12월 2일 제1907호, p. 26

24) 상동

25) 최수현, "설 연휴 노숙자 찾아온 따뜻한 '희망의 밥' 한 끼, 한국교회 희망연대, 5
   일간 연인원 2만 명에 식사제공", 《조선일보》, 2008년 2월 10일, A9면

26) "교회가 섬김의 기회 뺏지 않나" 박종삼 회장, 한목협 세미나서 지적, 입력:
   2008.01.26 08:38, 김근영 기자 gykim@chtoday.co.kr

27) "기업은 사회공헌… 시민은 보은(報恩)투자", 《국민일보》, 2004년 2월 5일 14면

28) 상동

29) J. Gerlach, "Die Wohlgeordnetheit der Gesellschaft-Gemeinwohl in der
   Sozialethik von Elert Herms", J. Fetzer und J. Gerlach (hg.), *Gemeinwohl -
   Mehr als gut gemeint?* (Gutersloh: Kaiser/Gutersloher Verlag, 1998), p. 87

30) E. Herms und Anzenbacher, "Technikrisiken-Zum Beispiel Kernenergie", in:
   Zeitschrift fur Evangelsiche Ethik, p. 40, Jg. 1996, 7 , 이혁배. 상게서, p. 38

31) 이혁배, 상게서, pp. 43-45

32) 김정훈, "진보적 시민사회의 형성을 위한 이론적 탐색", 유팔무 · 김정훈 편, 『시민
   사회와 사회운동 2』, 서울:도서출판 한울, 2001, pp. 147-148

33) 김호기, "시민사회의 유형과 '이중적 시민사회'", 《시민과 세계》, 창간호, 2002년
   상반기, p. 43

34) Ibid., pp. 50-52, 이혁배, 상게서, p. 44

Chapter 8   한국 기독교문화 형성에 관한 소고(小考)

1) David Hesselgrave, *Communicating Christ Cross-Culturally*, 강승삼 역, 선교 커
   뮤니케이션론, 생명의 말씀사, 1999, pp. 102-103

2) Paul Hiebert, *Anthropological Insights for Missionaries*, Baker 1985, 김동화 외
   역, 『선교와 문화인류학』, 죠이선교회 출판부, 1996, p. 41

3) Paul Hiebert, *Anthropological Reflections on Missiological Issues*, Baker
   Books, 1994, 김영동 옮김, 『인류학적 접근을 통한 선교현장의 문화이해』, 죠이선
   교회 출판부, 1997, pp. 69-94

4) "한국교회 '추수감사절' 시기가 달라지고 있다", 《기독교신문》, 2007년 11월 18일,
   1면

5) 상동

6) 상동

7) "특집1, 추수감사절과 한국교회의 나아갈 길, 음악과 춤으로 하나님께 감사하며 교
   제를 나눈다"

8) 상동

9) 김영한, "한국 기독교문화신학의 착상", in: 『한국기독교문화신학』, 성광문화사, 1995, p. 408

10) 김영재, 『한국교회사』, 개혁주의 신행협회, 1992, pp. 300-304

11) 김영재, "예배와 찬송", in: 교회와 예배, 합동신학대학원출판부, 2000, p. 221

12) 김중석 편집, 한국찬송가(1993년 1판, 2002년 증보판, 사랑교회 한국찬송가 운동 본부). 편집인은 이 찬송가에서 우리말 가사와 우리 곡으로 된 찬송가를 150곡이 나 모아서 보급하는 운동을 하고 있다. 국악풍, 가곡풍, 복음송풍, 서구고전풍으 로 장르를 나누고 있으며, 추석, 설날, 성찬 등 절기에 부를 찬송가들을 제안하고 있다.

13) 21세기 찬송가 2006.09.16 http://cafe.naver.com/hymn21c/16 카페명 : 21세기 찬송가

14) "개역개정판 성경, 새찬송가 도입문제, 도입시기, 비용 등 민감한 문제 산적… 교 계는 무대책",《기독교신문》, 2007년 11월 18일, 9면

15) 상동

16) Lessie Newbigin, *Gospel in a Pluralistic Society*, Grand Rapids: Eerdmans, 1989, 허성식 역, 『다원주의 사회에서의 복음』, IVP, p. 232

17) 김영재, "한국교회의 예배에 대한 반성", in: 『교회와 예배』, 합동신학대학원 출판 부, 2000년, p. 48

18) 상게서, p. 49

19) 상게서, p. 44

20) 정행업, 『아리랑 신학. 한국적 신학의 형성의 모색』, 대한기독교서회, 1996, p. 282

21) 김영재, 『한국교회사』, 개정증보판, 이레서원, 2004, p. 57

22) 김영한, "한국 기독교문화신학의 착상", in: 『한국기독교문화신학』, 성광문화사, 1995, p. 407

23) 박근원(편), 『기독교와 관혼상제』, 서울: 전망사, 1984, p. 182

24) 류순하, 『기독교적 예배와 유교제사』, 양서각, 1987, pp. 205-213

25) 조정진, "생명문화 창조에 기여하는 장묘문화",《신앙세계》, 2002년 10월호, pp. 52-56

26) 송길원, "화장문화에 대한 사회문화적 논의", 성경과 신학, 제26권, 『한국복음주의 신학회 논문집』, 1999, p. 15

27) 김진만, "기독교 장례문화 정립 시급하다(중), 고인을 기리는 추모의 장소가 필요 하다",《기독교연합신문》, 2007년 11월 25일, 21면

28) 고영민, "성경번역, 어떻게 할 것인가",《성경과 신학》제16권, 한국복음주의 신학 회논문집; 1994, p. 4

29) 김영한, "한국기독교문화예술의 방향", in: 한국기독교문화신학, 성광문화사, 1995, p. 555

30) 개역개정판 성경 재개정 논란《국민일보》생활/문화, 2007.09.27 오후 06:14, 네이버. 예장 통합, 합동, 대신 총회가 개역개정 성경의 오류를 지적하고 개정 헌의안으로 제시한 것이다. 예장 세교단 총회의 헌의에 의하면 개정개역 성경이 한국의 예배용 표준 성경으로 자리매김하기 위해서는 시급히 고쳐야 할 부분이 5,000군데, 잘된 번역을 오히려 개악한 곳이 700여 곳이나 된다고 지적하였다.

31) "개역개정판 성경, 새찬송가 도입문제, 도입시기, 비용 등 민감한 문제 산적… 교계는 무대책",《기독교신문》, 2007년 11월 18일, 9면

32) 통합, 새번역 주기도문 · 사도신경 도입, 2007.08.27 http://kr.blog.yahoo.com/jinju8591/2790

33) 김영한, 『바르트에서 몰트만까지』, 수정증보판, 대한기독교서회, 2003, 제1장 칼 바르트

34) 김영한, "기독교와 타종교, 종교대화", in:『21세기의 기독교와 타종교』, 숭실대 출판부, 1999, p. 28

35) 한국일,『세계를 품는 선교』, 서울: 장로회신학대학교출판부, 2004, pp. 29-270

36) 안승오, "종교 간 대화의 기원과 방향",《선교신학》, 제12집, 한국선교신학회 편, vol. 1/2006, p. 252

37) 김영한, "기독교와 타종교, 종교대화", in:『21세기의 기독교와 타종교』, 숭실대 출판부, 1999, pp. 35-38

38) 김선태, "대기오염과 오존층 파괴. 지구공동체의 과제",《신앙세계》, 2002년 10월호, pp. 48-51

39) "엘리뇨와 라니냐… 해수온도 상승… 자연새앙 초래",《국민일보》, 2003년 1월 23일, 35면

40) 김정욱, "생태계 파괴, 생명의 근본이 무너지고 있다",《신앙세계》, 2002년 10월호, pp. 44-47

41) Vandana Siva, *Water Wars*, 2002, 이상훈 역, 『물전쟁』, 생각의 나무, 2003

42) "신기술전쟁(하) '클린' 이 경쟁력이다",《조선경제》, 2005년 4월 11일, B1면

43) 상동

44) Lynn White, *Machine and God.: Historical Origin of Ecological Crisis*, 1967, 비교: Eryl Davies, "Reformed Theology and Ecological Ethics", in: *The 21st Century and The Future of Creation*, Soongsil University Press, 1995, p. 476

45) Hans Helmut Esser, "Die Reformierte Theologie und das Verstandnis der Schopfung", in: *The 21st Century and die Future of Creation*, Soongsil University Press, 1995, pp. 114-117

46) C. Westermann, Genesis(1-11), 3. Auflage, *Biblischer Kommentar Altes*

Testament, Hg. S. Herrmann, W. H. Schmidt, H. W. Wolff, 1983

47) Jeremy Rifkin, *The Biotech Century*, 1998, 전영택, 전병기 옮김, 민음사, 1999, p. 399

48) 이상원, "인간과 유전공학: 유전자 치료와 인간복제", in: 성경과 신학, 한국 복음주의 신학회 논문집 제32권, 2002, pp. 314, 319

49) 피부로 만든 배아줄기세포, 美·日에서 잇따라 성공, '반대진영 비판 끝낼 성과' 이영완 기자 ywlee@chosun.com 입력: 2007.11.20 22:27 / 수정: 2007.11.20 22:28

50) Francis Fukuyama, *Our Posthuman Future, Consequences of Technology Revolution*, 1999, 송정화 역, 휴먼 퓨처(부자의 유전자 가난한 자의 유전자), 《한국경제신문》, 2003

51) A. MacIntyre, *After Virtue*, Univ. of Notre Dame Press, 1984, pp. 1-13

52) 문시영, "한국사회와 기독교 윤리", 『11명의 전문가가 본 한국의 기독교』, 겹보기, 2001, pp. 154-158

53) 김영한, "투명성이 열쇠다", 《신앙세계》, 2002년 11월호, pp. 16-17

Chapter 9　한국에서의 기독교 성공과 기독교문화

1) '한국세계선교협' 지난해 통계… 해외선교사 168개국 1만 7,697명, 글쓴이: smallstrong 08.01.14 14:08 http://cafe.daum.net/dongakkh1213/ 5xMh/149

2) Samuel Hugh Moffet, *The Christians of Korea* (New York: Friendship Press, 1962), p. 52

3) Keith Howard, ed., *Korea Shamanism: Revivals, Survivals and Change* (Seoul: The Royal Asiatic Society, Korea Branch, 1998)

4) Ig-Jin Kim, *History and Theology of Korean Pentecostalism: Sunbogeum*(Pure Gospel) Pentecostalism, Boekencentrum, 2003, p. 202

5) 기독교아카데미, 『설교의 내용과 교회성장의 관계』, 기독교학술원 편저, 1986, pp. 25-44

6) 김은기, "한국 종교문화와 개신교의 유사성", 『한국의 기독교』, 2001, pp. 91-109

7) 김권정, "한국사회와 기독교의 수용", 『한국의 기독교』, 기독교역사문화연구소 편, 2001, p. 26

8) Chung-Shin Park, *Protestantism and Politics in Korea*, Seattle and London, University of Washington Press, 2003, pp. 117-118

9) 김양선, "삼일운동과 기독교계", 『삼일운동 50주년 기념논문집』, 동아일보사, 1969년

10) 박정신, "기독교와 한국역사", 『한국의 기독교』, 서울, 도서출판 겹보기, 2001, p. 50

11) 박정신, "기독교와 한국역사", pp. 58-61, Chung-Shin Park, *Protestantism and Politics in Korea*, Seattle and London, University of Washington Press, 2003, p. 66-69

12) 이광린, "개화기 관서지방과 개신교", 『한국의 근대화와 기독교』, 1983년

13) 박정신, "기독교와 한국역사", p. 43

14) Chung-Shin Park, *Protestantism and Politics in Korea*, p. 148

15) Harvie M. Conn, *Evangelism: Doing Justice and Preaching Grace* (Grand Rapids, MI: Zondervan Publishing House, 1982), pp. 104-105

16) James H. Grayson, *Early Buddhism and Christianity in Korea* (Leiden, Netherlands: E. J. Brill, 1985), p. 137

17) John Ross, *History of Korea*, p. 356

18) 정행업, 『아리랑신학(2)』, 대한기독교서회, 1997, p. 170

19) H. B. Hulbert, *The Passing of Korea*, Yonsei University Press, Seoul, Korea, 1969, pp. 404-405

20) Ibid., p. 404

21) 전택부, "하느님 및 텬주라는 말에 관한 역사소고", 『그리스도와 한겨레문화』, 기독교교문사, pp. 593-595

22) Daniel L. Giffor, *Everyday Life in Korea*, 심현녀 역, 『조선의 풍속과 선교』 (한국기독교사 연구소, 1995), pp. 93-94

23) J. Ross, History of Corea. *Ancient and Modern* (London: Elliot Stock, 1881, 1891), p. 355

24) Robertson Scott, *Warring Mentalities in the Far East*, Asia 20, 1920, p. 699

25) Namdong Suh, "Toward a Theology of Han", *Minjung Theology*, p. 65

26) Ibid., p. 32

27) Byungmu Ahn, "Jesus and the Minjung in the Gospel of Mark", *Minjung Theology* (New York, NY: Orbis Books 1983), pp. 138-154

28) 안봉호, 『님의 하나님 되심』, 서울: 풍만 출판사, 1987; 안봉호, 『예수 사랑의 공동체를 향하여』, 대전: 성경신학연구소, 1997

29) "한국교회의 현주소-선교활동의 현장과 오늘(38), 부산 기장군", 《기독교신문》, 2007년 11월 18일, 26면

30) 상게서, 26면

31) 상동

32) 상동

33) "한국교회의 현주소-선교활동의 현장과 오늘(39), 부산 기장군 장안읍, 노인인구

가 많은 지역, 선교의 포커스 맞춰 복음화 전략구사", 《기독교신문》, 2007년 11월 25일, 26면

34) 정행업, 『아리랑신학. 한국적 신학 형성의 모색』, 대한기독교서회, 1996, pp. 149-152

35) 윤성범은 그의 토착화 신학의 착상에서 "환인, 환웅, 환검은 곧 하나님이다"(《사상계》, 1963년 5월호), "단군신화는 Vestigum Trinitatis이다"(《기독교사상》, 1963년 7월호)라고 주장하였다. 그러나 이것은 혼합주의적 착상으로 기독교 삼위일체 하나님을 한국적 무속신의 신으로 변질시키는 것이다. 윤성범의 착상은 그가 근거하고 있는 바르트의 기독론적 계시론적 삼위일체 신학의 착상과도 모순되는 것이다. 바르트는 삼위일체의 유비를 예수 그리스도 안에 나타난 하나님의 계시 외에 타종교에서는 인정하지 않고 있기 때문이다.

36) 류순하, 『기독교예배와 유교제사』, 서울; 양서각, 1987, p. 200

37) 샤론 상조회는 "기독교인들이 천국가면서 유교식 장례식과 유교식 장례용품을 사용하고 천국간단 말입니까?" 라는 광고를 하면서 기독교적 장례의식 보급을 하고 있다(《기독교신보》, 2007년 11월 18일, 26면).

38) 김영한, 『한국기독교문화신학』, 서울: 성광문화사, 1995

Chapter 10 교회재산의 공익성

1) 전경연, "신약성에 나타난 빈부문제", 『사회변화와 기독교윤리』, 기독교산업사회연구소편, 종로서적, 1992, p. 37

2) 지승원, "분배문제 있어서의 기독교의 비판적 기능", 기독교산업사회연구소 편, 『사회변화와 기독교윤리』, 1992, p. 256

3) 김세열, "토지 공개념에 관한 연구", 기독교산업사회연구소 편, 『사회변화와 기독교윤리』, 1992, p. 267

4) 상게서, p. 269

5) 상게서, p. 264

6) "거액 기부금 조성하기 전 빌 게이츠가 찾아왔다면 더 좋은 방식 권했을 것", 마이크로 크레디트 그라민 은행 무하마드 유누스 총재 인터뷰=강효상 사회부장 hskang@chosun.com 정리=김현진 산업부 기자 born@chosun.com 입력: 2007.09.14 11:09 / 수정: 2007.09.15 04:48

7) 상게서, 《조선일보》, Weekly BIZ, 2007년 9월 15-16일, C1면

8) 상동

9) "대출받은 밑천으로 돈 벌 수 있게 동기부여… 99%가 되갚죠"《조선일보》, 2007년 9월 15-16일, C5면, 인터뷰=강효상 사회부장 hskang@chosun.com / 정리=김현

진 산업부 기자 born@chosun.com

10) 김정호 KDI 연구위원, "400만 명을 극빈층에서 구한 유누스 총재의 비법은?", 《조선경제》, 2007년 9월 21일, B9면

11) 상동

12) 그라민 여성회원들 "빈곤으로부터 스스로 설 수 있는 법 배웠다" 그라민 은행 연수기 이순열, Save the children 중앙아동권리센터 연구원 · 이화여대 석사과정, 《조선일보》, 2007년 9월 15-16일, C5면

13) " '빈민 은행' 지원 캠페인 선포식", 박시영 기자 joeys7@chosun.com 입력: 2007. 09.11 23:58

14) Gerhard Breidenstein, *Das Eigenstum und seine Verteilung: Eine sozialwissenschaftliche und evangelisch-sozialethische Untersuchung zum Eigentum und zur sozialen Gerechtigkiet* (Stuttgart:Kreuz-Verlag, 1968)

15) 이혁배, 『개혁과 통합의 사회윤리』, 대한기독교서회, 2004, p. 147

16) G. Breidenstein, op. cit., p. 201

17) Ibid., p. 186

18) Ibid., p. 203

19) Ibid., p. 202

20) Ibid., p. 296

21) Heinz-Dietrich Wendland, *Einfuhrung in die Sozialethik* (Berlin: Walter de Gruyter, 1963), p. 7

22) G. Breidenstein, op. cit., p. 209

23) 이혁배, 상게서, p. 154

24) G. Breidenstein, op. cit., p. 291

25) Ibid., p. 292

26) Ibid., p. 26

27) Ibid., p. 179, 184, 197

28) Ibid., pp. 256-257

29) 이혁배, 상게서, p. 165

30) G. Breidenstein, op. cit., pp. 34-35

31) Ibid., p. 229

32) Ibid., p. 215

33) 이혁배, 상게서, p. 172

34) W. Kunneth, "Rechte und Pflichten des Kapitaleignetumers nach der evangelischen Sozialethik", in: Walter-Raymond-Stiftung(hrsg.), *Eigentum und Eigentumer in unserer Gesellschaftsordnung* (Koln und Opladen: Westdeutshcer Verlag, 1960), p. 116

35) Walter Kunneth, op.cit., pp. 121-122

36) Ibid.

37) Helmut Thielicke, *Theologische Ethik*, Bd.III/3, (Tubingen: J.C. B. Mohr, 1964), pp. 769-789

38) Helmut Thielicke, *Theologische Ethik*, Bd.III/3, (Tubingen: J.C. B. Mohr, 1964), p. 233

39) Ibid., p. 234, 이혁배, 상게서, p. 150

40) Ibid., p. 856

41) "불교 재산관리 이렇게 한다", 《국민일보》, 1994년 2월 18일, 26면

42) "종교단체 재산보호 외국사례", 《국민일보》, 1994년 2월 18일, 27면

43) '전도와 봉사'는 수레의 두 바퀴와 같다. 연말기획, '교회의 나눔과 구제'는 반드시 필요하다", 《기독교연합신문》, 제949호, 2007년 12월 16일, 7면

44) 기독교산업사회연구소 편, 『사회변화와 기독교윤리』, 종로서적, 1992, p. 228

45) "개역개정판 성경, 새찬송가 도입문제. 도입시기, 비용 등 민감한 문제 산적… 교계는 무대책", 《기독교신문》, 2007년 11월 18일, 9면

46) 상동

47) 캐롤라인 바움(Caroline Baum) 블룸버그 칼럼니스트, "풍요의 비결, 인센티브, 종교적 박해 피해 신세계로 건너온 순례자들 처음엔 공동경작 절반이 굶주려 죽어… 땅 나눠주자 풍성한 결실 추수감사절 생겨나게 돼", 《조선일보》, 2007년 11월 24-25일, 토일 섹션, C2면

48) 상동

49) "남·북한 운명을 가른 60년 전 건국기념일", 입력: 2007.11.20 22:52, 《조선일보》 & Chosun.com

Chapter 11   한국기독교문화운동: 20세기 후반의 성찰과 21세기 전망

1) 윤성범, "환인, 환웅, 환검은 곧 '하나님'이다", 《사상계》, 1963년 5월

2) 박봉랑, "기독교토착화와 단군신화", 《사상계》, 1963년 7월호

3) 박봉랑, 『신학의 해방』, 대한 기독교출판사, 1991, pp. 812-832

4) 전경연, "그리스도교문화는 토착화 할 수 있는가?-민족전통과 그리스도교 신앙", 《신세계》, 1963년 3월호

5) 윤성범, 『한국적 신학-誠의 해석학』, 한국기독교서회, 1972

6) 윤성범, "성의 신학이란 무엇인가-특히 한국 '오지그릇'을 중심하여", 1972년, 『한국의 신학사상』, 1983년, p. 141

7) 김의환, "誠신학에 할 말 있다", 《기독교사상》, 1973년 3월, 『한국의 신학사상』, 1983, p. 163

8) 유동식, 『한국무교의 구조와 역사』, 1975

9) 변선환, "교회 밖에도 구원이 있다", 《월간목회》, 1977년 7월호

10) 조종남, "한국적 신학의 형성", 《기독교사상》, 1971년 2월호, p. 168

11) 박봉배, "한국기독교의 토착화-변혁주의 입장에서", 《기독교사상》, 1971년 1월, pp. 72-81

12) 박봉배, "한국학과 기독교", 《기독교사상》, 1971년 2월, p. 129

13) 윤성범, "Christian Confucianism as an Attempt at a Korean Indigenous Theology", *The Northeast Asia Journal of Theology* (Sep., 1980), pp. 101-110

14) 박충구, "기독교 사회윤리와 한국토착화신학", 《기독교사상》, 1991년 6월호, pp. 121-122

15) 유동식, 『한국신학의 광맥』, 전망사, 1982, p. 258

16) 서남동, "예수, 교회사, 한국교회"(1975년 2월), 《민중신학》, p. 12

17) 상게서, p. 13

18) 서남동, "두 이야기의 합류", 『민중과 한국신학』, 한국신학연구소, 1982, pp. 237-277

19) 서남동, "두 이야기의 합류"《민중신학》, 1979, p. 52

20) 상게서, p. 54

21) 안병무, "예수와 오클로스", 『민중과 한국신학』, pp. 86-103

22) 안병무, "예수와 오클로스"(1979), 『민중과 한국신학』, 1982, p. 89

23) 상게서, p. 94

24) 박봉배, "기독교 예배와 민속문화", 《기독교사상》, 1988년 10월, pp. 31-39

25) 박근원, "기독교의 관혼상제 의식지침", 『기독교와 관혼상제』, 1984년, 전망사, pp. 168-188

26) 김명혁, "한국교회와 제사문제", pp. 224-241

27) 변선환, "불교와 기독교의 대화", 《기독교사상》, 1982년 9월호, p. 156, "동양종교의 부흥과 토착화신학(1)(2)", 《기독교사상》, 1983년 6월호, 9월호

28) 김경재, 『한국문화신학』, 한국신학연구소, 1983

29) 상게서, p. 140

30) 김경재, 《크리스챤신문》, 1984년 2월 18일

31) 김경재, 『한국문화신학』, p. 111

32) 서남동, "민중신학을 말한다", 《민중신학》, p. 171

33) 서남동, 『민중신학의 탐구』, 서울:한길사, 1983, p. 205-206

34) 상게서, pp. 43-44

35) 안병무, 『민중신학 이야기』, 1987, 한국신학연구소

36) 상게서, p. 164

37) 상게서, p. 25, 217

38) 상게서, pp. 242-246

39) 상게서, p. 281

40) 박충구, "기독교 사회윤리와 한국토착화신학", 《기독교사상》, 1991년 6월호, p. 131

41) 김명혁, "민중신학의 신관과 그 사회경제사적 특성", 《현대교회의 동향》, 성광문화사, 1987, p. 280

42) "교회에서 운영하는 문화공간", 《신앙세계》, 1996년 3월호, p. 129

43) 이종성, "통전적 신학의 입장에서 본 하나의 해석", 『복음과 문화』, 한국기독교학회 편, 대한기독교서회, 1991, pp. 62-74

44) 이광순, "선교와 문화적 수용", 《기독교사상》, 1991년 6월호, pp. 74-77

45) 김영한, 『한국기독교문화신학』, 1992, 성광문화사, 2005 불과 구름

46) 이동주, 『아시아 종교와 기독교』, 기독교문서선교회, 1998, pp. 217-236

47) 이정배, "다원주의 기독교론과 토착화신학", 『복음과 문화』, 한국기독교학회 편, 1991, pp. 108-110

48) 박종천, 『상생의 신학』, 한국신학연구소, 1990, 홍정수, 『베짜는 하나님』, 조명문화사, 1991

49) 박종천, 『상생의 신학』, 한국신학연구소, 1990

50) 박종천, "토착화신학의 모형변화", 《기독교사상》, 1990년 1월호, p. 35하

51) 상게서, p. 36

52) 박종천, "하나님과 함께 기어라, 성령 안에서 춤추라"(IV): 한국적 성령신학의 창조적 형성", 《기독교사상》, 1997년 1월, p. 99

53) 김경재, "한국개신교문화신학", 『해석학과 종교신학-복음과 한국종교와의 만남』, 한국신학연구소, 1994, pp. 187-223

54) 김지철, "한국문화신학은 십자가의 거침돌을 제거했는가?", 『복음과 문화』, 한국기독교학회 편, 대한기독교서회, 1991, pp. 146-173

55) 김중은, "성서신학에서 본 토착화신학", 《기독교사상》, 1991년 6월호, p. 22

56) 김용복, "민중신학과 토착화신학", 《기독교사상》, 1991년 6월호, pp. 29-37

57) 한상진, "중심화 변혁모델의 탐색: 중민노선을 향하여", 《계간사상》, 여름호, 1989

58) 민중신학연구소 편, 『민중신학 입문』, 1995, 한울

59) 상게서, pp. 23-24

60) 상게서, p. 39

61) 상게서, p. 116

62) 이정배, "토착화신학과 생명신학", 《기독교사상》, 1991년 6월호, pp. 38-53

63) 숭실대학교 한국기독교문화연구소 편,『한국기독교와 생태계의 보존』, 1993, p. 297

64) 이종성, "창조신앙과 생태신학", 상게서, pp. 211-247

65) 박봉배, "생태계의 보존과 기독교윤리", 상게서, p. 287

66) *The 21st Century and The Future of Creation*, 1995, Edited by Soongsil University Korea Institute for Christian Culture Studies, p. 520

67) *The 21st Century and the Future of Creation*, Soongsil University Press, 1995

68) "매주 목요일 교회는 공연장으로 변한다-창천교회 박춘하 목사 '문화쉼터' 운영 10년",《조선일보》, 2005년 4월 8일, A23면

69) "교회에서 운영되는 문화공간: 제이시하우스, 아름다운 땅, 여해기념관",《신앙세계》, 1996년 3월호, pp. 128-131

70) 기독교윤리실천운동 문화전략위원회(강영안, 김연종, 신국원 외) 엮음,『대중문화, 더 이상 침묵할 수 없다』, 예영커뮤니케이션, 1998

71) "새로운 기독음악 CCM을 전하는 가수 하덕규",《신앙세계》, 1996년 3월호, pp. 124-127

72) 〈문화인물〉 "찬양사역으로 일관해 온 12년의 세월, 최인혁씨",《신앙세계》, 1997년 2월호, pp. 78-83

73) 권장희, "문화소비자 운동, 그 전략과 방향",《두레사상》 1995년 겨울호, pp. 212-224

74) "인간복제에 대한 기독교적 입장", 기독교윤리실천운동, 1999년 1월

75) " '열린예배에 기독교 영성이 살아 있나', 영성 신학자, 캐나다 리젠트신학교 마르바 던 교수 방한", 입력: 2007.08.11 11:29, 김근혜 기자 khkim@chtoday.co.kr

76) 한국개혁신학회 편, 한국개혁신하 제2권(주제: 무속, 환생, 뉴 에이지문화와 개혁신앙), 1997년 10월

77) 한국개혁신학회 편, 한국개혁신학 제4권(주제: 첨단기술사회와 개혁신앙), 1998년 11월

78) http://www.kcsi.or.kr/intro_a3.htm?mu=a

79) 상동

80) **The History of Soongsil Symposium and Overseas Participants**

Ist 1987, **Reformed Theology Today**: Carl F. Henry(USA), Albrecht Peters(Germany), Bruce Nicholls(New Zealand), Karen Gloy (Switzerland), Tadaka Maruyama(Japan); 2nd 1989, **Christianity facing the 21st Century**: Christian Link(Germany), Horst Beck(Germany), Yoshio Furuya(Japan); 3rd 1993, **The 21st Century and The Future of Creation**: Helmut Esser(Germany), Eryl Davies(Wales), Peter Ng(Hong Kong), Sang H. Lee(USA); 4th 1995, **The 21st Century, Postmodernism and Christian Faith**: Dietrich Ritschl(Germany),

Sander Griffioen(Holland), Katsuhiko Kondo(Japan), Carver Yu(Hong Kong), 5th 1997, **Christianity and Other Religions in the 21st Century**: Reinhard Slenczka(Germany), John Hulst(USA), David Fergusson(Scotland), Pan Chu Lai(Hong Kong), Toshio Tsumura(Japan); 6th 1999 **The Culture of the 21st Century and Reformed Faith**: Helmut Esser(Germany), Christian Link(Germany), Robert M. Kingdon(USA), David Wright(Scotland), Tsutomu Haga(Japan), Emidio Campi(Switzerland), Frans Pieter van Stam(Holland); 7th 2000, **The Time Spirit of the 21st Century and Reformed Faith**: Michael Welker(Germany), Peter Harrison(Australia), Peter McEnhill(England), Phee Seng Kang(Hong Kong), Milton Wan(Hong Kong), Hisao Kayama(Japan), Gao Shining(China); 8th 2001, **The Culture of the 21st Century and Evangelical Faith**: Dietrich Ritschl(Germany), Karen Gloy (Switzerland), Richard Gamble(USA), Stanley Grenz(Canada), Hennig Schroeer(Germany), Lok Bhandarie(Nepal)

81) 곽용화, "대중문화 속에 나타나는 뉴에이지와 한국교회의 대안", 《기독교사상》, 1997년 1월호, p. 58

82) 『신천지와 하나님의 교회의 정체』(현대종교 이단사이비 자료집 2007), 편집부 지음, 현대종교사, 2007년; 『신천지 포교 전략과 이만희 신격화 교리』, 정윤석 지음, 한국교회문화사, 2007년

83) 김영한, "한국개혁신학 제4권-첨단기술사회와 개혁신앙, 한국개혁신학회, 한들, 1998, 11월, 9-28쪽; 김철영, "개혁신앙과 첨단 기술의 가치", 상게서, pp. 66-105, 강일구, "첨단기술사회의 신학과 그 이후", 상게서, pp. 106-157

84) 조성돈, "미(美)서 뜨겁게 논쟁중인 지적 설계론이란 무엇인가", 《국민일보》, 2005년 8월 10일, 33면. 지적설계론이란 "생명의 신비를 바라보게 될 때 이것들이 진화론자들이 말하는 바와 같이 우연에 의한 것이 아니라 그것이 생명이 되게 하는 어떤 지적 설계자가 존재한다는 것을 증명할 수 있다"는 이론이다. 최근 미국에서 복음주의 교회들은 진화론에 맞서서 새로운 창조론의 불씨를 지적 설계론으로 시작하고자 한다. 지적 설계론은 전통적 창조론과 다른 점이 있다. 창조론이 성경의 창세기를 신앙으로 고백하는 데 반해서, 지적설계론은 복잡한 구조를 가지고 있는 생물체나 우주의 신비를 보면서 그것을 디자인한 신을 유추하고 그 신앙에 따라 하나님을 고백한다는 것이다. 여기서 그 신앙고백의 내용에 따라 그 신적 존재 역시 다르게 파악될 수 있다. 예컨대, 외계인을 믿고 있는 라엘리언 역시 이 지적 설계론으로 외계인의 설계를 이야기하고 있다. 지적 설계론의 중요한 이론가 중에 한 사람인 윌리엄 뎀스키(William Demski)의 언급하는 바 같이 지적설계론은 "하나님의 역사하심을 이해하는 한 가지 방법"으로 이해될 수 있다.

85) 제임스 러브록, 『가이아의 시대』, 홍욱희 역, 범양사 출판부, 1992, pp. 297-299

86) “황우석 교수, 개 복제도 세계 첫 성공”, 《조선일보》, 2005년 8월 4일, 1면; “동물 복제 결정판… 인간의 친구가 ‘대리환자’로”, 《조선일보》, 2005년 8월 4일, A4, A5면

87) 양참삼, “배아줄기 세포 연구, 인간 존엄과 생명파괴행위”, 《신앙세계》, 통권 444호, 2005년 7월호, p. 33

88) 피부로 만든 배아줄기세포, 美·日에서 잇따라 성공, “반대진영 비판 끝낼 성과”, 이영완 기자 ywlee@chosun.com, 입력 : 2007.11.20 22:27 / 수정 : 2007.11.20 22:28

89) B. J. Nicholls, “Contextualization”, in: *New Dictionary of Theology(NDT)*, InterVarsity Press, 1988, p. 164

90) David Hesselgrave, *Communicating Christ Cross-Culturally*, Revised Edition, Grand Rapids: Missigan, 1991, 강승삼 역, 『선교커뮤니케이션론』, 생명의 말씀사. 1999, p. 377

91) 이광순, “선교와 문화적 수용”, 《기독교사상》, 1991년 6월호, pp. 67-69

92) 토착화(indigenization)가 전통문화의 복음화를 말한다면, 적응화(accommodation)는 사회적 측면을 감안하며, 문화화(culturation)에는 학습적 문화화(enculturation)와 상충적 문화화(acculturation), 그리고 신학적 문화화(inculturation)가 있다. 이 모든 측면을 포괄하는 개념이 상황화(contextualization)이다. 상황화는 신학적, 토착적, 사회적 측면을 모두 포괄한다. 초문화(supra-, metaculture)란 기독교의 본래적 교리(동정녀, 삼위일체 등)을 말하며, 타문화(trans-, crossculture)란 각 세대(20대, 40대, 60대 등)의 문화, 그리고 CCM 등 현대의 문화적 상황과 관련시킨다.(Paul G. Hiebert & Eloise Hiebert Meneses, *Incarnational Ministry*, Planting Churches in Band, Tribal, Peasant, and Urban Society, Grand Rapids: Baker Books, 1995, 안영권, 이대현 역, 『성육신적 선교사역』, 기독교문서선교회, 1998; David Hesselgrave, *Communicating Christ cross-culturally*, Grand Rapids: 1978; 강승삼 역, 『선교커뮤니케이션론』, 생명의 말씀사, 1999; Lesslie Newbigin, *The Open Secret. An Introduction to the Theology of Mission*, Revised Edition, Grand Rapids: Eerdmans, 1995; Lesslie Newbigin, *Gospel in A Pluralist Society*, Grand Rapids: Eerdmans, 1990

93) C. S. Song, *Third-eye Theology* (New York: Maryknoll: Orbis Books, 1979)

94) R. Bohren, “관혼상제의 선교적 의의”, 『기독교와 관혼상제』, 박근원 편, 전망사, 1984, pp. 128-132

95) 김은수, “효, 문화의 토착화 방안”, 선교신학 제12집, vol. 1/ 2006, pp. 261-286

96) 경동교회 가정의례연구위원회, 『기독교인의 가정의례지침』, 경동교회, 1995, p. 23

97) David Hesselgrave, *Communicating Christ cross-culturally*, Grand Rapids: 1978; 강승삼 역, 『선교커뮤니케이션론』, 생명의 말씀사, 1999, p. 236

98) CBS 주간교계 뉴스 설 특집대담 "기독교와 제사" (진행: 심기식 아나운서, 출연: 김경재 전 한신대 교수와 김영한 숭실대 교수), 2008년 2월 9일(토) 오후 2시 30분 그리고 오후 8시 방영

99) Yung Han Kim, "Reformed Evangelical Theology", in: *International Journal of Christian Studies*, Soongsil Graduate School of Christian Studies, Soongsil University, June 2006, pp. 13-34; 김영한, 『기독교학이란 무엇인가?』 in: 《기독교학저널》, 숭실대 기독교학대학원, 2006년 12월, pp. 15-43; Yung Han Kim. "The Identity of Theology and Its Scientificity", in: *International Journal of Christian Studies*, Soongsil Graduate School of Christian Studies, Soongsil University, June 2006, pp. 15-45

Chapter 12 민중신학의 위기와 한국신학의 새 방향: 변혁적 문화신학의 착상

1) 서경석, "민중신학의 위기", 《기독교사상》, 1993년 9월호, pp. 187-192

2) J. Moltmann, *Erfahrungen theologischen Denkens. Wege und Formen christlicher Theologie*, Guetersloh 1999, p. 225

3) Ibid.

4) 서경석, op. cit., p.200

5) 박정신, "기독교와 한국역사", pp. 58-61, Chung-Shin Park, *Protestantism and Politics in Korea*, Seattle and London, University of Washington Press, 2003, pp. 66-69

6) 서경석, op cit., p. 200

7) Moltmann, *Erfahrungen theologischen Denkens*, p. 237

8) Ibid.

9) J. Moltmann (Hg.), *Minjung, Theologie des Volkes Gottes in Suedkorea*. Neukirchen 1984

10) J. Moltmann, *Erfahrungen theologischen Denkens. Wege und Formen christlicher Theologie*, Guetersloh 1999, 224

11) 김경재, "한국신학의 태동과 흐름", 《기독교 사상》, 2002년 2월호, pp. 128-136

12) 서진한, "민중신학의 태동과 전개", 『민중신학 입문』, 1995, 한울, pp. 23-24

13) Ibid., p. 27

14) Namdong Suh, "Toward a Theology of Han", *Minjung Theology*, p. 65

Byungmu Ahn, "Jesus and the Minjung in the Gospel of Mark", *Minjung Theology* (New York, NY: Orbis Books 1983), pp. 138-154,

15) 박재순, "민중신학의 조직신학적 점검과 새로운 모색", 『민중신학 입문』, 1995, 한울, p. 96

16) Ahn, Byung-Mu, *Jesus und das Minjung. Das Subjekt der Geschichte im Markusevangelium*, In: Moltmann (Hrsg.), 1984-169, besonders, p. 164

17) W. Kroeger, *Die Befreiung des Minjung. Das Profil einer protestantischen Befreiungstheologie fuer Asien in oekumenischer Perspektive*, Oekumenische Existenz heute 10, Muenchen 1992, p. 142

18) J. Moltmann, *Erfahrungen Theologischen Denkens*, p. 230

19) Ibid.

20) Ibid., p. 232

21) Ibid., pp. 231-233

22) 서경석, op. cit., p. 194

23) Ibid., p. 192

24) 박재순, op. cit., p. 98

25) 고재식, "새 시대 현실과 민중신학적 조명", 《기독교 사상》, 1993년 1월호, p. 47

26) 임태수, 『민중신학입문』, 민중신학연구소 엮음, 1995, 한울, 머리말

27) 최민홍, 『한 철학』, 서울·성문사, 1990, p. 32

28) 상게서, pp. 29-30

29) Yung Han Kim, "Reformed Theology of Postmodern Society", in: *Christianity Facing the 21st Century*, Soongsil University Press, 1989, p. 31

30) Christian Link, *Schoepfung, Band, II*, Guctersloh 1991, p. 391

31) Calvin, *Institutio*, II, pp. 16-17, and Christian Link, "Theology and Culture: A Reformed Perspective", in: Christianity Facing the 21st Century, Soongsil University Press, 1989, pp. 93-97

32) Christian Link, Ibid., p. 95

33) A. Kuyper, *Lectures on Calvinism* (Eerdmans 1898, 1931, 9th edition 1976), pp. 78-109

34) E. Brunner, *Christentum und Kultur*, Zuerich 1979, p. 328

35) Ibid., p. 329

36) Ibid., p. 326

37) Hans-Jochen Jaschke, "Irenaeus von Lyon", in: *Theologische Realenzyklopaedie*, Bd. 16, 1987, p. 264

38) 김영한, 『한국기독교문화신학』, 성광문화사, 1995, pp. 93-141

39) B. B. Warfield, *Counterfeit Miracles*, 1918. Miracles: Yesterday and Today,

Real and Counterfeit (Grand Rapids, Mich. : Eerdmans, 1965), pp. 5-6, p. 21

40) 임태수, 민중신학, op. cit., p. 106

41) 임태수, 『제2종교개혁을 지향하는 민중신학』, 대한기독교서회, 2002, p. 106

42) 김영한, "초기 융엘의 신론: 신 존재 생성론", 32권, p. 27, 『한국기독교신학논총』, 한국기독교학회 2004. 4. 15, pp. 177-204; _______, "세상과 신, 윙엘의 십자가 신학에 대한 비판적 조명", 『한국기독교신학논총』, 2004년 1월, pp. 309-334

43) Rudolf Otto, Das Heilige. *Uber das Irrationale in der Idee des Gottlichen, und sein Verhaltnis zum Rationalen*, Verlag C. H. Beck. Munchen, 1963, pp. 13-37

44) Calvin, *Institutio*, III, 19, 15

45) WA 39 II, 42, 3.zit. nach Chr. Link, *Schoepfung*, p. 66

46) Christofer Frey, *Repetitorium der Ethik*, 1996, p. 249

47) Christian Link, *Schoepfung.*, p. 170

48) Calvin, *Institutio*, I, 5, 1

49) 개혁주의적 루터파 학자인 프라이에 의하면 루터의 법신학(Rechtstheologie)은 칼빈의 법신학보다는 훨씬 자유스럽고 역동적이다. 칼빈 이후 삼세대에 이르러 개혁파들은 비로소 사회의 극단한 변혁을 선호하였다(프랑스 군주 아래서의 언약신학(Bundestheologie) 등).

50) 고재식, "새 시대의 현실과 새로운 과제", 《기독교 사상》, 1993년 1월호, p. 40

51) 임태수, "세계화 시대의 달릿-민중신학의 사명", 《기독교 사상》, 2002년 19월호, p. 149

52) Ulrike Link-Wieczorek, *Reden von Gott in Afrika und Asien. Dastellung und Interpretation afrikanishcer Theologie im Vergleich mit der koeanischen Minjung-Theologie*, Vandenhoeck & Ruprecht, Goettingen 1991, p. 246

53) 외국인 노동자는 2001년 30만 명, 2006년에는 80만 명, 2007년에는 100만 명을 넘어서고 있다. "한국 사회 속의 민중: 외국인 이주 노동자", 《신학사상》 113호, 2001, 여름, 한국신학연구소, 6; '외국인 노동자 현황' (2006.3.31 통계자료) 2007.04.14 신고 http://cafe.daum.net/kkoltong83 다문화가족정책론

54) 서경석, op. cit., p. 202

55) 김영한, "미국의 친이스라엘 정책과 세대주의 신학에 대한 소고", 한국복음주의 협의회, 2006년 6월 5일, pp. 22-27

56) 김영한, "1907년 한국교회의 영적 대각성운동이 갖는 성격-신학적 성찰", 기독교철학, 4호, 한국기독교철학회, 2007년 6월, pp. 11-48

57) Chang Ki Lee, *The Early Revival Movement in Korea. A Historical and Systematic Study*, Zoetermeer: Boekencentrum 2003, pp. 100-108.

58) Ig-Jin Kim, *History and Theology of Korean Pentecostalism: Sunbogeum*

(Pure Gospel) Pentecostalism, Zoetermeer: Boekencentrum, 2003, 202.
Yung Han Kim, "Christianity and Korean Culture: The Reasons for the Success of Christianity in Korea", Utrecht Univ. Lecture, December, 2003, Exchange 33 (2004) nr. 2 (forthcoming).

59) 김영한, 『헬무트 틸리케, 종교개혁적인 성령론적 신학자』, 서울: 살림문화사, 2005, p. 34

60) 이동주, 『아시아 종교와 기독교』, 기독교문서선교회, 1998, p. 196

61) 송연창, "공자의 천명사상에 대한 검토", 유교사상 연구, 3, 유교학회, 1988, pp. 172-175, 182-184

62) 서경 우서 1, 고요모 우서 3 중훼지고, 주서 1, 태서 상, 이동주, op. cit,, pp. 199

63) 맹자 진심 하 25

64) 맹자 만장 상 5, 이동주, op. cit., p. 201

65) 도덕경 1장 40장, 50장, 52장

66) 이동주, 『아시아 종교와 기독교』, 기독교 문서선교회, 1998, p. 210

67) 논어, 선진 22, 이동주, op. cit., p. 211

68) Chr. Frey, Repetitorium der Dogmatik, 1992, p. 201

69) K. Barth, KD I/2, 55, und KD III/2

70) Friedrich Beisser, Hoffnung und Vollendung, Guetersloh 1993, p. 134

71) K. Barth, KD III/2, p. 616

72) Friedrich Beisser, ibid., p. 138

73) K. Barth, KD II/1, pp. 700-722, F. Beisser, ibid., p. 130

74) A. Peters, Gesetz und Evangelium, Guetersloh 1981, p. 141

75) Ibid., p. 144

76) Christofer Frey, Repetitorium der Dogmatik, p. 205

77) Bertold Klappert, Worauf wir hoffen. Das Kommen und der Weg Jesu Christi, Chr. Kaiser/Guetersloh 1997, p. 39

78) H. Thielicke, Geschichte und Existenz, 2. Auflage, 1964, Gerd Mohn, p. 245

79) Christofer Frey, "Bioethics in a European Perspective", in: Bioethics & Culture in Korea, International Conference on bioethics, pp. 10-11 Feb. 2004, sponsored by Korea Research Foundation & Deutschen Forschungsgemeinschaft, p. 174

80) 이정용, 『역의 신학』, 서울: 대한기독교서회, 1998, 40ff., 81ff.

81) Change, 95, Wieczorek, p. 244

82) 장회익, 『삶과 온생명』, 서울: 솔, 1998, pp. 172-174

83) Hans Jonas, Das Prinzip Leben, Frankfurt a. M. Leibniz 1994, pp. 98-108; Hans Jonas, Materie, Geist und Schopfung, Frankfurt a. M. 1988, 22; 심용만,

"기술공학시대가 지향해야 할 생명철학" 철학(제72집, 2002, 겨울), pp. 197-200

84) I. Kohlberg, *Cognitive Development and Epistemology* (New York: Academic Press, p. 164

85) 진교훈, 『철학에서 본 생명』, 생명 (서강대학교 생명문화연구소, 1992), p. 12

86) v. Held, "The Obligation of Mother and Father", ed., J. Trebilot, in: *Mothering* (NJ: Rowman and Allenheld, 1984), p. 7